国家文化产业资金支持媒体融合重大项目

高等职业教育教学改革特色教材·经济贸易类

安徽省省级规划教材

Guoji Jingmao Dili

国际经贸地理 （第六版）

吕向生 编 著

东北财经大学出版社
Dongbei University of Finance & Economics Press

大连

图书在版编目（CIP）数据

国际经贸地理 / 吕向生编著. —6 版. —大连：东北财经大学出版社，
2024.3（2024.12 重印）

（高等职业教育教学改革特色教材·经济贸易类）

ISBN 978-7-5654-5163-8

Ⅰ. 国…　Ⅱ. 吕…　Ⅲ. 国际贸易-商业地理-高等职业教育-教材
Ⅳ. F742

中国国家版本馆 CIP 数据核字（2024）第 040088 号

东北财经大学出版社出版

（大连市黑石礁尖山街 217 号　邮政编码　116025）

网　　址：http://www.dufep.cn

读者信箱：dufep@dufe.edu.cn

大连图腾彩色印刷有限公司印刷　　东北财经大学出版社发行

幅面尺寸：185mm×260mm　　　字数：332 千字　　　印张：15

2024 年 3 月第 6 版　　　　　　2024 年 12 月第 2 次印刷

责任编辑：张晓鹏　惠恩乐　　　　　责任校对：一　心

　　　　　郭海雷　孙晓梅

封面设计：原　皓　　　　　　　　版式设计：原　皓

定价：42.00 元

教学支持　售后服务　联系电话：（0411）84710309

版权所有　侵权必究　举报电话：（0411）84710523

如有印装质量问题，请联系营销部：（0411）84710711

第六版前言

党的二十大报告明确指出：教育是国之大计、党之大计。培养什么人、怎样培养人、为谁培养人是教育的根本问题。育人的根本在于立德。全面贯彻党的教育方针，落实立德树人根本任务，培养德智体美劳全面发展的社会主义建设者和接班人。统筹职业教育、高等教育、继续教育协同创新，推进职普融通、产教融合、科教融汇，优化职业教育类型定位。为加强高等职业教育内涵建设，提高人才培养质量和职业素质，根据《关于推动现代职业教育高质量发展的意见》，突出培养具有创新精神、实践能力和服务意识的高素质技能型人才，切实提高教育质量和教学水平，我们以"四个合作"为基本依据、以推动素质教育为目标、以培养学生的创新精神和实践能力为重点、以高等职业教育课程改革为切入口，探索、认识、掌握新时期高职课程的本质和特色，并以此来构建国际经贸地理的课程体系，重新组织修订，推出了《国际经贸地理》第六版。本书紧紧围绕高等职业教育培养国际商务系列岗位第一线所需要的能够直接上岗的专门人才的目标，坚持创新、改革的原则，体现新的课程体系、新的教学内容和教学方法，以提高学生整体素质为基础，以能力为本位，兼顾知识教育和技能教育。

"国际经贸地理"是高等职业院校国际贸易、国际商务等专业开设的一门专业必修课，其要求教材具有理论联系实际、应用性强的特点，能充分体现课程的实践性、开放性和职业性特点。本书的体系结构主要由三大模块组成，共11个课题，前3个课题为总论部分，第4～8个课题为区域经贸地理部分，第9～11个课题为专题部分。本书重点研究地理环境与国际贸易之间的关系及相互影响；国际经贸地理的理论基础；国际经贸地理格局的变化和特点；世界主要国家（地区）当前经济的特点、产业部门的构成及分布、对外贸易的商品结构和地区结构；国际贸易运输的主要方式、航线和港口；国际市场上大宗商品的产销情况等内容。

本课程特色与创新的主要特点包括：①课程开发在国内同类课程中居于领先地位。"国际经贸地理"课程历经30多年的探索与发展，在人才培养、实践教学和科研创新等方面取得了大量的研究成果，积累了丰富的经验，并开发了大量可用、共享的资源。②构建了具有国际商务特色的现代教学课程体系。课程组坚持创新与严谨治学相结合，利用多年积累起来的研究成果，对涉及课程教学的各种要素展开实证研究和分析，给课程以多样性的连接和补充。从学理层面上看，已构建了完善的课程体系，并且具备了良好的发展态势。③新课程在定位上更符合高职国际商务专业人才培养的模式和要求；新课程在体系上有创新、有突破，更符合高职特色和教学需要；新课程强化了技能训练和知识拓展，有助于学生提高综合运用所学知识分析问题、解决问题的能力。对此，课程的构建和发展引发了我们更深层次的思考：本课程将立足我国商务事业发展的实际需求，更好地服务地方经济社会发展，为培养高素质的商务行业所需要的应用型高端专业人才而服务。

"国际经贸地理"是一门综合性课程，具有地理性、动态性和实用性的特点，在学习时要注意以下几点：①要以世界人文地理和国际贸易理论为基础，善于结合国际经贸地理的知识组织学习，突出实用性；②要紧密联系当前的国际经贸形势，不断更新和充实学习内容，以适应不同时期的外贸发展需要；③地理性（区域性）是本书的本质特征之一，学习时，必须掌握主要国家和地区的经贸特征，以及形成这些特征的相关因素并进行分析；④要大胆地改革学习方法，组织自学，并进行必要的指导和检查。在课堂讲授中，老师要力求运用现代启发式教学法，调动学生学习的主观能动性。

本书主要是为满足全国各类外经贸院校国际贸易实务、国际经济与贸易、国际商务、国际物流以及物联网等专业培养国际商务专业人才的需要而组织编著的。通过对本书的学习，读者可以了解该课程的基本理论、基础知识和基本技能；掌握世界主要国家和地区以及"一带一路"沿线国家和地区的贸易市场条件及特点、它们在国际市场中所处的地位及作用，以及各个市场上不同的商品结构、贸易对象；掌握我国对外贸易的基本情况，主要的开放带、开放地区、港口和主要运输线路；借鉴、吸收国外发达国家的有益经验，为加速发展我国的外经贸工作、实现我国在新的历史时期制定的战略目标而服务；掌握学习该课程的基本方法，提高综合分析问题、解决问题的能力。

本书由安徽省数字经济学会数字经济智库研究院执行院长、中国长三角国际商务职业教育集团秘书长、长三角（安徽）新一代CPS信息技术产教融合共同体常务副理事长、荣事达双创大学客座教授、安徽省职业教育集团联盟秘书长吕向生负责总体的框架设计、编著和修订工作，安徽绿海商务职业学院经贸旅游学院副院长李英和副教授杨梓振任副主编，蔡德林、钟国香、赵彩英、李娟、王钰鑫、吕良等负责相关资料的搜集和整理；由安徽师范大学旅游与规划学院教授、博士生导师苏勤和安徽华安进出口有限公司高级商务师黄光明任主审。本书在编著过程中，得到了安徽数字创意职业教育集团理事长、安徽绿海商务职业学院董事长、安徽省当代社会主义核心价值体系研究中心主任、"星青年"文化研究院院长陈孝云和长三角（安徽）新一代CPS信息技术产教融合共同体理事长余宝峰，以及中国外运安徽有限公司原总经理周宝昌、上海徽荣国际物流有限公司总经理王立荣、广东财经大学教授阎伍玖、六安职业技术学院教授葛向东、安徽省国际经济合作商会秘书长连瑞南、安徽省进出口商会会长张建才等多位学者、专家的指导和帮助，还得到了东北财经大学出版社和张晓鹏编辑的鼎力支持，在此一并表示衷心感谢。同时，在编著和修订过程中还参考和引用了有关文献及资料，在此向原作者致以诚挚的谢意。

由于编著者水平有限，书中难免有疏漏之处，恳请使用本书的读者多提宝贵意见，以便我们进一步修订。

编著者

2024 年 11 月修正

目　录

课题 1

绪 论

学习目标

• 知识目标

掌握国际经贸地理研究的对象与主要内容，分析地理环境与国际贸易之间的关系，了解国际经贸地理理论基础的有关内容和要点。

• 技能目标

通过对本课题内容的学习，掌握国际经贸地理研究的对象与主要内容，并能结合具体国家和地区的地理环境来分析其对国际贸易的影响。

• 素养目标

通过本课题的学习，进一步认识世界、了解世情，掌握人类经贸活动与地理环境之间的辩证关系，树立正确的世界观、发展观和价值观，珍惜地球，保护人类健康发展。

1.1 国际经贸地理与地理环境

（1）国际经贸地理研究的对象。任何一门课程都有自己的研究对象，国际经贸地理也不例外。从经贸地理学萌芽、形成和发展的历史进程可以看出：它是在地理课程体系中发展形成的一个独立分支；它的研究对象既受地理课程体系研究对象（尤其是经济地理）的制约，又有自己的特定研究范围。经贸地理学研究的是：在商品流通领域，贸易经济活动与地理环境之间的关系。它通过对不同生产方式下各国（地区）地理环境与商品流向、流量、市场分布、贸易网络的地域构成、商品流通的地域差异之间关系的研究，揭示各国（地区）商品流通和贸易网络的地区分布现状、形成原因以及进一步的发展趋势，从而阐明商品在地区间流通、分布及其组合的规律。由此可见，经贸地理的研究对象是贸易经济活动与地理环境的关系；国际经贸地理的研究对象则是世界贸易经济活动与地理环境的关系，以及国际贸易中商品流通的规律和特点。

由此可见，国际经贸地理的研究对象包含两个方面的内容：一是国际贸易与地理环境的关系；二是国际贸易中商品流通的地域分布特点和规律。

（2）地理环境对国际贸易的影响。从国际经贸地理的研究对象可以看出：国际贸易是地理环境的重要组成部分，即国际贸易包容（括）在地理环境之中。由此可见，两者的关系极为密切，具体表现在：①地理环境是人类社会存在和发展的自然基础，也是国际贸易发展的必要条件；②国际贸易中的商品构成和商品流向建立在各国生产布局和经济发展水平的基础之上（见表1-1），而生产布局和经济发展水平的基本要素之一便是地理环境；③地理位置、地形、气候、资源等与国际贸易有着密切的关系。如新加坡地处马六甲海峡咽喉部位，成为东西方海运航线的必经之路，1819年以来，新加坡逐渐被开辟为世界自由港，成为东西方货物集散中心。1965年8月独立后，新加坡政府充分利用其优越的地理位置，大力发展转口贸易，使其经济迅速发展，社会繁荣，现已成为新兴的工业化国家。

表1-1　　　　发达国家与发展中国家的生产布局、经济发展水平、商品构成与流向

国家类型	生产布局	经济发展水平	商品构成与流向
发达国家	合理、均衡、科学	高	出口以价值链中高附加值的工业品为主，进口以原料、燃料、半成品为主
发展中国家	不合理、不均衡、不科学	低	出口以原料、燃料和价值链中低附加值的工业品为主，进口必要的技术和设备等产品

地理环境对国际贸易有着广泛、深刻、直接和重要的影响，主要表现在：①任何双边、多边的国际贸易都是在具体、特定的地理环境下进行的。如中东地区的海湾国家在20世纪60年代以前，经济以农牧业为主，人均收入低，是世界上最贫穷的地区之一；60年代后，由于在波斯湾沿岸100万平方千米的范围内发现了丰富的石油资源并得到大规模的开采，石油成为该地区的"经济命脉"，成为海湾各国财政收入的主要来源和重要的出口商品，巨额的石油美元收入使这里的经贸发生了极大的变化。目前，海湾地区已成为西方工业国最大的能源供应地，也是世界主要的资金、劳务和消费市场之一。②政治地理环境是影响国际贸易最活跃的因素，且常常起着决定性作用。1990年8月，由于伊拉克入侵科威特，以美国为首的西方国家对伊采取了严厉的经济制裁措施，禁止伊出口石油，使伊国内经济严重恶化。③经济地理环境直接关系到对外贸易中进出口商品的构成，关系到贸易对象的地理分布。经济发达国家（如美国、日本）由于工业化水平高，出口以工业制成品（特别是高附加值的工业品）为主，进口以原料、半成品为主，且贸易伙伴遍及世界各地；而大多数发展中国家因经济尚处于工业化初期，出口以原料、半成品为主，在国际贸易中处于不利地位。④自然地理环境对国际贸易尤其是对商品贸易中初级原料商品的构成有着直接且重要的影响。⑤人文地理环境中的民族、宗教、语言、消费习惯、消费水平、市场状况等也在不同程度上影响着国际贸易。

1.2　国际经贸地理研究的理论基础

国际经贸地理是国际贸易与地理研究领域交叉的边缘学科，国际贸易与地理相互交融，关系十分密切。如国际贸易的发展必须以自然环境、条件为依据，环境科学的研究对象也是人类生存的空间，这些都离不开特定的地理环境。因此，地理与相邻学科交叉、渗透、汇合，拓宽研究领域是必然趋势。

现代地理的核心理论与国际贸易理论是系统与综合研究国际经贸地理的基础理论。

1.2.1　国际经贸地理的地理学基础

（1）人地关系理论。这是国际经贸地理的基础理论。国际经贸地理属于地理学中人文地理学的分支学科之一，研究的是人类商务活动（商品与服务的交换）与地理环境相互关系的地域分工体系产生过程、结构、特点和发展规律。它以人地关系理论为基础理论，既研究地理环境对人类商务活动的影响，又研究人类商务活动对地理环境的影响。

人类活动是人地关系理论这一复杂系统的主体与中心。这一系统既会受到自然规律的影响，又会受到经济规律的制约。作为价值主体的人如何遵循这些规律，正确处理好"人口–资源–环境–经济–社会"之间的关系，是人类社会基本的也是非常重要的问题。人们对人地关系的认识有一个漫长而曲折的过程：从地理环境决定论、地理环境可能论到地理环境适应论和人地共生论。由于历史条件的限制，以前人们对人类社会与地理环境之间关系的认识，往往都带有某种片面性，要么过分看重自然的威力，要么夸大人类的力量，而且总是把人类与自然置于相互对立的状态，强调它们之间的矛盾，特别是进入工业化社会以后，人类更是把征服自然、改造自然当作自己的丰功伟绩。直至20世纪50年代，随着社会生产力的发展和人口的增长，地理环境对人类的反作用日益显现，人们才不断总结经验教训。从20世纪80年代开始，专家、学者逐渐强调协调自然环境与人类经济、文化生活的关系，这说明在处理人类经济活动与地理环境关系的问题上，人们有了新的认识。

（2）人地关系地域系统协调共生理论。这一理论是最先进的人地关系理论，是现代地理学的核心。该理论研究的基本目的是寻求人类活动与地理环境之间的协调共生，即"人口–资源–环境–经济–社会"之间的协调。

人地关系地域系统协调共生理论是实现可持续发展的理论依据。其目标是社会发展，基础是经济发展，必要条件是对环境的保护。它所强调的可持续发展是既满足当代人的需要，又不危害后代人满足其需要的能力的发展，主张"既要生存，又要发展"的原则。

贸易、环境和可持续发展密不可分。20世纪80年代以来，环境开始在国际贸易体系中显现出重要的作用。1992年里约热内卢世界环境与发展大会召开以后，世界范围内的环境保护热潮对国际贸易产生了深刻影响。国际贸易和环境保护之间互相制约、互相协调的关系也日渐突出。环境已成为一种新的贸易资源和产业，世界环保产业和绿色产品贸易迅速发展。各国的环境保护措施对贸易也有一定的限制性影响，尤其是对大多数发展中国家，由此产生了新的贸易分工的地理格局。哥本哈根会议于2009年12月7日召开，是联合国气候变化框架公约（UNFCCC）第15次缔约方会议，有192个成员国和地区参加，制订、商讨《京都议定书》一期承诺到期的后续方案，是被称为"拯救人类的最后一次机会"的会议。因此，各国对外贸易要想持续发展，就必须研究人类国际商务活动与地理环境之间的协调共生理论。

1.2.2 国际经贸地理的国际贸易基础

国际贸易研究的重点问题包括商品、服务、生产要素国际流动的原因和方向。各国之间为什么进行贸易？各国在什么情况下才进行国际贸易？是什么因素决定了一国的进出口模式？这些也是国际贸易地理分布原因和发展趋势的重要理论基础。产品在各国间存在的相对价格差是国际贸易产生的基础。各国产品的国内市场价格是由国内的供给与需求决定的。供给由生产技术和要素价格等决定，需求由人们的收入、对产品的偏好以及市场结构的差异等决定。各个因素所起的作用不同，也就决定了不同的国际贸易地域分工模式。国际分工理论从供给方面论述了国际贸易产生的原因，包括亚当·斯密的绝对优势理论、大卫·李嘉图的比较优势理论、赫克歇尔-俄林的资源禀赋理论、克鲁格曼的产业内贸易理论、弗农的产品生命周期理论等。国际贸易需求理论从需求方面解释了国际贸易的成因，包括需求相异理论、需求相似理论及收入理论等。

总之，国际贸易学的这些理论主要研究的是：各国商品与服务的交换活动如何实现生产要素最大限度的优化组合，如何获得更大的贸易利益。而贸易的持续发展又需要了解影响国际贸易地域分工的各种因素之间的协调关系，掌握劳动分工地域优化组合的时空演变规律，这正是国际经贸地理研究的对象。

1.3 国际经贸地理研究的内容

国际经贸地理研究的主要内容有以下三点：

（1）研究影响国际经贸地理的因素。国际经贸地理是一种复杂的社会经济现象，它必然受到许多因素的影响与制约。纵观各个国家、各个地区经济贸易发展的历史状况，可以发现有四种影响因素：①自然条件和自然资源状况；②地理位置与交通、信息条件；③人口及劳动力条件；④社会经济基础条件。

（2）研究各国、各地区的产业结构和进出口商品结构。进出口商品是对外贸易的物质基础，其结构特点反映了国际劳动地域分工和国际市场的供需关系。同时，它也是各国、各地区经济实力、技术实力和商品竞争力大小的标志。对国际贸易中商品种类、流量、流向的地理研究，是国际经贸地理研究的主要内容之一。因此，我们应正确了解、认识不同地域商品生产的特征和在国际分工中的地位，掌握国际贸易动态趋势和各国、各地区商品在国际市场竞争中力量的消长。

（3）研究国际贸易地区分布、地区差异和地区格局。世界各国、各地区的对外贸易、进出口水平、进出口商品结构在本国（或地区）国民经济与世界贸易中的地位存在很大差异。地区分布、地区差异和地区格局是国际经贸地理的核心与重点内容。这是由本学科的基本属性之一——地域性所决定的。

知识掌握与应用

1.1　知识掌握

•填空题

（1）国际经贸地理是研究_____和_____之间的关系，以及国际贸易中商品流通规律和特点的学科。

（2）国际经贸地理研究的内容有_____、_____和_____。

随堂测1

（3）_____地理环境是国际贸易中影响最大的因素，并且起着决定性作用。

（4）经贸地理环境大量、直接地关系到_____的构成和_____的地区分布。

•单项选择题

1.研究国际贸易的理论、方针、政策和措施的学科是（　　）。

A.国际贸易地理学　　　　　　　　B.国际贸易

C.世界经济　　　　　　　　　　　D.宏观经济学

2.研究国际贸易的商品生产和交换的地理分布、地区差异和地理格局的学科是（　　）。

A.国际贸易学　　　　　　　　　　B.世界经济学

C.国际贸易地理学　　　　　　　　D.国际市场营销学

3.国际贸易地理学的内容由于吸收了国际贸易、世界经济、经济地理学的有关理论和内容，因此它具有（　　）。

A.综合性　　　　　B.差异性　　　　　C.地区性　　　　　D.广泛性

4.研究各国（地区）国际贸易的地理分布、地区差异的形成原因及规律，是指国际贸易地理的（　　）。

A.综合性　　　　　B.区域性　　　　　C.广泛性　　　　　D.差异性

5.随着生产力的发展，当前商品生产和交换的地理模式是（　　）。

A.集中→分散　　　　　　　　　　B.分散→集中

C.分散→集中→分散　　　　　　　D.不变

•问答题

（1）国际贸易与地理环境的关系如何？分析地理环境对国际贸易的影响。

（2）国际经贸地理的理论基础有哪些？

（3）简述国际经贸地理的主要内容和学习方法。

1.2　知识应用

本课题重点分析了国际经贸地理的研究对象等，请结合你所熟悉的国家或地区地理环境的主要特征，分析其对外贸发展的影响。

课题 2

地理环境与国际贸易

学习目标

• 知识目标

了解地理环境的含义及其包含的要素；了解世界海陆分布的特点以及地形对经济贸易的影响；了解世界各大洲水环境状况以及河流、湖泊的经济价值；理解地理位置与国际贸易之间的关系；分析人口素质与国际贸易之间的关系；熟知世界主要气候的类型、特点和分布；掌握国家的经贸类型和代表性国家及地区的主要特点；掌握世界主要宗教的教规对国际贸易的影响；重点掌握产业结构和科学技术对国际贸易的影响。

• 技能目标

辩证理解地理环境与国际贸易之间的关系及相互影响；能结合实例分析地理环境对国际贸易的影响。

• 素养目标

通过本课题的学习，进一步认识世界地理环境特征，掌握人类经贸活动与地理环境之间的辩证关系，树立正确的世界观、发展观和价值观。

2.1　自然地理环境与国际贸易

自然地理环境是指所有能够影响人类社会发展的自然条件、自然资源等多种要素，如地形、气候、河流和湖泊、土壤、动物和植物等。这些要素是相互影响、相互制约的，即当某个自然要素发生变化时，必然引起其他要素的变化，从而影响整个自然地理环境的改变，并对国际贸易产生重要影响。

2.1.1　世界海陆分布状况

地球的表面积为5.10亿平方千米，包括海洋和陆地两大部分。其中，海洋的面积约3.61亿平方千米，占地球总面积的71%；陆地面积约1.49亿平方千米，占地球总面积的29%。地球表面的海水虽然是相互贯通、连为一体的，但由于陆地的包围，形成了四个相对封闭的区域，即太平洋、大西洋、印度洋和北冰洋。陆地也不是完整的一块，由于海洋的分割，形成六块大陆和许多岛屿。六块大陆分别是亚欧大陆、非洲大陆、北美大陆、南美大陆、南极大陆和澳大利亚大陆。在世界众多的岛屿中，最大的岛屿是位于北美洲的格陵兰岛。大陆连同附近的岛屿合在一起被称为洲，世界共有七大洲，即亚洲、非洲、北美洲、南美洲、南极洲、欧洲、大洋洲。

1）七大洲的地理概况（见表2-1）

表2-1　　　　　　　　　　　　　七大洲的地理概况

洲名	位置	面积（万平方千米）	特点
亚洲	北半球亚欧大陆东部和中部	4 459	东西南北跨度大，自然条件复杂多样
非洲	东半球，赤道从中穿过	3 022	热带大陆
北美洲	西半球的北部	2 422	北宽南窄，倒三角形
南美洲	西半球，巴拿马运河以南的美洲	1 784	南北跨度大
欧洲	北半球亚欧大陆的西部	1 016	大部分位于北温带
大洋洲	南太平洋地区	897	面积最小，大部分位于热带、亚热带
南极洲	南半球最南端	1 424	终年被冰雪覆盖

2）四大洋的地理概况（见表2-2）

表2-2　　　　　　　　　　　　　四大洋的地理概况

大洋名称	位置和面积	特点
太平洋	被亚洲、大洋洲、北美洲、南美洲和南极洲所包围，面积18 134万平方千米	第一大洋，面积最大、岛屿最多、平均水温最高、平均水深最深
大西洋	位于欧洲、北美洲、南美洲、非洲和南极洲之间，面积9 165万平方千米（包括南冰洋）	第二大洋，平均水深3 627米
印度洋	位于亚洲、非洲、大洋洲和南极洲之间，面积7 056万平方千米	第三大洋，平均水深3 839.9米
北冰洋	位于北美洲、亚洲和欧洲之间，面积1 450万平方千米	第四大洋，平均水深1 097米

3）海陆分布的主要特点

（1）陆地主要集中在北半球。北半球的陆地面积约占陆地总面积的2/3，相连的陆地为人们的交往提供了方便，因此这里是国家和居民最多的地区，也是人类经济活动最活跃的地区。中国、俄罗斯、加拿大、美国、英国、法国、日本、意大利、印度等国全部分布在北半球。南半球在南纬56°～65°之间，陆地面积较小，只占南半球总面积的1/5。除一些岛屿外，南半球几乎全部为海洋，辽阔的海域因无陆地阻挡，风大浪高，对船舶的航行不利。

（2）亚洲的东部、东南部和南部，欧洲的西部和南部，北美洲的北部、东部和东南部海岸线曲折，多岛屿、半岛、海湾、海峡、边缘海和内海，形成了许多著名的港口。位于这里的国家都充分利用这种优势，发展航运业、捕捞业、养殖业等。如日本、美国、英国、法国、意大利、德国等均是世界著名的海运大国。

（3）太平洋中岛屿众多，且分布区域广泛，在这些岛屿上的众多港口地理位置十分重要。如夏威夷群岛上的火奴鲁鲁是沟通亚洲、大洋洲和美洲交通的重要中转港，有利于国际经济贸易的发展。

4）世界陆地和海底地形的种类及其分布

（1）陆地地形。根据地表形态的海拔高度和相对高度的差异，陆地可分为山地、平原、高原、丘陵和盆地五种地形。七大洲地形特点比较见表2-3。

表2-3　　　　　　　　　　　　七大洲地形特点比较

洲名	共同特点	地形类型	地面高低
欧洲		以平原为主	平均海拔最低的一个洲
南极洲	地形单一	以高原为主，被称为冰雪大陆	平均海拔最高的一个洲
非洲		以高原为主	
南美洲		西部为山地、中部为平原、东部为高原	东、西高，中间低
北美洲	都分东、中、西三个部分		
大洋洲		西部为高原、中部为平原、东部为山地	
亚洲	地形复杂	中部高、四周低	高低起伏大

山地所占面积不大，集中分布在两条高山带上：一条高山带环太平洋东西两岸，包括北美洲的落基山脉、南美洲的安第斯山脉、亚洲的日本群岛和我国台湾岛上的一系列山脉；另一条高山带西起欧洲南部的阿尔卑斯山，向东经兴都库什山连接我国的喜马拉雅山，最终入海形成东南亚的一系列岛屿。

平原面积较小，约占陆地面积的1/4。在南、北美洲和澳大利亚，平原主要分布在大陆中部，主要的平原有亚马孙平原、密西西比平原、大自流盆地等。其中，亚马孙平原是世界上面积最大的平原。亚欧大陆上的平原主要分布在阿尔卑斯山-喜马拉雅山高山带以北和各大河流的中下游，主要有东欧平原，西西伯利亚平原，我国东北、华北、长江中下游平原，恒河和印度河平原等。

高原主要分布在非洲、亚洲、澳大利亚和南美洲，主要的高原有巴西高原、东非高原、阿拉伯高原、青藏高原、中西伯利亚高原等。其中，巴西高原是世界上面积最大的高原，青藏高原是世界上海拔最高的高原。

盆地主要分布在非洲和亚洲，刚果盆地是非洲最大的盆地，亚洲的盆地主要包括我国的塔里木盆地、柴达木盆地等。

（2）海底地形。海洋底部的地形同样不平坦。自大陆边缘向海底延伸，可分为大陆架、大陆棚、大陆坡、海沟、洋底等几种海底地形。其中，大陆架是大陆向海底自然延伸的部分，坡度平缓，地势平坦，水深不超过200米。大陆架以下为大陆棚，大陆棚以下坡度陡增为大陆坡，大陆坡以下往往是深达数千米乃至万米以上的深邃海沟，海沟继续向外延伸则为大洋底部。洋底地形又可分为海盆、海底高原和海底山脉等。例如，位于大西洋中部的大西洋海岭实则是巨大的海底山脉。海底山脉较高处往往露出海面形成岛屿，如冰岛就属于大西洋海岭。

5）地形对经贸活动的影响

地形对气候、河流的流向和分布、土壤和动植物的种类有着重要影响，也影响工农业生产和交通运输，进而影响到对外贸易。地形对国际贸易活动的影响包括：

（1）一个国家或地区如果地形种类多样，则有利于发展多种生产。平原和高原有利于发展种植业，同时铁路、公路等交通线路的建设投资少、见效快；山地、丘陵地区有利于发展林业、畜牧业和采矿业，但对交通业的发展却造成了一定的障碍。从目前世界各国情况来看，人口稠密、经济发达的地区，往往集中在平原和高原区，而山区一般经济发展较为滞后。

（2）岩溶、丹霞地形区往往山奇水秀，为旅游业的发展提供了独特的资源，从而促进了旅游业的发展。例如，我国广西桂林、云南石林等著名的游览区均为岩溶地形。

（3）一些盆地、洼地等地势低洼的地形区，由于周围有山脉的阻挡，往往空气对流不畅，工业烟尘排放十分困难，从而产生了酸雨、粉尘污染等环境问题，影响了那些对清洁度与精密度要求高的工业的生产；而消除污染，则要加大成本，从而又降低了产品的竞争力。

（4）海底的大陆架由于地势平坦，水温高，光照充足，不但适宜海水养殖业和海洋捕捞业的发展，而且地下蕴藏有丰富的石油、天然气资源，目前已成为世界重要的能源供应地。例如，欧洲的北海、西亚的波斯湾、北美洲的墨西哥湾、北冰洋的绝大部分，大陆架都比较宽广，现已成为世界重要的石油开采地。

（5）世界两大高山带处于大陆板块与大洋板块相碰撞的地带，火山、地震频繁，给工农业生产带来了一定的不利影响，但有丰富的地热资源供人们利用。

2.1.2　气候与国际贸易

1）世界主要的气候类型

由于纬度位置、离海洋远近的不同和地势高低的差异，世界上不同国家或地区的气候是不一样的。即使是同一国家或地区，也常常有多种气候，气候类型呈现出复杂多样性。世界主要气候类型、分布与特点见表2-4。

世界气候类型在空间分布上虽然具有复杂多样性，但也具有明显的规律性，即纬度地带性和经度地带性。纬度地带性是指世界主要气候类型的空间分布自赤道向南北两极由热带气候逐渐向亚热带、温带、亚寒带和极地气候作规律性的更替，气候因纬度的不同而产生差异。经度地带性是指气候类型呈南北延伸、东西更替。

表2-4 世界主要气候类型、分布与特点

气候类型	分 布	主要特点
热带雨林气候	赤道附近,以南美亚马孙河流域、非洲刚果盆地、几内亚湾沿岸和亚洲马来群岛为典型	全年高温多雨,无季节变化,年温差小
热带草原气候	热带雨林的南北两边,大约在南北纬15°附近,以非洲、大洋洲和南美洲最广	全年高温,冬干夏雨,年温差较小
热带沙漠气候	南北回归线附近的大陆内部和西岸,主要分布在非洲和大洋洲	全年高温干旱,雨水少,气温年较差和日较差大
热带季风气候	亚洲的印度半岛、中南半岛和我国的海南岛及西双版纳等	全年高温,一年分旱雨两季
地中海气候	南北纬30°~40°大陆西岸,以欧洲、非洲、亚洲地中海沿岸的地区最具代表性	冬季温和多雨,夏季炎热干燥,降水量在1 000毫米左右,以冬雨为主
亚热带季风气候	北纬30°~40°大陆东岸,以我国秦岭-淮河一线以南、朝鲜半岛南部、日本南部最为典型,其次是美国东南部的佛罗里达半岛和墨西哥湾沿岸地区	冬季温和少雨,夏季炎热多雨,年降水量为800~1 600毫米。冬季风从陆地吹向海洋,刮偏北风;夏季风从海洋吹向陆地,刮偏南风
温带海洋性气候	南北纬40°~60°大陆西岸,以西欧大西洋沿岸的国家,如英国、爱尔兰、荷兰、比利时、法国的西部最具有代表性,其次是美国西部西雅图、加拿大的温哥华附近地区、新西兰和智利南部	冬季温和,夏季凉爽,降水量多在1 000毫米以上,降雨季节分配均匀
温带季风气候	北纬40°~60°大陆东岸,典型的地区是我国的东北、华北,朝鲜半岛的北部和日本的北部	冬季寒冷干燥,夏季炎热多雨,年降水量为500~800毫米,主要集中在夏季,尤其集中在7、8两月
温带大陆性气候	南北纬40°~60°大陆内部,以亚欧大陆内部和北美大陆内部最为典型	冬季寒冷干燥,夏季炎热少雨,年降水量在500毫米以下,主要集中在夏季,气温的年较差、日较差大
亚寒带气候	北纬50°~70°亚欧大陆的北部和北美大陆北部	冬季严寒而漫长,夏季凉爽而短暂,最冷月气温常在-20℃以下,最热月气温也只有15℃~17℃

2)气候对国际贸易的影响

气候与人类的生产和生活密切相关。人类自身的生活需要适宜的气温和降水,而农作物的生长更需要充足的阳光、温度和雨露,甚至一些工业品的生产、加工制造和使用也受气候的影响。其具体的影响可概括为以下几点:

（1）世界气候类型的多样性、空间分布的地域性和时间变化的季节性，使世界农作物的生长也具有多样性、地域性和季节性的特点，从而影响了国际贸易中大宗农产品的构成和流向。例如，咖啡、可可、油棕、橡胶等热带经济作物主要适宜种植在热带雨林和热带草原气候区，因此，巴西、哥伦比亚、马来西亚、加纳等国就成为这些农产品的主要生产国和出口国；而小麦、玉米、棉花适宜种植在温带大陆性气候、温带季风和亚热带季风气候区，所以美国、加拿大、中国、乌克兰、法国等位于温带中纬度的国家成为重要的粮食生产国和出口国；而俄罗斯、加拿大由于位于大面积的亚寒带针叶林气候区，森林茂密，因而成为世界上重要的木材及木制品的生产国和出口国。

（2）气候的差异会影响农产品的品质，从而影响国际贸易中农产品的价格。例如，在温带大陆性气候区种植的农作物，由于温差大、光照充足，农作物的籽实饱满、瓜果糖分高、品质好，在国际市场上售价较高。

（3）气候的差异会影响人们的消费习惯，从而影响消费品的种类与数量。例如，生活在寒冷气候条件下的人们多需要富含脂肪和热量的食品以及羽绒、裘皮等服装；而生活在热带气候条件下的人们则多需要清淡食品、防暑药品和风扇、空调等电器设备。

（4）灾害性气候，如水灾、旱灾、风灾等常常使工农业减产、交通中断，从而影响国际贸易中工农业产品的供应数量、价格和履约时间。

（5）气候还会影响对外贸易中商品的包装、储存和运输。例如，冬季运往气候寒冷的国家或地区的商品，储存、包装、运输过程中要注意防冻；而易腐烂、霉变的商品在运往气温高、降水多的国家时，则要注意防腐、防霉和防雨。

（6）适宜的气候也可以成为一种重要的旅游资源，促进旅游业的发展。例如，葡萄牙、西班牙等国属地中海气候，春夏气温高，阳光明媚，能够吸引瑞典、挪威等国的居民，在经过漫长阴冷的冬季之后去地中海沿岸各国旅游，以充分享受温暖的阳光。

2.1.3　水环境与国际贸易

水是人类生产和生活都不能离开的资源，但地表可被人类利用的淡水资源数量极少，只占地球表面水量的2.7%，其余的97.3%是目前人类无法大规模利用的海水。陆地淡水主要储存在河流、湖泊、高山和极地冰川以及浅层地表中，以极地冰川为主。河流和湖泊不但是人类淡水的主要来源，而且可以航行、灌溉、发电，还可以进行水产养殖，与人类的经济活动关系极为密切。

1）各大洲河流、湖泊概况

（1）亚洲山高水长，河流众多，水资源极为丰富。据统计，亚洲河川年径流量为12.85万亿立方米，约占全世界河川径流总量的1/3；水能蕴藏量为1.23万亿千瓦，约占世界水能蕴藏总量的26%。亚洲河湖的分布由于受地形和陆地面积的影响，呈现出两大特点，即水系结构呈辐射状和内流区域面积广大。

亚洲流入太平洋的河流主要有长江、黄河、湄公河等；流入印度洋的主要有恒河、印度河等；流入北冰洋的主要有叶尼塞河等。亚洲内流河主要有阿姆河和锡尔河等；长江、黄河、恒河和湄公河等外流河，不但流程长、流域面积广，而且中下游多流经人口稠密的平原地区，对沿岸国家经济的发展具有十分重要的意义。

亚洲的湖泊主要有里海、咸海、青海湖、贝加尔湖、洞庭湖、鄱阳湖、太湖等。前三者是咸水湖，水源虽不能灌溉和引用，但富含钾盐、石油、天然气等矿产资源；而后几大湖泊皆为淡水湖，可以用于灌溉、养殖、捕捞。

（2）欧洲陆地面积虽小，但河湖众多，主要流向大西洋和北冰洋。河流主要有下列特点：①水量大，这是由于欧洲年降水量大且降水量超过蒸发量；②河网密，分水岭低矮，利于开凿运河，相互沟通；③通航里程长，这是由于欧洲地形以平原为主，地势平缓，水流缓慢，再加上水量丰富，因而极利于航行。欧洲的主要河流有伏尔加河、莱茵河、多瑙河、易北河、塞纳河等。其中，莱茵河、多瑙河由于流经多个国家，航运发达，是著名的国际水道，在国际贸易运输中具有重要意义。

欧洲的湖泊众多，主要分布在斯堪的纳维亚半岛、东欧平原和中欧平原的北部，以及南部的阿尔卑斯山区，如位于瑞士境内的日内瓦湖等。欧洲的湖泊多为淡水湖，是由冰川作用形成的，因此湖水不但能提供丰富的淡水资源，而且湖区风光秀丽，是重要的旅游区。

（3）非洲河流分为四大水系。一是尼罗河水系，尼罗河发源于东非高原热带多雨区，向北注入地中海，全长6 670千米，是世界第二大河，也是非洲四大河流中水量最少的。尼罗河入海口处形成了面积达24 000平方千米的尼罗河三角洲，加之地势平坦、气候宜人，是古埃及文化的摇篮和现代埃及政治、文化中心。二是刚果河水系，刚果河也称扎伊尔河，全长4 640千米，是非洲第二大河，也是世界上水量最丰富的河流之一，因此水力资源十分丰富。三是尼日尔河水系，位于非洲西部的尼日尔河全长4 200千米，河口年均径流量为12 000立方米/秒，是非洲第三大河。尼日尔河上下游流经多雨区，而中游流经热带沙漠，因此中游沿岸各国均需要依靠其水源进行灌溉。四是赞比西河水系，东南部的赞比西河全长2 660千米，是非洲流入印度洋最大的河流。赞比西河上游流经高原、沼泽地带，下游多峡谷瀑布，因此不利于航行，但其水能资源丰富。宽1 800米、落差108米的维多利亚（现名莫西奥图尼亚）大瀑布就在赞比西河，是世界著名的旅游胜地。

（4）北美洲的河流分为三大流域，即太平洋、大西洋和北冰洋，其中以注入墨西哥湾的密西西比河水系最为发达，其次是圣劳伦斯河。北美洲的河流多属于外流河，内流河的面积仅占全洲河流总面积的12%。北美洲凡直接流入北冰洋、太平洋、大西洋的河流均具有初期发育的特征，即流程短、河谷深切、多急流瀑布、不具航行意义。只有密西西比河、圣劳伦斯河、科罗拉多河具有航行、灌溉、发电等经济意义。密西西比河是北美流程最长、流域面积最广、水量最大的河流，全长6 021千米。密西西比河流域大部分为平原，中下游河段河床坡度小、水量大，利于航行和灌溉，是美国重要的农业区。圣劳伦斯河是连接北美五大湖和大西洋的重要水道，由于有五大湖的调节，水量大而且稳定，利于航行，湖口至蒙特利尔上游河段则多急流瀑布，水电资源丰富。

北美洲的湖泊主要有苏必利尔湖、密歇根湖、休伦湖、伊利湖、安大略湖，人称北美"五大湖"，其次有加拿大的大熊湖等。其中，"五大湖"是世界上最大的淡水湖群，总面积约24.5万平方千米。五大湖由于通过圣劳伦斯河与大西洋相连，因此不但具有航行意义，而且有丰富的水能资源可供利用。

（5）南美洲的河流状况与南美洲的地形和气候关系密切。由于高大的安第斯山脉偏居南美洲西部，东部为平原和高原，全洲高温多雨，干旱的地区面积狭小，因此南美洲的河流具有水量大、流程长、流域面积广、支流多、各大河均流入大西洋等特点。其主要大河有亚马孙河、奥里诺科河、拉普拉塔河等，其中亚马孙河长约 6 440 千米，是世界上流程最长、流域面积最广、支流最多、水量最大的河流。亚马孙河由于水量大、河床坡降小、流程长，极具航行之利。

（6）大洋洲除澳大利亚大陆外，其余多数岛屿上河流发育并不完善。由于澳大利亚大部分地区气候干旱，因此无流区和内流区的面积约占全洲面积的 52%，是世界各大洲中比例最高的。唯一较长的外流河是墨累-达令河，长约 3 719 千米，但由于水量季节变化大，雨季时河水暴涨，旱季时又常断流，因此不具有航行意义。澳大利亚地下水资源丰富，其中位于昆士兰州、新南威尔士州和南澳大利亚洲的大自流盆地，面积约 173 万平方千米，地下蕴藏有丰富的地下水，为农牧业发展提供了灌溉水源。

2）河流与湖泊的经济利用

河流与湖泊除了提供人类生存所需的水源外，还具有航运、灌溉、发电、养殖、旅游等经济价值。河流、湖泊的经济价值往往与河流的自身条件有关，如水量的多少、水位的季节变化、河床的坡降与流速、有无结冰期及冰期的长短、沿河地区人口、经济的密集度、开发利用的技术难度、国家与国家之间的关系等，因此目前世界主要河流与湖泊的开发利用水平有着明显差异。河流与湖泊的经济利用主要包括以下三点：

（1）航运功能。目前，航运比较发达的河流主要是一些流程长、水量稳定、水流平缓、无结冰期或结冰期短、沿岸人口密集、经济发达的河流。如亚洲的长江，北美洲的密西西比河和圣劳伦斯河，欧洲的莱茵河、多瑙河和伏尔加河。其中，莱茵河与多瑙河由于流经多个国家，具有重要的国际航运意义。

（2）灌溉功能。自古以来，人类就有引水灌溉农田、发展农业生产的做法。在古代的中国、印度、埃及以及古巴比伦，人们修建了许多著名的水利工程。近代随着科学技术的进步、人口的急剧增长、人们对粮食等农产品需求的增加，许多国家尤其是处于干旱和半干旱地区的国家大力修建水利工程，实现河水的梯级利用和开发。国际主要水利灌溉工程有埃及的阿斯旺水利工程、巴基斯坦在印度河上修建的曼格拉大坝工程、美国的田纳西河水利枢纽工程等。

（3）发电功能。电是在 19 世纪末第二次产业革命时发明的，人类从 20 世纪初开始在河流上筑坝蓄水，利用水流落差来发电。到 20 世纪 80 年代初，全世界水电发电量已达 28 000 亿千瓦时，比 50 年代增长近 8 倍。中国是世界上最大的水电发电国，拥有丰富的水资源和大规模的水电项目。截至 2022 年年底，我国水力发电量为 13 521.95 亿千瓦时，较上年同比增加 0.99%。截至 2023 年 8 月，我国水力发电量为 7 187.4 亿千瓦时，较上年同期略有减少，同比减少 0.16%，主要原因是受气候影响，2023 年降雨量大幅降低。世界水电资源分布不均，中国、俄罗斯、美国、巴西、刚果（金）五国水能蕴藏量就占全世界的一半；其开发利用程度相差更加悬殊，西欧发达国家已开发了 70% ～

98%，美国为44%，俄罗斯为20%，而我国为5.5%，刚果（金）仅占1%。

2.1.4 地理位置与国际贸易

1）地理位置的含义和类型

地理位置是指地球上某一事物处在地球表面的空间区域。根据确定地理位置的不同方法，它可分为：①经纬位置：以地球仪上经线和纬线相交的坐标点表示的空间位置，也叫数理位置或天文位置；②自然地理位置：以地球表面山川、河流等自然界的事物表示的空间关系；③经济地理位置：以地球表面具有经济意义的地理事物表示的空间关系；④政治地理位置：国家与国家之间的空间关系，如蒙古国位于中俄两国之间。

2）地理位置对国际贸易的影响

对国际贸易的发展来说，地理位置是重要因素。由于国际贸易是两个或两个以上国家（地区）间劳务、商品及技术的交换，因此各国地理位置的不同，必然使自然条件、自然资源、交通、信息、生产和消费存在差异，从而影响对外贸易。其具体影响为：

（1）各国纬度位置不同，水分和热量资源就不一样，会使农牧业生产各具特点，从而影响对外贸易中农业产品的构成流向，也会使港口的封冻期长短不一，影响对外贸易运输。如美国、中国、法国等国家均位于北半球中纬度地区，水分和热量充足，四季变化明显，适宜小麦、玉米、棉花等作物的生长，所以它们是世界上主要的谷物生产国。又如，加拿大由于地处高纬度地区，除温哥华等少数港口外，冬季大部分港口均封冻，因此影响了其对外贸易运输。

此外，经度位置的差异使各国、各地区时间不同，经度每差15°，时间相差1小时。因此，对外贸易中要考虑时差问题，以免耽误履约时间，导致对方索赔。

（2）经济地理位置的变化，会使一个国家或地区的产业结构和布局发生改变，从而影响对外贸易。例如，新加坡是位于马六甲海峡东端的一个岛国，第二次世界大战前，由于石油尚未成为主要能源，西亚石油没能得到大规模开发，亚洲各国除日本外，经济十分落后，因此作为国际航运通道的马六甲海峡，当时并不具有十分重要的经济意义。当时新加坡经济十分落后，只是英国的一个转口贸易基地，把马来西亚所产的橡胶、锡，泰国所产的稻米、柚木，印度尼西亚所产的香料、木材等转运到世界各地。第二次世界大战后，石油取代了煤炭成为最重要的能源，从而促进了西亚石油的大规模开发，加上日本、韩国及我国台湾地区经济的迅速发展，使马六甲海峡成为世界上最繁忙的海运通道，新加坡所处的地理位置就变得十分优越了。新加坡政府及时利用了这一有利条件，迅速发展了以炼油、修造船、电子等为主的加工工业和以旅游、金融、信息为主的第三产业，仅仅经过20多年就改变了落后面貌，成为世界瞩目的新兴工业化国家。正像新加坡前总理李光耀曾经指出的那样："新加坡处于主要交通中心，是北半球与南半球、东方与西方之间的十字路口，这是我们经济发展的一个重要因素。"

（3）地理位置的优劣影响了世界经济贸易中心区的形成和转移。15世纪以前，英国由于远离世界航运的通道，经济十分落后，被称为"世界荒凉的边缘"。15世纪中叶，由于奥斯曼土耳其帝国的兴起，占据了欧亚往来的交通枢纽拜占庭（君士坦丁堡），切断了欧亚交通的往来，地中海航运的优势逐渐丧失，沿岸各国的经济贸易也就随之衰落了。随着新航路的开辟、新大陆的发现和航海造船技术的发展，欧洲经济贸易活动也随之转移到大西洋沿岸。英国由于正处于欧洲到美洲、非洲的航运要道上，促进了"产业革命"的发生和经济的发展，从"世界荒凉的边缘"变成了"世界工厂"和贸易中心，也成为世界经济贸易最发达的国家。

（4）经济地理位置的优劣对贸易中心城市的形成有加速或延缓作用。

（5）政治地理位置更能直接影响对外贸易。政治地理位置是指国家与国家之间的空间关系，邻国间国力的强弱差别、两国之间的关系、邻国的对外政策和政治经济制度，都将影响彼此的对外贸易。目前，美国与加拿大的贸易额占美国对外贸易总额的近 1/5。在加拿大最大的 100 家公司中，有 30 多家为美国所有或为美国所控制。美国对墨西哥的投资约占墨西哥外资总额的 70%。这样的政治地理位置是北美自由贸易区形成的一个重要条件。

2.2 人文地理环境与国际贸易

人文地理环境是指人类自身长期在社会生产和生活实践中所形成的民族、语言、宗教信仰、风俗习惯、政治、经济、技术和法律等诸因素。人文地理环境是人类自身创造的，它反过来又影响人类自身的生产和生活，对国际贸易也产生了重要的影响。

2.2.1 国家的类型与国际贸易

国家是一个历史产物，其数量随着阶级社会、历史的发展而越来越多。世界各国、各地区无论是在自然地理环境方面，还是在人文地理环境方面，都有很大的差异。这也使得国家之间的差别十分大，国家类型多种多样。按一个国家或地区在世界经济贸易中所处的地位和作用的不同，国家可分成以下三种类型：

（1）经贸超级型大国。美国是当今世界上唯一的超级型大国。其领土面积占世界陆地总面积的 6.7%，人口占全世界总人口的 5%。美国有着雄厚的经济、军事实力和最先进的技术水平，对外经济联系广泛，贸易伙伴遍及全球。美国自然资源丰富、种类齐全，主要品种储量大且分布集中，为建立超级型大国完整的经济体系提供了雄厚的物质基础。

（2）经贸发达型国家。其包括欧洲的绝大部分国家，亚洲的日本，大洋洲的澳大利亚、新西兰及北美洲的加拿大等。它们的领土面积共占世界陆地总面积的 30% 左右，人口占世界总人口的 18% 左右。这些国家的经贸都比较发达，国民也比较富裕。从这些国家的经济特点来看，有工业发达的日本、德国；有工农业都比较发达的法国、加拿大和澳大利亚。但大多数国家能源欠缺，多数国家资源种类不全，要依靠进口，尤其以日本最为突出，主要原料都依靠进口，产品依赖国外市场，是典型的"加工贸易型"国家。

（3）经贸发展型国家。其分布在亚洲、非洲、拉丁美洲、大洋洲等极为广阔的地区。这些国家的领土面积占世界陆地总面积的 63.1%，人口占世界总人口的 77.3%。经贸发展型国家多数资源丰富，在世界贸易中占有十分重要的地位。目前，有些经贸发展型国家在经济上还处于落后状态，担负着维护民族独立、发展民族经济的重要任务。

经贸发展型国家情况比较复杂，就其经济发展水平而言，大体上可分为四类：①石油输出国。石油输出国总共不到20个，人口约占经贸发展型国家总人口的20%。20世纪70年代以来，由于大量开采和出口原油，这些国家有了巨额的外汇收入，成为高收入国家，人均国内生产总值在10 000美元以上，如阿拉伯联合酋长国。大量的石油美元，促进了石油输出国的经济发展与工业化。②新兴工业化国家，即中等收入国家，如亚洲的新加坡，拉丁美洲的巴西、墨西哥等，这些国家和地区经济发展水平高、增长速度快，在世界经济一体化进程中发挥了重要作用。③转轨经济国家。其包括独联体国家、中东欧国家和中国等。从20世纪八九十年代开始，很多实行计划经济体制的国家开始向市场经济体制转轨。经济发展模式的转换，使这些国家的经济发展迸发出巨大的能量。近几年，转轨经济国家商品进出口贸易增长率超过了12%，是世界贸易平均增长率的2倍以上，是最具贸易发展活力的地区。④最不发达国家。其也叫低收入国家，约有40个，大部分在非洲撒哈拉沙漠以南、南亚和加勒比海地区。这些国家的人均国内生产总值不到200美元，发展经济的主要困难是缺乏资金和基础设施差，人民生活贫困。

2.2.2　人口、民族和种族与国际贸易

1）世界人口

世界人口的特点如下：

（1）人口增长过快。世界人口随着经济和社会的发展，增长越来越快。截至2023年12月1日，全球240个国家和地区人口总数为8 032 122 420人，其中印度以1 426 711 933人位居第一名，成为世界上人口最多的国家，中国以1 425 722 992人位居第二名，第三至第十名分别是：美国、印度尼西亚、巴基斯坦、尼日利亚、巴西、孟加拉国、俄罗斯和墨西哥（见表2-5）。

表2-5　世界主要国家人口数量、增长率、人口密度和排名情况一览表（2023年12月1日）

世界排名	国家	人口数量	增长率	人口密度
1	印度	1 426 711 933	0.86%	480.50
2	中国	1 425 722 992	0.12%	151.86
3	美国	339 730 633	0.47%	37.17
4	印度尼西亚	277 201 035	0.77%	153.20
5	巴基斯坦	239 800 890	1.82%	311.96
6	尼日利亚	223 035 384	2.44%	245.73
7	巴西	216 242 451	0.59%	25.89
8	孟加拉国	172 699 175	1.11%	1 328.68
9	俄罗斯	144 516 841	−0.17%	8.82
10	墨西哥	128 318 745	0.71%	66.08

数据来源　中商情报网.

同时，人口增长速度也不平衡，人口增长较快的地区主要是亚、非、拉的发展中国家和地区，在非洲的一些国家，人口年自然增长率竟高达3%；而欧美发达国家在第二次世界大战后虽采取鼓励生育政策，但人口增长仍然不快。人口增长速度从表面上看是一个人口生育问题，而实质上是一个经济问题。发展中国家由于经济和科学技术落后，人成为生产力中最主要的因素，因此往往以增加人口数量来增加生产力的投入，以获取较大的经济效益；而发达国家科技发达，科学技术成为生产力中最重要的因素，加之妇女面临工作、子女教育等社会压力，因此不需要人口过快地增长。

（2）人口分布不均。从2020年各大洲人口来看，亚洲人口最多，约45.96亿，占世界人口总数的59.9%；其次是非洲，约12.76亿，占世界人口总数的16.6%；欧洲约7.33亿，占世界人口总数的9.6%；拉丁美洲约6.46亿，占世界人口总数的8.4%；北美洲约3.83亿，占世界人口总数的5.0%；大洋洲约0.41亿，占世界人口总数的0.5%。从国家来看，人口集中在少数国家，世界240个国家和地区中，人口超过1亿的只有13个。

从地区看，人口分布也不均匀。亚洲虽是人口数量最多的洲，但人口密度大的地区主要分布在东亚、东南亚和南亚；非洲人口稠密的地区主要分布在非洲大陆南北两端；欧洲人口稠密区主要分布在西欧大西洋沿岸；北美洲人口稠密区是五大湖及圣劳伦斯河沿岸、大西洋沿岸、太平洋沿岸及墨西哥湾沿岸；南美洲人口主要集中在大西洋沿岸，而安第斯山区及亚马孙河流域人口稀少；大洋洲人口主要集中在澳大利亚东南部、西南端和新西兰的北岛。世界人口稀少的地区主要是干旱的沙漠（如北非沙漠）地区、寒冷的高原（如青藏高原）地区、热带丛林（如亚马孙平原）地区等。人口稠密区也是世界经济较为发达的地区，人口稀少区通常经济落后。

（3）城市人口所占比重不断提高。目前，发达国家城市人口出现了由市中心向城市郊区、由中心城市向卫星城转移的趋势；而发展中国家人口则仍然趋向大的中心城市。

（4）人口趋于老龄化。人口老龄化不但会影响社会消费结构的变化，而且对各国建立和完善退休、医疗、养老等社会保障体系提出了新的、更高的要求。

2）世界的种族和民族

世界人口根据皮肤、毛发、眼睛等生理特征可分为四大人种，即白种人、黄种人、黑种人和棕色人种。白种人主要分布在欧洲、大洋洲和亚洲的西部、南部及非洲的北部；黄种人主要分布在亚洲的东部、东南部和南北美洲的部分地区；黑色人种主要分布在非洲的中部、西部、东部、南部和南北美洲；棕色人种主要分布在大洋洲的美拉尼西亚、密克罗尼西亚和波利尼西亚三大岛群上。

四大人种由于经济生活、语言文化、风俗习惯、宗教信仰的差异，又可分为许多民族或部族。据统计，全世界有2 000多个民族和部族。有些国家是由多个民族组成的，如中国、俄罗斯等；有些国家是单一的民族，如日本、蒙古国、朝鲜等。多民族国家由于各个民族经济发展水平的差异，宗教、风俗习惯的不同，民族之间的矛盾是客观存在的。如果执政当局的民族政策失误，常常会造成民族冲突，从而影响国内局势的稳定和经济的发展。此外，民族的差异也形成了语言的多样性。

3）人口因素对国际贸易的影响

人的社会属性表现为既是生产者又是消费者，作为生产者，他是劳动力；作为消费者，他是产品的使用者。因此，人口数量的多少、人口素质的高低、人口的结构状况、人口的分布和移动，必然影响社会再生产的所有环节，当然也包括处于流通环节的国际贸易。

（1）人口数量。作为生产者，人口数量多、密度大的国家和地区，必然劳动力资源丰富、劳动成本低，有利于发展纺织、服装、玩具、电子装配等劳动密集型产业。第二次世界大战后，以亚洲的韩国、新加坡为代表的新兴工业化国家和地区的经济腾飞，正是通过开展劳动密集型产品的生产和出口而实现的。人口数量多、密度大的国家和地区对商品的需求量必然大，市场广阔，有利于产品的进口和吸引外资；而人口数量少、密度小的国家和地区必然劳动力成本高，国内市场狭小，在一定程度上会限制国际贸易的发展。

但是，对于人口数量与国际贸易的关系，我们应持辩证的观点。例如，如果人口过多或增长过快，当生产的增长速度赶不上人口的增长速度时，反而会产生供给不足、失业严重、污染加剧等社会问题，限制经济的发展；同时也会导致长期依靠人力劳动，缺乏技术进步的动力，使生产效率降低、产品质量下降，影响产品竞争力的问题。

（2）人口素质。它是人的文化教育水平、劳动技能、身体健康状况、交往开拓能力等方面的综合体现，反映了一个人适应社会再生产能力的状况。人口素质的高低是一个社会历史范畴，在不同生产力水平下对人口素质有不同的要求。当我们进入知识经济时代后，社会对人的素质的要求越来越高。

一个国家或地区的人口素质高，有利于发展知识和技术密集型产品的生产和出口，产品的档次、质量和附加价值较高，竞争力较强。例如，美国的硅谷和我国北京的中关村，正是依靠高素质人才生产高科技产品而闻名的。

相应的，人口素质的高低会影响消费层次，从而影响产品需求。人口素质高、经济发达的国家或地区，人们对高档、时尚、新潮商品的需求旺盛；而人口素质低、经济欠发达的国家或地区，人们的消费需求多为基本生活用品，购买时追求物美价廉、坚固耐久，对新产品不太感兴趣。

（3）人口结构。它是指一个国家或地区的总人口中，根据生理特征、社会经济或地域特征而划分的各种人口占总人口的比例。其中，生理特征指年龄、性别结构等；社会经济或地域特征指职业、民族、地区结构等。人口结构与国际贸易的关系非常密切。例如，在青壮年人口所占比例大的国家，通常劳动力资源丰富、劳动力成本低、劳动效率高、消费需求旺盛；反之，则劳动力资源相对缺乏、消费需求不旺。从职业结构上分析，如果一个国家的人口结构以农业人口为主，说明这个国家经济落后，出口的商品多以农产品及其加工制成品为主；如果一个国家的人口结构以第三产业人口为主，说明这个国家经济高度发达，出口商品主要以高附加值的制成品和服务贸易为主。

（4）人口的移动。它既包括国内迁移，也包括国际迁移；既包括短期流动，也包括长期移居他地。无论是哪种移动，都会给本国的经贸发展带来有利或不利的影响。第二次世界大战后，大量亚洲、非洲的居民短期移居欧洲，给欧洲提供了大量劳动力，加快了欧洲经济的恢复和发展。目前，一些发展中国家的高素质人才大量流向发达国家，也给发展中国家的经济发展带来了不利影响。

2.2.3 宗教与国际贸易

宗教是一种社会意识形态，对人们的生活习惯、经济、文化、政治都有着深刻的影响。

1）世界三大宗教

目前，世界上的宗教种类众多，且信仰人数也非常多，但影响范围较广的只有三大宗教，即基督教、伊斯兰教和佛教。

（1）基督教。它包括天主教、东正教、新教三大教派及一些较小的派别。基督教认为上帝创造并管理世界万事万物。耶稣基督是上帝的儿子，降世成人，救赎人类。天主教、东正教和新教的信仰者主要分布在欧洲各国，大洋洲的澳大利亚、新西兰和北美洲的美国、加拿大等国。亚洲以天主教为国教的代表性国家是菲律宾。

（2）伊斯兰教。它是公元7世纪时由麦加人穆罕默德创建的。其教义主张真主安拉是唯一的"神"，穆罕默德是安拉的使者，教徒信奉"天使"；《古兰经》是安拉"启示"的经典，教徒的一切行为都要遵循《古兰经》的规定。其主要宗教活动有礼拜、斋戒、朝觐等；同时，为实现其教义，对相应的社会习俗和教徒的行为做出了规范。伊斯兰教信众主要分布在西亚各国、南亚、东南亚和北非、中亚等地，如阿富汗、伊拉克、沙特阿拉伯等。

（3）佛教。它相传是公元前6世纪时，由印度迦毗罗卫国（今尼泊尔境内）王子乔答摩·悉达多（即释迦牟尼）创立的。公元前4世纪时，佛教因传承见解的不同发生了分裂，分为小乘佛教和大乘佛教。现今流行于斯里兰卡、缅甸、泰国等国的属小乘佛教，而流行于中国、日本等国的属大乘佛教。在印度，佛教自公元9世纪以后日趋衰落，13世纪时趋于灭亡，目前只在处于社会最底层的"不可接触者"中尚有人信奉。至今将佛教作为国教推崇的有泰国、缅甸、柬埔寨等国，其对当地的社会经济、文化生活有着深刻的影响。

2）宗教对国际贸易的影响

由于宗教属于人们的意识形态，因此对人类行为的影响是深刻的、持久的、潜移默化的。在三大宗教中，虽然基督教和佛教的教理、教义也为广大教徒所推崇和信仰，但并未形成严格约束教徒行为的规则、制度和习俗，因此对人类经济活动的影响并不十分明显和深刻。而伊斯兰教由于形成了一些严格约束教徒行为的习俗，对经贸活动的影响是明显而深刻的。其影响主要体现在以下几点：

（1）伊斯兰教徒禁止饮酒及一切含有酒精的饮品。在沙特阿拉伯、科威特等伊斯兰国家，凡私自酿酒或携酒入境的伊斯兰教徒，轻则受到鞭刑，重则处以死刑，即使外国的外交人员携酒入境也受到严格限制，因此与酒有关的商品就属于禁止贸易的商品。

（2）伊斯兰教徒禁食猪肉及一切形状怪异的动物（如蛇、龙虾等）、自死的动物和动物的血及内脏。因此，出口到伊斯兰国家的动物产品，应严格遵守有关规定。

（3）伊斯兰历法规定每年9月是伊斯兰教徒的斋月，在斋月期间，白天，伊斯兰教徒禁食、禁水、禁止一切娱乐，因此斋月期间不宜开展商务交往活动。如在此期间访问伊斯兰国家，也应尊重当地的风俗习惯，避免公开的娱乐和铺张的饮食。

（4）斋月过后，伊斯兰教徒要去麦加朝觐，他们为了表示对真主的忠诚，愿意动用多年的储蓄去远途朝圣，因此这时是销售的旺季，可以提供更多的贸易机会。

2.2.4　文化与国际贸易

文化是指人们在长期生产和生活实践中所创造出来的物质和精神财富，主要包括语言、教育、宗教信仰、道德、价值观和风俗习惯等。它是影响人类生产和生活最持久、最深刻的因素。文化具有地域性、民族性和发展性的特点。所谓地域性，就是指世界上不同国家或地区有不同的文化；民族性是指不同的国家或同一个国家因种族、民族的差异，其语言、宗教信仰、风俗习惯也有明显的差异；发展性是指一个国家或民族在不同的历史阶段，其文化也是不同的，是随着科学技术及生产力的发展而发展变化的。

随着我国"四个全面"的深入推进、"一带一路"倡议的实施、上海等地自由贸易区的设置以及经济全球化的发展、我国改革开放步伐的进一步加快，我国对外贸易快速发展，已由当初的世界贸易小国发展成为贸易大国，其进出口总额已跃居世界第一位，已与227个国家和地区有贸易往来。随之而来的是我国与世界各国的交流、跨文化对话越来越多，也越来越重要。如孔子学院，据统计，截止到2023年10月底，我国已在全球162个国家和地区设立了541所孔子学院和1 170个孔子课堂，累计培养各类学员800多万人，文化活动受众近1亿人次，其影响是不言而喻的。各国的文化差异对我国企业开展国际贸易活动也产生了重要的影响，我们有必要认识和了解各国文化的差异，采取相应的对策与措施，这样才能顺利地开展国际贸易。

1）语言对国际贸易的影响

语言是人类交流思想的工具，也是一个国家或地区文化的缩影。要想了解一个国家或地区的文化背景，必须借助该国（地区）所使用的语言。现在世界上约有三四千种语言，有的语言使用人数众多，有的语言使用人数很少，其中英语是国际贸易中通用的语言。语言对国际贸易的影响主要体现在以下几个方面：

（1）当前国际贸易中使用的许多术语、略语都是由英语简化而形成的，因此如果不精通英语，就很难了解这些术语、略语的真实含义，也就难以界定买卖双方的权利与义务。例如，贸易术语FOB、CIF等严格规定了贸易双方的权利与义务。

（2）一些多民族的国家往往使用多种语言，民族矛盾也反映在语言上，因此如果语言使用不当，必然引起当地居民的不悦甚至反感，不利于国际交流。例如，加拿大是由英裔和法裔移民组成的国家，英语和法语同属官方用语，但与魁北克地区的居民交流最好使用法语，若使用英语，当地居民可能会不悦。

（3）一种语言如果在不同国家或地区的居民中使用，在长期的历史发展过程中由于受当地其他文化因素的影响，同一个词语往往在词义、语音和习惯用法上有很大的差异，因此我们应该注意这种差异。例如，英国和美国都使用英语，但Garden这个词在英国指"花园"，而在美国指"菜园"。

（4）在国际贸易中，还要研究当地的文化及不同地区语言文字的差异，这样才能获得更多的贸易利益。例如，美国Coca-Cola公司最初确定其在中国的销售策略时，研究了数以万计的中国字词，最终将其译成"可口可乐"这四个发音动听、意思完美的中国字。从此，可口可乐公司旗下众多商品都成功地打入了中国市场，获得了丰厚的收益。

（5）国际贸易中对出口商品的品名、商标、说明等文字的翻译，要注意不同国家（地区）语言文字的差异，否则可能会引起误解，影响市场的开拓。例如，美国通用汽车公司生产的"Nova雪佛兰"汽车，其英语意为"神枪手"，寓意为跑得快。而通用汽车公司把该车出口到西班牙时，"Nova"商标未作变动，结果在西班牙销售不理想，原因在于"Nova"在西班牙语中的含义为"跑不动"。

2）价值观念对国际贸易的影响

价值观念是指整个社会的全体人员或社会的某一阶层对客观事物的评价标准，是人们推崇或鄙夷某一事物的共同风气。由于不同国家或地区的居民往往有不同的价值观念，因此人们对事物有不同的认知和态度，从而导致不同的行为方式。在对外贸易谈判、签约和有关商品的设计、生产、包装、广告等环节，要注意贸易地区的价值观念。

（1）时间观念。不同国家的居民对时间的态度是不同的。西方发达国家的居民时间观念一般较强，视时间为"生命"和"金钱"。因此，在交往和贸易中提倡守时、快速，对快餐、速溶食品等产品的接受能力较强。而巴西等拉美国家或地区的居民时间观念较差，谈判、交往过程中不守时的情况经常发生，因此在交往或贸易中我们对此应有思想准备。

（2）对变革、创新的态度。变革和创新是事物发展的客观规律，但不同国家或地区的居民对变革和创新的态度却不一样。例如，美国人常常把创新与利益联系起来，创新容易被接受，新产品极受欢迎；而德国人则推崇那些历史悠久的老企业、老品牌，对新企业、新产品有一个较长的适应过程。

（3）财富观念。追求财富是人们普遍的愿望，但不同国家和地区的人们对取得财富的方式和显示财富的态度却有差异。在美国，人们往往把拥有财富的多少与个人的才能联系起来，财富多，意味着个人才能卓著，因此美国人多愿意购买高档名牌产品，以显示其身份和地位；而东方人常常对财富比较含蓄，怕"露富"，以避免他人的嫉妒。

（4）风险意识。国际贸易中由于交易环节多、履约时间长、运输距离远，因此面临着各种风险。各国居民的风险意识是不同的。在一些开放国家，由于市场经济体制形成早，居民的风险意识较强，故防范风险的措施较多；而在一些观念保守、市场经济体制不健全的国家，居民的风险意识较差，因此在贸易交往中应要求对方提供多种保证，以避免风险。

3）风俗习惯对国际贸易的影响

风俗习惯主要包括传统节日，交往中的礼仪形式，婚丧嫁娶的传统习俗，对颜色、图案的爱好、禁忌等多种因素。各国和各地区风俗习惯的差异，对国际贸易的影响往往更直接、更具体。例如，在西方国家，圣诞节是最重要的节日，不但假期长，而且对商品的需求量大，因此，出口到西方国家用于圣诞节的商品最迟应于11月底运到，否则错过了圣诞销售旺季，进口方就有可能拒收或退货；而在华人众多的亚洲国家，如中国，春节是重大节日，是一年中的销售旺季。

在一些西方国家，年轻人结婚时，新娘要披白色的婚纱，象征着对爱情坚贞不渝；丧礼要穿黑色服装，以示肃穆庄重。而东方人的婚礼新娘多穿红色服装，以示吉祥；丧礼则穿白色丧服，佩戴白花。此外，在很多国家，朋友相见通常以相互握手表示致意和欢迎，但在信奉伊斯兰教的国家，与妇女见面不能主动握手，只有对方有握手的表示时才能握手。在东方各国，不经事先约定就拜访朋友是常有的事情；而在西方国家，如无事先约定，冒昧访问是不礼貌的，甚至有被拒之门外的可能。

各国对颜色和图案也有不同的爱好和禁忌。例如，泰国等信奉佛教的国家把黄色作为高贵的颜色，而传统的基督教徒视黄色为下流颜色；老挝、印度、泰国、缅甸等国家的人们喜欢将大象作为图案或商标，而英国人讨厌以大象作为商标。

东方人在交往中询问年龄、收入等往往是关心的一种表示；而西方人认为年龄、收入等是个人隐私，问这些是不礼貌的。

4）我国对外贸易中应对文化差异影响的策略

从对国际贸易事件的分析来看，面对文化差异，靠一种文化完全地压制或征服另一种文化是不可能的。降低文化差异影响最有效的方法就是学会文化的融合、包容。随着"一带一路"倡议的推进，我国企业要"走出去"，首先就要转变观念，采取积极有效的措施，克服各国文化差异的障碍。

（1）熟悉他国的文字语言特性，做到入乡随俗。在与海外人员谈判时，要想克服语言障碍，首先就要研究该国的语言文字特征。随着我国"走出去"战略的实施，当企业面对海外市场时，语言转化的重要性随处可见。语言的转化其实就是将一种陌生的语言信息翻译为另一种熟悉的语言信息。那么如何避免由于不合理的翻译而造成的企业损失呢？企业应选择合适的翻译人员。在谈判中，翻译人员应精准译出对方的语言重点，在了解该国习俗文化特征的前提下，辨清对方人员的语言内在含义，帮助谈判人员在谈判中明确谈判形势，取得谈判优势。在进行品牌命名或产品命名时，应取一个在海外市场的语言文字中不会产生不良含义的品牌或产品名称，以便海外市场上的人们识别与记忆，不会影响他们对产品的接受。

（2）面对文化差异不回避，能够从容应对。文化差异在国际贸易中是一种普遍存在的不可回避的现象。我国企业在开展国际贸易活动时应正视它、承认它的存在，不该回避或者对其不闻不问。与此同时，要想方设法减少文化差异带来的损失。企业应积极采取措施寻找并解决本土市场与海外市场的文化差异，研发出新的产品来支撑企业的发展。企业应把文化差异作为一种挑战，作为与其他企业竞争的绝对优势，不断地探讨文化差异，并将其转化为给企业带来收益的机会。

（3）注意与当地文化融合，学会包容兼收。我国企业在进入他国市场时一定要考虑文化的本土性，将自身很好地融入当地文化中，使企业生产的产品符合他国市场的需求。美国某公司在出售冰箱给本国人和日本人时，出现了两种截然不同的现象。在美国出售大型冰箱，销售不错，而在日本，情况却恰恰相反，日本人不喜欢大型冰箱，偏爱小型款式。所以我国企业应把自己的企业文化同海外市场文化相结合，创造出能够融入他国市场的个性化经营模式。

总之，文化中语言、价值观念和风俗习惯的差异对国际贸易的影响是不可忽视的，甚至决定了销售方在东道国销售的成功与否。为了消除文化中语言、价值观念和风俗习惯的差异对国际贸易的不利影响，采取一定的策略是必要的。只有这样，才能进一步加深国与国之间的贸易关系。

2.2.5　经济、科学技术与国际贸易

影响国际贸易发展的经济与科学技术因素很多，如一个国家经济发展的历史阶段、国民经济的增长速度、经济体制和经济运行机制、产业结构及其分布、市场状况、科技水平及其研发能力等。其中，经济发展的历史阶段、国民经济的增长速度和经济体制往往对一个国家的对外贸易发展起着决定性作用；而产业结构及其分布、市场状况和科技水平更直接影响着一个国家的进出口商品结构、拓展国外市场的程度和产品的创新能力。

1）产业结构及其分布对国际贸易的影响

产业结构通常用某个产业部门的产值占国内生产总值的比重来表示，主要是指第一、第二、第三产业在国内生产总值中所占的比重，它反映了一国的生产力发展水平。产业结构及其分布对国际贸易的影响主要体现为：

（1）产业结构反映了一个国家（地区）的经济发展水平，并决定了它的进出口商品结构。一个国家应当通过对外贸易出口自己的优势产品，进口自己的劣势产品，因此国际贸易的商品结构是建立在本国产业结构基础之上的。美国经济学家罗斯托在其所著的《经济增长的阶段》一书中，从生产力发展水平角度把世界各国分为四个不同的发展阶段，即农业社会、起飞阶段、工业化社会、后工业化社会。在不同的发展阶段，产业结构的特点及其对贸易结构和商品流向的影响见表2-6。

表2-6　　　　　　　　产业结构的特点及其对贸易结构和商品流向的影响

发展阶段	产业结构的特点	贸易结构和商品流向
农业社会	一、二、三	出口农矿等初级产品，进口工业制成品
起飞阶段	二、一、三	农矿等初级产品的出口比重开始下降，而一般工业制成品出口的比重开始上升
工业化社会	二、三、一	出口商品构成中工业制成品占优势，尤以资本密集型产品为主
后工业化社会	三、二、一	出口商品以知识、技术密集型的高科技产品和服务贸易为主

（2）产业结构的差异造成了国际贸易中利益分配的不均。发达国家由于资金雄厚、人才素质高、科技发达、管理先进，其产业结构以知识、技术密集型为主，而且服务业

发达，企业具有规模效益。出口商品以技术含量高的高科技产品为主，服务贸易发达，产品附加价值高、成本低、竞争力强，在国际市场上售价高。因此，发达国家常常高价售出产品，低价购进原料或半制成品，利用"剪刀差"获取巨额利润。而发展中国家由于产业结构落后，出口的农矿等初级产品和劳动密集型制成品附加价值低、竞争力差，往往卖不上好价钱，只能遭受发达国家的剥削与掠夺，而在服务贸易领域更是对发达国家过分依赖。

（3）第二次世界大战后，随着科学技术和生产力的迅速发展，无论是发达国家还是发展中国家都面临着产业结构的调整，发达国家开始把劳动密集型、资源和资本密集型产业向发展中国家转移，这有利于发展中国家吸引外资，引进相对先进的技术、设备和管理方法，提高出口产品的质量和档次，使自己的出口产品构成由初级产品向制成品转变、由单一化向多样化转变。但是产业结构的调整也使国际贸易中初级产品的需求量不断下降，价格不断下跌；制成品尤其是高科技产品的需求量不断增长，价格日益上扬，从根本上讲，不利于发展中国家的经济增长。

2）市场状况对国际贸易的影响

市场是社会生产力发展到一定阶段的产物。市场既是买卖双方进行商品、服务和技术交换的场所，也是社会供给与需求关系的总和，是连接生产与消费的纽带。第二次世界大战后，随着社会生产力的迅速发展，世界市场的规模不断扩大，竞争日益加剧，在开放度不断提高的同时，也出现了贸易集团化、结构性的供给与需求失衡等不利于国际贸易发展的趋势。世界各国由于在经济发展水平、政治制度及法律状况、风俗习惯和自然条件等方面存在着差异，因此市场状况也有很大的不同。市场状况对国际贸易的影响主要涉及以下几方面：

（1）市场容量的大小。市场容量是指市场对产品的需求量。其大小主要取决于当地人口的数量、经济发展水平、产品更新速度、人均国民收入等因素。由于美国人口相对较多、经济发达、人均国民收入较高，因此市场容量很大。中国经济虽然欠发达，但由于人口众多，与经济发达但人口数量少的国家（如新加坡）相比，市场容量也非常大。

（2）市场的开放度与保护度。市场的开放度是指允许国外商品自由进出的程度。一个国家市场的开放度越高，对国际贸易的发展就越有利。市场开放度的高低，取决于一国经济发展的速度、资源的贫富、与其他国家地理位置的远近及政治经济关系。经济发达且经济发展速度快、资源相对贫乏且资源消耗量大以及地处沿海且与他国的地理位置较近的国家，其市场开放度必然高；而经济落后且经济发展缓慢、资源丰富能够自给自足、交通不发达、与他国政治经济关系不好的国家，其市场开放度相对就低。

（3）市场销售渠道。它是指产品从生产者手中最终送到消费者手中所经过的各个中间环节。市场销售渠道主要由仓储、运输、批发、零售等环节构成。在本国产品进入外国市场时，如果销售渠道长、中间经过的环节多，必然会增加产品的成本，削弱产品在市场上的竞争力；反之，如果销售渠道短，则有利于增强产品的竞争力。世界各国由于商业习俗、法律规定的差异，其销售渠道的长短、宽窄是不一样的。例如，日本的市场销售渠道较长，产品往往要经过多个环节才能送到零售商、消费者手中；而美国市场销

售渠道较短，产品可以直接进入超市和百货公司卖给消费者。

（4）市场风险。它主要包括政治风险、客户资信风险、价格与汇率的变动风险等。政治风险主要取决于政府的稳定性、政策的连续性和国家之间的政治关系；客户资信风险主要取决于企业的规模、经营历史、资金和信誉状况；价格与汇率的变动风险则受制于市场供需状况。在国际贸易中，针对不同的风险，我们应分别采取有效的防范措施。

3）科技水平对国际贸易的影响

科学技术是生产力，而且是第一生产力。正像第一次和第二次科技革命大大提高了世界生产力和促进了国际贸易发展一样，第二次世界大战后，以新能源、新材料、电子技术、通信技术、生物工程和海洋工程为代表的第三次科技革命，同样对国际贸易的发展起到了极大的促进作用。

（1）科技革命使国际市场日益统一，市场容量不断扩大，贸易竞争加剧。这是由于第二次世界大战后，交通和通信工具日益现代化，打破了国际贸易往来的时空限制，有效缩短了各国相互往来的距离，从而促进了国际市场的统一。统一的国际市场不但使市场容量扩大，也加剧了贸易竞争。一国的产品如果不能在品种、质量、价格和服务等方面超过竞争对手，就很难进入或占领市场。

（2）科技革命促进了各国产业结构的调整，产业结构的调整又促进了国际贸易的发展。

（3）科学技术是一种"创造性的毁灭力量"。科学技术的发展使新产业、新产品不断涌现，给国际市场带来勃勃生机，同时又给传统产业和产品带来了极大的威胁。

（4）科学技术的发展使国际分工由第二次世界大战前的"垂直型"向战后的"水平型"转变，从而使国际贸易中原材料等初级产品的需求量下降，制成品尤其是机电产品的比重不断提高。

（5）科技发展促进了交通和通信的现代化，缩短了国家间的时空距离，也促进了国际贸易的发展。集装箱的发明和使用，不但使单一运输方式走向了多式联运，而且节约了运输费用、缩短了运输时间、提高了运输质量。计算机和互联网的飞速发展，更使WEB-EDI这种交易方式得到了广泛应用，大大提高了交易效率，降低了交易成本，减少了误差。

▨ 知识掌握与应用

2.1 知识掌握

•填空题

（1）世界人口增长的特点是＿＿＿＿＿、＿＿＿＿＿、＿＿＿＿＿和＿＿＿＿＿。

随堂测2

（2）市场容量（规模）的大小，主要取决于一个国家（地区）＿＿＿＿＿的多少、经济增长的快慢、＿＿＿＿＿的速度和＿＿＿＿＿的水平等因素。

（3）亚洲以基督教为国教的代表性国家是＿＿＿＿＿。

（4）人文地理环境主要包括＿＿＿＿＿、＿＿＿＿＿、＿＿＿＿＿、＿＿＿＿＿和＿＿＿＿＿等内容。

•判断题

（1）气候不仅影响农产品品质、居民的消费习惯，也影响对外贸易中的商品包装、储存和运输。（　　）

（2）世界气候类型在空间分布上虽然具有复杂多样性，但也具有明显的规律性，即纬度地带性和经度地带性。（　　）

（3）伊斯兰教徒禁食猪及一切形状怪异的动物（如蛇、龙虾等）、自死的动物和动物的血及内脏。（　　）

（4）各国对颜色和图案也有不同的爱好和禁忌。例如，泰国等信奉佛教的国家把黄色视为下流的颜色，而传统的基督教徒视黄色为富贵的颜色。（　　）

•问答题

（1）世界上有哪些主要的气候类型？各有什么特征？分析气候与国际贸易之间的关系和相互影响。

（2）地理位置有哪些类型？它们对国际贸易有什么影响？

（3）举例分析语言和风俗习惯对国际贸易的影响。

2.2　知识应用

（1）请运用一国产业结构发展变化的相关数据，分析其与对外贸易中进出口商品结构之间的关系。

（2）请结合伊斯兰教的教规，分析在国际贸易中应如何做到"入乡随俗、入国问禁"。

课题 3

国际经贸地理格局

学习目标

• 知识目标

理解国际关联的含义、形式及特点；掌握当今世界经贸格局发展变化的新特点；了解世界主要经贸组织的基本情况和世界经济贸易中心的形成、发展情况；掌握地理大发现和科技革命对世界经济贸易中心的作用及影响；了解亚太地区经济贸易中心形成的条件和发展趋势；初步掌握世界贸易中心的地理分布情况。

• 技能目标

能结合当前国际经贸的发展现状，分析国际经贸地理格局变化的原因和特点；能阐述科技革命的发展和变革对世界经济贸易中心的影响。

• 素养目标

通过本课题的学习，掌握当今世界经贸格局发展变化的新特点和新趋势，树立正确的世界观和价值观，增强爱国情怀。

3.1 国际关联与经贸格局

3.1.1 国际关联的含义与形式

国际关联是指超越国界而发生的各种社会、经济和政治联系。这种联系是多方面的，但以经贸联系为主。

从经贸角度可以把世界上的国家分成经贸发达型国家和经贸发展型国家两类，所构成的经贸关系有三种，即发达国家和发达国家的关系、发达国家和发展中国家的关系、发展中国家和发展中国家的关系。由于经贸发达型国家和地区绝大多数位于北半球，而经贸发展型国家和地区大多数位于南半球，因此习惯上用"北"代表发达国家，用"南"代表发展中国家。这三种经贸关系也就简称为北-北关联、北-南关联、南-南关联。另有所谓的东-西关联，实际上是一种政治关联，其所涵盖的国家基本上与北-北关联有所重叠。

1）北-北关联的含义和特点

所谓北-北关联，是指发达国家与发达国家之间的联系和合作。它在国际关联中占主导地位，起支配作用。从经济实力看，发达国家的国内生产总值占世界国内生产总值的75%以上；从对外贸易看，发达国家的对外贸易额占世界对外贸易总额的70%以上；从对外投资看，发达国家的对外投资额占世界对外投资总额的85%以上。北-北关联无论是在贸易方面还是在投资方面，都是世界经贸的主体和核心。

北-北关联中存在的主要问题是日益严重的贸易摩擦和贸易壁垒。在当今世界市场上，到处可听到美国、日本、西欧的争吵声，而且经常以制裁、报复相互威胁。但是要看到，北-北关联的交流和合作仍是主流，仍是经贸格局的主要支柱。发达国家之间命运与共，要繁荣一起繁荣，要衰落一起衰落。它们的短期和局部利益存在冲突，但长远和全局利益是一致的，在一定限度内讨价还价，妥协和让步是最终的选择。第二次世界大战是你死我活的大搏斗，而今经济大国拓展经济实力是在和平共存的环境中实现的。至少现在还很难想象美加、日澳、西欧这三极中任何一极能在牺牲其他两极繁荣的基础上单独发展。对高度依赖对外经贸、深受世界经济影响的美加、日澳和西欧来说，任何一极的衰弱都会导致其他两极的衰弱。

2）北-南关联的含义和特点

所谓北-南关联，是指发达国家与发展中国家之间的联系和合作，它的强度远不如北-北关联。尽管区域集团化趋势日益显著，但美日欧之间的经贸关系不会让位于正在形成或发展中的以它们各自为中心的三大区域经贸集团（北美自由贸易区、亚太经济合作组织和欧盟）之间的经贸关系。只有竞争才能相互促进，没有竞争就没有进步，各国的经济就是在既竞争又合作的过程中不断发展的。可以肯定，区域集团化趋势一旦妨碍北-北之间的经贸关系，这种趋势就会中断。现在经贸大国推动区域集团化是为了将来在全球竞争中拥有更强的实力，世界经贸不可能从此就区域化了，北-北关联不可能让位于北-南关联，北-南关联将始终受制于北-北关联。从长远看，北-北关联不会削弱，只会加强，因为不断有发展中国家通过与发达国家的经贸合作来实现产业升级，成为发达国家。发达国家的阵容会不断扩大，北-北关联将日益加强。

北-南关联是发展中国家实现产业升级的唯一途径。一般认为，自第二次世界大战以来，国际上已出现过两次世界性的产业结构大调整和经贸格局大变动：第一次被日本和西欧所把握，第二次被新加坡、韩国、巴西、墨西哥、阿根廷、西班牙、葡萄牙、希腊等国所利用。现在是第三次，即新兴工业化国家（地区）为了自身的产业升级，在积极发展知识、技术密集型产业的同时，把一部分在本国（地区）投资潜力不大的劳动、资源密集型产业转移到其他国家去，这为发展中国家积极利用外资实现产业升级提供了契机。

当前，北-南关联的主要问题是不合理的国际经济秩序。所谓不合理的国际经济秩序，主要是指发达国家出口的工业制成品因技术附加值高，价格不断上涨，而发展中国家所拥有的农林牧渔矿等初级原料出口利润下降，价格不断下跌，从而使两者的"剪刀差"日益扩大。因此，发达国家的发展是建立在牺牲发展中国家利益的基础上的，南北差距在不断扩大。

但是，世界的发展不能建立在广大发展中国家长期贫困落后的基础上，发达国家为了自身的利益，也不能不认真对待发展中国家关于建立国际经济新秩序的愿望和要求。所以，使北-南关联朝着有利于发展中国家的方向发展是有可能的。这是因为世界经贸格局的变化给发展中国家带来了经济发展的有利条件和时机。由于多极竞争加剧，发达国家争夺世界市场的斗争更趋激烈，发展中国家的市场也成为争夺的对象，加之受世界经贸区域集团化趋势的影响，一部分发展中国家会成为南北国家共同的国际经贸组织的成员。

3）南-南关联的含义和特点

所谓南-南关联，是指发展中国家与发展中国家之间的联系和合作。当前，发展中国家要求南-南合作的呼声越来越高，发展中国家联合起来与发达国家相抗争，会在一定程度上改变原有的国际经济秩序。如石油输出国组织（OPEC）一直致力于为该组织成员国在国际石油市场中谋求合理地位，在稳定世界市场石油价格方面起到了很大的作用，现已成为世界经济中一股重要的力量。

南-南关联是发展中国家为摆脱发达国家经济掠夺和控制而建立起来的新关联。从20世纪60年代初起，发展中国家在重大的经贸问题上统一认识，联合行动，争取"一个声音"同发达国家对话，有力维护了发展中国家的经济权益。1964年"77国集团"的成立、1974年联合国大会通过的《建立新的国际经济秩序宣言》和《建立新的国际经济秩序的行动纲领》以及"普惠制"的诞生，都是发展中国家积极争取的结果。

但是应当看到，南-南关联比重很低，是一种从属的关联，无法与北-南关联相比。这是因为：一方面，北南国家经济互补性强，发达国家的原料和市场对发展中国家有依赖，发达国家已成为发展中国家的主要贸易对象；另一方面，发展中国家只有与发达国家开展经贸关系，才有可能实现自身的产业升级和发展。

3.1.2　当今世界经贸格局的新特点

综上所述，当今世界的经贸格局可以用美、日、欧既相互依赖又相互制衡的"三极论"来概括，其特征为"三足鼎立，多极支撑"；但有学者认为当今世界的经贸格局呈现出"一超多强"的特点；但更多的学者认为当今世界的经贸格局出现了"多极化"的特点。北-北关联、北-南关联、南-南关联是世界经贸格局的三大支柱，把世界上的国家分为两类。需要指出的是，在当今世界经贸格局中，发达国家占据有利地位，发展中国家若要打破现在的经贸格局成为发达国家，唯一的途径是主动参与国际分工，积极发展与发达国家的经贸关系，以实现自身的产业升级。

3.2　主要的国际经贸组织

相对稳定的经贸关系总会通过一定的国际经贸组织来体现，并通过国际经贸组织来巩固和加强。国际经贸组织数量很多,影响很广,作用很大。可以说,国际经贸组织是国际关联的重要纽带和桥梁。比较重要的国际经贸组织有世界贸易组织、石油输出国组织和阿拉伯石油输出国组织、欧洲联盟、北美自由贸易区以及亚太经济合作组织。

3.2.1　世界贸易组织(WTO)

世界贸易组织(以下简称WTO)成立于1995年1月1日,其前身是关税和贸易总协定(GATT)。WTO现有成员164个,另有约30个国家和地区正在申请加入,其总部在瑞士日内瓦。2001年12月11日,中国正式加入世界贸易组织,成为其第143个成员。WTO是世界上最大的多边贸易组织,成员之间的贸易量占世界贸易总量的95%以上。WTO与世界银行、国际货币基金组织并称为当今世界经济体制的“三大支柱”。GATT共主持了8轮多边贸易谈判,最近持续时间最长的乌拉圭回合谈判从1986年开始,前后长达7年半之久,其重要成果之一就是创立了WTO。

(1)WTO的基本职能:制定和规范国际多边贸易规则、组织多边贸易谈判、解决成员方之间的贸易争端。

(2)WTO的宗旨:提高各成员方居民的生活水平,保证充分就业,大幅度、稳定地增加实际收入和有效需求,扩大货物和服务的生产与贸易;按照可持续发展的原则,有效运用世界资源,保护环境,并以不同经济发展水平下各自需要的方式,采取各种相应的措施;积极努力,确保发展中国家尤其是不发达国家在国际贸易增长中获得与其经济发展需要相称的份额。

(3)WTO的具体目标:建立一个完整的、更具活力和永久性的多边贸易体制,以巩固原来的GATT为贸易自由化所做的努力和乌拉圭回合多边贸易谈判的所有成果。为实现这些目标,各成员应通过互惠互利的安排,切实降低关税和其他贸易壁垒,在国际贸易中消除歧视性待遇。

(4)WTO的地位:WTO是具有法人地位的国际组织,与其前身GATT相比,WTO在调解成员间的争端方面具有更高的权威性和有效性。

(5)WTO的组织机构:WTO的最高决策权力机构是部长大会,其至少每两年召开一次会议,可对多边贸易协议的所有事务做出决定。部长大会下设总理事会和秘书处,负责WTO的日常会议和工作。在总理事会下设有货物贸易、服务贸易和与贸易有关的知识产权三个理事会,以及贸易与发展、国际收支、行政预算三个委员会。秘书处设总干事一人。

3.2.2　石油输出国组织和阿拉伯石油输出国组织

石油输出国组织(Organization of Petroleum Exporting Countries,OPEC)现有成员13个,包括亚洲的伊朗、伊拉克、科威特、沙特阿拉伯、阿拉伯联合酋长国,非洲的刚果、安哥拉、利比亚、阿尔及利亚、赤道几内亚、加蓬、尼日利亚以及拉丁美洲的委内瑞拉。总部设在维也纳。

阿拉伯石油输出国组织(OAPEC)总部设在科威特城,有11个成员国:阿尔及利亚、利比亚、巴林、埃及、伊拉克、科威特、卡塔尔、沙特阿拉伯、叙利亚、突尼斯、阿拉伯联合酋长国。其中，突尼斯自1986年以来，在它自己的要求下，其成员国资格一直被冻结。

这两个组织的成员国大多数是中东国家。国际上所说的"中东"，一般泛指欧、亚、非三洲连接的地区，现在中东的范围大体上与西亚相当，但不包括阿富汗，而包括北非的埃及。

1）地理环境

（1）地理位置十分重要。中东位于东半球大陆中心，地处三洲五海之间，即欧、亚、非三洲连接地带，濒临阿拉伯海、红海、地中海、黑海、里海，自古代以来就是国际交通的要冲，也是亚、欧、北非之间商品的集散、转运中心。现在中东有公路、铁路和国际航空线连接三大洲，并控制着海上交通的要道，加上近现代波斯湾地区石油资源的大力开发，使中东地区在经济上、政治上、军事上都成为大国的角逐场和现代国际关系的"热点"地区。其交通与资源的双重战略位置是世界上任何地区都无法比拟的，对中东地区的发展起着重要作用。

（2）气候炎热干燥。中东大部分地区处在副热带高压带和东北信风带内，又大多是被高山围绕着的高原，海洋上来的湿润气流难以深入内陆，所以中东大部分地区属热带沙漠气候，夏季炎热，冬季温和，常年干旱少雨。中东有很多干旱、半干旱地区，且有大片沙漠分布，河流稀少，淡水紧缺。

（3）石油资源非常丰富。中东地区是世界著名的石油宝库。占世界陆地面积仅9%的中东地区，石油储量却占世界总储量的70%，而且主要集中在波斯湾周围约100万平方千米的范围内，即号称"世界油极"的阿拉伯-伊朗石油沉积盆地。在世界石油储量最多的10个国家中，有5个是波斯湾国家，即沙特阿拉伯、伊朗、伊拉克、科威特、阿拉伯联合酋长国。其中，沙特阿拉伯一国石油储量即占世界石油总储量的近14%，超过所有发达国家石油储量总和的1/3。波斯湾地区的石油除储量大以外，还具有油田大、伴生的天然气数量多和油田距海近等优势。这为高效率、低成本开发油田和贸易运输提供了优越的条件。波斯湾地区每生产1吨石油所需投资以及所花的成本是世界上最低的，大约相当于尼日利亚、委内瑞拉的1/10～1/5，北海油田的1/30。中东石油生产的绝大部分供出口，石油贸易遍及世界各大洲，在世界石油市场上长期占据突出地位，对世界政治、经济均产生了广泛而深刻的影响。

2）人文环境

中东地区人口约3.6亿，占世界总人口的5.4%，人口增长速度高于世界平均增速，人口分布地区差异很大。此外，中东地区外籍人口比重很大。

中东地区的阿拉伯人占绝大多数，集中分布在中部和南部各地。除阿拉伯人以外，还有波斯人、土耳其人、希腊人和犹太人等，他们分别集中居住在伊朗、土耳其、塞浦路斯和以色列。

中东地区的阿拉伯人有共同的语言，即阿拉伯语。阿拉伯语最早普及于叙利亚和伊拉克，19世纪从中亚扩展到北非的埃及、利比亚等地；而伊朗、土耳其、塞浦路斯、以色列等国都使用自己的语言。

中东地区是犹太教、基督教、伊斯兰教三大世界性宗教的发源地。在宗教信仰方面，除塞浦路斯信仰东正教、以色列信仰犹太教、黎巴嫩信仰天主教外，其他国家均以伊斯兰教为国教。这一特征对该地区的市场需求及市场规模均有重要影响。中东地区的宗教不仅对该地区的社会政治、经济、文化、风俗影响巨大，而且对世界经济、世界市场和国际关系也具有深刻影响。

3）经贸发展概况

（1）石油输出国组织经贸发展概况。第二次世界大战后，世界石油业主要为美、英资本所垄断。为维护国家主权、保护石油资源，1960年9月10日，伊拉克、伊朗、科威特、沙特阿拉伯和委内瑞拉的代表在巴格达开会，决定联合起来共同对付西方石油公司，维护石油收入，并于14日宣布成立"石油输出国组织"（以下简称欧佩克）。该组织的宗旨是协调和统一成员国的石油政策，并以最适宜的手段来维护它们各自和共同的利益。欧佩克成立后，为保护石油资源、维护民族利益，制定了一系列政策，进行了卓有成效的斗争，主要表现为：第一，夺回了油价标定权，提高了石油出口税率，以增加产油国的收入。第二，实行石油生产国有化和增加在西方石油公司中的股权，以控制石油的生产和销售。目前，伊朗、科威特、委内瑞拉、卡塔尔等国，已经全部实现了石油生产国有化；利比亚、阿尔及利亚、尼日利亚等国也控制了本国石油生产的绝大部分；印度尼西亚把石油产量国家分成的比例提高到85%以上。第三，通过1973年和1979年两次石油减产提价，增加了产油国的收入，打击了西方国家以低价对各产油国资源的掠夺，同时也给西方发达国家经济的发展造成了重大的冲击。第四，各成员国共同筹集了数十亿美元，作为共同基金，支持发展中国家经济的发展。

欧佩克采取的上述一系列措施，不但促进了各产油国经济的发展，提高了它们在世界经济贸易中的地位，而且对各国调整产业结构，开发替代型新能源，勘探、开采新的油田，起到了极大的促进作用。

（2）阿拉伯石油输出国组织经贸发展概况。1968年1月9日，科威特、利比亚和沙特阿拉伯三国在贝鲁特创建了阿拉伯石油输出国组织。该组织的宗旨是协调成员国间的石油政策，协助交流技术情报，提供训练和就业机会，探讨成员国之间在石油工业方面进行合作的方式和途径，利用成员国的资源和潜力，建立石油工业各个领域的联合企业，维护成员国的利益。其原则是不干涉和不违背石油输出国组织权威性机构讨论决定的石油政策。

4）贸易特征

由于石油生产发展迅速，石油收入大量增加，因而中东地区市场需求旺盛，但中东地区经济发展水平不高，多数国家是以农牧业为基本的经济产业。其他经济产业刚刚起步，满足不了旺盛的需求，从而使中东地区逐步成为一个包括商品、劳务、资本在内的大容量市场，发展潜力很大。其主要特征是石油出口最多，其他消费品和资本货物进口最多，有很强的对外贸易依赖性。

（1）中东是世界最大的石油出口市场。该地区石油资源丰富、产量高、成本低，其出口量占世界石油出口总量的1/3以上，各产油国财政收入的近80%来源于石油产业。

（2）中东是世界上最大的绵羊肉进口市场和重要的粮食进口市场。该地区绵羊肉进口量占世界市场销售量的80%。中东大部分地区气候炎热、干燥，沙漠面积大，耕地面积小，加之城市人口增长迅速，也使该地区成为重要的粮食进口市场。

（3）中东是世界上最大的国际承包工程及劳务输入市场。由于经济的迅速发展与人口数量、劳动力素质不相适应，该地区缺乏专业技术人才和熟练工人，也缺乏劳动力。比较复杂的建筑工程，从设计、施工到维修保养均由外国公司承包，生产发展需要的及战争破坏后恢复、重建的各种基础设施、工业设施、民用设施，也都需要外国公司承包。由于外籍劳务人员人数众多、国别多样，为市场商品需求量的增加和品种的多样化提供了条件。

（4）中东是资本货物和原材料销售的重要市场。当地除石油工业以外的其他加工业近年来虽有发展，但仍满足不了旺盛的市场需求，因此各种机械设备、运输设备、除石油以外的原材料、高中低档工业品均需进口，各种商品对外依赖性很大，但是中东各国都愿意优先进口带有伊斯兰特色的穆斯林产品。

（5）中东地区是一个关税低、进口限制少的市场。该地区由于外汇充裕、需求旺盛，各国在进口方面都采取自由贸易政策。进口商品基本无限制，低关税是其重要特点。例如，各种消费品的进口税率：沙特阿拉伯为7%，巴林为5%，科威特为4%，阿曼为3%，阿拉伯联合酋长国免税，但对特殊商品如烟、酒，则征收很高的特别进口关税，甚至高达100%（因伊斯兰国家禁止销售酒类饮品）。

3.2.3 欧洲联盟

欧洲联盟（EU），即欧盟，是当今世界上起步最早、程度最高也最成功的经济一体化组织，现有27个成员国，包括法国、德国、意大利、荷兰、比利时、卢森堡、丹麦、爱尔兰、希腊、西班牙、葡萄牙、奥地利、瑞典、芬兰、爱沙尼亚、拉脱维亚、立陶宛、波兰、捷克、斯洛伐克、匈牙利、斯洛文尼亚、马耳他、塞浦路斯、罗马尼亚、保加利亚、克罗地亚，原成员国英国已经脱离欧盟。欧盟总面积437.9万平方千米，人口5.11亿，是世界上最大的商品生产地和销售市场，在国际贸易中起着举足轻重的作用。

1）自然地理环境

欧盟三面环海，海岸线漫长，是世界上海岸线最曲折、最复杂的一个区域。其大陆边缘有许多内海、海湾、海峡、半岛、岛屿和大港口，海上航运四通八达，在国际贸易中具有重要地位和作用。欧盟的西部和中部以平原和丘陵为主。欧盟有众多河流，如多瑙河、莱茵河、易北河、罗讷河等，水量较充足，内河航运便利，主要经济中心多集中在河流两岸。南部阿尔卑斯山是著名的风景旅游胜地，北部湖泊众多，旅游业和渔业都比较发达。

欧盟大部分国家处北温带，气候温和湿润。西部大西洋沿岸夏季凉爽，冬季温和，是典型的海洋性温带阔叶林气候，有利于农牧业的发展；东部远离海洋，属大陆性温带阔叶林气候；北部北冰洋沿岸地区冬季严寒，夏季凉爽而短促，属寒带苔原气候；南部地中海沿岸地区冬暖多雨，夏热干燥，属亚热带地中海气候，风景秀丽，是世界著名的旅游区。欧盟整体没有热带气候，热带水果及经济作物主要靠进口。

欧盟的自然资源并不是很丰富，且分布不平衡，矿产资源中煤比较丰富，主要分布在波兰的西里西亚、德国的鲁尔和萨尔、法国的洛林区；石油主要分布在北海及其沿岸地区。此外，欧盟还有一些比较重要的资源，如铁、铜、铅、锌、汞等。相对于其高速发展的经济来说，欧盟的能源显得尤其贫乏，除丹麦是能源净出口国外，欧盟总体上能源消费中仅一半是自身生产，其余都是依靠进口，尤其是石油，对国际市场的价格非常敏感。

2）人文地理环境

欧盟27国共有人口5.11亿，占全世界总人口的7.3%，城市人口占70%以上，城市化水平较高；同时，欧盟消费水平较高，市场规模较大。但欧盟人口增长率很低，有些国家甚至是负增长，如德国、希腊、意大利和奥地利等。随着生活水平的提高，居民的预期寿命增加，老龄化趋势明显。欧盟外籍移民较多，主要来自北非和中东国家，从而使消费需求呈现出多样化的特点。

从总体上看，欧盟各国在人种、信仰和文化背景方面较相近，为统一大市场及贸易集团的发展提供了有利条件。欧盟绝大部分居民是白种人，属欧罗巴人种，语种在印欧语系中分属于拉丁语族、日耳曼语族和斯拉夫语族，英语是通用语言。欧盟居民多信奉天主教和基督教。

3）经济概况

（1）欧盟的成立与发展。欧盟是在欧洲共同体的基础上发展起来的。1951年，法国、联邦德国、意大利、荷兰、比利时、卢森堡六国签订了《建立欧洲煤钢共同体条约》；1957年，六国又签署了《罗马条约》；1965年，六国签署了《布鲁塞尔条约》，决定将三个共同体各自的部长理事会和执行委员会合二为一，统称为欧洲共同体；1986年，欧洲共同体各成员政府首脑签署了旨在建立欧洲统一大市场的《单一欧洲文件》，该文件是欧洲迈向统一的巨大里程碑；1991年12月，欧洲共同体在荷兰的马斯特里赫特签订了旨在使欧洲一体化向纵深发展和成立政治及经济货币联盟的《欧洲联盟条约》，也称《马斯特里赫特条约》；1992年年底，"统一大市场"基本形成，成员国之间的商品、劳务、资金及人员可以平等自由地流动；1993年11月1日，该条约获所有成员国批准生效，欧洲联盟正式成立。

发展至今，欧盟已有7次扩大：第一次是1973年吸收了英国、丹麦和爱尔兰三国；第二次是1981年吸收希腊；第三次是1986年扩大到西班牙、葡萄牙；第四次扩大是1995年吸收奥地利、瑞典及芬兰成为成员国；第五次扩大也是规模最大的一次，在2004年5月1日，共有10个国家成为欧盟新成员，即爱沙尼亚、拉脱维亚、立陶宛、波兰、捷克、斯洛伐克、匈牙利、斯洛文尼亚、马耳他、塞浦路斯；第六次扩大是在2007年1月，罗马尼亚和保加利亚两国加入欧盟；第七次扩大是2013年7月1日，克罗地亚加入欧盟，成为第28个国家。但是在2016年6月23日，英国就是否留在欧盟举行全民公投。投票结果显示支持"脱欧"的票数以微弱优势战胜"留欧"的票数，英国将脱离欧盟。土耳其入盟谈判已于2005年10月启动，今后欧盟的疆域将一直扩大到中东。欧盟实现了不同民族、不同文化和不同体制的国家的联合。

1998年5月3日，欧元区正式成立，共有11个国家参与，包括德国、法国、荷兰、比利时、卢森堡、西班牙、葡萄牙、奥地利、意大利、芬兰、爱尔兰。2001年1月，希腊加入欧元区；2007年1月1日，斯洛文尼亚加入欧元区；2008年1月1日，塞浦路斯、马耳他加入欧元区；2009年1月1日，斯洛伐克加入欧元区；2011年1月1日，爱沙尼亚加入欧元区。目前欧元区共有19个成员国和超过3.3亿的人口。从国际范围来看，欧元仅诞生十几年，就居于全球外汇交易额的第2位，成为仅次于美元的国际储备货币。

（2）欧盟的经济。目前，欧盟是世界第三大经济实体，次于美国和中国，东扩以后整体实力不断增强，2022年27国的国民生产总值之和为16.6万亿美元，占世界的26%；对外直接投资占世界的46%；吸收外国直接投资占世界的24%。2004年及之后加入欧盟的13个新成员的经济水平相对低于其他欧盟国家，但是它们可以从欧盟现有的优惠政策中得到各种经济援助与补贴。此外，欧盟原15国均处于工业化发展后期，工业、农业的从业人数不断下降，服务业的从业人数不断上升，工农业生产的现代化水平较高，金融、保险和旅游业等很发达。其中，第三产业的就业人数占总人数的60%左右，第二产业占30%，第一产业占1%~10%；产业发展导向现以技术和资金密集型产业为主，并向以知识和技术密集型产业为主的方向发展。从产品结构看，纺织品、服装、钢铁等劳动密集型传统产品由强转弱，逐渐被新兴工业国取代，日益失去竞争力；汽车发动机和零件、通信设备、航空设备、有机化工产品和塑料制品等技术产品处于优势；IT产品的研发位于世界前沿，发展迅速。

欧盟实行共同农业政策、共同渔业政策、共同消费政策和共同贸易政策。其中，共同农业政策是欧盟最早实施的一项共同政策，主要内容是对内建立共同农业基金、统一农产品市场和价格、对农产品出口予以补贴；对外则采取设置随市场供求变化而调整的差价税、进口配额等贸易管理措施，使欧盟农业免遭外部廉价农产品的竞争。欧盟共同农业政策目前每年给予农业的补贴高达40亿欧元。发达国家和地区的高额农业补贴（如欧盟）近年来已成为世界贸易组织新一轮谈判的焦点。

欧盟的最新三轮扩大中新加入的13个成员国使统一市场进一步扩大，为欧洲经济发展打开了广阔的空间，给欧元也带来了难以估量的好处。欧元作为贸易货币、投资货币和储备货币，已成为除美元外新的全球主导货币。有了欧元，欧洲已具有一级的世界金融势力。

2020年疫情肆虐全球，欧盟成为重灾区，欧盟经济面临着第二次世界大战以来前所未有的衰退。同时，疫情将加重欧盟成员国各自的社会经济问题、加大欧盟内部的矛盾和分歧，甚至威胁欧盟团结与欧洲一体化进程。欧元区19国经济2020年收缩7.8%，2021年和2022年分别增长4.2%和3%。欧盟27国经济2020年收缩7.4%，2021年和2022年分别增长4.1%和3%。

4）对外贸易情况

（1）欧盟是世界第一大贸易集团，实行共同贸易政策，在全球贸易发展和贸易谈判中发挥着重要的作用。1992年年底，欧盟建立了统一的大市场，商品、人员、资金和服务都可以自由流动。欧盟国家间的贸易增长迅速，欧盟扩大后内部贸易更加便利，外贸实力不断增强，会创造出更多的新的贸易效应。

欧盟27个成员国实行共同关税政策，执行统一的关税税率和管理制度。2003年，欧盟所有产品的简单平均关税税率为6.4%。其中，非农产品（不包括石油）的简单平均关税税率为4.1%，农产品的简单平均关税税率为16.1%。欧盟要求各个成员国内部的安全要求及相关标准应该相互适应，统一欧洲标准化委员会、欧洲电子技术标准委员会和欧洲电信标准协会等组织机构负责制定的欧盟内部的有关标准。

欧盟是世界最大的投资者。扩大后的欧盟，成员国内部之间相互直接投资更加便利，新成员国可以更便利地利用原成员国的资金，从而促进该地区的经济融合与发展。

根据欧盟统计局公布的数据，欧盟2022年12月份的贸易逆差为121亿欧元，而2020年同期逆差为146亿欧元。同期，欧盟商品出口额为2 187亿欧元，同比增长10.3%，而进口额同比增长8.5%，达到2 308亿欧元。2022年，欧盟的贸易逆差为4 312亿欧元，而2020年为551亿欧元，欧元区贸易逆差为3 147亿欧元。美国和中国是欧盟的主要贸易伙伴，欧盟对美国和中国的出口分别增长了27.5%和3%，而欧盟从美国和中国的进口分别增长了53.5%和32.1%。相比之下，欧盟对俄罗斯的出口下降了38.1%，而欧盟从俄罗斯的进口增长了24.3%。2022年，罗马尼亚出口增长24%，达到920亿欧元，进口增长28%，达到1 261亿欧元，贸易逆差为341亿欧元，而2021年为244亿欧元。

因2022年第四季度对欧出口额增长迅速，2022年全年美国跃居欧盟第一大贸易伙伴，贸易总额为8 677亿欧元，较上年增长37.1%，占比为15.6%。受乌克兰危机影响，尽管欧盟对俄罗斯出口下降38.1%，但对俄罗斯总体贸易额仍增长2.3%，俄罗斯继续保持欧盟第五大贸易伙伴。

（2）中欧贸易情况。2022年，中国与欧盟贸易额达8 473亿美元，同比增长2.4%，双边贸易额再创历史新高。中欧互为第二大贸易伙伴，贸易结构更加优化，锂电池、新能源车、光伏组件等绿色产品贸易快速增长，双向投资不断扩大。截至2022年底，中欧双向投资存量已超2 300亿美元；2022年，欧洲对华投资121亿美元，同比大幅增长70%，汽车领域继续成为最大热点；同期中国对欧投资111亿美元，同比增长21%，新增投资集中在新能源、汽车、机械设备等领域，合作领域持续拓展。双方已完成《中欧地理标志协定》第二批清单公示，增加350个地标产品的互认互保，企业合作热情高涨。近期，多家欧洲企业高管来华，亲自推动对华合作项目，表明了在华投资发展的坚定信心；欧洲企业积极参加中方举办的进博会、消博会、服贸会等重要展会，法国已确认担任2024年服贸会和进博会主宾国。

3.2.4 北美自由贸易区

北美自由贸易区（North America Free Trade Area，NAFTA）包括美国、加拿大、墨西哥三国，1994年1月1日成立，面积为2 000多万平方千米，人口4亿多，是由发达国家和发展中国家组成的互补性的区域经济集团。

1）北美自由贸易区建立的原因及有利条件

1989年1月1日，美国和加拿大两国签署了《美加自由贸易协定》。1992年8月12日，美国、加拿大和墨西哥三国签署了《北美自由贸易协定》。1994年1月1日，该协定正式生效。

美、加、墨建立北美自由贸易区的主要原因是世界区域一体化趋势所迫。欧洲统一大市场的建立和发展、亚太新兴工业化国家经济的迅速增长，都使美国在世界经济贸易中的地位不断下降。因此，里根总统自当政起，就提出了建立北美自由贸易区的建议，目的是利用美国的经济、技术和地域优势，构建以美国为中心的势力范围，参与世界经济的竞争，并与欧洲共同体相抗衡，最终形成美国的战略优势。北美自由贸易区建立的有利条件有三个，即三国领土相连、三国贸易关系密切、三国经济具有互补性。

2）《北美自由贸易协定》的主要内容

《北美自由贸易协定》（以下简称协定）共8篇27章，主要内容是消除有关商品贸易的关税及非关税壁垒，并对几个敏感项目确立了原产地规定。其主要包括以下几点：

（1）宗旨和原则。北美自由贸易区建立的宗旨是取消贸易壁垒，创造公平竞争的条件，增加投资机会，保护知识产权，建立执行协定和解决争端的有效程序，促进三边的、地区的和多边的合作。为了实现上述宗旨，协定规定了一些基本原则和规则，如国民待遇原则、最惠国待遇原则、透明度原则和原产地规则。这些原则和规则贯穿整个协定，最终保证了区内贸易自由化的实现。

（2）商品贸易。协定规定了国民待遇、市场准入、取消关税、取消进出口的许可证和配额限制、退税（避免双重征税）、取消海关手续费等细则。

（3）市场准入。其包括关税削减措施和取消非关税壁垒措施。

（4）取消投资障碍，开放金融市场和服务业。

（5）争端解决。为了快速有效地解决争端，协定决定成立一个三边贸易委员会，定期评审三国之间的贸易关系，研究特定问题，提供双边或三边贸易争端解决机制。

（6）对重要产品（如能源和化工产品）及敏感产品（如纺织品和服装、汽车和汽车零件、糖、主要谷物、奶制品和其他畜产品）实现自由贸易的时间（表）和有关条件都做了详细的规定。

（7）对重要问题做了详细规定，如原产地规则。协定规定，关税的取消只适用于在三国国内生产的产品或经过再加工使商品有实质性变化（转化）的产品。要保证这些产品享有优惠贸易待遇，这些产品要带有原产地证明，各国的海关担负执行检验的职责。

3）北美自由贸易区的特点

（1）合作模式创新。北美自由贸易区是第一个由发达国家和发展中国家组成的经济一体化组织。以前人们都认为只有经济发展水平相近的国家才能开展经济一体化合作，北美自由贸易区打破了这一合作模式，它是一种由经济发展水平差异很大、经济结构不同、互补性很强的国家开展的经济一体化合作模式。

（2）合作水平较高。北美自由贸易区经济一体化合作的水平高于一般的自由贸易区。协定不仅仅限于商品的自由贸易，而且涉及服务业贸易的自由化和投资（包括金融）的自由化。

（3）合作方式灵活。北美自由贸易区在实现贸易、投资自由化的时间表问题上，采取了比较灵活的做法。这些规定都不是"一刀切"的，如实现完全自由化的时间表，工业品和农产品不同，不同的部门也不同。

（4）三国互惠互利。在开放商品市场方面，美国、加拿大对墨西哥的让步比较多，但美、加也得到了从墨西哥大量进口廉价商品的好处；在开放资本市场方面，墨西哥对美、加的让步比较多，但墨西哥也得到了引进大量资本的好处。

4）北美自由贸易区的影响

北美自由贸易区把美国的资本和技术、加拿大的资源、墨西哥的劳动力有机结合起来，从而促进了区域内的贸易和投资，提高了产业竞争力，增强了经济活力。北美自由贸易区的建立，是世界经济一体化过程中的一个重要事件，对三国自身和整个世界的经济贸易均产生了重大而深远的影响。

（1）促进了三国之间的贸易。取消关税和非关税壁垒有利于美、加、墨三国资源的更有效配置，可以降低成本，提高生产效益，促进经济和贸易的全面增长，使贸易创造效应增强。

（2）促进了三国的资金流动。北美自由贸易区的建立不但加快了三国间资金和技术的转移，也促进了世界上其他国家向美、加、墨三国转移资金和技术，美国的资金、技术，加拿大的资源与墨西哥的廉价劳动力相结合，实现了资源的最优配置，促进了劳动效率的提高。

（3）促进了三国的产业结构转移。北美自由贸易区的建立为美国的许多产品尤其是相对过剩的农产品提供了大量的出口机会，从而使美国增加了国内就业机会；同时，美国将一些资源和劳动密集型产业转移到加拿大和墨西哥，进一步深化了国际分工，促进了美、加、墨的生产合作。墨西哥借助美国的资金和技术改造了传统产业，加快了产业结构和产品结构的调整。

（4）推动了世界经济区域一体化的进程。北美自由贸易区的建立是从国家多边转向全球多边贸易机制的一种过渡形式，也是在全球多边谈判无望取得重大突破的环境下的一种次佳选择，必将促进经济全球化和贸易自由化的进程。

3.2.5　亚太经济合作组织

亚太经济合作组织的全称是亚洲太平洋经济合作组织（Asia-Pacific Economic Cooperation，APEC）。该组织在成立之初是一个区域性经济论坛和磋商机构，经过近30年的发展，已逐渐演变为亚太地区重要的经济合作论坛，在推动区域贸易投资自由化、加强成员间经济技术合作等方面发挥了不可替代的作用。

截至2017年9月，亚太经合组织共有21个成员，其中亚洲国家和地区有12个。亚太经合组织是当今世界上参与国家（地区）最多、分布地域范围最广的经济贸易集团。据统计，其国内生产总值占世界国内生产总值的近60%，进出口总额占世界贸易进出口总额的近50%，人口占世界人口总数的40%以上，国土面积总和6 000多万平方千米，是当今世界最大的区域经济合作组织。以东亚为中心的亚太地区是世界经济增长最快、最具活力的地区，对世界经济的增长有着重要影响。亚太地区各国之间的经贸关系十分密切，已初步形成了相互依存的分工体系。在全球贸易趋向自由化的情况下，以欧盟、北美自由贸易区为代表的排他性贸易集团的保护主义日益威胁着本地区经济贸易的增长，为了加强本地区的联合和合作，以此对抗新的贸易保护，建立亚太经合组织成为一种必然的选择。

亚太经合组织的宗旨是通过贸易、投资自由化和经济技术合作促进亚太地区的经济发展和共同繁荣。亚太经合组织的一般原则为：全面性、与WTO的一致性、可比性、非歧视性、透明度、不再提高保护水平、同时起步、持续进程、采取不同的时间表、强调灵活性以及加强经济技术合作。由于成员众多，经济发展水平、政治文化背景均有显著差异，因此目前亚太经合组织只能是松散的、渐进式的、"论坛式"的区域经济集团，很难形成像欧盟、北美自由贸易区那样紧密的经济贸易组织。亚太经合组织1994年在茂物举行的国家（地区）领导人第二次非正式会议上一致决定，在2020年全部实现成员之间贸易的自由化，取消一切关税和非关税壁垒。

2023年11月11日至17日，亚太经合组织第三十次领导人非正式会议在美国旧金山举行。会议主题是"为所有人创造一个有韧性和可持续的未来"。当地时间11月17日上午，亚太经合组织第三十次领导人非正式会议在美国旧金山莫斯科尼中心举行。国家主席习近平出席亚太经合组织第三十次领导人非正式会议并发表题为《坚守初心 团结合作 携手共促亚太高质量增长》的重要讲话。会议由美国总统拜登主持。

会议发表了《2023年亚太经合组织领导人旧金山宣言》。其中提到，亚太经合组织以《亚太经合组织生物循环绿色经济曼谷目标》为基础，确立了推进可持续和包容性经济政策的目标，同时确保这些政策能应对环境挑战。我们欢迎《贸易和投资政策包容和可持续旧金山原则》，以及2023年交通、贸易、减灾、粮食安全、卫生、能源、妇女、中小企业、财政等专业领域部长级会议的成果，包括《亚太经合组织合作公正能源转型非约束原则》《通过可持续农业体系保障粮食安全原则》。我们也欢迎修订版的《减灾风险框架》及其行动计划。我们重申决心打造自由、开放、公平、非歧视、透明、包容、可预期的贸易和投资环境。我们也重申以规则为基础、以世界贸易组织为核心的多边贸易体制的重要性，有助于继续推动本地区的快速增长。我们致力于对世界贸易组织进行必要改革，增强其各项职能，包括着眼于2024年前恢复全面、运转良好、所有成员可参与的争端解决机制开展相关讨论。我们呼吁亚太经合组织经济体及时有效落实世界贸易组织协定，重申致力于建设性参与第13届部长级会议，确保会议成功并取得积极成果。

经过30多年的发展，亚太经合组织形成了领导人非正式会议、部长级会议、高官会、委员会和专题工作组、秘书处等多个层次的工作机制，涉及贸易投资自由化、经济技术合作、宏观经济政策对话等广泛的合作领域。其中，最重要的是领导人非正式会议，会议形成的领导人宣言是指导亚太经合组织各项工作的重要纲领性文件。

3.3 亚太地区——21世纪的国际贸易中心

3.3.1 亚太地区的地理范围

在世界近代史上，大西洋沿岸曾长期是世界经济贸易中心地区，但第二次世界大战后，由于亚非拉广大殖民地、半殖民地国家纷纷获得独立和解放，世界政治、经济开始向多极化方向发展。20世纪60年代至90年代，由于日本、韩国、东南亚各国和中国（包括台湾地区及香港特别行政区）经济的快速、持续增长，亚太地区经济实力大大增强，在世界经济贸易中的地位不断提高，引起了全世界的关注。许多经济学家预言，21世纪世界经贸中心将向亚太地区转移。

关于亚太地区的地域范围如何界定，目前世界上尚无一致的看法，大体上有广义和狭义两种说法：广义的亚太地区，是指太平洋东西两岸的国家和地区，即包括加拿大、美国、墨西哥、秘鲁、智利等在内的南北美洲国家和太平洋东岸的俄罗斯远东地区，以及日本、韩国、中国（包括台湾地区、香港和澳门特别行政区）、东南亚各国和大洋洲的澳大利亚、新西兰等国家和地区；狭义的亚太地区，则指东北亚各国，即中国（包括台湾地区、香港和澳门特别行政区）、东南亚各国和大洋洲各国，意指位于太平洋西岸的各个国家和地区。这一地区的国家在经济发展的层次上多种多样，政治体制、社会发展水平也有明显差异。从经济上看，有发达国家如日本、澳大利亚、新西兰；有新兴工业化国家和地区，如韩国、新加坡、我国台湾地区和香港特别行政区；有经济正在转型实现现代化的国家，如中国、越南等；还有经济落后的发展中国家，如巴布亚新几内亚、斐济等国。

3.3.2 亚太地区成为国际贸易中心的地理条件

1）地域范围广，自然条件类型多样

亚太地区陆地面积达2 800多万平方千米，占地球陆地总面积的20%，既有大陆型国家，如中国、澳大利亚等，也有海岛型国家，如日本、新西兰等。这些国家不但分布在南北两半球，而且分处在寒带、温带、热带等多种气候带。多种多样的气候，为参与全球的经济贸易往来提供了十分有利的条件。例如，日本虽然自身领土面积狭小、资源贫乏，但岛国海岸线长而曲折，有利于通过海上运输和贸易往来，使其成为世界海上运输和贸易强国。

2）丰富的劳动力资源

亚太地区除大洋洲之外，其他国家和地区人口都比较稠密。其中，中国、印度尼西亚、日本都是世界上人口超过1亿的国家。众多的人口为经济发展提供了丰富的劳动力。因此，亚太各国劳动力成本低，在生产和出口劳动密集型产品方面具有很强的竞争优势。

3）丰富的海洋和陆地资源

首先，亚太地区海洋里的生物和矿产资源均十分丰富。海洋生物资源主要包括各种鱼、虾、蟹和海藻等。太平洋中的生物量占世界海洋生物总量的50%以上，其中藻类有4 000多种，动物的种类是其他大洋的3～4倍，仅在印度尼西亚各群岛海域已发现的鱼类就有2 000多种，太平洋中软体动物门类超过6 000种。其主要渔区分布在白令海、日本海、渤海、黄海、东海、台湾海峡等海域。日本北海道附近有世界最大的渔场，日本海上捕鱼量多年来始终居世界首位。

太平洋中的矿产资源主要有石油、天然气、锰结核、磷钙石、金红石、铁矿石等。石油、天然气主要分布在渤海、黄海、东海、南海和北部湾等海区的浅海大陆架区域。锰结核又称锰矿瘤，是一种分布在太平洋深海盆中外形像马铃薯的多金属核形石，主要矿物成分除锰、铁外，还含有镍、钴、铜、铌等20多种元素。其储量是陆地上储量的几百倍。锰结核在亚太地区主要分布在日本、印度尼西亚、新西兰等国的海域。磷钙石是制造磷肥的原料，在新西兰、澳大利亚两国附近的海底有大量储藏。金红石可用来提取制造火箭、卫星用的金属钛，锆石中的锆是核反应堆运行不可缺少的金属材料，这些矿产均分布在澳大利亚东部海底。全世界95%的金红石、70%的锆石、25%的钛铁矿都产自澳大利亚。

其次，亚太地区陆地上的矿产、生物资源也十分丰富。矿产资源主要有石油、天然气、煤、铁、锡、钨、锑、金等，石油储量约90.4亿吨。煤炭的储量也居世界首位，主要分布在俄罗斯的西伯利亚地区，中国的东北、华北和西北地区，朝鲜的北部，以及越南和澳大利亚国内一些地区。其中，中国是世界上最大的煤炭生产国，澳大利亚是世界上最大的煤炭出口国。亚太地区有世界最大的锡矿带，北起我国云南，向南经缅甸、泰国、马来西亚到印度尼西亚的邦加岛-勿里洞岛，其储量占世界的一半以上。马来西亚是世界最大的产锡国。我国钨、锑资源丰富，是世界上最大的钨、锑生产国和出口国。

亚太地区陆地上的生物资源也十分丰富，主要包括各种森林、草原和珍稀动植物。森林资源集中分布在俄罗斯西伯利亚地区和远东地区，那里盛产松树、杉树、桦树等用材林。马来西亚、菲律宾等国主要盛产柚木、橡胶、油棕等热带经济林木。亚太地区的草原主要分布在蒙古国、澳大利亚和新西兰以及中国等国家和地区。其中，我国西北、华北北部的草原属温带草原，是牛、羊、马、骆驼等畜种的放牧区；澳大利亚和新西兰的宽广草原是羊、牛等牲畜的乐园。

4）重要的交通地理位置

亚洲是世界最大的洲，在世界七大洲中，除与南极洲距离较远外，亚洲与其他的洲或相连或紧密毗邻；太平洋是世界最大的海洋，它通过许多海峡或运河与其他海洋相沟通。这种海陆位置为亚太各国与世界其他地区的交往提供了方便。从陆上交通看，东起俄罗斯纳霍德卡港和我国连云港，西至荷兰鹿特丹的两条欧亚大陆桥，连接欧亚两大洲，甚至通过英吉利海峡的海底隧道可直抵英国。

从海上交通看，首先，位于亚太地区的马六甲海峡、龙目海峡、望加锡海峡、巽他海峡、白令海峡等，都是重要的海上运输通道，尤其是位于马来半岛与苏门答腊岛之间的马六甲海峡，作为亚、欧、非三洲海上往来的咽喉要道，具有十分重要的经济和战略意义。目前，亚太地区有许多重要港口，其中上海港是世界第一大集装箱港，宁波—舟山港排名世界第二，深圳港排名世界第三（截至2019年年底）。此外，日本的神户港、韩国的釜山港、澳大利亚的悉尼港等也都是世界著名港口。其次，亚洲与非洲只隔一条苏伊士运河，而穿过狭窄的白令海峡即可抵达北美洲；印度尼西亚南部的岛屿与澳大利亚北部的达尔文港只有1小时的海上路程。最后，分布在太平洋中的众多岛屿更成为海上运输的中继站和中转地。如夏威夷的火奴鲁鲁、斐济的苏瓦港、法属波利尼西亚群岛的帕皮提等都是世界著名的中继港。

3.3.3 亚太地区成为国际贸易中心的经济条件

（1）经济增长迅速。第二次世界大战后，随着东亚、东南亚和太平洋上的一些岛屿国家获得独立和解放，加之第三次科技革命的推动，亚太各国经济获得了高速发展，不但超过了世界经济平均增长速度，而且超过欧美等发达国家的经济增长速度。

（2）在国际贸易中的地位不断上升。第二次世界大战后70多年来，随着亚太经济的迅速发展，各国经济实力不断增强，在世界经济中的地位也不断上升。例如，中国2022年国内生产总值120.47万亿美元，比上年增长3%，稳居世界第二位；日本2022年国内生产总值为4.23万亿美元，次于美、中，居世界第三位。

随着亚太各国经济的增长，其对外贸易也快速发展，在世界贸易中所占的比重也日益提高。2022年，美国贸易进出口总额为5.44万亿美元（位居世界第二位），中国为6.31万亿美元（位居世界第一位），日本为1.64万亿美元（位居世界第五位）。随着亚太各国对外贸易额的不断增长，各国外汇储备也相应增长，日本和中国的外汇储备近年来一直居世界前列。

亚太各国的投资活动日趋活跃，1980年全世界外国直接投资流入总额为4 820亿美元，东亚地区占世界的6.9%；而在2008年，世界外国直接投资流入总额超过20 000亿美元，东亚地区所占比重则上升到15%。在大量外资流入的同时，亚太各国境外投资额也日益增加。1980年东亚地区对外投资额只占世界流出资金的4%，到1995年则上升到20%多。

（3）科技实力长足进步。近半个世纪以来，亚太地区的日本、中国、韩国、新加坡、马来西亚等国一直致力于通过科技的进步来发展经济，赶超发达国家，且已取得显著成就。中国在航天技术上仅次于美、俄，成为世界第三大宇航国；在原子能技术上是世界第五大国；中国生产的高性能大型计算机，6 000米自治水下机器人均处于世界领先地位；中国培育的杂交水稻新品种，不但大大提高了粮食产量，而且为世界许多国家引种。日本目前除在原子能、航天技术方面尚不如美国外，在机器人、显示器、电脑存储芯片、半导体等科技领域均领先于美国。马来西亚在集成电路的研制和生产方面近年来一直处于世界领先地位。

（4）产业和产品结构日趋高级化。日本自20世纪80年代以后开始压缩钢铁、化工、造船、通用机械等传统资本密集型产业的发展，大力发展微电子、计算机硬件、超导应用、碳纤维、精密陶瓷、机器人、光纤通信、生物工程等新兴产业，而且在实用化、产业化方面一直领先于欧美国家。韩国、新加坡和东盟其他国家在劳动密集型产业起步阶段之后，在 20 世纪 80 年代末 90 年代初也开始由传统的纺织、服装、塑料、钟表等产业向资本、技术和知识密集型产业转变。目前，韩国的汽车、电子产品、通信器材产品等已成为其骨干产品。全世界最大的 20 家电子电气设备厂商中，日本占 7 家，韩国占 2 家。目前，我国也在大力压缩传统的纺织产品和粗钢的生产，大力发展电子、通信、宇航、计算机、生物制药、数控机床等新兴产业。随着亚太各国产业结构的日趋高级化，其对外贸易的商品结构将不断优化。在商品贸易中初级产品所占比重日趋下降，制成品尤其是机电产品所占比重日趋上升。从商品贸易与服务贸易的增长来看，服务贸易增长的速度要快于商品贸易的增长速度。

3.4　国际贸易中心的地理分布

　　国际贸易中心主要集中在生产力发达的国家，是各国之间进行商品交换的场所，其主要形式有国际商品市场和国际资本市场两种。

3.4.1　国际商品市场的地理分布

　　（1）国际贸易中心（世界商品交易中心）。其经营特点包括：向国内外公司出租办公地点；为客户提供商品展销和交易场所；利用现代化通信手段为客户提供最新的市场信息；备有齐全的金融、商业、服务、运输等设施；有技术转让、合资等业务；开办语言、教育服务。国际贸易中心实质上已经成为"综合性"市场，在当前对外经济和贸易中的作用日趋显著。

　　目前，世界上已有 30 多个国际贸易中心，如纽约、亚特兰大、鹿特丹、米兰等。中国的国际贸易中心主要位于上海、北京、广州、深圳等地。

　　（2）商品交易所。它是世界市场上有固定组织形式并按规定的章程和时间进行大宗商品交易的一种特殊交易场所。目前，世界最大的两个商品交易所是纽约商品交易所和伦敦商品交易所。在纽约商品交易所，进行有色金属、橡胶、咖啡、食糖、可可、棉籽油等商品的交易；在伦敦商品交易所，进行可可、咖啡、椰干、毛皮、皮革、橡胶、食糖等商品的交易。

　　目前，随着国际生产专业化程度的提高，交易所的交易也日趋专业化，基本上每类商品都有自己专门的交易中心。如有色金属的交易中心主要位于伦敦、纽约、新加坡；天然橡胶的交易中心主要位于新加坡、伦敦、纽约、吉隆坡；谷物的交易中心主要位于芝加哥、伦敦、利物浦、鹿特丹、安特卫普、米兰；咖啡的交易中心主要位于纽约、伦敦、利物浦、鹿特丹、汉堡、阿姆斯特丹；棉花的交易中心主要位于纽约、新奥尔良、芝加哥、利物浦、圣保罗、孟买；黄麻的交易中心主要位于加尔各答、卡拉奇、伦敦；羊毛的交易中心主要位于纽约、伦敦、安特卫普、墨尔本；生丝的交易中心主要位于横滨、神户。

这些交易中心大部分设在主要发达国家，有些发展中国家如印度、马来西亚和阿根廷等也设有橡胶、黄麻等少数商品交易所。

（3）国际博览会和国际展览会。国际博览会是一国以固定组织的形式、由有关国家或地区的厂商在同一地点定期举行商品交易的贸易形式。主办国将自产的商品带到博览会展出，同时也邀请其他国家参加展出，目的是使参加者展出各自的产品样品和技术，宣传和推销产品，以便签订贸易合同和扩大贸易。国际展览会与国际博览会不同，它是不定期举行的。展览会可分为短期展览会、长期展览会和流动展览会等。当前，国际展览会在世界市场中的地位和作用日益重要，已成为各国（地区）厂商签订贸易合同的重要场所。

世界上著名的国际博览会举办地有英国的伦敦，法国的巴黎、里昂，德国的莱比锡、法兰克福、慕尼黑，美国的纽约、芝加哥和旧金山，奥地利的维也纳，意大利的米兰、热那亚，瑞士的日内瓦，比利时的布鲁塞尔，荷兰的乌得勒支，西班牙的马德里，加拿大的蒙特利尔，日本的大阪、东京，澳大利亚的悉尼，中国的广州等。

3.4.2 国际资本市场的地理分布

（1）证券市场。证券交易中心是各种有价证券发行和流通买卖的场所，一般通过发行债券和股票的形式来吸收中长期资金。世界重要的证券交易中心主要位于纽约、伦敦、东京等地。纽约证券交易所是世界最大的证券交易中心。世界主要的债券市场有美国债券市场、欧洲债券市场、日本债券市场。此外，还有瑞士和亚洲国家或地区（新加坡、中国香港地区等）的债券市场。

（2）货币市场。它可分为外汇市场和黄金市场。世界主要外汇市场有伦敦、法兰克福、巴黎、东京、苏黎世、罗马等；世界主要黄金市场有伦敦、苏黎世、纽约、芝加哥、中国香港、贝鲁特和巴黎等。伦敦和苏黎世是世界两大黄金现货市场，也是两个最大的国际黄金市场，它们是其他黄金销售市场的主要供应者，其市场价格的变化，被看作国际黄金市场的晴雨表。纽约和芝加哥是世界两大黄金期货市场。

■ 知识掌握与应用

3.1 知识掌握

•填空题

（1）国际关联主要有_____、_____和_____三种形式。

（2）国际关联中的"北"是指_____国家，而"南"是指_____国家。

随堂测3

（3）_____是世界上唯一处理国与国之间贸易规则的国际组织，该组织总部设在_____。

（4）商品交易所是世界市场上有_____，并按规定的_____进行大宗商品交易的一种特殊交易场所。

• 判断题

（1）世界经济一体化给发展中国家带来的好处远远大于发达国家。　　　（　　）

（2）狭义的亚太地区，是指位于太平洋东西两岸的国家。　　　　　　（　　）

（3）第二次世界大战后，亚太地区由于经济贸易发展迅速，其服务贸易水平已领先欧美等发达国家。　　　　　　　　　　　　　　　　　　　　　　（　　）

• 问答题

（1）简述当今世界经贸地理格局的特点。

（2）直接影响国际贸易的价值观念有哪些？并说明价值观念的差异产生了何种影响。

3.2　知识应用

请以亚太地区为例，分析它成为世界经贸中心的政策环境及所面临的挑战。

课题 4

经贸超级型大国
——美国

■ **学习目标**

•知识目标

正确地认识美国的国情，熟知美国地理环境的主要特点；了解美国经济发展的过程及条件；掌握美国产业结构的特点和经济发展的主要特征及主要产业部门的生产和分布；熟知美国在国际经贸中的地位、作用和市场的主要特点；分析中美经贸发展关系；掌握美国主要港口（城市）的地理位置和特点。

•技能目标

能分析地理环境特征对美国经济贸易发展的影响；结合当前中美两国的经贸发展情况，分析中美经贸发展取得的成就，并就存在的问题提出解决的对策或建议。

•素养目标

通过本课题的学习，进一步认识美国的国情以及经贸发展情况，要辩证地看待中美经贸发展关系。

4.1 地理环境

4.1.1 位置、面积与行政区划

美国大部分领土位于北美的中部，东临大西洋，西临太平洋，北面的邻国是加拿大，南面与墨西哥接壤，东南濒临墨西哥湾，位于西半球的北温带。这样特定的地理位置对美国经济和社会发展起到了极大的保障作用。首先，东西两面由于有两大洋的保护，使它远离了两次世界大战的主战场——欧亚大陆，两次世界大战中美国不但没有遭到战争的破坏，反而因为为欧洲盟国生产军火发了战争财。其次，南面的邻国墨西哥和北面的邻国加拿大的综合国力均比美国弱小，美国无须防备它们对其领土的侵犯和经济上的扩张；相反，这两个国家却成为美国就近取得原料、输出商品的理想场所。由于位

于北温带中纬度，美国阳光、热量充足，对农业发展十分有利。

美国幅员辽阔，本土从北到南长约2 575千米，东西宽约4 500千米，面积783万平方千米，加上海外两个州，领土面积约937.3万平方千米，仅次于俄罗斯、加拿大和中国，居世界第4位。全国行政区划为50个州和1个特区（首都华盛顿所在的哥伦比亚特区），美国国旗——星条旗上的50颗星即代表此意。美国本土部分有48个州，海外2个州是阿拉斯加和夏威夷。此外，还有关岛、美属萨摩亚、美属维尔京群岛和波多黎各自由邦等领地和管辖地。

4.1.2 地形、气候与资源

美国本土地形由3个南北向的纵列带构成。东部为阿巴拉契亚山脉和沿海平原。阿巴拉契亚山脉海拔在1 000米以下，山势低矮破碎，对东西交通不构成障碍，山的北部和西侧蕴藏着丰富的煤炭资源，是美国重要的产煤区；山的东侧与沿海平原接壤处，由于落差大，河流在此形成一系列小瀑布，水力资源丰富。阿巴拉契亚山脉以西、落基山脉以东是平原。平原的东部海拔一般在200米以下，是由密西西比河冲积而成的低平原，这里地势平坦、土壤肥沃、农业发达，是美国重要的农业区。落基山脉以东的平原，海拔一般在500米以上，称为高平原或大草原，农业、畜牧业发达。美国西部以落基山脉为主体，包括内华达山、海岸山脉和由许多山间高原、盆地组成的科迪勒拉山系。由于落基山脉、海岸山脉巨大的屏障作用，不但对交通不利，而且使来自太平洋、大西洋的暖湿气流不能进入内陆的高原和盆地，内陆地区气候干燥、人口稀少，但山上森林茂密，形成天然的林场和牧场。西部山区有色金属矿产资源丰富。

美国气候多种多样，但以温带大陆性气候为主。其中，西部太平洋沿岸自北向南为温带海洋性气候和亚热带地中海式气候；墨西哥湾沿岸和佛罗里达半岛为亚热带季风气候；西部内陆地区为干旱、半干旱气候，其余大部分地区为温带大陆性气候。多种多样的气候为发展林业、牧业和亚热带水果、蔬菜种植业提供了有利条件，而雨热同季的温带大陆性气候更适宜小麦、玉米、大豆、棉花等农作物的生长。美国气候的缺点除西部内陆地区降水少、气候干旱、只能发展灌溉农业和畜牧业外，中部平原冬季冷空气南下，易形成"寒潮"、大雪天气，夏季热空气北上，易形成"热浪"、干旱天气，对经济发展不利。

美国拥有庞大而完整的水系，河流、湖泊众多，水资源丰富。其主要河流有密西西比河、科罗拉多河、哥伦比亚河等。其中，密西西比河从其最长支流密苏里河算起，全长6 000多千米，是世界第四大河。它发源于落基山脉，贯穿整个中部平原，注入墨西哥湾，通过田纳西河、俄亥俄河等支流和人工运河与大西洋和五大湖相连。位于美国北部与加拿大交界处的苏必利尔湖、密执安湖（密歇根湖）、休伦湖、伊利湖和安大略湖，为世界上面积最大的淡水湖群，通过圣劳伦斯河与大西洋相连，不但利于航行，而且具有丰富的水力资源。世界著名的尼亚加拉大瀑布，就位于伊利湖与安大略湖连接处，这里已建有大型水电站。

美国是一个资源丰富的国家，全国共有土地面积9.2亿公顷，其中90%适宜耕作，人均耕地面积达 3.6 公顷；美国森林总面积约 7.37 亿英亩，最大林区在其西北部；矿产资源主要有煤、铁、石油、铜、铝、锌、天然气等；石油主要分布在墨西哥湾沿岸、阿拉斯加州、加利福尼亚州等地；铁矿主要分布在苏必利尔湖以西；煤矿主要分布在阿巴拉契亚山脉的北部和西侧；有色金属主要分布在西部山区。

4.1.3　人口、民族与宗教

美国现有人口 3.33 亿（截至 2023 年 12 月），约占世界人口总量的 4.42%，仅次于印度和中国，居世界第三位。美国人口密度比较低，全国平均密度每平方千米仅 37 人；人口分布不均，基本特征是东密西疏、沿海密内陆疏。就人口密度而论，密度最大的州是新泽西州，每平方千米 415 人；密度最小的州是阿拉斯加州，每平方千米不足 0.4 人。

美国人口流动性很大，20 世纪 70 年代以来，平均每年有 20% 的人口迁移，国内人口迁移的总趋势是从东北部流向西部和南部、从城市流向郊区或乡村。第二次世界大战以来，美国人口增长缓慢，人口自然增长率在 6‰ 以下；人口的年龄结构趋于"老年化"，18 岁以下的人口占 20%，18~64 岁的人口占 61%，65 岁以上的老年人占 12%；美国人口的机械增长率较高，每年有大量的海外人口移入。

美国是个移民之国，民族构成相当复杂，被喻为"民族的大熔炉"。被美国历史学家称为"伟大的人类迁徙运动"的第一次移民高潮发生在 1820—1860 年，这期间移民总数高达 500 万人，移民主要来自西欧和北欧；在欧洲人开始移民不久，殖民者又从非洲贩运来大批黑人；19 世纪 70 年代，太平洋沿岸修筑铁路需要大量劳工，中国人（华工）和日本人移入美国的也不少。由于英国人是早期移民的主体，英语便成了美国的主要语言。其他各国的移民迁入美国之后，都逐渐掌握了英语并接受了美国的生活方式，逐渐融合形成了统一的具有民族性格（包括多样性、个人主义、平等自由精神、求实精神和迁徙性）的美利坚民族。

在美国的人口构成中，欧洲白人移民的后裔约占全国总人口的 70% 以上。在有色人种中，黑人居多，约占总人口的 12.7%；拉美人占 12% 左右；华人有 500 多万，约占总人口的 2%；印第安人有 200 多万，约占总人口的 0.7%。

美国无国教，但宗教信仰非常普遍，宗教派别林立。世界上几乎所有的教派在美国都有信徒。美国居民主要信奉基督教，其次为天主教、犹太教、东正教等。信教者约占总人口的 64%。

4.1.4　美国人的性格、风俗与禁忌

美国人随和友善，易于接近，讲礼貌而又不拘于烦琐礼节。朋友之间见面时最常见的问候方式是喊一声 Hello 或 Hi。好友久别重逢也会握手。男女相见时，一般由女方先伸出手。男子若戴手套，要先摘下手套再握手，女子握手可不必脱手套。美国人称呼人时，常喜欢直呼其名，以表示亲近友好。人们一般很少用正式的头衔（如经理、局长等）来称呼别人。正式的头衔一般只用于法官、高级政府官员、军官、医生、教授和高级宗教人士等。

美国人的时间观念很强，与人约会都得准时到达，过早或过迟都是不礼貌的。若遇有特殊情况不能赴约，事先就要打电话告诉对方，以便让对方另作安排。到别人家去拜访或做客，事先也要预约，贸然前往是很不礼貌的。在美国，烦劳他人时（如在高级餐馆就餐、乘坐出租车、理发等），习惯上要付给小费。

在美国，有许多具有吉祥寓意的事物。人们喜爱的吉祥物有蜗牛、马蹄铁、四叶草等。蜗牛是美国人最喜爱的动物，是吉祥的象征，人们常用玻璃或其他材料制成蜗牛模型馈赠亲友，以示亲切友好。一些美国人认为，捡到一块马蹄铁就能交上好运，以至于制造商们常常制造马蹄形的工艺品，以博得消费者的欢心。四叶草被认为可以给人带来财富和幸福。如果谁家的花园里长了这种草，谁就被认为是幸运之人。

同样，美国人也有很多的忌讳。美国人最忌讳"13"这个数字，认为13不吉利，会给人带来灾难。所以精明的美国商人为了增强竞争力和免受商业上的经济损失，处处想方设法不让这个不祥之数出现，如在商务谈判的宴会上不能13人同坐一桌，也不能有13道菜。

美国人对星期五也很忌讳，如果星期五这天又恰好是13号，人们更是小心谨慎，不敢轻举妄动。有些美国人还认为，一根火柴连续点燃三支香烟会给人带来灾难。因此，给他人点烟，到第三个人时要另划一根火柴，否则就被认为不礼貌。人们日常交谈，不喜欢涉及个人私事，有些问题甚至是忌谈的，如询问年龄、婚姻、收入、宗教信仰、选举中投谁的票等，都是非常冒昧和失礼的。

美国人对颜色也有禁忌。美国人忌讳黑色，认为黑色是肃穆的象征，是丧葬用的色彩。美国人一般也不喜欢红色，因红色表示赤字或人在发怒时的脸色。美国人喜好鲜明的色彩。他们喜爱白色，认为白色是纯洁的象征；偏爱黄色，认为黄色体现了和谐；也喜爱蓝色，认为蓝色代表着吉祥如意。

美国人忌讳蝙蝠图案，认为蝙蝠是凶神恶煞，是吸血鬼的象征。许多美国人也不喜欢我国的山水图案和仕女图案，而喜欢以《圣经》故事中的人物作为物品上的图案。我国大红花朵的图案在美国市场上也不大受欢迎。他们还忌讳带有"卐"字形状的图案，也不喜欢镰刀、锤子之类的图案。

美国人偏爱白色秃鹰和白猫图案。他们把白色秃鹰视为国鸟，并以它作为国徽的图案；美国人视白猫为吉祥的动物，是逢凶化吉的象征；他们喜爱简单明了而又富有生机的图案，如梅、兰、牡丹等。

美国的主要节日有元旦、复活节、感恩节、圣诞节和独立日等。

4.1.5　美国商人的谈判风格

美国商人谈判时有着与生俱来的自信和优越感，他们总是信心十足地步入谈判会场，不断发表自己的意见和提出自己的权益要求，往往在气势上显得有些咄咄逼人，而且语言表达直率，有很强的幽默感。

美国商人办事干脆利落，不兜圈子。与美国人谈判时，表达意见要直接，"是"与"否"必须清楚。如果美国谈判人员提出的条款、意见是无法接受的，就必须明确告诉他们不能接受，不得含糊其词。

当双方发生纠纷时，美国谈判人员希望谈判对手的态度认真诚恳，即使双方争论得面红耳赤，他们也不会介意。但在谈判过程中，要绝对避免指名批评，避免侵犯他人的人格。

美国的谈判人员重视效率，在谈判过程中，他们连一分钟也舍不得浪费在毫无意义的谈话上。美国的谈判人员为自己规定的最后期限往往较短，力争每一场谈判都能速战速决。谈判一旦突破其最后期限，很可能会破裂。

美国商人的法律意识根深蒂固，律师在谈判中扮演着重要角色。因为生意场上有时存在着不守诺言或欺诈等现象，美国的谈判人员往往注重防患于未然，凡遇商务谈判，特别是谈判地点在外国的，他们一定要带上自己的律师，并在谈判中一再要求对方完全信守有关诺言。一旦发生争议和纠纷，最常用的办法就是诉诸法律，因为此时友好协商的可能性不大。

美国商人习惯于按合同条款逐项讨论直至各项条款完全谈妥。他们在谈判方案上喜欢搞全盘平衡的"一揽子交易"。所谓一揽子交易，主要是指美国商人在谈判某项目时，不是孤立地谈其生产或销售，而是将该项目从设计、开发、生产、销售到价格等一起商谈，最终达成全盘方案。

美国商人既重视商品质量，又重视商品包装。商品的外观设计和包装体现了一国的消费文化状况，也是刺激消费者购买欲望、提高销售量的重要因素。美国人不仅对自己生产的商品不遗余力地追求内在品质和包装水平，而且对购买的外国商品也有很高的要求。

4.2 经济发展历程与当前经济特征

4.2.1 美国的经济发展历程

美国从1776年独立时的农业国，经过240多年的建设和发展，现已成为当今世界上经济最发达的超级大国。到第二次世界大战前，美国经济发展大致经历了以下三个阶段：

1）以农业为主时期

自1620年开始，英国大批清教徒移民北美洲，在美国南部种植棉花、烟草、蓝靛等作物，直到1860年以前美国一直是一个以农业为主的国家。1776年美国建国后，国会先后通过了"公有土地转让给农民""垦殖权条例"等相关法令，大大刺激了农民的积极性，促进了农业的发展。据统计，1800年美国农业产值为2.2亿美元，而到1860年已增长到14.69亿美元。

2）实现工业化时期

1807年12月，美国国会通过《禁运法案》，禁止一切船只离开美国前往外国港口，意在用中断对英国的农产品供应来报复此前炮击美国战舰的英国，但是禁运不仅没能给英国造成伤害（英国可以从世界其他国家进口粮食，本国也生产粮食），反而使美国经济濒临瘫痪。然而，也正是这个禁运风潮，使美国制造业得到了空前发展。1812年，美英正式交战，这场战争对美国经济的影响和禁运十分相似，美国的对外贸易和航海业陷入长期萧条和停滞状态，而制造业却飞速发展，对英国霸权构成了真正的威胁。而后，南北战争的结束更是清除了资本主义发展的障碍，使美国的纺织、钢铁等现代化工业得到了迅速发展。1860年，美国工业产值第一次超过农业产值。1890年，美国工业产值超过英、法、德，跃居世界第一位。到1900年，美国钢年产量已达1 035万吨，煤年产量达2.45亿吨，均居世界第一位。19世纪末20世纪初，美国已完全实现了工业现代化。

美国工业化进展如此迅速，是有其特定条件支撑的：①发达的农业为工业发展提供了坚实的物质基础；②1880—1890年是第二次科技革命发生的时期，而美国正是此次科技革命的发源地；③1850—1890年美国大规模地修建铁路和公路，为工业发展提供了方便的运输条件；④工业化初期美国实行了严格的贸易保护政策，提高进口产品的关税，保护国内新兴产业；⑤美国资源丰富，为工业发展提供了充足的原料和燃料。

3）两次世界大战期间的美国经济

19世纪末20世纪初，美国不但成为世界第一工业强国，而且从自由竞争的资本主义进入垄断资本主义阶段。1922年，全国200家非金融公司所拥有的资产已达810亿美元，占全国企业总资产的38%。

1914—1919年第一次世界大战期间，美国由于远离欧洲战场，经济发展不但没受到战争破坏，反而因为为协约国生产大量军火而带动了经济的增长。据统计，1914年美国国内生产总值为386亿美元，而到1918年已增长到764亿美元，几乎增长了一倍。一个大国的发展潜力得到初步显现。

20世纪20年代是美国经济高度繁荣时期，1929年美国国民生产总值首次突破1 000亿美元，但经济发展并没有带来市场的繁荣，美国政府实行的高利润、低税率政策使社会财富都流入少数垄断资本家手中，广大工人、农民的购买力反而日趋下降。生产的高效率和低下的购买力之间的矛盾，使生产相对过剩，终于导致了30年代初最严重的经济危机。1933年罗斯福担任总统后，为了摆脱经济危机，开始实行"新政"，采取种种措施加强了政府对经济生活的干预，如动用财政、金融手段对宏观经济进行调控等。罗斯福曾使美国经济危机得到一定程度的缓解，但经济并没有完全摆脱危机，而随后发生的第二次世界大战，不但使美国摆脱了危机，而且加快了经济的增长。这为第二次世界大战之后美国成为唯一经济强国打下了坚实的基础。

4.2.2　第二次世界大战后美国经济的发展状况及当前特征

从第二次世界大战后至今，美国经济经过多次繁荣和衰退。20世纪70年代以前为经济快速增长时期；70年代初到80年代初，由于两次"能源危机"的冲击和国内传统产业竞争力的下降，美国经济陷入了"滞胀"；80年代初，里根入主白宫后，通过减税、控制货币投放、削减联邦政府开支、放宽或取消政府对经济发展有妨碍的政策等措施，美国经济摆脱了"滞胀"，出现了1982—1988年连续6年的持续增长。1988年美国国内生产总值已达48 800亿美元，相当于1982年的2倍，但与此同时，也出现了财政赤字和外贸逆差不断增加、贫富差距日益扩大等长期困扰美国经济发展的问题。90年代克林顿上台后，对内积极调整产业结构，加快企业的兼并和重组；对外扩展贸易，在开拓国外市场的同时，加强对国内市场的保护。到2000年，美国经济已经出现了将近10年持续稳定增长的局面，2005年GDP为12.5万亿美元，比2004年增长3.6%，约占世界生产总值的28.1%。2010年美国GDP为14.62万亿美元，居世界第一位。2016年美国GDP为18.8万亿美元，经济增速仅为1.6%，创下2011年以来的最低，也大幅低于2015年的2.6%。2019年美国GDP为21.22万亿美元。2020年美国GDP为21.06万亿美元，2021年美国GDP为23.32万亿美元。2022年美国GDP为25.46万亿美元，人均GDP7.65万美元。2021年名义增长10.7%，2022年继续名义增长9.2%，2021年和2022年两年都有明显通胀，拉高了美国名义GDP，疫情以前20年是年均3.5%名义值增长，2020年翻倍，保持发达国家最强的态势。疫情三年，名义GDP年均增长6%，加速上行了。但是美国2020年、2021年和2022年三年的物价指数分别是1.3%、4.5%、7%。①

当前，美国经济发展的特征包括：

（1）美国仍然是当今世界上经济最发达、最强大的国家，但与第二次世界大战后初期相比，其所处的国际地位却相对下降了。但是，美国经济规模之大、部门结构之完整、生产水平之高，是其他任何国家都无法比拟的。

（2）资本和生产的垄断性不断加强。美国经济具有高度垄断性，生产和资本高度集中在少数资本家手中。美国是世界上垄断组织出现最早的国家，早在1879年出现的第一个托拉斯——洛克菲勒家族的标准石油公司，就控制了全国石油生产的90%，20世纪初托拉斯已在全国经济中占有统治地位。两次世界大战中及战后，生产和资本的垄断及集中得到了空前的发展。以摩根、洛克菲勒、加利福尼亚、第一花旗银行、芝加哥、波士顿、梅隆、杜邦、得克萨斯、克利夫兰为代表的十大垄断财团，几乎控制了全国石油、钢铁、汽车、化学、金融等主要产业部门。通用、福特、克莱斯勒三大汽车公司控制了全国汽车生产的95%以上。美国农业生产也日趋集中，农场的数量由19世纪30年代的600多万个减少到目前的200万个，但农场的规模不断扩大，土地面积超过1 000公顷的大农场只占全国农场数目的8%，而拥有的土地面积却占全国的62.4%。

（3）产业结构日趋高级化，高技术产业和服务业在国民经济中的比重不断上升，农业和传统制造业的比重不断下降。美国产业结构的调整，除了用电子信息技术改造传统产业外，主要是大力发展以信息产业为主导的新兴产业，如软件开发、集成芯片、卫星通信器材等，当前信息产业已经超过汽车产业成为第一大主导产业。

（4）知识经济已初具规模。20世纪90年代以后，美国经济开始步入知识经济时代，其主要表现为：①以电子计算机、软件、芯片和通信设备为主的信息产业，已经超过了汽车、钢铁等传统产业，跃升为第一大主导产业，如微软、英特尔等信息技术公司的影

---

① 因统计口径不同，数据可能会有偏差。

响力大大超过了通用、克莱斯勒等传统工业企业；②企业用于计算机和通信硬件的投资大大超过一般工业设备的投资，信息产业对国内生产总值增长的贡献已占1/3；③由于具有创新能力的高素质人才是实现知识经济的关键，因此无论是政府还是企业，都大力吸纳劳动力在新技术产业就业，并加强对员工的培训；④信息技术的发展和应用，不但提高了技术在经济增长上的贡献率，而且提高了生产效率。

（5）公司的发展和海外投资的增加，支持了美国经济的增长，确保了它在世界经济中的地位。第二次世界大战后，美国为了推动其全球化的经济战略，谋求建立按其自身利益设计的国际经济秩序，积极推动跨国公司的发展。在美国《财富》杂志2020年度全球500家最大公司的排名中，沃尔玛排第一位，营业收入达到5 239.64亿美元。按照2020年的销售额排名，排名前十位的企业中，美国公司占了2个（沃尔玛和排名第九位的亚马逊）。在世界500强企业中，美国公司有121家。目前，美国跨国公司的产值相当于其年出口总值的4倍多。美国正是利用跨国公司的资本输出，使其商品通过了东道国设置的种种关税和非关税壁垒，打开了国外市场，保障了自身能源和原材料的稳定供应，促进了本国经济的增长。

4.3　产业结构与生产分布

4.3.1　美国的产业结构

美国拥有完整的国民经济部门结构体系。第二次世界大战后，随着科学技术的发展，美国的产业结构发生了根本性变化，第一、二产业在国民经济中的地位不断下降，而第三产业的比重却迅速上升（见表4-1），说明美国自20世纪90年代以来，已从工业经济社会向知识经济社会转变。

表4-1　　　　　　　　　　　　　美国国民生产总值和产业结构

年份	1950	1960	1970	1980	1990	2000	2010	2022
国民生产总值（亿美元）	2 862	5 060	9 824	26 317	54 651	98 170	146 602	257 441
各部门比重（%）	100.0	100.0	100.0	100.0	100.0	100.0	100.0	100.0
第一产业	10.5	6.7	4.7	6.7	3.3	2.1	1.8	1.05
第二产业	33.9	33.1	30.4	27.1	23.4	24.3	22.2	16.22
第三产业	55.6	60.2	64.9	66.2	73.3	73.6	76.0	82.73

数据来源　数据基地.

4.3.2　工业特点、分布与主要部门

1）工业特点

美国的工业以技术先进、门类齐全、生产力雄厚、生产效率高而著称于世，是世界上工业最发达的国家，很多工业产品的产量均居世界前列。20世纪80年代以来，美国工业发展较快，但各部门的发展很不均衡，传统工业，如纺织、食品、钢铁、造船等行业，由于受到日本、西欧和新兴工业化国家或地区的竞争而停滞；90年代以后，与尖端技术有关的新兴工业部门，如计算机、软件、芯片、通信器材、医疗设备、宇航等高新技术产业的发展十分迅速，已成为带动美国经济增长的骨干产业。

2）工业分布

美国工业在地区分布上由东北逐步向南部和西部发展，以此改变工业分布过于集中的情形。美国东北部的工业区位于密西西比河以东、俄亥俄河和波托马克河以北，约占全国加工工业产值的60%。由波士顿到巴尔的摩的东北部沿海地带，以及经哈得孙河谷、伊利运河至五大湖南岸的城市和工业地区，是美国著名的"制造业带"，这里集中了美国的主要制造业。第二次世界大战期间及战后，在西部太平洋沿岸的加利福尼亚州，一些与军事有关的新兴工业部门，如造船、飞机制造、军工、电子等产业得到巨大发展。南部得克萨斯等州的产油区，逐步发展成为重要的石油化工中心。20世纪70年代以来，南部和西部工业发展较快，其速度大大超过东北部地区，经济重心和人口逐步南移。

3）主要工业部门

（1）采矿业。它主要包括煤炭、石油、天然气、金属和非金属矿的开采。第二次世界大战后，美国采矿业由于资源储量下降、需求减少、成本上升，成为一个衰退的部门。采矿业中主要以能源开采为主，约占矿业产值的85%。

第一，采煤工业。美国煤炭资源丰富，已探明储量2 400亿～3 000亿吨，全国50个州中有35个州有煤的储藏。第二次世界大战后初期，煤炭的最高年产量曾达6.24亿吨，之后由于能源结构的改变，石油被广泛开采和利用，煤炭的产量不断下降，1960年年产量只有4亿吨。20世纪70年代以后，在"能源危机"的冲击下，煤炭的产量又有回升，2007年产量为11.7亿吨，仅次于中国，居世界第二位。2013年美国煤炭产量总计约9.96亿吨，20年来年产量首次低于10亿吨。2022年，美国煤炭总产量为5.42亿吨，同比增长3.4%。其主要煤田有：①阿巴拉契亚煤田，是美国最大的煤田，北起宾夕法尼亚州，经俄亥俄州、西弗吉尼亚州、肯塔基州东部直至俄克拉何马州东部。该煤田质量好，可露天开采，又靠近五大湖沿岸工业发达地区，因此产量高，约占全国总产量的3/4。②中部煤田，位于密西西比河中游，包括伊利诺伊州、印第安纳州、肯塔基州西部，该煤田储量颇丰，但质量不如阿巴拉契亚煤田，主要为民用煤和一般工业用煤。③落基山煤田，位于北达科他州、南达科他州、科罗拉多州等西部山区，由于交通不便，目前尚未大规模开采。

第二，石油、天然气工业。美国石油资源丰富，根据美国《油气杂志》2015年发

布的数据，美国石油已探明储量为54.4亿吨，居世界第十位；天然气储量10.4万亿立方米，居世界第四位。石油和天然气主要分布在墨西哥湾沿岸的得克萨斯州、俄克拉何马州，西部的加利福尼亚州和海外的阿拉斯加州等地。其中，墨西哥湾沿岸的得克萨斯州有美国最大的油田，石油产量占全国的50%；其次是阿拉斯加州，产量约占全国的20%；加利福尼亚州占全国的13%。

20世纪90年代以来，美国石油年产量均在3亿吨以上，其中1996年产量达3.7亿吨，仅次于沙特阿拉伯，居世界第二位；2007年下降到3.42亿吨，仍少于沙特阿拉伯。2015年产量为4.69亿吨，排名全球第三位。根据《BP世界能源统计年鉴（2020）》，2019年美国石油产量创下新高，排名世界第一位，年产油量近7.47亿吨。受疫情影响导致的航空燃料需求和油价的下跌，2020年美国原油产量大幅下跌。在俄乌危机发生后，能源市场经历了整整一年的动荡，2022年油价达到每桶100美元以上的峰值，创下了八年来的新高，美国石油产量达7.6亿吨，依然排名世界第一位。

美国海上采油业发达，是仅次于英国和沙特阿拉伯的第三大海上采油国。美国虽然油气资源丰富、产量大，但由于国内消费量大，每年国内消费量的1/3仍需要进口。

第三，金属矿开采。美国的金属矿开采主要是开采铁、铜、铝、锌、金、银等。其中，最大铁矿是位于苏必利尔湖以西的梅萨比铁矿，约占全国铁矿储量的93.7%，其次是伯明翰铁矿和新墨西哥州铁矿。金、铝、锌、铜等有色金属矿主要分布在西部的爱达荷州、犹他州和北部的阿拉斯加州等地。有色金属由于国内消费量大，仍需大量进口。

（2）制造业。

第一，汽车工业。美国是现代汽车工业的发源地，1893年美国生产出第一辆汽车，20世纪20年代以后发展迅速，汽车、钢铁、建筑历来被称为美国工业的三大支柱。第二次世界大战后，随着经济的发展、居民生活水平的提高，汽车的产量和消费量急剧增长，1978年产量曾高达1 287万辆，创历史最高纪录，约占当年世界总产量的1/3。1978年以后在"能源危机"的冲击下，美国汽车由于车型大、耗油多，产量日趋下降，自1980年起曾有10多年被日本超过。在此形势下，通用、福特、克莱斯勒三大汽车公司被迫增加投资，更新设备，采用新的技术，开发新产品和淘汰效率低下的工厂。到2006年，美国汽车产量达到1 126万辆，但依然少于日本。2013年，美国汽车产量为1 105万辆，居世界第二位，仅少于中国，日本居第三位。2019年，美国汽车产量达到1 006万辆，少于中国，仍居世界第二位。美国汽车工业的分布特别集中，90%以上集中在东北部，如底特律、芝加哥、辛辛那提等地，其中底特律产量最多，美国三大汽车公司总部均设于此，故其有美国"汽车城"之称。西部的洛杉矶和南部的亚特兰大也是重要的汽车生产中心。

第二，航空航天工业。它是美国最具竞争力的工业，主要生产导弹、人造卫星、航天飞机等。第二次世界大战后，美国在原来生产军用飞机的基础上，积极进行民用飞机的生产，目前年产飞机约1.7万架。航空航天工业的中心是西雅图、洛杉矶、圣迭戈、纽约、巴尔的摩、达拉斯和休斯敦等地。西部地区以装配整机为主，东部地区主要生产飞机的仪器仪表，南部的休斯敦、达拉斯主要以宇航工业为主。休斯敦有美国"宇航城"之称。

第三，电子信息产业。它是美国最具竞争力的工业，主要以生产计算机、芯片、软件、通信器材为主。20世纪90年代以来，以软件霸主微软公司和芯片制造商英特尔公司为代表的信息产业，已完全取代了三大汽车公司的地位，成为新兴产业和新经济的增长点。在全球信息产业中，美国中央处理器和系统软件产量分别占世界份额的92%和86%，IT产业的投资占全球总投资的41.5%，美国微软Windows系统占据全球操作平台应用量的95%。美国电子信息产业主要生产商有微软、AT&T、英特尔、惠普、思科等，主要分布在旧金山的"硅谷"、纽约、新泽西州和马萨诸塞州等地。

（3）钢铁工业。它是美国的传统工业，1890年钢铁产量已达434.5万吨。由于美国在两次世界大战中扮演了"兵工厂"的角色，钢铁年产量大增，1950年产量已达8 780万吨，占世界总产量的46.6%。其钢铁产量的最高峰是1973年，为1.37亿吨，此后开始走下坡路，先后落后于苏联和日本。美国钢铁工业落后的原因是设备陈旧、技术更新慢、生产效率低，如平炉炼钢美国比日本淘汰得晚。同时，随着科技的进步，各种机械趋向小型化，许多新材料取代了钢铁，使钢铁使用量锐减。20世纪80年代以后，美国一方面更新设备，进行技术改造；另一方面裁减员工，关闭效率低下的工厂，并调整产品结构，大量生产特殊钢材，使钢铁工业出现了转机。

由于金融危机的影响，美国粗钢2009年的产量降低了36.5%。美国钢铁行业从2010年开始重获增长动能，汽车行业和建筑行业是钢铁行业发展的驱动力。另外，美国政府采取了一些更正性措施，重新激发美国钢铁行业的发展。美国钢铁协会的数据显示，2022年，美国粗钢产量为8 050万吨，同比下降6.17%，排名世界第四（北美洲国家粗钢总产量全球占比为5.9%），建筑业和汽车业依然是美国钢材产品的主要终端市场。

美国钢铁工业主要分布在五大湖周围的芝加哥、匹兹堡、布法罗、克利夫兰等地，产量约占全国的80%，其次有纽约、伯明翰、休斯敦等地。美国钢铁工业中铁矿石不能满足需求，需从加拿大、委内瑞拉等国进口。

（4）化学工业。美国化学工业发达，其产值约占世界化工产值的1/4。美国拥有丰富的石油、天然气、煤炭、磷、石灰石等化工原料，为化学工业的发展提供了雄厚的物质基础。石油化工是美国发展最快、目前最大的化工部门。墨西哥湾沿岸是石油化工最集中的地区，其中休斯敦生产的合成橡胶约占全国的一半。五大湖周围和大西洋沿岸的东北部是在冶金、煤炭工业基础上发展起来的传统化学工业基地。纽约、费城和巴尔的摩等地以生产医药、香料、化妆品、试剂等高级化工产品为主，其中纽约是最大的医药、化妆品、染料等产品的生产中心。化学工业主要由杜邦、联合碳化物公司、孟山都等化学公司所控制。

（5）食品工业。这是美国轻工业中最大的产业部门，主要从事肉类加工、谷物加工、水果加工、饮料和烟草的生产等。食品工业分布广泛，全国最大的肉类加工中心是芝加哥，西部食品工业中心是旧金山。

（6）纺织、制鞋、皮革等轻工业。这些工业是第二次世界大战后逐渐衰退的产业，大量转移到东亚、东南亚等发展中国家，服装、鞋类需要进口。近年来，在技术革命的推动下，美国开始采用新技术、新设备改造传统的纺织工业，因此这些"夕阳工业"又重新焕发了生机。其中，棉纺织工业主要分布在南、北卡罗来纳州，佐治亚州等传统产棉区；毛纺织工业主要分布在马萨诸塞州、缅因州等地。

4.3.3　农业的主要特点和发展条件

农业是美国的"立国之本"，在历史上，农业是美国最重要的经济部门之一。早在建国前，英国殖民者就利用这里辽阔而肥沃的土地种植水稻、棉花、烟草和蓝靛，使其成为供应西欧的农产品基地。南北战争之后，美国工业化进程加快，更促进了农业的发展。20世纪40年代，美国农业已基本实现了机械化，生产效率大大提高。1940年农业人口占全国总人口的23%，而每个农业劳动力所生产的产品却可供10.7人食用。第二次世界大战后，美国农业更全面实现了机械化、电气化、良种化和化学化，进一步促进了农业生产效率的提高。

从产销方面来看，美国粮食作物产量占全球粮食总产量的15%左右。2022年粮食总产量为5.7亿吨，仅次于中国的6.8亿吨，高于印度、俄罗斯和巴西等其他国家。2022年，受疫情的影响，世界粮食市场波动加剧，美国的粮食总产量和2021年持平。在农业增加值上，按照世界银行公开的数据，截至2018年，美国排名全球第三，农业增加值约为1 785.8亿美元，全球占比5.3%。

美国优势作物玉米和大豆的产量全球占比逾1/3。美国是全球最大的玉米生产国，2022年的玉米产量也是非常惊人的，达到了约3.5亿吨，占全球玉米总产量的约20%；大豆产量达到了约1.1亿吨，占全球大豆总产量的约30%。此外，美国农作物单位面积产量居世界前列。

从出口贸易方面来看，美国控制了全球1/4的粮食出口贸易市场份额，玉米和大豆出口份额占全球出口份额的40%。美国主要传统农产品（大豆、粗粮等）的出口总量每年都能达到1亿吨以上，占全球出口总量的20%左右。2022年，美国农产品贸易总额4 296亿美元，同比增长12.8%，其中出口额2 058.9亿美元，同比增长10.9%；进口额2 237亿美元，同比增长14.7%；贸易逆差178.1亿美元，比上年同期扩大89%。美国农产品出口市场排名前三位的国家分别是中国、加拿大和墨西哥；农产品进口市场排名前三位的国家分别是墨西哥、加拿大和法国。

1）美国农业的主要特点

（1）农业部门结构齐全，种植业和畜牧业均衡发展。美国农业中无论是种植业、畜牧业还是林业、渔业，均很发达，种植业和畜牧业是两个最重要的部门，长期以来畜牧业产值（约占52%）略高于种植业（约占48%），但两者相差不大，呈均衡发展状态。

种植业主要种植谷物（小麦、水稻、黑麦、玉米、高粱、大麦等）、油料、棉花、糖料、烟草等经济作物。畜牧业主要是养牛、鸡和猪等。第二次世界大战之后，随着居民生活水平的提高，牛肉消费量逐渐增加，从而促进了养牛业的发展。

（2）农业生产实现了机械化、电气化、化学化和良种化，并广泛采用电子和生物技术。美国农业生产早在20世纪40年代就已实现了机械化，二战后农业机械更向大型化、多功能化发展。现在美国农业生产的各个环节均用机械操作。

美国对农作物和牲畜良种的培育、推广十分重视。对良种的使用、繁衍建有严格的档案，防止近亲繁殖，以保证良种不退化，从而有利于提高产量，减少病虫害。

随着科学技术的发展，美国在农业生产中正广泛使用电子计算机和生物技术。采用基因改性的农作物品种已经得到美国政府的批准，并准予在市场上销售。一些利用新基因技术把有特殊经济价值的基因引入植物体内，从而获得高产、优质、抗病虫害的农作物新品种，目前已获得重大突破，并已进入大田生产阶段。

（3）农业生产高度社会化和专业化，农业生产率高。所谓农业生产社会化，是指过去由农场承担的各个耕作环节，现已由各种专业公司承担，如种子公司负责育种，灭虫公司负责喷洒农药，联合收割公司负责收割和烘干，农场主完全成为经营者和管理者，从而提高了效率，降低了成本。全国有以下几个农作物带：

第一，乳畜带。其主要位于新英格兰地区和滨湖地区。这里纬度较高，无霜期短，不利于玉米等谷物的生长；但这里城市众多，人口密集，工业发达，大量的城市人口对肉、奶的需求量大。因此，这一地区大量种植牧草，畜牧业发达。这里的奶牛存栏量占全国的1/3，生产的奶制品占全国的1/2。

第二，玉米、大豆带。其位于乳畜带以南，东起俄亥俄州西部，西至内布拉斯加州东部，是以伊利诺伊州、艾奥瓦州为中心，南北宽约300千米的地区。这里土壤肥沃，无霜期长，夏季气温高、雨量多，十分适合玉米、大豆的生长。玉米的产量占全国的70%，大豆的产量占全国的60%。畜牧业主要是养猪和肉牛，猪的存栏量约占全国的1/2，肉牛的存栏量占全国的1/3。

第三，小麦带。其位于中部平原西部，包括南达科他州、北达科他州、堪萨斯州和俄克拉何马州。这里冬寒夏热，秋季干燥，适合小麦生长，北部主要种植春小麦，南部主要种植冬小麦。

第四，棉花带。其位于北纬35°以南，老棉区包括南卡罗来纳州、北卡罗来纳州、佐治亚州，西至得克萨斯州东部。由于自美洲开发以来，这里就是传统的植棉区，种植单一，土壤肥力下降，病虫害蔓延，现在这里大部分已改种花生。新棉区已向西移至得克萨斯州、新墨西哥州、亚利桑那州和加利福尼亚州，这几个州的棉花产量占全国的70%以上。

第五，亚热带作物带。其主要种植亚热带水果、蔬菜、水稻等农作物，主要分布在佛罗里达州、墨西哥湾沿岸和西部的加利福尼亚州。

第六，放牧和灌溉农业区。其主要分布在落基山脉以西的内陆高原和盆地各州。这里气候干燥、土地贫瘠、荒地多，因此主要发展放牧业和灌溉农业。

正是由于美国农业高度的社会化和专业化，农业生产实行工厂式的经营管理，所以生产效率较高。

（4）农产品严重依靠出口，农业危机日益严重。美国是世界上最大的农产品出口国，20世纪20年代以来，农产品生产过剩的问题一直困扰着美国政府和农场主。每年生产的 1/5 的小麦、1/3 的大米和 2/5 的大豆都要投入国际市场，因此国际市场需求和价格的变化及政治的动荡，都会给美国农产品出口和农业生产带来巨大影响。尤其是 20世纪 80 年代以来，美国迅速膨胀的农业生产一直处于危机之中。美国政府不得不采取减少种植面积、给农场主补贴和对农产品的购销实行价格支持等办法来维护农场主的利益，并每年拨款数亿美元向购买美国农产品的外国厂商提供"买方信贷"，以促销其过剩的农产品。但对于长期的生产过剩，政府的上述措施只是杯水车薪，虽可暂缓农业危机，但最终无法解决根本问题。无法销售的农产品，使农场主无法归还贷款，或陷于破产，或被兼并，农业危机不断加深。

（5）农业生产日益走向集中。随着农业危机的加深，大量中小农场破产或被兼并，农业生产日益集中在大农场主手中。据统计，1935 年，美国共有农场 681.4 万个，平均每个农场占有耕地 155 英亩。到 2023 年，美国农场数量约为 220 万个，比 2015 年减少8 000 个；美国农场的耕地总面积为 9.11 亿英亩，比 2015 年减少 100 万英亩。2020 年，受疫情的影响，美国农产品出口在经历短暂的"旺季"后，马上又迎来寒冬，特别是中国需求的骤降，对美国农产品产生了巨大冲击。数据显示，依靠 280 亿美元补贴存活的美国农业，其农场破产数量依然创下 8 年来的新高。

2）美国农业发展的条件

（1）美国拥有极为优越的自然条件——国土辽阔、土地肥沃、气候适宜等，为农业生产发展提供了得天独厚的条件。

（2）从历史上看，美国没有浓厚的封建土地关系的束缚，资本主义农场很早就建立起来了，有利于美国农业生产向现代化方向发展。

（3）美国历届政府都十分重视、支持农业生产。如林肯总统早在 1862 年就颁布了"宅地法"，无偿分给每个农户 160 英亩土地，为发展农业提供了最基本的物质条件。

（4）从 1790 年开始到南北战争前，美国大规模移民开发西部，推动了农业的发展。

（5）美国发达的工业为农业的现代化提供了必要的技术装备，提高了农业劳动生产率。

（6）国际环境有利于美国农业发展，特别是在两次世界大战期间，进一步刺激了美国农产品的生产发展。

4.3.4　服务业

美国服务业十分发达。批发零售商业、金融业、保险业、旅游及交通运输业等在国民经济中都占有重要地位。

1）批发零售商业

私人消费是对美国经济贡献最大的部分，消费开支占 GDP 总量的 2/3 以上。其中，零售业年销售额超过 GDP 的 1/3，美国的消费者支撑起了世界上最大的零售市场。美国的商店种类繁多，有极大的百货公司，也有极小的专卖一种货品的专卖店，还有专卖低价品的折扣商店和廉价品的"一元钱商店"。超级市场在美国各地都极受欢迎。

2）金融业

美国金融业主要由联邦储备银行系统、商业银行系统和非银行金融机构三部分组成。联邦储备银行系统起着中央银行的作用，具有发行货币、代理国库及对私人银行进行管理监督的职能，并为美国政府制定和执行金融货币政策。商业银行系统在美国金融体系中占有主要位置。非银行金融机构主要包括保险公司、互助储蓄银行、储蓄贷款协会、投资信托基金、养老基金组织、金融公司等。纽约金融市场是世界上最重要的国际金融中心之一，包括外汇市场、货币市场和资本市场。美国的道琼斯指数、标准普尔指数是美国股价的晴雨表，反映了美国经济发展状况。

美国的经济命脉完全掌握在极少数垄断资本集团手中。洛克菲勒、摩根、第一花旗银行、杜邦、波士顿、梅隆、克利夫兰、芝加哥、加利福尼亚、得克萨斯十大财团控制了美国政治、经济、社会的各主要部门。

3）保险业

美国的保险业十分发达，人寿保险、健康保险、财产保险、责任保险等无所不有。一旦发生各种意外，投保人便可免受或少受经济损失，由保险公司代为赔偿。

4）旅游业

美国非常重视发展旅游业，并大力开发旅游资源。美国幅员广阔、山河壮丽，有许多优美奇特的自然风光和引人入胜的人文景观，有些旅游项目很有特色，世界闻名，旅游人数居世界前列。在大平原的西部大山区，有著名的科罗拉多大峡谷，气势雄伟，岩壁陡峭，为世界罕见的自然景观，还有著名的黄石国家公园；靠太平洋的西海岸地区是风光旖旎、阳光灿烂的加利福尼亚州，在这里，好莱坞的浪漫、迪士尼乐园的轻松、赌城拉斯维加斯的辉煌都令人神往不已；在北部近加拿大边界附近，有著名的五大湖游览区，其中最壮观的景点是尼亚加拉大瀑布。此外，位于太平洋的夏威夷群岛也是全球闻名的度假胜地。

5）交通运输业

美国是世界上交通运输业最发达的国家，拥有高度现代化的海陆空运输工具，包括道路、港口及机场设施，对促进国民经济发展和提高人民生活水平起着重要作用。在全国货运总量中，铁路承担了其中多数部分；在全国客运总量中，私人小汽车承担了绝大部分。对外贸易则以海运为主。

（1）铁路运输。美国铁路网稠密，几乎各个地区和中心城市之间都有铁路相通，但以东西向铁路最为重要，因为主要工业中心呈东西并列，而南北之间的联系大部分由管道和水运（包括海运）承担。

北美地区穿越大陆的铁路干线有多条，在美国境内主要有4条：①西雅图—俾斯麦—圣保罗—芝加哥—底特律；②奥克兰—奥马哈—芝加哥—匹兹堡—费城—纽约；③洛杉矶—堪萨斯城—圣路易斯—辛辛那提—华盛顿—巴尔的摩；④洛杉矶—图森—埃尔帕索—休斯敦—新奥尔良。芝加哥是美国最大的铁路枢纽，有30多条铁路通往各地，其他较大的有纽约、圣路易斯、堪萨斯城、匹兹堡等。

（2）公路运输。截至2022年，美国公路里程长达680万千米，其中高速公路8.8万千米，汽车拥有量2.2亿辆。汽车运输不但在客运中占有统治地位，而且垄断了短途货运和快速货运。公路网以北部地区最为稠密，其长度占全国的70%。

（3）内河运输。美国内陆水运航道总长5万多千米，主要是密西西比河和五大湖水系。五大湖通过圣劳伦斯河和伊利运河可直通大西洋；密西西比河是连接南北的重要通道，占全国内河运量的60%，以运送粮食、煤炭、石油等大宗货物为主。

（4）海上运输。美国海运以沿海航运为主，约占全国海运总量的66%。美国也是世界上沿海运量最大的国家，远洋运输只占34%，沿海航运主要是从南部的墨西哥湾沿岸向北部输送石油等化工原料。远洋运输承担了本国96%的进出口货物的运输任务，年吞吐量超过3 000万吨的港口有16个，如纽约、费城、诺福克、巴尔的摩、新奥尔良、休斯敦、洛杉矶等，其中最大的港口是纽约，之后是新奥尔良和休斯敦。

（5）管道运输。它是美国在第二次世界大战之后发展起来的一种新兴的现代化运输方式。美国的管道运输分为石油管道运输和天然气管道运输两种。目前，石油管道有32.2万千米，天然气管道有40多万千米。管道最稠密的地区是墨西哥湾沿岸。全国60% ~ 70%的原油、30%的石油制品和100%的天然气均由管道输送。

（6）航空运输。美国的航空网是世界上最发达的，客、货运量均占世界航空运输总量的近50%。目前，美国航空运输业无论是在客货运量、空中航线、机场设施还是在各类飞机的数量和质量等方面，均居世界第一位。美国航线全长约占世界航线的一半。美国有多家航空公司，主要航空港有芝加哥、洛杉矶、旧金山、纽约、波士顿、华盛顿、迈阿密等。

4.4 市场特征与对外贸易

4.4.1 美国的市场特征

1）市场容量大

美国是世界上经济最发达的国家，2022年，美国国内生产总值为25.46万亿美元，人口3.27亿，人均国内生产总值约7.65万美元，是世界上需求量最大的市场之一。美国之所以能成为世界最大的商品市场之一，主要有两方面的原因：一是美国是高消费国家。美国居民有传统的高消费习惯，私人消费占国内生产总值的66%左右。在发达工业国家中，美国的积蓄率、居民个人储蓄率是最低的。美国人很少储蓄，收入几乎全部用于消费，很多人甚至借钱消费。20世纪80年代以来，美国私人消费的增长率不仅一直超过其经济增长率，而且超过个人收入的增长率。这不但造成了私人债务庞大和储蓄率低下，而且导致美国进口剧增和贸易逆差不断扩大，从而为外国商品的大量涌入提供了便利条件。二是美国经济结构的调整。第二次世界大战后，随着科学技术的迅速发展，美国工业不断向高技术工业部门转变，而将传统工业尤其是劳动密集型工业转移到海外生产，而这些部门的产品大多又是日常生活必需品。因此，只能通过大量进口来满足人们对这类基本生活消费品的需求，目前美国80%的鞋类依靠进口。与此同时，由于生产的国际化，跨国公司迅速发展。跨国公司为了降低生产成本，逐渐将自己的零配件、半成品的生产大量转移到海外公司，然后运回美国装配。跨国公司内部密切的贸易往来，也使得美国进口商品的数量大大增加。

2）需求层次多样

美国的市场需求可分为两大类：一类是工业品，另一类是生活消费品。美国工业品市场的客户是全国 1 000 多万个企事业单位。这些单位规模等级悬殊，部门类别多样。小的企业仅有员工 1～2 人，资产额和销售额仅几万美元；而大公司拥有数十万的雇员，资产额和销售额上千亿美元。所属部门涉及制造业、采掘业、建筑业、交通运输业、农业、批发和零售商业、饮食业以及政府、文教、卫生等各个行业和领域。这些不同的企业、机构所需要的商品种类五花八门、质量要求层次不一。

美国的消费品市场更是丰富多样。由于美国民族构成复杂多样，居民贫富差距悬殊，不同文化背景、不同收入水平的居民往往有不同的消费需求。各民族的消费习惯往往同母国保持着密切的联系。例如，亚裔人喜欢买中国制的生抽、雪菜和冬笋罐头；美洲人喜欢在食物中加上各种味道很浓的香料；犹太裔男子喜欢穿黑色的礼服；东南亚、中东等地区的女性移民喜欢穿艳丽的披纱和戴色彩鲜艳、形状别致的饰物。高收入阶层追求豪华、名牌、做工精美的商品；而普通百姓则追求价廉物美、经济实用的商品。

3）商品质量要求高

美国市场商品丰富，竞争激烈，因而人们对商品质量也特别挑剔。商品质量稍有缺陷，就不能上柜台，只能放在角落里待削价处理。美国人对商品质量的评价，主要反映在以下几个方面：①严格的内在质量。商品的内在质量必须符合消费品的安全标准，不符合标准就不能进口或就地销毁。对已投入市场的商品因质量问题引起事故的，也要追究相关人员的法律责任。②新颖的外形设计。美国人喜欢突出个性、追求新奇，对商品的需求也是如此。如果质量相同，人们更倾向购买设计新颖、独特的商品。③精美的包装。在美国，即使是一流的商品，如果是三流包装，也很少有人问津。包装精致美观、光彩夺目，对顾客才有吸引力。对包装的要求还要因消费对象而异：儿童消费品的包装要生动活泼；女士用品的包装要素雅、温柔、美丽；男性用品的包装力求粗犷、富有力度；老人用品的包装则要质朴、方便；青年人用品的包装要富有知识性和想象力。④良好的售后服务。美国人把售后服务也看作商品质量的一个方面，售后服务的好坏直接影响顾客的购买热情。美国厂商以及在美国的外国厂商均要为用户提供一系列的售后服务，如培训、维修、提供配件等。商店也认真执行保修、保换、保退的服务方针。售出的商品如有质量问题，都可以退货。大型商店还有商品退货柜台，专门负责处理这类事务。大型机器设备一般都有一定的试用期。

4）销售时间性强

美国市场具有明显的季节性。很多美国人追求时尚，新潮产品价格再高也愿意购买，过时产品价格再低也无人问津。美国的销售季节一般分为四季：1—5 月为春季；6—8 月为暑季；9—10 月为秋季；11—12 月为假期，即圣诞节期间。每个季节都有一个换季的销售高潮，圣诞节期间为全年的销售旺季。在美国，圣诞节是最盛大的节日，此时又值退税季节，人们手中有钱，都趁此添置物品，每年圣诞季的销售额约占全年销售额的 1/3，因此对美国出口商品不能误了时机。

5）开放的市场

相对世界其他市场来说，美国市场是一个比较开放的市场。美国居民的文化背景和消费需求特点也是促使其市场相对开放的因素。美国是一个多民族、多文化来源的移民国家，人们不受单一传统观念的禁锢，愿意接受外来的东西，消费需求具有外向型特点。

由于美国市场比较开放，而且市场容量大，因而各国竞相开拓，市场竞争异常激烈。目前，在美国市场上，竞争的对手可分为两类：一类是发达的工业国家，如日本、德国、英国、加拿大，这些国家在美国市场上的销售历史悠久，输出的商品以资本密集型和技术密集型商品为主；另一类是 20 世纪 70 年代后发展起来的新兴工业化国家和地区，如韩国、新加坡、巴西、墨西哥以及我国台湾地区和香港特别行政区等，这些国家和地区输出的商品以劳动密集型商品为主，具有质量好、价格低、实用性强、交货及时等优点，因而具有较强的竞争力。

6）销售渠道复杂

美国与其他发达国家一样，有一套复杂而周密的销售渠道与网络，如各种代理商、批发商、零售商等。因此，应根据不同商品、不同地区恰当地选择销售渠道，以利于尽快地打开市场和降低销售成本。如高质量的时尚消费品最好通过百货公司销售，既能提高产品的知名度，又能卖上好价钱。

4.4.2　美国的对外贸易

1）世界上最大的商品和服务贸易国

美国是当今世界上最大的贸易国。美国商务部发布数据显示，2022 年美国贸易逆差额为 9 481 亿美元，这比 2021 年的贸易逆差额增加 1 030 亿美元，同比上升 12.2%，而就在 6 年前，赤字规模还只有一半。

总体来看，2022 年美国贸易出口额较上一年增长 17.7% 至 3.01 万亿美元，进口额增长 16.3% 至 3.96 万亿美元。其中，货物贸易逆差额上涨 9.3% 至 1.19 万亿美元，服务贸易顺差额下降 0.6% 至 2 437 亿美元。

从国别看，美国与中国、墨西哥、加拿大、德国、日本、印度、俄罗斯和沙特阿拉伯等国家的贸易逆差扩大。其中，中美贸易逆差从 3 535 亿美元增至创纪录的 3 829 亿美元。

值得注意的是，美中双边贸易额也在 2022 年创下了新纪录。专家认为，中美贸易结构的互补性决定中国依然是美国不可替代的贸易伙伴。

美国商务部的数据显示，2022 年美中之间的商品贸易总额增至 6 906 亿美元，超过 2018 年的纪录，同时，美国对华商品贸易逆差扩大 8%，达到 3 829 亿美元，仅次于 2018 年 4 194 亿美元的最高纪录。

2）对外贸易对美国经济发展的作用

美国的对外贸易在国内生产总值中所占的比重不断提高，已由20世纪40年代初的4.5%上升到2022年的23%，因此对外贸易对经济的发展具有极其重要的意义。

（1）对外贸易为美国商品和服务提供了广阔的市场。据有关专家统计，美国制造业每生产5美元的产品就有1美元用于出口，每8个制造业工人中就有1人为出口生产而工作，农业生产中每3亩耕地就有1亩的产品为出口服务。因此，美国对外贸易的增长成为推动经济发展的重要动力。

（2）对外贸易为美国制造业的发展提供了原料和燃料。美国是个自然资源丰富的国家，石油、煤炭、天然气、棉花等重要能源和原材料的产量都位居世界前列，但由于国内生产规模大、消费量大，或受自然条件的限制及国际分工深化的影响，许多原料、能源、零部件和日用消费品仍需大量进口。据统计，美国每年制造业所需的原材料约1/5需要进口，特别是具有战略意义的有色金属和稀有金属，绝大部分需要进口。能源中，煤炭可以出口，而国内每年消费的石油却有1/3依靠进口。热带经济作物如橡胶、咖啡、可可、热带水果等，几乎全部从国外进口。汽车零部件、电子元器件、飞机发动机及其他构件也需要从其他合作生产国进口。

（3）对外贸易促进了产业结构的调整。第二次世界大战后，美国在科技革命的推动下大力发展电子信息、飞机、宇航、生物工程等高科技产业，淘汰劳动密集型和资源资金密集型产业。被淘汰的产业技术和设备输出到一些发展中国家，在这些国家设厂生产，然后再从发展中国家进口这些产品。这样既促进了产业结构的调整，又保障了国内市场的供应。如耐克运动鞋的生产几乎已全部转移到亚洲发展中国家。

（4）通过对外增加出口，为国内提供了更多的就业机会，大大缓解了国内失业危机。20世纪七八十年代，美国经济由于陷入"滞胀"，财政赤字、外贸赤字和失业率曾居高不下。90年代初至今，美国一直把开拓国外市场、扩大出口作为其战略重点，以此促进出口贸易的增长。

（5）由于从发展中国家进口的服装、鞋类、玩具、食品等日用消费品生产成本低，因此在美国国内市场上售价低，物美价廉的商品大大节约了美国公民的消费支出，在一定程度上提高了美国人民的生活水平。

3）对外贸易的商品结构

一个国家的产业结构往往对进出口商品结构有决定性影响。美国对外贸易进出口商品结构的变化与美国产业结构的调整密切相关。美国的出口商品以工业制成品为主，出口额约占出口总额的80%。在制成品中，主要以机械设备，如飞机、汽车、电信器材、大规模集成电路、电子计算机为主，出口额约占制成品出口总额的一半。20世纪60年代末，美国制成品出口居世界首位，1969年被德国超过，1984年又被日本超过，2019年居世界第三位。制成品中一些劳动密集型产品，如服装、鞋类、玩具等先后退出市场。近年来，以计算机、软件、芯片、通信设备等为主的信息产品的出口增长尤为迅速。农产品是美国重要的出口产品，在世界上占有重要地位，主要以玉米、小麦、大豆、稻米、棉花等为主，但农产品在出口商品构成中所占的比重不断下降。矿产品贸易主要是煤炭出口。

美国进口商品的结构20世纪70年代以前主要以能源、原材料为主，机械设备、化工产品等制成品所占比重不大，1950年美国初级产品的进口额占进口总额的70.2%，工业制成品占28.5%。到1995年，前者下降为17.7%，后者上升为70.2%。各类商品在进口额中所占比重变化很大，机器和运输设备的进口，在1950年位居世界第八位，到1967年则上升到第一位；钢铁从1963年起、汽车从1968年起，相继由出超变为入超。外国小汽车进口额的比重由1960年的4%增长到1980年的26.4%；石油的进口额1970年占进口总额的3.62%，1980年上升到25.8%，此后又不断下降，1985年下降到9.51%，到2019年前三季度同比又增长5.6%。2023年，美国的石油供应量比2022年平均增加了120万桶/日，远远领先于减产的俄罗斯和沙特阿拉伯。美国2023年的石油产量预计将达到1 930万桶/日，创下新的历史纪录。目前，美国进口的商品主要是机电产品、运输设备和化工产品；进口原材料除石油外，还有有色金属、废旧金属、纸浆、木材、铁矿砂、橡胶；进口食品主要是咖啡、可可、热带水果；进口的轻纺产品主要是服装、鞋类、玩具等。

4）对外贸易的地区结构

美国过去主要的贸易对象是西欧和北美各国，但自20世纪80年代中期以后，其贸易方向发生了变化，海外市场的重心从西欧向亚太地区转移。90年代初，美国同亚洲的贸易额超过西欧，而由于北美自由贸易区的形成，美国与加拿大、墨西哥的贸易增长迅速。目前，美国是加拿大和墨西哥最大的贸易伙伴，中国是美国最大的贸易伙伴，加拿大是美国第二大市场。2022年，美国的主要贸易伙伴发生了变化。数据显示，欧盟（包括英国）成为了美国最大的贸易伙伴，与美国的双边贸易额达到了8 980.48亿美元，同比增长了22.4%。加拿大和墨西哥分别位居第二和第三，与美国的双边贸易额分别为8 044.48亿美元和7 835.83亿美元，同比增长分别为18.8%和19.6%。中国则降至第四位，与美国的双边贸易额为7 295.47亿美元，同比增长只有5.5%。

从出口和进口两个方面来看，欧盟、加拿大、墨西哥、中国、日本、英国、德国、荷兰、韩国、巴西、印度是美国2022年前十一大商品出口目的地。其中，欧盟是美国最大的商品出口市场，占美国商品出口总额的22.3%；加拿大和墨西哥分别占16.9%和15.7%；中国占6.9%。中国是美国第三大商品出口目的地，但与2017年相比，其份额下降了2.1个百分点。

中国、墨西哥、加拿大、日本、德国、越南、韩国、印度、爱尔兰、意大利是美国2022年前十大进口商品来源地。

亚非拉发展中国家是美国工业制成品和农产品的销售市场，也是原材料和战略物资的供应地。美国与发展中国家的贸易额占其贸易总额的1/30。美国在亚洲的主要贸易伙伴是中国、日本、韩国和印度等国家和地区。

5）中美经贸关系

中国是世界上最大的发展中国家，美国是世界上最大的发达国家，两国在资源结构、产业结构和消费水平上的差异决定了两国经济具有很强的互补性；促进两国之间的经贸往来，无疑对中美两国经济的发展乃至世界经济的增长会起到极大的促进作用。但在1972年尼克松访华前，由于美国对中国采取敌视政策，中美双方基本上没有贸易往来。自1972年中美关系正常化以来，尤其是1979年中美正式建交后，中美经贸往来迅速发展。

据统计，1979年中美双边贸易额仅为24.5亿美元，到1998年已增长到550亿美元，20年中美双边贸易额累计已达3 645亿美元。2010年中美双边货物贸易总额超过3 800亿美元，同比增长29.2%。到2013年，中美双边货物贸易额为5 624.5亿美元，增长4.9%。

美国商务部发布的报告显示，2022年，美国和中国货物贸易总额达6 906亿美元，创下历史新高。其中，中国向美国出口总额达到5 817.83亿美元，中国自美国进口总额达到1 776.44亿美元。从近10多年的数据来看，中美进出口贸易总额仅在2018年出现较为明显的下滑，之后连续四年均保持增长态势。本次新高的原因除两国进出口需求旺盛外，还可能受通货膨胀和油价暴涨的影响。

但从占比与增速上来看，美国正着力于减少对华供应链的依赖。2018年，中美贸易总额占美国对外贸易总额的15.6%，到2022年下降至13%。作为曾经最大的贸易伙伴，贸易战后中国多次降为美国第三大贸易国，尽管2020年由于美国出口增加，中国重回榜首，但2021年、2022年已连续两年位列加拿大、墨西哥之后。

同时，相比于2021年，2022年中美贸易额涨幅放缓。贸易总额同比增速从28%下降至0.5%，中国自美国进口总额则减少1.1%。

从各类商品出口总量来看，我国对美出口优势依旧集中于低技术制造业。近三年来，我国对美国出口金额前十名较为稳定，出口的主要是机电产品和劳动密集型产品。其中，机电产品占绝对优势，2022年占美国出口总额的43.36%，相关出口额增幅为4.49%，但较2021年同期有所下降。

2022年11月，墨西哥超过中国列美国机电进口首位，导致自中国进口自动数据处理设备及其零部件、部分家用电器等产品出口额下降明显。

劳动密集型产品，包括纺织制品、塑料制品、橡胶制品等。

从中国的进口来看，除了机电产品外，自美国进口品类则以初级产品为主，包括谷物在内的植物产品进口金额持续稳定增长，与大豆等农产品相关及与矿产相关的重点领域进口依赖度较高。美国农业部数据显示，2021/2022年度中国大豆进口量为9 157万吨，中国仍是美国大豆的最大买家，需求占比居于首位。

对比增速，美国对中国出口的能源、原材料及农林牧渔产品普遍增速偏低，而偏中下游的机械和轻工制品等增速相对较高，如2022年美国对中国出口的食品、饮料、酒、醋、烟草及其制品同比增速4.2%，而纺织品同比增速达40.6%。

尽管中美贸易总额创新高，但高技术产品的贸易交流却逐渐减少。

据美国商务部统计，2022年美国高技术产品的进出口额都有所增加，但与中国相关的占比都有所减少。2022年，美国自中国大陆进口的高技术产品同比减少0.4%，仅占其进口总额的23.7%；而美国对中国大陆出口的高技术产品总额也减少了300多亿元，同比减少2.4%。

2023年1—8月，中美双边贸易额仅为3 265亿美元，同比下降了17.4%。这表明中美之间的商品贸易额仍然受到"脱钩断链"的影响。

4.5　经济区域与城市（港口）

4.5.1　美国的三大经济区

美国资本主义经济的发展首先是从大西洋沿岸东北部的新英格兰地区开始的，19世纪初推进到大西洋沿岸中北部区和五大湖沿岸各州，19世纪中叶到20世纪70年代是向西部和南部扩展时期，至今形成了以传统工业为主导、人口高度密集、经济发达的北部区；以石油化工、宇航、飞机、核能利用、电子、军事工业等新兴产业为主的西部区和南部区。

1）北部区

北部区是指位于美国东北部的新英格兰地区、大西洋沿岸中北部和五大湖周围的缅因州、新罕布什尔州、宾夕法尼亚州等14个州。这里是美国资本主义经济发展最早的地区，19世纪末工业产值已占全国的80%以上，第二次世界大战后的初期还占3/4左右。之后随着美国产业结构的调整，以钢铁、机械、采矿、化工等传统产业为主的北部区，由于设备陈旧、技术落后、污染严重，加之交通拥挤、土地价格昂贵等，经济发展速度逐渐落后于西部和南部区，但其目前仍是美国最大的经济区，工业产值仍占全国的1/2左右。其主要产业部门有钢铁、采矿、机械、化工、汽车、乳肉加工和船舶等，通过长期发展形成了波士顿–纽约–费城–华盛顿、芝加哥–圣路易斯两大城市群。它们既是工业中心，又是金融、文化、科研中心和交通枢纽。其他著名城市还有底特律、匹兹堡、布法罗、辛辛那提、克利夫兰等。北部区还是美国著名的乳畜带和玉米、大豆带。

北部区之所以能成为美国资本主义发展最早、工业最发达的地区，得益于下列有利条件：①北部区是欧洲移民最早到来的地区，他们带来了资金和较先进的技术；②北部区从一开始就没有封建生产关系的束缚，实行的是资本主义的生产方式；③北部区毗邻五大湖、圣劳伦斯河和大西洋，水运交通方便，有利于原材料的输入、产品的输出；④北部区煤炭、铁矿、石油等矿产资源丰富，为现代工业的发展提供了充足的能源和原材料；⑤北部区有发达的农业，既为轻工业的发展提供了原材料，又为城市居民提供了充足的食品。

2）西部区和南部区

西部区主要包括太平洋沿岸的华盛顿州、俄勒冈州、新墨西哥州等13个州。南部区主要是指位于美国东南部和南部的马里兰州、弗吉尼亚州、佐治亚州等16个州。这些地区由于纬度低，阳光充足，气候温暖湿润，因此有美国"阳光地带"之称。第二次世界大战前，这里经济相对落后，是北部区粮食、矿产品、木材的供应地。战后，由于新技术革命的兴起和产业结构的调整，西部区和南部区已成为以电子、航空航天、石油、化工、微生物、采矿、核能利用等高新技术为主的新兴工业区。其经济增长速度、高素质人才聚集的数量远远超过北部区。一批新兴的工业城市如有"宇航城"和"石油城"之称的休斯敦、"飞机城"西雅图等先后崛起。西部和南部经济迅速发展，得益于下列有利条件：

（1）第二次世界大战期间和战后"冷战"期间，美国政府为了作战和美苏对抗的需要，有计划地把与军事有关的宇航、电子等科研项目设置在西部和南部，并加大对西部和南部的拨款，从而带动了西部、南部制造业的发展。

（2）西部、南部的发展也得益于20世纪60年代兴起的科技革命。西部和南部由于传统工业少，因此束缚小，易于采用高新技术。又由于高新技术产品使用原料少、体积小、附加价值高，抵消了西部交通不便、水源缺乏等不利因素，而且这些高新技术产业一般均与军事有关，产品一旦研制成功就有市场保证，企业便可获得高额利润，也促进了这些高新技术产业的发展。

（3）注重发展高等教育，并使高校与高新技术企业相结合。高等教育的发展吸引和培育了许多年轻的高素质人才，使美国的人才结构发生了极大的变化。与高新技术企业相结合不但有助于大学科研项目的开发和科研成果的转化，而且促进了经济的发展。例如，亚利桑那大学在20世纪90年代初曾拨专款创办了一个"优胜项目"，与企业合作把太阳谷（图森市的一个高新技术集中区）创办成第二个"硅谷"，从而吸引了大量的人才。

（4）20世纪60年代美国对外贸易战略重点西移，也是促使西部地区发展的一个重要原因。80年代伊始，美国对外贸易的重心已由大西洋转向太平洋。外贸战略重点的西移，既促进了西部工业的发展，也加快了西部运输、保险、金融等服务业的发展。

（5）人口老龄化的加快也是促使西部和南部经济快速发展的一个重要因素。据统计，20世纪60年代至今，美国老龄人口已由1 600万增长到3 000多万，这些退休人员多数迁往气候宜人、风景秀丽的南部，他们多年积累的财富在居住地或投资或消费，必然会促进当地经济的发展。

（6）西部和南部土地辽阔、人口相对稀少、污染少、能源价格低廉、劳动力成本低等因素，也促使北部区一些企业西迁和南移。

4.5.2　主要城市和港口

（1）华盛顿。它位于大西洋沿岸的波托马克河口，面积与哥伦比亚特区相同，市区面积174平方千米，人口70万左右。该城建于1790年，为纪念第一位总统华盛顿而命名，是世界上少有的仅以行政职能为主的城市，工业很少。美国国会、总统府、国务院、国防部以及全国重要的科学、文化机关都设在这里。

（2）纽约。它位于大西洋岸边的哈德孙河河口，是美国第一大城市和最大海港，市区人口700多万。市中心区位于曼哈顿岛，摩天大楼林立，金融业十分发达，是世界重要金融中心。位于曼哈顿岛南端的华尔街及其附近地区是美国垄断资本的大本营，云集3 000多家金融机构，也是数千家国内外大公司的总部。纽约的工业产值仅次于芝加哥，为美国第二大工业中心。服装、印刷、机器制造、军工、石油加工和食品加工等产业在全国占据重要地位。纽约的交通运输业比较发达，港口条件优良，拥有现代化的装卸、干船坞和库藏设施，货物年吞吐量在世界一直居于前列。肯尼迪国际机场为世界客货流量最大的航空港之一。

（3）洛杉矶。它是美国第二大城市、西部最大的工商业中心和最大海港，位于加利福尼亚州西南部、太平洋东侧的圣佩德罗湾和圣莫尼卡湾沿岸，人口400多万。洛杉矶重工业比较发达，制造业产值约占加利福尼亚州的1/2，居全国第三位，飞机制造业在全国居首位，石油加工、化学及果品业也很发达。北郊的好莱坞为美国电影和电视制片中心。洛杉矶港是美国西海岸的最大商港，港口由东西毗邻的洛杉矶港和长滩港组成，主要输出棉花、石油产品、飞机、橡胶、果品等；其输入产品以大宗钢材、木材为主。洛杉矶市内交通以私人汽车为主，是世界上汽车拥有量最多的城市之一。洛杉矶国际机场为美国最繁忙的机场之一。

（4）芝加哥。它是美国最大的工业城市和中部最大的金融、商业中心，人口300多万。芝加哥发展迅速，现为全国最大的谷物和牲畜市场，肉类加工和黑色冶金业居全国首位，农业机械、运输机械、石油加工、印刷业等也很发达。芝加哥是五大湖地区重要的湖港，船只可经伊利运河-哈德孙河或圣劳伦斯河出海。芝加哥还是美国最大的铁路枢纽、美国中北部30多条铁路线的集结点。市区有3个重要机场，其中奥黑尔国际机场是美国面积最大、客运最繁忙的机场。

（5）费城。它是美国历史名城，位于宾夕法尼亚州特拉华河西岸，人口150多万。1776年，北美13个州在此宣布独立，并曾为临时首都（1790—1800年）。费城工业发达，是全国造船业和石油加工业的中心之一，钢铁、纺织、化工、服装业等在全国也占有重要地位。此外，费城还是美国重要的铁路枢纽和海港。

（6）波士顿。它是美国东北部的大工业城市、优良海港和重要的金融、文化中心，市区人口50多万。其主要工业部门有电子计算机、电子设备、机车车辆、化学、毛棉纺织等；同时，波士顿也是全国制鞋业中心。西郊的剑桥为大学城，有著名的哈佛大学、麻省理工学院等世界名校。

（7）巴尔的摩。它位于马里兰州切萨皮克湾顶端西侧、帕塔普斯科河口附近，是美国东海岸的最大城市和重要海港，市区人口约80万。巴尔的摩工商业发达，以钢铁和有色冶金工业为主，还有飞机制造、军工、石油加工、化学、食品、服装等重要工业，进出口贸易占突出地位。巴尔的摩港口潮差小，港区水深15米，航道深达20米，冬季最冷时因受大西洋暖流影响从不结冰，不影响船只出入港口。

（8）休斯敦。它位于得克萨斯州东南沿岸，通过长40千米的通海河与墨西哥湾相连，是美国南方第一大城市、全国最大的石油工业中心和第三大港口，人口约170万。休斯敦早期为农畜产品集散地，发展缓慢。20世纪初，附近地区油气资源的开采以及通海河的开凿，使城市迅速崛起，以石油工业为主体的工业体系逐步形成。休斯敦号称"石油之都"，美国各大石油公司的总部或分公司均设在此，城市周围井架林立，油管纵横，炼油和石化工业发达。休斯敦港系人工港，每年约有7 000艘远洋货轮由此出入，有120多条航线与世界上250多个港口直接往来，是仅次于纽约港和新奥尔良港的美国第三大港，也是美国最大的石油和小麦输出港。

（9）新奥尔良。它位于美国南部密西西比河畔，距入海口约180千米，市区人口约130万，运输和贸易是该城市的主要职能。新奥尔良港是美国第二大港口，也是美国最繁忙的港口之一，以转口贸易为主，输出谷物、大豆、棉花、石油、硫磺等；输入糖、香蕉、铝土、钢铁制品等。港内设对外贸易区，进口货物在此可免税储存、加工或展览。新奥尔良的工业以石油加工、造船、宇航、炼铝为主。

（10）亚特兰大。它是美国东南部的重要工商业城市、佐治亚州首府，市区人口40多万，其中黑人占一半以上。亚特兰大主要工业有飞机制造、钢铁、造纸、化学、食品等，洛克希德–马丁公司和可口可乐公司的总部均设于此。亚特兰大气候温暖，环境优美，1996年第26届奥运会曾在此举行。

（11）迈阿密。它是美国著名的海滨旅游城市，位于佛罗里达半岛南端，市区人口30多万。旅游业是迈阿密的支柱产业，在旅游业的推动下，金融业和商业发展迅速，现已成为美国南方最大的金融中心。同时，迈阿密也是美国通往拉美、西非和南欧的航空交通中心。

（12）圣弗朗西斯科。它又名旧金山，是美国西部的第二大城市、西部的金融中心和重要海港，市区人口约70万。19世纪中叶，人们在圣弗朗西斯科发现了金矿，大批华人涌入，华侨将其称为"金山"，后为有别于澳大利亚的墨尔本，改称旧金山。旧金山是美国与太平洋地区各国进行贸易的主要海港，素有"通往东方的门户"之称，港口优良，设施先进，有各种专业码头、泊位和现代化装卸机械、仓库等。其输入的货物以椰干、糖、咖啡、可可、香蕉、原油、新闻纸和钢铁制品为主；输出的货物以乳制品、粮食、水果、石油制品和工业品为主。旧金山是美国横贯大陆铁路的西部终点站之一，港区有铁路专用线，水陆联运便捷。

（13）西雅图。它位于华盛顿州，西临与太平洋相通的皮吉特湾，东临华盛顿湖，市区人口约50万。西雅图是美国西北部的重要海港和城市，也是北太平洋航运的重要起讫点，在美国西岸各港口中距远东最近。西雅图飞机制造业发达，波音公司的总部即设于此，故有"波音之城"之称。其对外贸易以出口小麦、面粉、船舶、飞机为主。

（14）底特律。它位于密歇根州东南部，是该州最大城市，也是美国著名的汽车城，市区人口约120万。汽车制造业为底特律的核心工业，与之相关的钢材、仪表、玻璃以及轮船、发动机等零部件的生产也很发达，汽车产量占全国产量的近25%，美国三大汽车制造公司福特、通用、克莱斯勒的总部均设于此。底特律港是美国大湖区重要港口、远洋船只的主要依靠港，也是与加拿大贸易的主要口岸。底特律有多条铁路和公路通往美国各地，与加拿大的汽车城温莎间有跨越底特律河的大桥以及河底公路隧道相连。

（15）匹兹堡。它是宾夕法尼亚州第二大城市，市区人口40多万。匹兹堡是美国钢铁工业中心，素有"钢都"之称。从19世纪中叶到20世纪中叶，其钢铁产量一直居全国领先地位，20世纪50年代以来，钢铁工业在全国的地位相对下降，目前炼钢能力约占全国的20%。在钢铁工业的基础上，匹兹堡建立了重型机械制造、化学、原子能、金属加工等工业，美国钢铁公司、海湾石油公司、罗克韦尔国际公司、西屋电气公司等许多大工业公司的总部均设于此。此外，匹兹堡还是美国重要的内河货运中心。

知识掌握与应用

4.1　知识掌握

•填空题

随堂测4

（1）美国地形分为南北向的纵列带，东部为＿＿＿＿＿＿＿和＿＿＿＿＿＿＿。

（2）美国的石油资源主要分布在＿＿＿＿＿、＿＿＿＿＿和＿＿＿＿＿等地。

（3）美国信息产业的代表有以生产软件闻名的＿＿＿＿＿＿公司和以生产芯片闻名于世的＿＿＿＿＿公司。

（4）美国的"硅谷"在＿＿＿＿＿。

•判断题

（1）美国的石油与天然气主要分布在墨西哥湾沿岸和大西洋沿岸地区。　（　　）

（2）美国发展钢铁工业所需要的铁矿石全部可以自给。　（　　）

（3）在美国的农业部门中，畜牧业产值大大高于种植业。　（　　）

（4）美国三大经济区中的北部区以传统工业为主导。　（　　）

（5）美国太平洋沿岸最大的城市是旧金山。　（　　）

•问答题

（1）简述美国经济发展的条件和"知识经济社会"的主要特征。

（2）美国的对外贸易在世界贸易中的地位发生什么变化？并分析对外贸易对美国经济发展的作用。

4.2　知识应用

（1）组织讨论：从中美两国国情和两国经贸发展现状出发，找出双边贸易存在的问题，并探讨相应的对策。

（2）对照美国交通图，找出本课题中列出的15个重要城市和港口在美国的位置，并在地图上做出标记。

（3）在美国地图上用红笔画出美国连接东西两大洋4条主要铁路干线所经过的城市和地区：西雅图—俾斯麦—圣保罗—芝加哥—底特律；旧金山—奥马哈—芝加哥—匹兹堡—费城—纽约；洛杉矶—堪萨斯城—圣路易斯—辛辛那提—华盛顿—巴尔的摩；洛杉矶—图森—埃尔帕索—休斯敦—新奥尔良。

课题 5

经贸发达型国家（上）
——日本、德国和俄罗斯

▌ 学习目标

• 知识目标

了解日本、德国和俄罗斯三国的地理概况和国情的主要特点；熟知三国经济发展的过程和条件；掌握三国产业结构的特征和经济发展的主要特点，以及三国主要产业部门的发展和分布；熟知三国在国际经贸中的地位、作用和市场的主要特点；了解三国与中国之间的经贸发展关系；掌握三国主要的港口（城市）特点和地理分布。

• 技能目标

掌握日本、德国、俄罗斯三国地理环境的主要特点并能分析地理环境对其经济贸易发展的影响；结合当前三国的经贸发展情况，分析三国与中国的经贸发展取得的成就、存在的问题并提出解决的对策或建议。

• 思政目标

通过本课题的学习，进一步认识日本、德国、俄罗斯三国国情及主要特点，树立正确的世界观，增强爱国情怀。

5.1 日本

5.1.1 日本的地理环境

1）国土构成和海洋环境

日本是东亚太平洋上的岛国，东部和南部临太平洋，西濒日本海、东海，北接鄂霍次克海，西南隔朝鲜海峡与朝鲜相望。

日本的国土由北海道、本州、四国、九州 4 个大岛及周围 6 800 多个小的岛屿组成，通称日本列岛，总面积 37.8 万平方千米，其中四大岛的面积占其国土总面积的 95.4%，以本州岛最大。

日本国土南北狭长，海岸线长达30 000多千米，是世界上海岸线最长的国家之一。大部分海岸曲折，港湾众多，且受日本暖流（黑潮）影响，多数属于不冻港，尤其是太平洋及濑户内海沿岸，良港更是毗连不断，这对日本的造船业、捕鱼业、海上运输业及对外贸易等的发展极为有利。

日本是个多山国家，山地与丘陵面积约占其国土总面积的71%。著名的富士山高达3 776米，是全国最高峰，也是日本国的象征，日本人称为"圣岳"。广大的山区森林茂密，森林覆盖率超过60%，居世界前列。日本地处西太平洋火山地震带上，火山众多，地震频繁，给日本经济建设带来了一定的困难。同时，火山活动使得全国分布着18 000多处温泉，其中热泉（水温在90℃以上）有90多处，因而日本也是一个地热资源丰富的国家。

日本的平原面积很小，主要分布在一些河流的下游与沿海地区，最大的是关东平原，面积也只有16 000多平方千米。这些狭小的平原，是日本人口最密集、经济最发达的地区。

日本受温带海洋性季风气候控制，四季分明、温和湿润、冬无严寒、夏无酷暑。1月，全国气温最低区为北海道内陆区，平均气温在−10℃以下，南部较温暖，平均气温在0℃以上。7月，气温最高地区在本州南部、九州、四国等地，平均气温在26℃以上。日本降水充足，大部分地区年降水量在1 000～2 000毫米，日本海沿岸降水集中于冬季，太平洋沿岸降水集中于夏季。

日本境内河流、湖泊众多，且主要分布于本州和北海道。日本河流短小，水流湍急，多峡谷、瀑布，水力资源丰富。日本矿产资源贫乏，分布零散，开采条件差，目前除硫化铁、硫黄、石灰石能自给外，工业生产所需的大部分重要资源都依赖进口。

（1）人口和民族。据日本国家统计局数据，截至2022年4月1日，日本总人口为1.25亿人，人口密度平均每平方千米325人，位居世界前列（在全世界人口排名第十一位），在亚洲国家人口中位居第六。其中，日本东京（泛指广义的东京都市圈）总人口为3 750万（截至2021年7月），是亚洲第一大城市，也是世界人口最多的城市。而据日本总务省统计数据，截至2021年10月1日，日本65岁以上人口为3 621.4万人，比上年增加18.8万人，占总人口的28.6%，较上次调查增加了2个百分点，再次刷新历史最高纪录。日本正处于超老龄化社会，是世界上老龄化程度最高的国家。

20世纪60年代以来，日本人口增长出现了"三低"现象，即低生育率、低死亡率和低人口增长率，人口增长缓慢，有些年份人口还出现了零增长或负增长。目前，日本人口老龄化趋势明显，65岁以上人口占总人口的20%以上，"老龄化"问题在日本很突出。

日本民族构成比较单一，大和族占绝对多数，约占全国总人口的99%；少数民族阿伊奴族现人口不足20 000人，主要居住在北海道地区；外来人口不超过100万，主要来自朝鲜和中国。侨居海外的日本人，主要分布在美洲，以巴西、美国、秘鲁、加拿大等国为多。日本居民大多信奉佛教，也有部分居民信奉神道、基督教和天主教。

（2）性格和风俗礼仪。日本人性格内向，感情不易外露。比如，他们平时讲话十分含蓄，往往使人捉摸不透。日本人在实际生活中从不多说话，他们会尽量避免口头交流，牢记"祸从口出"的格言。这种性格使日本人一般不会把自己的想法用简洁明了的方式表达出来。比如，当日本人要拒绝别人的要求时，不会直截了当地说"不"字，而是说"请让我考虑一下"，此话言外之意即"婉言谢绝"。

在商务谈判中，当你的意见（建议）未被日本人接受时，他也不会说"不"字，即使他想说，也会觉得难以启齿，所以当你听到一连串"嗨！嗨！"（是！是！）的声音时，别以为他一定是接受了你的建议，其实他只是让你知道，他正在听你说。然后他可能会说"如果你的建议包括这点或那点，将会更好"。他说了多少"这点"或"那点"，就表示他在多大程度上不接受你的建议。

日本人非常重视人与人之间的信用关系，信守"言必信，行必果"。在日常生活中，约定的会面极少失约，若有意外，则会千方百计地事先通知对方。在为人处世方面，日本人极少出现对对方不信任的言行。如果能够赢得日本人的信任，商谈成功的机会就会大增。因此，去日本参加商谈或赴约，务必准时。若因故不能前往，需事先通知对方。日本人在业务交往中，非常强调个人关系的重要性，他们愿意同他们所熟悉的人做生意，并愿意同他们长期打交道，一般不会轻易破坏这种关系。

日本以"礼仪之邦"著称，讲究礼节是日本人民的好风尚，平时人们见面总要互施鞠躬礼，并说"您好""再见""请多关照"等。日本人初次见面对互换名片极为重视。

到日本人家拜访，要事先和主人约定时间，并带上礼品，日本人无论是访亲还是出席宴会都会带上礼品，一个家庭每月要花费大约 7.5% 的收入用于送礼。日本人认为送一件礼物，要比说一声"谢谢"意义大得多，因为他把感激之情用实际行动表达出来了。注意送礼要掌握好"价值分寸"，礼物既不能过重，也不能过轻。若过重，他会认为你有求于他，从而推断你的商品或服务不好；若过轻，他会认为你轻视他。日本人对礼品的包装也十分讲究，送礼一般也不送偶数。这是因为偶数中的"四"在日语中与"死"同音，为了避免晦气，诸多场合都不用"四"，久而久之，干脆不送二、四、六等偶数，爱送单数，即三、五、七。但要避免"九"，因为在日语中"九"与"苦"的发音相同。

5.1.2　日本的经济发展历程与经济发展特征

1）经济发展历程

日本在 1868 年明治维新以前是一个闭关锁国、落后的封建农业国，发展到现在，是仅次于美国、中国的世界第三大经济强国。其发展历程可以第二次世界大战为界，分为第二次世界大战前（以下简称战前）和第二次世界大战后（以下简称战后）两个阶段。

（1）1868 年明治维新运动后，日本走上了资本主义发展的道路。在"殖产兴业""富国强兵"的口号下，原有的地主阶级和新兴的资产阶级为了积累资本，开始推动资本主义生产方式的形成和发展，以解决资金短缺、资源贫乏、国内市场狭小的固有矛盾。1880 年前后，日本正式展开以轻工业为主的第一次产业革命，在引进国外技术和设备的基础上开始发展造船、车辆等工业。在19世纪末20世纪初中日甲午战争、日俄战争等的刺激下，日本的经济增长迅速，到1937年成为仅次于美、德、英、法的第五大工业强国，产业构成中"重化工业"占绝对优势，其产值占工业总产值的66.9%。1945年日本战败后，经济陷入崩溃。

（2）第二次世界大战后，日本的经济发展大致经历了以下四个阶段：

第一阶段，经济恢复时期（1945—1955年）。除外贸外，各项经济指标均达到或超过战前最高水平。

第二阶段，高速发展时期（1956—1973年）。其经济年均实际增长率高达10%以上。

第三阶段，稳定增长时期（1974—1985年）。日本经济实力越来越雄厚，成为世界经济大国，表现为国内生产总值和人均国民收入均居世界第二位。1985年，日本成为世界最大的债权国。

第四阶段，经济国际化及低速增长期（1986年至今）。20世纪80年代后期，日本对外贸易连年巨额顺差，日元升值。日本政府对内调整产业结构，对外扩大投资，加快了经济国际化的步伐。但由于受石油危机、"泡沫经济"、亚洲金融危机的影响，日本经济陷入了低速、缓慢发展时期。

2004年日本国内生产总值为4.67万亿美元，人均国内生产总值为37 180美元，位居世界前列；2008年日本国内生产总值为4.84万亿美元，比上年增长0.7%，居世界第二位；2013年日本国内生产总值为4.7万亿美元，实际增长率为-1.70%；2022年日本国内生产总值为4.23万亿美元，次于美国、中国，居世界第三位。

2）经济发展特征

（1）经济高速增长。日本是一个后起的高度发达的资本主义国家。在发达资本主义国家中，日本的资本主义工业化历史最短、发展最快。1900年，日本的工业产值只相当于英国的5.5%，1939年才达到英国的36%；1961年相当于英国的一半，居世界第五位；到20世纪70年代末，日本的国民生产总值已超过英国与德国；80年代末超过苏联，成为西方世界第二大经济强国。现在，日本是世界最大的资本输出国之一和最大的债权国之一。日本国民生产总值的年平均增长率在20世纪50年代高达22.8%，60年代达11.1%，70年代为5.5%，超过美国与德国等主要资本主义国家同期的经济增长速度，这使得日本在资本主义世界中的地位明显上升，被公认为"经济奇迹"。90年代以后，随着日元的升值和金融危机的影响，日本经济陷入了低速、缓慢发展时期。

（2）经济基础脆弱，对外依赖严重。随着经济的高速增长，日本燃料、原料的消耗量急剧增加。日本本来就是一个资源极其贫乏的国家，经济发展所需的绝大部分原料依靠进口。日本资源进口额约占全国进口总额的65%，占世界资源贸易的12%，已成为世界上资源进口量最多、资源对外依赖程度最高的国家。因此，任何世界性政治与经济的波动，都会对日本经济产生极大的影响。

（3）资本高度集中与垄断。第二次世界大战前，日本十大财阀掌握着全国的经济命脉。今天，在日本居于最高地位的是三菱、住友、三井、富士、三和与第一劝业银行六大财团。它们控制了全国资本的70%，掌握着日本的经济命脉，其经济实力与垄断程度大大超过战前。它们是日本对内、对外政策的决定者。与此同时，日本形成了众多的重要垄断组织，主要有日本制铁株式会社、住友金属工业株式会社、日立制作所、富士通株式会社、松下电器产业株式会社、索尼公司、丰田汽车公司、日产汽车公司等。

（4）经济结构变化显著。日本长期以来一直集中力量发展重化工业，而轻工业与农业发展缓慢。近年来，因日元大幅升值，制成品的进口与对外投资迅速扩大。现在，日本正大力进行产业结构调整，目标是实现国际化、高新技术化与服务化，即大量增加对外直接投资，加强高新技术的开发与研究，发展包括信息、通信、教育、金融、保险、软件等在内的第三产业。

（5）经济地域分布不平衡。日本除森林、荒地、河流等外，人们可居住面积仅占其国土总面积的21%，因此日本是世界上人口密度最高的国家之一。但在这狭小的土地上，却拥有排名世界第三位的国民生产总值。日本工业分布的最突出特点是临海性，日本太平洋沿岸的"三湾一海"（即东京湾、伊势湾、大阪湾与濑户内海）经济最发达，是日本政治、经济与文化的中心地带；而日本海沿岸及整个国土的南北两端则是日本经济相对发达的农业地区。

5.1.3 主要产业结构与部门

日本产业结构的特点是：第三产业特别是服务业在国民经济中占主要地位，并且所占比重继续呈上升趋势；传统的工业在经济发展中占较重要地位，但在国民经济中的比重持续下降；高新技术产业和现代农业非常发达。

1）工业

日本工业高度发达，是国民经济的主要支柱。整个工业已用先进技术与设备武装起来，工业生产已实现了机械化与自动化，主要工业部门的劳动生产率已达到或超过世界先进水平，很多工业品的产量名列世界第一，质量也属一流，具有极强的竞争力。

日本的工业主要集中在太平洋沿岸地区，通常称为"太平洋带状工业带"，跨越16个县，分为京滨、中京、阪神、濑户内海、北九州五大工业区。该地区面积仅占全国总面积的24%，却集中了全国工业产值的75%。

（1）钢铁工业。20世纪50年代后期，日本钢铁工业发展迅速，成为日本"重化工业化"的基础。钢铁产量1959年超过法国，1964年超过联邦德国，1982年超过美国，1990年钢铁产量为1.1亿吨，仅次于苏联而居世界第二位，成为世界上唯一没有铁矿石资源的"钢铁王国"。2016财年（截至2017年3月底），日本粗钢产量达到1.05亿吨，同比仅略增0.9%，但这是3年来首度增长，也是连续第七年产量超过1亿吨。2022年全年粗钢产量8 920万吨，同比增长7.95%，居世界第三位。

日本钢铁工业的原料及燃料几乎完全依靠进口，铁矿石主要来自澳大利亚、巴西、印度、智利等国，废钢与焦炭主要来自美国、澳大利亚、加拿大等国，生产的钢铁也大多出口到国外。20世纪70年代以来，日本钢铁出口量占世界总出口量的比例一直维持在1/3左右，在世界一直位居前列。

日本钢铁工业主要集中在阪神、京滨、濑户内海、北九州及中京5个工业区内，其中阪神是日本最大的钢铁工业基地。

（2）汽车工业。20世纪60年代以来，日本汽车工业发展迅速，已成为日本经济的支柱产业。1980—1992年，日本汽车产量曾连续13年居世界第一位。2006年汽车产量为1 148万辆，仅次于美国，居世界第二位；受金融危机的影响，2010年日本汽车产量降为963万辆，仅次于中国，退居世界第二位；2022年日本汽车产量为784万辆，仅次于中国和美国，排名退居世界第三位。

目前，汽车已超过钢铁、船舶而成为日本第一大出口商品。其产量的一半以上用于出口，是世界上最大的汽车出口国之一，主要出口到美国、欧盟及亚洲等100多个国家和地区。日本的汽车生产主要集中于丰田、日产、本田、马自达、三菱、五十铃六大公司，其产量约占日本汽车总产量的90%以上。日本的汽车工业主要分布在中京与京滨两个工业区，丰田市是日本的汽车城，此外还有名古屋、川崎、东京等地区。日本各大整车厂与零部件厂以各种形式联结成紧密的专业化协作纽带，60%~70%的零部件由协作厂向组装厂供应。

（3）造船工业。日本是世界上最大的造船国之一，自1956年以来，造船产量一直位居世界首位（截至2007年），约占世界总产量的一半。日本曾有造船厂1 500余家，世界上最大的几家造船公司几乎都是日本公司。日本的造船业以生产商船为主，80%是国外客户，1970年造船吨位突破1 000万吨。1998年世界船舶下水量为2 298万吨，而日本当年商船下水量为1 056万吨，约占世界总吨位的48%。但近年来日本造船业在国际上的地位逐渐被韩国和中国取代，2007年船舶订单为2 067万吨，降至世界第三位。根据全球最大船舶经纪商克拉克森的最新数据，2019年，日本成交新船订单196艘、1 121万载重吨，以吨位计同比下降55%，全球份额仅17%，同比减少9个百分点；造船完工量为2 478万载重吨，同比上升23%，约占全球完工量的1/4。截至2019年年末，日本手持订单量大幅萎缩，同比减少26%，全球份额降至22%。2020年由于新船市场持续停滞不前，加上疫情的影响，日本各大船企商业谈判停滞不前，新船订单举步维艰。

日本造船业之所以发达，主要有以下几个有利条件：①日本是个岛国，海岸线长，港口众多，有利于船舶的制造；②日本是世界钢铁生产大国，为造船业提供了丰富的原料；③日本本身又是贸易大国和渔业大国，每年需要大量的船舶；④日本造船历史悠久，生产技术先进，管理经验丰富。

日本造船业主要分布于太平洋沿岸的钢铁工业基地，其中长崎是日本最大的造船中心。

（4）电子工业。它是第二次世界大战后日本新兴的工业部门，发展速度远远超过其他发达资本主义国家，生产规模仅次于美国，居资本主义世界第二位。其产品质高价廉，在国际市场上具有很强的竞争力。

日本电子工业的生产重点，20世纪60年代是音像产品，70年代是视像产品，80年代为集成电路，90年代以后则是包括计算机与通信设备在内的信息技术产品。

在半导体技术的开发与产品生产上，日本已明显超过美国。在计算机生产方面，日本比欧美国家晚10年，但20世纪60年代中期以来，该工业发展迅速，其产量到1968年已超过德国和英国。70年代以来，日本大规模利用集成电路，研制微电子计算机并大量生产。以微电子为中心的新技术与新产品，广泛应用于生产领域，并向社会其他领域渗透。

在大型机的硬件方面，日本已于1970年赶上美国，又于1981年首先提出研制第五代电子计算机的设想，2010年世界10大计算机公司中日本占有3家。

在消费类电子产品方面，日本也居世界领先地位。电子产品不但是日本重要的出口产品，而且近年来在这方面还增加了对海外的投资。日本还提出了公司"三总部"制的体制设想，即在本土、美国与西欧各拥有一个相对独立的公司总部，产品就地生产、就地销售。

日本的电子工业主要集中在京滨与阪神工业区，九州是最大的集成电路生产基地，被称为日本的"硅岛"。

（5）纺织工业。这是日本的传统工业。第二次世界大战前（1934—1936年），纺织工业产值平均占工业总产值的1/3左右，纺织品与生丝、人造丝等的出口值占出口总值的50%～70%，是日本工业的主导部门。战后，由于加速发展重化工业以及一系列新兴工业部门的兴起，纺织工业的地位日趋下降。但合成纤维发展极为迅速，产量仅次于美国，居世界第二位。

（6）建筑工业。第二次世界大战后，日本建筑业发展非常迅速，其原因主要包括：①由于以钢铁、化工等基础工业为中心的设备投资剧增，对公路等公共设施的投资也活跃起来，从而使建筑业快速发展。②住宅建设得到迅速发展。1956—1965年，日本每年平均建设住宅65.8万套，1966—1970年则增为134.7万套。政府不仅在建筑业兴旺时积极支持私人企业的设备投资与民间住宅建设，而且在建筑业处于萧条时期，通过增加公共事业投资与公共住宅建设来支撑建筑业的发展。

2）服务业

日本服务业近年来发展迅速，其构成主要包括批零商业、旅游业、金融保险业、信息服务业、交通运输业等。

第一，旅游业。其主要旅游服务设施有各种规模的日式、西式及中式餐馆、温泉旅馆等，主要旅游景点有富士山、迪士尼乐园等。日本国家旅游局的数据显示，2019年上半年访日外国游客数量同比增加4.6%，达1 663.36万，创历史新高。消费额增长8.3%，达2.4326万亿日元（约合人民币1 557亿元），也创历史新高。其中，中国游客贡献最大，消费额达8 950亿日元（约合人民币573亿元）。访日游客最大来源地是中国，同比增加11.7%，达到453.25万，占外国游客总数的近3成。2023年上半年访日外国人人数达到1 071.2万，在经历疫情造成的外国游客数量骤减后，4年来首次突破1 000万，呈现全年有望超过2 000万的走势。不过，上半年访日外国人累计人数仍较疫情前的2019年同期减少35.6%。按主要国家和地区来看，来自韩国的人数为312.85万，排名第一。来自中国大陆的游客数排在第五，为59.46万人。

第二，交通运输业。日本交通运输业非常发达，海运、铁路、航空、公路等运输门类齐全，运输技术与手段先进。

（1）海洋运输。日本海运业发达，拥有一支庞大的商船队，1969年商船队的规模超过美国与英国，成为仅次于利比里亚的第二大海运国；1981年商船注册总吨位近4 100万吨，70%以上都是新型、快速与大型的现代化船只，其中油船占40%以上；2010年，日本海运货运量约12亿吨，神户与横滨为主要贸易大港，其吞吐量约占出口货运总量的48%、进口货运总量的33%。此外，日本还有东京、名古屋、千叶、大阪、川崎等港口，有30多条通往世界各地的定期远洋航线；同时，日本内海运输发展也很快。

（2）铁路运输。日本是铁路运输最发达的国家之一，铁路营运里程为2.74万千米，技术、设备与管理水平先进，铁路电气化率为50%以上。其主要铁路干线分布在沿海一带，直接与沿海各大城市连接，在太平洋沿岸有东海道、山阳及东北各干线。日本从20世纪60年代起开始修筑高速铁路，称为"新干线"。此外，日本还有不少横贯东西的铁路，连接日本海沿岸与太平洋沿岸的一些城市。

（3）航空运输。日本是世界航空枢纽之一，著名的全日空航空公司于1952年成立，是国际星空联盟的成员。其总部设在日本东京，是日本最大、世界排名前十的航空公司。

（4）公路运输。从20世纪70年代开始，日本政府为改善公路交通投入大量资金，使铺设率不断提高。随着汽车的激增，高速公路发展迅速。公路运输在客运与货运中所占比重越来越大。世界银行发布的数据显示，2022年日本千人汽车拥有量为591辆，次于美国、澳大利亚、意大利、加拿大和西班牙，居世界第六位。

3）农业

日本素以农业立国，明治维新初期，无论是就业人口还是国民收入，都以农业为主体，农业就业人口占总人口的1/2，产值占工农业总产值的1/3。第二次世界大战后，日本农业的发展一直落后于工业，农业人口一直呈减少的趋势。目前，农业在日本经济中不占重要地位，农业在国内生产总值中的比重约为1%。出现这种情况的主要原因是日本政府采取了重点发展重化学工业、限制农业生产的政策。

由于历史、自然、人口条件以及经济特征的差异，日本农业与欧美国家的农业相比有自己的特点：①经营规模小，以个体经济为基础，进行现代化的商品生产。②集约化程度高，单位面积上的投工量与产值均高于欧美，但劳动生产率低于各国。③以水利化与化肥化为先导，逐步实现机械化。④农地中以耕地为主，且水田多于旱地，其比值为55∶45。日本现有耕地500多万公顷，约占国土总面积的14.5%，人均耕地不足0.5亩，每平方千米耕地的人口密度为2 844人，居世界前列。⑤农户中兼业化与高龄化显著。日本专业农户只占10%左右（2022年），其中又以兼业户（以非农收入为主的农户）最多，占70%左右。青壮年劳动力大量涌入城市，农业生产以老人与妇女为主，因此日本的农业成为只有老爷爷、老奶奶和老妈妈参加的"三老农业"。

（1）水稻种植业。日本是世界主要稻米生产国之一。水稻是日本的主要农作物，播种面积达 220 多万公顷，占总播种面积的 40%，其产值约占农业总产值的 30%。近年来，日本水稻年产量一直维持在 1 000 万~2 000 万吨，占世界总产量的 3%~4%。日本水稻生产已基本实现了现代化。水稻品种优质，保证了稳产、高产，每公顷平均产量超过 5 吨，居世界前列。随着工业与城市的发展，日本水稻种植范围日益北移。

（2）养畜业。这是日本农业的三大部门（水稻、蔬菜、养畜）之一。养畜业的发展使得日本对以玉米为主的饲料、谷物的需求量成倍增长，几乎全部靠从国外进口。其中，奶牛饲养区主要分布在北海道东部与本州北部，肉用牛饲养区主要分布在南九州；猪的饲养区过去主要集中在城郊地带，近年来边远地区也建了许多养猪场；鸡的饲养区分布普遍，在名古屋等大城市附近有较大的生产基地。

（3）蔬菜与果树种植业。目前，日本蔬菜种植面积约 65 万公顷，约占耕地总面积的 12%，其产值约占农牧业总产值的 18%，种植业总产值的 26%，蔬菜自给率达 97%，其地位仅次于水稻种植业与养畜业。日本果树栽培面积约 40 万公顷，占全部农业用地的 7%，其产值约占农业总产值的 7%，种植业总产值的 11%。水果生产区大体以关东平原为界，北部盛产苹果等温带水果，南部盛产柑橘等亚热带水果，其中冲绳盛产菠萝等热带水果。

（4）渔业。日本有着优越的发展渔业的自然条件，北海道附近海域、东北地区的东岸与北九州西岸因有寒暖流相汇，饵料丰富，鱼群密集，渔业资源十分丰富，又因为有发达的造船业相配合，因而形成了世界著名的渔场。鱼产品向来是日本人重要的肉食来源，年渔获量在 1 000 万~2 000 万吨，约占世界总量的 70%，居世界首位。日本主要渔港有钏路、八户与长崎等。

（5）林业。日本林业资源丰富，森林面积为 2 500 万公顷左右，木材蓄积量达 21.8 亿立方米，树种丰富。20 世纪 70 年代以来，日本木材采伐量迅速增长，但仍然难以满足经济高速发展的需要；木材进口量逐年增加，目前已成为世界上木材进口量最高的国家之一。

5.1.4　对外贸易与市场特点

1）对外贸易发展概况

日本是个资源靠进口、产品靠外销的"加工贸易型"国家，素以"贸易立国"著称，一直推行"出口第一主义"政策，把增加出口视为一切经济活动的中心。1950—1979 年的 30 年间，日本进口贸易额增长 113 倍，出口贸易额增长 125 倍。到 1986 年，日本进出口总额为 3 383.1 亿美元，其中出口额为 2 107.57 亿美元，进口额为 1 275.53 亿美元，顺差 832.04 亿美元；而到 1998 年，进出口总额已达 6 685 亿美元，其中出口 3 880 亿美元，进口 2 805 亿美元，顺差 1 075 亿美元。其对外贸易总额仅次于美国与德国，居世界第三位。2016 年日本货物进出口额为 12 521.4 亿美元，比 2015 年下降 1.6%。其中，出口额为 6 450.9 亿美元，增长 3.2%；进口额为 6 070.5 亿美元，下降 6.3%。贸易顺差 380.3 亿美元，下降 264%。

据日本海关统计，2022 年，按美元计价，日本货物贸易总额为 16 542.53 亿美元，同比增长 7.9%。其中，货物出口总额为 7 516.35 亿美元，下降 0.9%；货物进口总额为 9 026.18 亿美元，增长 16.6%；货物贸易逆差额为 1 509.83 亿美元，同比扩大 852.7%。

2023 年 1—6 月，日本前三大进口贸易伙伴分别是中国、东盟、美国。其中，日本自中国进口规模第一，金额 876 亿美元，同比下降 5.49%；自中国台湾进口增速最高，金额 181.8 亿美元，同比下降 3.24%。

按商品（大类）统计，2023 年 1—6 月，日本前三大进口商品分别是"矿物产品（25—27 章）""机电产品（84—85 章）""化学产品（28-38 章）"。其中，"矿物产品（25—27 章）"规模第一，金额 1 184.6 亿美元，同比下降 11.1%；"运输设备（86—89 章）"增速最高，金额 146 亿美元，同比增长 12.44%。

2023 年 1—6 月，日本前三大出口贸易伙伴分别是美国、中国、东盟。日本对美国出口规模第一，金额 677.2 亿美元，同比增长 1.21%。日本对墨西哥出口增速最高，金额 65.5 亿美元，同比增长 28.06%。

按商品（大类）统计，1—6 月，日本前 10 大出口商品分别是"机电产品（84—85 章）""运输设备（86—89 章）""贱金属（72—83 章）"等，其中，"机电产品（84—85 章）"规模第一，金额 1 143.8 亿美元，同比下降 10.76%；"运输设备（86—89 章）"增速最高，金额 776.7 亿美元，同比增长 12.23%。

2）中日经贸关系

日本与中国于 1972 年 9 月 29 日建交，之后两国在各个领域的往来日益频繁，先后签订了建设海底电缆、贸易、航空、海运、渔业、气象、电路、商标保护、科学技术合作、贷款等协定。根据日方统计，1972 年，中日双边贸易额仅有 10.4 亿美元，到了 2004 年已上升到 1 680 亿美元，比上一年增长 26.9%。中国已成为日本最大进口贸易伙伴，也是日本出口第二大贸易伙伴。2010 年中日两国间的贸易总额为 3 018.5 亿美元，与 2009 年相比，增长 30%。其中，出口额、进口额及贸易总额 3 项指标都创下历史新高，同某一贸易国的贸易总额超过 3 000 亿美元，在日本历史上也属首次。其中，日本的出口总额为 1 490.9 亿美元，比 2009 年增长 36%，进口总额为 1 527.5 亿美元。在日本贸易总额中，对中国贸易额所占的比重与 2009 年相比增长 0.2%，高达 20.7%，创下历史新高。

据日本海关统计，2022 年，中日双边货物贸易总额为 3 352.08 亿美元，同比下降 4.3%，占日本全部货物贸易总额的 20.26%，占比较上年降低了 2.58 个百分点。其中，日本对中国出口总额为 1 455 亿美元，下降 11.4%，占日本全部货物出口总额的 19.36%，占比较上年降低了 2.29 个百分点；自中国进口总额为 1 897.08 亿美元，增长 2%，占日本全部货物进口总额的 21.02%，占比较上年降低了 3 个百分点；对中国货物贸易逆差额为 442.08 亿美元，扩大 103%，占日本全部货物贸易逆差净额的 29.28%。

在贸易发展的同时，日本各种形式的资本输出也在不断增加，并很快成为世界上主要的资本输出国之一。在投资合作领域，日本进入世界 500 强的 50 余家大企业几乎都在中国设立了分公司，日本的中小企业也纷纷来中国投资。中国企业对日投资尽管刚刚起步，但日本已成为中国有实力的企业走出去的主要目的地。

3）日本市场的主要特点

（1）经济发展水平高，市场容量大。日本是经济总量仅次于美国和中国的世界第三大经济大国，2019年国内生产总值高达5.08万亿美元，但日本资源贫乏，国内市场狭小，经济的对外依赖性较强，"贸易立国"成为日本经济发展的必由之路。无论是原料、燃料还是农产品、轻纺产品，国内均有巨大需求，因此形成了巨大的市场。

（2）市场竞争激烈。在整个国际市场上，日本是竞争最为激烈的市场。长期以来，日本在产业政策上推行"全方位"战略，力求产业部门齐全、体系完整，国内所需产品力争全部在国内生产。因此，日本国内各个行业、企业之间的竞争很激烈。外国产品进入日本市场后，既要面临日本本国企业的竞争，又要面临众多其他外国企业的竞争。另外，日本为了降低风险，避免对某一外国产品的过分依赖，采取了"进口多元化"政策，也加剧了竞争。近年来，欧美发达国家为了扭转对日贸易逆差，极力开拓日本市场，扩大出口，一些发展中国家也被日本的巨大需求所吸引，纷纷进入日本市场。正是由于竞争激烈，外国商品如果没有技术、质量、价格、履约保证等方面的优势，很难打开或巩固日本市场。

（3）流通渠道复杂。日本的商品流通层次多，产品从生产者手中最终交到消费者手中，要经过多层批发、零售等环节；有些商品有传统、固定的销售渠道，外国厂商很难另辟蹊径。层次多既延滞了商品投放市场的时间，可能错过销售季节，又加大了流通成本，提高了价格，削弱了产品的竞争力；而为了建立固定的销售渠道，就需要与客户、中间商建立稳定的、互利的购销关系，由交易营销向关系营销转变。

（4）市场的消费水平高。日本是经济强国，随着日本经济的增长，居民的收入也在不断增加，一般的日本家庭月收入可达50万～60万日元；与此同时，日本消费者的文化层次也比较高，购买商品时往往注重款式和质量，而对价格不太敏感。质量差、款式陈旧、技术落后的产品，很少有人问津，所以出口商要想打开日本市场，必须使自己的产品具有小批量、多样化、个性化的特点，以适应其较高的消费水平。

（5）注意与客户建立相互依赖的商业关系。日本文化深受儒家文化的影响，商业交往中守时、守信、互利是一项重要原则。守时，是指要按时履约；守信，是指一旦签订合同就应严格履行；互利，是指交易中要从双方的长远利益出发，力争做到双赢。那种"打一枪，换一个地方"的"游击战"很难取得日本客户的信赖，难以与日本客户建立持久的贸易关系。

（6）相对开放的市场。日本市场的开放性主要表现为：关税水平较低，一般工业制成品平均关税水平已经降到5%以下；非关税壁垒措施较少，较少采用反倾销、反补贴等措施限制外国商品进口。目前，日本直接限制进口的商品只有20多种，过去严格保护的大米市场也已对外开放。近年来，在美欧的压力下，为了减少外贸顺差，日本政府还鼓励贸易商和生产商扩大进口。

（7）管理严格有序。日本市场是一个法制健全、管理严格的市场。政府主要通过通产省、大藏省、海关、银行和被授权的有关行政机构对进出口进行管理，并制定了相应的法律、法规和管理程序。如对进口主要通过进口公告制度、许可制度、配额制度、报告制度等进行管理，并制定了有关包装、标签、卫生保健、公平竞争规则等方面的法律、法规，以实现管理的科学性和有效性；对违反法律、法规的任何贸易行为绝不通融。

5.1.5　主要的城市和港口

日本全国拥有大小港口1 000多个，其中约有100个外贸港口，它们往往也是日本重要的工业中心和大城市。

（1）东京。它是日本的首都，位于关东平原南端、东京港的西北岸，是日本政治、经济、文化中心。工业以印刷、橡胶、皮革、精密仪器等最为发达；商业、金融业也很发达，有世界重要的证券交易所，全国一半以上的大公司总部均设在这里。东京是日本最大的海、陆、空交通枢纽，有高速铁路干线通往国内主要城市与工业区，东京港货物年吞吐量一直居全国前列，郊区的羽田机场是日本重要的国际空运枢纽之一。东京也是高等学府和科研机构云集的地方，全国大学的1/3集中于此，如东京大学等。

（2）大阪。它是日本第二大城市，位于本州西部大阪湾东北岸，是大阪–神户工业区的核心，以机器、化学工业为主，造船与石化工业也很发达。大阪也是日本重要的外贸港口，进口货物以煤、铁矿石等为主，出口货物以钢铁、金属制品、家用电器、工艺品等为主。

（3）名古屋。它又称"中京"，是日本重要的港口城市，在本州中南部的浓尾平原上，临伊势湾，现为中京工业区的核心，工业发达，年产值仅次于东京和大阪。其中，纺织、陶瓷、机械、汽车、钢铁、化学工业最为重要，纺织与陶瓷工业居全国之首。名古屋港货物年吞吐量2亿多吨，出口货物以汽车、钢铁、陶瓷等为主，进口货物以棉花、羊毛、煤、铁矿石等为主。

（4）横滨。它是日本重要的港口与重工业中心，位于东京湾西岸中部，北面距东京仅30千米。横滨工业发达，以汽车、造船、炼油、电机、钢铁、石油化工等为主。横滨港货物年吞吐量在1亿吨以上，是仅次于神户和千叶的大港、仅次于东京的外港，也是世界大港之一。进口货物以石油、煤炭为主，出口货物以汽车、船舶居多。

（5）千叶。它位于东京湾东岸，在东京以东50千米处，是一个以钢铁、石油化工为主的新兴工业城市。千叶港为日本最大的工业港口，在300多个泊位中，工业专用泊位占93%。港区水域面积2 480万平方米，水深4.7～20米，其中有6个泊位可停靠10万吨级船舶。进口货物以石油、天然气、铁矿石等工业原料、燃料为主；出口货物以汽车为主，其次为钢铁、有机药品等。

（6）神户。它位于大阪湾西北岸，工业比较发达，以食品、钢铁、机械和车船制造业最为突出，是阪神工业区的门户。神户是日本最大的集装箱港口，拥有各种码头和船坞，大小泊位240多个，每天可同时停靠250多艘海轮。进口货物以成衣、棉花、石油制品等为主；出口货物以合成纤维制品、机械、钢铁、塑胶等为主。

5.2 德国

5.2.1 德国的地理环境

1）位置与面积

德国本是一个统一的国家，第二次世界大战后，被苏、美、英、法分区占领。1949年5月，美、英、法合并占领区，成立德意志联邦共和国（联邦德国）；同年10月，苏联占领区成立了德意志民主共和国（民主德国），形成了两个德国并存的局面。经过战后40多年的分裂，1990年10月3日，柏林墙被拆除，两德实现了统一，成立了由16个州组成的德意志联邦共和国，面积35.7万平方千米，在欧洲居第七位，首都为柏林。

德国位于欧洲的中部、西欧的东部，北濒波罗的海和北海，东与波兰、捷克为邻，南与奥地利、瑞士接壤，西部邻国由北至南分别为荷兰、比利时、卢森堡和法国。德国地处欧洲陆上交通的十字路口，是南北欧之间和东西欧之间来往的必经之路，地理位置十分重要。

2）人口与风俗

2022年德国人口数量是8 387万人。其中99%的居民为德意志人，其余为丹麦人、荷兰人、犹太人、吉卜赛人等，另外还有很多外籍人，是欧洲吸收外籍人最多的国家。其中，人口在100万以上的城市有：柏林（360万）、汉堡（180万）、慕尼黑（135万）、科隆（102万）。城市人口占总人口的87%左右，多信奉基督教与天主教。官方语言为德语。

长期以来，德国人口增长缓慢，特别是1973年以来，人口自然增长率多为负数。人口老龄化已成为德国政府面临的一个严重的社会问题。德国是世界上人口密度最大的国家之一，平均每平方千米220人。由于国内大部分地区自然条件优越，无极端恶劣自然条件地区，故人口分布比较均匀。但具体看，西部人口密度明显大于东部，其中又以莱茵河中游的北莱茵－威斯特法伦州密度最大，达到每平方千米500人。这里的鲁尔工业区更是高达每平方千米1 000~3 000人，为世界人口最稠密的地区之一。

德国人勤劳、爱整洁、善美化，待人讲究礼貌，严肃拘谨，诚实可靠，并十分好客。到德国人家中做客，鲜花是送给女主人的最好礼品，但必须是单数，一般是5朵或7朵，宜送矢车菊，但忌送玫瑰花，因为它表示你暗恋着女主人。若送酒，忌送葡萄酒，宜送威士忌。德国人送礼时既重视礼品价值，又讲究礼品的包装。德国人一般不使用纯白、纯黑或纯咖啡色的包装纸，更不使用丝带捆扎。

德国天主教徒忌讳"13"这个数字，尤其是"星期五、13日"，一般不在这个日子举行宴请活动。他们喜欢单数如"3""5""7"等。与德国客商交往，宜选择上午10时后至下午4时前这段时间，其他时间则不适宜。

德国人看重体面，注重形式，开展商务活动时一般都穿三件套西服，交谈时尽量说德语，或携同译员前往。谈判时准备工作充分，一般不会做出重大让步，缺乏灵活性，做生意重信誉、讲实效。

德国人喜爱文体活动，特别喜欢足球、徒步旅行。德国啤酒也是世界有名的，德国人认为吃饭时应先喝啤酒，再喝葡萄酒。

历史上德国曾是一个传统的人口迁出国，现在却成了世界上移入侨民最多的国家之一，侨民大多来自地中海沿岸国家。

3）德国商人的主要特点与谈判风格

德意志民族是一个讲究程序的民族。在德国，一切事务都被事先安排得井井有条。秩序被德国人视为生命，人们时时、事事、处处都按规定、照计划恪守秩序。这一点在德国商人身上也得到了充分体现。德国商人有一样东西总是随身携带的，那就是记事本。德国商人凡事都记录在本上，他们的一个习惯性动作就是伸手掏记事本，一个习惯用语就是：请稍后，让我看看记事本。德国商人办事的计划性及严肃、认真的态度在其他国家商人中是罕见的。

与世界其他民族相比，德国人严肃、严谨，不苟言笑。德国商人与人初次交往时，给人的印象往往是沉默寡言，显得呆板而沉重。德国人在待人接物方面虽严肃拘谨，但态度诚恳直率。在公共社交场合，德国人显得非常拘泥于形式，不擅长幽默。他们一板一眼，正襟危坐，做事谨慎小心，一切按规矩和制度行事。但是在私人交际圈中，德国人也会无拘无束地与朋友交谈、开玩笑。

德国人具有强烈的"实事求是"意识，注重实际、不浮夸，德国商人也具有这种特性。在与德国商人打交道时，他们严肃得可怕，但是他们做事认真的态度常常会让人敬佩。

在德国，人们视遵纪守法为最高伦理原则，人们普遍存在着求稳怕乱、安于现状、自满自足的心理。德意志民族遵纪守法的特性在德国企业和商人身上也多有体现。在德国的企业中，下级绝对服从上级，一切按规章办事，缺少灵活性和主动性；职员以服从为天职，而领导者则以是否服从命令、遵纪守法作为衡量职员好坏的标准。德国商人在做生意时多以遵纪守法为荣，他们很少偷税漏税，也很少生产假冒产品。在商贸活动中，他们也是最重合约、最守法的。

"公务是公务，烧酒是烧酒"，这是德语中的一句俗语。对德国商人来说，公务是公务，意思是在处理公务时，即便再好的朋友，甚至是对自己的家人，也是一副不苟言笑、正襟危坐的公事公办的派头。但是，在工作时间之外，德国商人又恢复了热情、友好的面貌。这时候不仅可以对酒当歌，甚至还可以开开善意的玩笑。他们前后相比判若两人。这就是德国人的敬业精神。针对德国商人的这一特性，在与他们做生意时，要做到公私分明。在上班或办公事时，上级就是上级，下级就是下级，在公司中没有私人感情，不能开玩笑，必须公事公办。

那么，如何与德国商人进行商务谈判呢？在谈判时应注意什么呢？德国人不喜欢约在晚上见面。德国人普遍都认为晚上是家人团聚的时间。因此，如果冒昧地约德国人晚上谈生意，那是不受欢迎的。

德国人名副其实地讲究效率与质量的声誉，他们的工业生产严格按照技术标准，他们很为自己的产品质量感到自豪。因此，在商务谈判中，轻率地谈论德国商品的优劣，又没有充分的证据，会给他们留下十分不好的印象。赴德推销时，除非有充分的证据，否则不可将出口商品与当地产品做比较。

德国人天生对工作一丝不苟、严肃认真，不论你的企业在自己国家多么有信誉，他们都要调查你的企业情况和产品性能。在开始谈论产品价格之前，他们还会详细地向你的技术人员和客户了解相关情况。他们会仔细研究和评估，看你的公司是否可以作为一个潜在的贸易伙伴，他们会想尽一切办法了解你的公司的资信情况，这是因为德国人在资金问题上特别保守，不愿意冒风险。所以，如果想和德国商人做成生意，一定要耐着性子，不要太着急。洽谈前应做好充分的准备，以便能回答德国商人提出的任何问题。

德国商人倾向进口欧洲国家的产品，但他们对质地优良、款式新颖的中国产品也有较大的兴趣。他们一旦看中了，决定购买，总是千方百计地迫使中国出口商让步。

德国人精于讨价还价，常常在签订合同的前一分钟还会做出种种努力来使对方退让。谈判中，他们还会在交货和付款日期上对你施加压力，要求你缩短交货期，并要求你同意在合同中加入对违约给予严厉惩罚的条款。出现这种情况并不罕见，因此最好对此有所准备，或者坚定地说"不"，或者坚持某些条款，准备最好的让步条件。

受宗教的影响，德国人具有尊重契约的品行。一般说来，德国人签约之后，就绝对会履行。例如，尽管他们有时未在发票上签字，但到了付款日期，也一定会付款。签约之后，对交货日期或付款日期要求稍为宽限等变更或解释都不会被德国人所接受。因此，与德国人做生意，签约前需慎之又慎，一旦签约，就必须认真履行。只有这样方能树立自身的形象和信誉。

在商业活动中，德国人十分珍惜自己的商权。在德国的法律条文中，对商权的保护有严格且明确的规定。例如，取消代理契约时，必须付给对方5年期间的平均年交易所得利益。因此，在付给补偿金以前就不能取消代理契约。对商权的处理，任何情况下都不可粗心大意。

总之，德国人的谈判风格是审慎、稳重。他们重视并强调自己提出的方案的可行性，不轻易向对手做较大的让步。

4）自然条件与资源

德国地势南高北低，从南向北倾斜，主要地形是高原、平原和山地。其中，以平原面积最大，约占领土总面积的2/5。北部的北德平原平均海拔在200米以下，大部分已开垦为耕地，是全国主要的农业区；中部是中德山地，一般高度不大，对德国经济发展没有太大影响；靠近南部国界的是雄伟陡峭的阿尔卑斯山脉，祖格峰是德国境内最高峰，海拔2 962米，是德国游览胜地之一；山地和多瑙河谷地之间是巴伐利亚高原，海拔400米，是德国主要的农牧业区；高原西部是黑林山，山谷高深，森林密布；黑林山以西是著名的莱茵谷地，这里气候湿润，地势低平，土壤肥沃，是德国发达的农业区。

德国属大陆性气候，平稳温和是德国气候的总体特征，1月平均温度在0℃～7℃，7月平均温度在16℃～20℃；年降水量北部平均为600～800毫米，南部则超过1 000毫米。德国西部因受来自大西洋西风气流的影响较大，温带海洋性气候特征较明显；而东部、南部因受其影响较弱，大陆性气候特征较强。

由于受地形和气候条件的影响，德国北部温度较低，不利于种植业的发展，而利于牧草的生长，对发展畜牧业十分有利；北德平原南部的黄土地带土壤肥沃，降水适中，适于谷物种植；德国南部水分、热量充足，利于多种农作物的种植。

德国河流众多，水量丰富且水流平缓，利于航行，多瑙河、莱茵河、威悉河、易北河为主要河流，各河之间均以运河沟通，具有很大的经济、航运价值。除天然河流外，德国发达的运河网世界著名，基尔运河全长98.6千米，为重要的国际运河。它沟通了波罗的海与北海，是两海之间海运航行的捷径；莱茵-多瑙运河全长171千米，连接莱茵河与多瑙河两大水系，可通航载重1 500吨的船只。

德国矿产资源较贫乏，只有煤、钾盐和磷矿比较丰富，此外还有少量的铁、石油、天然气等。德国煤的储量较大，而且品种齐全、分布集中。鲁尔煤田是德国最大的煤炭分布区，以产硬煤为主，西部与西南部的煤田是褐煤的主要产地。钾盐主要分布在哈茨山的两侧以及易北河与威悉河之间。磷矿主要分布在黄土地带，工业所需的铜、锡、铝等矿产主要靠进口。德国森林资源较为丰富，森林覆盖率达30%。

5.2.2　经济发展历程与经济特征

德国是高度发达的工业化国家，国民生产总值和工业总产值仅次于美国、中国与日本，居世界第四位（截至2022年年底）。德国成为一个拥有雄厚实力的世界经济大国，走过了漫长而曲折的发展道路。历史上的德国经济落后于英、法两国，19世纪末20世纪初，德国经济迅速发展，国民生产总值相继超过了英、法两国。德国是两次世界大战的发动者，尤其是第二次世界大战的战败，使德国经济彻底崩溃。

第二次世界大战后，统一的德国被分裂成东、西两部分，即民主德国与联邦德国。当时，联邦德国政府制定了恢复经济的各项政策，加上美国的扶植，潜力巨大的德国西部经济如虎添翼。从20世纪50年代开始，联邦德国的经济基本恢复到二战前的水平，1950年的工业生产总值相当于战前最高水平——1938年的93.1%，1951年该比例已达到109.3%。到50年代中期，联邦德国已成为资本主义世界第二大工业国。从50年代初至两德统一前，德国西部经济发展经历了三个阶段：

第一阶段，高速增长阶段（1951—1966年），即西方所谓的德国经济奇迹阶段。在这一阶段，联邦德国国民生产总值和工业生产的增长速度在西方发达国家中均处于领先地位；同时，对外贸易连年顺差，黄金外汇储备迅速上升。1966年国民生产总值比1950年增长了2倍，年均递增7.1%。

第二阶段，平稳发展阶段（1967—1973年）。在这一阶段，联邦德国的经济发展速度虽然减慢并出现了短期不稳定，但国民生产总值的年均增长率仍达到4.6%，国民生产总值虽然被日本超过，退居资本主义世界第三位，但工业品出口和黄金外汇储备均跃居世界首位。

第三阶段，缓慢发展阶段（1974年至两德统一前）。受20世纪70年代西方世界结构性经济危机的影响，1974—1980年，联邦德国国民生产总值年均增长率仅为2.3%，后来经济虽然有所好转，但1982—1988年国民生产总值年均增长率也仅为2.5%，增长缓慢。

第二次世界大战后，在德国东部建立的民主德国，初期经济状况是非常严峻的，德国的分裂给民主德国造成的损失更大。第二次世界大战前，德国的主要工业部门集中在西部地区。如1936年，德国东部地区煤炭产量仅占德国煤炭总产量的2.9%，生铁产量所占比例只有1.6%，钢产量所占比例只有2.7%。民主德国成立后，制订了发展经济的"五年计划"，第一个五年计划的实施，使民主德国初步建立了一个完整的工农业结构。此后，又连续实施了7个"五年计划"，建立了以现代化工业为主体的国民经济体系。1949—1988年的近40年里，民主德国建立了雄厚的物质生产基础，生产投资增长19倍多。20世纪80年代，民主德国国内生产总值在当时的经济互助委员会成员国中仅次于苏联，为东欧经济发展水平最高的国家之一。

1990年3月，两德实现了统一，统一后的德国经济发展面临着新的形势。20世纪90年代以来，德国东部经济陷入全面的转轨危机，生产下降，大批企业倒闭，失业问题严重。为此，德国政府投入了大量资金，采取了一系列刺激东部地区经济增长的措施，并放慢西部地区的经济增长速度，但成效不太显著。1992年德国经济增长率为2%，低于美国；1993年经济出现了负增长，为−1.7%。近年来，德国东部地区发挥高素质廉价劳动力的优势，经济发展水平不断提高，经济增长速度不断加快，2003年首次超过西部地区，经济发展步入了正轨。

1994年，德国国内生产总值为1.8497万亿美元，2000年为2.2万亿美元，2005年为2.7万亿美元，仍居世界第三位，仅次于美国和日本。2010年德国国内生产总值为4.2万亿美元，仅次于美国、中国和日本，居世界第四位。2016年德国国内生产总值为3.4万亿美元，年增长率1.9%，创下了近5年的最大增幅。2022年，德国国内生产总值为4.08万亿美元，人均国内生产总值为4.86万美元。

5.2.3 主要产业结构与部门

德国的产业结构属于典型的"三、二、一"类型。

1）工业

德国是高度发达的工业国，在资本主义世界中位列第三，人均工业生产总值远远超过日、法、英等国家，与美国接近；主要工业品产量均居世界前列，工业在国民经济中占绝对地位，是德国的经济支柱。

德国工业几乎包括了轻、重工业的所有门类，体系完整，技术水平先进。重工业占绝对优势，尤其是机械、化工、电器和汽车等工业，更是德国经济的支柱；采煤、造船、钢铁以及第二次世界大战后新兴的石油化工、电子、核能利用、航空航天等工业也很发达。当前，德国重工业的重心已从钢铁和煤炭转移到机械制造、电子电气、汽车和化学等工业部门。

德国的工业布局比较均衡，但也存在地区差异，工业重心在北莱茵-威斯特法伦、巴伐利亚、下萨克森、黑森、萨尔和萨克森等州。北莱茵-威斯特法伦州是德国最大的

重工业区，其中的鲁尔区素有"德国的工业心脏"和"西欧最重要的工业区"之称。德国的主要工业部门有：

（1）能源工业。德国是世界能源大国，自给率达50%以上。煤炭资源充裕，石油与天然气资源十分贫乏。在20世纪50年代中期以前，在联邦德国的能源消费构成中，煤炭占85%以上。但60年代后，在进口廉价石油的大力竞争下，国内能源消费结构发生了重大变化，从以煤炭为主转为以石油和天然气为主。

第一，煤炭工业。德国煤炭储量十分丰富，仅次于俄、中、美，居世界第四位，煤产量也居世界前列。煤种主要是硬煤与褐煤，其中硬煤主要分布在德国西部，褐煤主要产自德国东部，德国也是世界最大的褐煤生产国。德国采煤的机械化、自动化水平居世界领先地位，西部采煤机械化程度高达99.5%。此外，德国东部所有的煤炭均产自露天矿。

第二，石油和天然气。德国石油和天然气储量很少，石油储量不到1亿吨，天然气储量不足2 000亿立方米。石油主要分布在北德盆地，年产量不足500万吨，与国内庞大的石油消费量相比，差距甚远。德国石油年消费量在8 000万吨左右，绝大部分需要进口，过去石油主要从中东和北非国家进口，现在则主要从英国进口北海油田的原油。德国炼油工业发展很快，分布比较普遍，以鲁尔区最为集中，原油通过鹿特丹港或威廉港的管道输入。德国的天然气主要分布在西北部的埃姆斯河到威悉河口附近地区以及北海大陆架地区，其产量只占国内消费量的1/3，其余大部分需要从国外进口，主要进口地是荷兰、挪威、俄罗斯及伊朗。

第三，电力工业。德国的电力工业主要是依靠本国丰富的煤炭资源发展起来的，火电厂主要分布在煤区和工业城市。德国在南部阿尔卑斯山区还建有多座水电站，发电量占全国总发电量的5%。德国核电站发展较快，全国核电站已近20座，发电量占总发电量的比例超过20%。但近年来由于担心核电安全问题，德国已经宣布陆续关闭境内的所有核电站。

（2）钢铁工业。德国钢铁工业的发展历史悠久，技术先进，在世界上占有重要地位。钢铁工业具有设备新、水平高、产品质量好的特点。钢产量一直居世界前列，多年保持在4 000万吨左右，2016年德国钢铁产量为4 210万吨，与上一年基本持平，排名全球第七位。据德国钢铁经济联合会的数据，2022年德国粗钢产量达到3 680万吨，同比仍减少8.4%。

德国钢铁工业发展的有利条件是焦煤资源丰富，但铁矿资源缺乏，所需矿石绝大部分需要进口，主要来自巴西、利比里亚、加拿大、澳大利亚和瑞典等国，产品对国际市场的依赖性较大，出口量约占其产量的一半以上，出口产品主要是钢板和钢管。德国的钢铁企业以大型为主，七大钢铁公司的产量约占全国钢产量的2/3以上；钢铁工业主要分布在内地，鲁尔区是德国也是西欧最大的钢铁工业基地，产量占全国总产量的60%以上。在德国西部，7个炼钢能力超过400万吨的钢铁企业，有6个在鲁尔区，分别在杜伊斯堡、奥伯豪森、波鸿、米尔海姆、埃森和多特蒙德。德国东部的钢铁工业主要分布在艾森许滕施塔特和哈尔贝施塔特。20世纪60年代以来，为充分利用进口铁矿砂，钢铁工业也开始向沿海地区转移，在北海沿岸的不来梅和汉堡都建立了大型钢铁工业基地。

（3）机械工业。这是德国最主要的工业，号称"王牌"工业。其产值和就业人数在整个工业中的比例都在1/3左右，主要部门有重型机械、专用机床、电机和电工器材、印刷机械、机车车辆、汽车、光学仪器和仪表、军火和核电设备等，其中机床工业产值居世界第一位。由于技术设备先进、产品质量好、劳动效率高，机械产品在国际市场上具有很强的竞争力，一直处于领先地位。

汽车工业被称作德国的"经济晴雨表"，2022年产量为348万辆，次于中国、美国、日本、印度和韩国，居世界第六位。德国汽车工业基本上由大众汽车公司、宝马汽车公司、奔驰汽车公司、欧宝汽车公司等大型企业所控制，主要汽车生产地有沃尔夫斯堡、斯图加特、波鸿和慕尼黑等。

德国的精密仪器和光学工业虽然规模不大，但地位显赫，产品驰名世界，光学仪器工业的中心是位于德国东部的耶拿。

德国的造船工业也很发达，虽然由于国际市场上的竞争，发展受到影响，但其造船技术在国际上仍然处于领先地位。

德国的电气、电子工业是第二次世界大战后发展最为迅速的部门，目前已成为德国最大产业，产品在世界上具有较强的竞争力。德国的西门子公司、德律风根公司和卡尔蔡司光学仪器公司等都是世界著名的电气、电子企业。电气、电子工业分布在全国各工业城市，其中巴伐利亚和巴登-符腾堡州最发达，其产值约占全国电气、电子工业总产值的1/2，慕尼黑、斯图加特、纽伦堡是主要的生产中心。

慕尼黑是德国"电子大王"西门子公司总部所在地，这里已成为欧洲最大的微电子生产基地，被誉为德国的"硅谷"。

（4）化学工业。德国化学工业的产值仅次于美、日，居世界第三位，出口额居世界第一位，占世界化工产品出口总额的1/6。世界5家最大的化工企业德国就有3家，它们是拜尔公司、赫希司特公司和巴斯夫公司。德国是世界煤化学工业发展最早的国家，20世纪60年代以来，化工原料转为以石油、天然气为主，但仍相当重视煤化学工业；80年代，塑料、合成纤维、合成橡胶等有机化工产品的产量居世界前列；90年代至今，其科研和技术水平不断提高，精细化工、石油化工等众多领域在世界享有骄人声誉。

德国的化学工业主要分布在便于原材料和产品运输的港口附近及主要工业区，中心区包括鲁尔区和莱茵河中游地带，这里有曼海姆、法兰克福、路德维希港等重要化学工业中心。此外，汉诺威、汉堡也是比较重要的化学工业中心。德国东部的化学工业也很发达，高施米特石油化工联合企业驰名世界。德国东部还是世界钾肥的主要产地，有世界最大的皮斯特里茨氮肥厂。

（5）轻工业。德国的轻工业主要包括纺织、食品和出版印刷等部门，其中纺织业是德国最大的轻工业部门，以棉毛纺织为主，所需棉花和羊毛大部分依赖进口。纺织工业主要分布在不来梅、北莱茵-威斯特法伦地区和海尔布隆-罗伊特林根-海登海姆三角地带。食品工业以糖、啤酒等产品的生产为主，分布较为广泛，慕尼黑的啤酒在世界享有盛誉。

2）农业

德国农业发达，但农业在国民经济中所占比重很小。其西部地区农业产值约占国民生产总值的2%，东部地区约占11%。德国农业生产具有发展速度快、技术水平和集约化程度高、中小农场多和内部结构合理的优点。德国是传统工业国，长期以来农业发展缓慢，但第二次世界大战后由于采取了一系列促进农业发展的政策、措施，农业生产发展很快，农业劳动生产率提高了5倍多；德国西部农业自给率已提高到80%，东部农产品90%可以自给。德国农业的基本特点是以畜牧业为主，农、林、牧、渔综合发展。其主要农业部门有：

（1）种植业。其以粮食作物为主，兼有水果、经济作物、花卉和牧草的种植。粮食作物产值在农业总产值中的比重不到10%，主要包括小麦、大麦、黑麦、燕麦等，其中小麦产量约占粮食作物总产量的1/3。莱茵河谷地区土地肥沃，是德国西部最大的小麦生产中心；德国东部的小麦生产主要集中在莱比锡及哈雷等地。德国是西欧黑麦和燕麦最大的生产国，主要产区在北部平原地区。经济作物以甜菜、啤酒花为主，甜菜产量在世界位居前列，主要分布在下萨克森州南部及马格德堡、哈雷等地；啤酒花的种植主要在巴伐利亚州。摩泽尔河、莱茵河、内卡河沿岸及莱茵河谷是德国的葡萄产区，莱茵河谷也是德国苹果、桃、梨等水果的主要产地。

（2）畜牧业。其以养牛为主，牛肉、牛奶产值约占畜牧业总产值的65%。养猪业的规模仅次于养牛业，此外还有羊、马、兔等的饲养。养牛业主要分布在北部气候凉爽地区，这里日照少，湿度大，适宜多汁牧草的生长，利于牛的养殖。中部广大地区则重点发展养猪业，其规模在西欧居第一位。德国养猪业的发展，很大程度上是建立在进口饲料基础之上的。

3）服务业

德国的服务业产值占国民生产总值的65%左右，主要行业有旅游、商业、金融、交通运输、电信、保险、教育、文化、医疗卫生等。

（1）旅游业。德国旅游业发达，是最重要的经济部门之一。目前，德国与旅游业有关的行业就业人数约240万。德国是一个富有魅力的旅游之国，引人入胜的旅游景点比比皆是，莱茵河水影中绵延不尽的葡萄园、珠串般的古堡、富有田园诗意的小镇；黑森林中深幽的林海、蜿蜒的河流、宁静的湖泊；阿尔卑斯山下的天鹅湖和童话宫，还有柏林墙、法兰克福的金融世界和慕尼黑的啤酒。当前，德国有27处景点被联合国教科文组织列入世界文化与自然双遗产。

（2）商业。德国的商业产值在国民生产总值中的比重约为9%，如今有近450万人在大约62.5万个商业企业中工作。这意味着德国每8个就业者中就有1个人在商业部门。该经济领域以中小企业为主，大多数业主本身就是雇员，其家属也常常被雇用。

（3）金融业。德国金融业历史悠久，发展迅速，在德国经济和世界经济中都占有重要地位。德国联邦银行是德国的中央银行，决定国家的货币政策，负责货币发行并管理外汇黄金储备，其基本任务是确保币值的稳定。自欧元问世以来，德国联邦银行将货币政策的决定权上交给了欧洲中央银行理事会。德意志银行成立于1870年，是德国最大的商业银行，在全球70多个国家设有2 000多家分支机构，从业人员达77 000多人。德国安联集团是世界最大的保险业集团之一，已有100多年的历史，以人寿和财产保险为主，业务遍及全球70多个国家。

德国的博览业笑傲世界，国际上150多个重要的专业博览会大约2/3在德国举办。德国的博览会由来已久，它是中世纪早期在人们聚集在一起进行贸易活动的单个集市的基础上发展起来的。以往的综合性博览会目前大多已由代表一个或几个经济部门的专业博览会所取代。

（4）交通运输业。德国的交通运输业具有现代化水平，运量大、速度快、效率高。公路、铁路、水路、管道和航空运输组成了德国稠密的运输网，其中以公路运输为主，其他运输方式全面发展，高速公路密度为世界之冠。当前，德国已形成以高速公路为主干的完整的公路网，并向运输大型化、专业化、高速化以及集装箱运输和拖挂运输的方向发展，实现了公路运输的现代化。德国的商船队是世界上最现代化和最安全的商船队之一。在集装箱船及装船运输方面，德国在世界一直居领先地位。德国拥有一个全长约7 450千米的联邦水路网络，主要航道有莱茵河、多瑙河、易北河、威悉河及埃姆斯河下游等。莱茵河被称为欧洲的"黄金水道"，承担了欧洲大约2/3的内河航运任务；杜伊斯堡是德国也是世界最大的内河港口。德国航空运输业很发达，法兰克福机场是欧洲最重要的机场之一，德国汉莎航空公司是国际上最重要的航空公司之一。此外，德国在邮政和邮件递送服务方面也居欧洲领先地位，是欧洲最大的服务性部门之一。

5.2.4　对外贸易及主要城市与港口

1）对外贸易发展概况

对外贸易是德国经济的支柱之一，德国是主要工业国家中对外依赖程度最高的。在世界贸易中，2013年德国贸易顺差世界第一，达到2 000亿欧元，进出口总额仅次于美国、中国，居世界第三位。

德国联邦统计局2023年2月2日公布的统计数据显示，2022年德国进出口贸易总额达30 522亿欧元，其中，出口额15 641亿欧元，同比增长14.3%，进口额14 881亿欧元，同比增长24.3%，贸易顺差760亿欧元，为连续第五年下降。

2）中德经贸关系

中德贸易历史悠久，中华人民共和国成立后，同民主德国与联邦德国先后建立了贸易关系。经贸合作是中德关系的重要组成部分，也是双边关系发展的重要动力。近年来，中德两国经贸交往日益密切，双边贸易增长十分迅速。现在，两国贸易额已由建交初期（1972年）的2.7亿美元增加到2022年的2 980亿欧元，德国已连续40多年保持中国在欧洲最大贸易伙伴地位。

德国联邦统计局2023年公布的数据显示，2022年德国和中国的商品贸易额约为2 980亿欧元（约合3 200亿美元），比2021年增长21%。其中，2022年德国从中国进口价值1 910亿欧元的商品，比2021年增加1/3；德国对中国商品出口增长3.1%，达到

1 070亿欧元左右。德国对中国贸易逆差约为840亿欧元。德方数据显示，紧随中德贸易之后的是美国（约2 480亿欧元）和荷兰（近2 340亿欧元）。

德国联邦与外贸投资署（GATI）此前发布的报告显示，中国已连续7年成为德国最重要的贸易伙伴，"尽管德国对中国的贸易逆差可能在2022年创下新纪录，这对德国的出口而言是个良好的信号。"GATI分析道。

中国驻德国大使馆公开数据显示，目前在中国德企已超过5 000家；2 000多家中资企业在德经营生产。过去50年来，中德两国贸易规模增长近千倍，贸易额从1972年不到3亿美元增长至2021年2 351亿美元。

中国和德国互为全方位战略伙伴，也是最重要的贸易伙伴，近年来双边关系总体保持高位运行。

3）主要城市与港口

（1）柏林。首都柏林是德国最大城市，也是世界著名城市之一，人口360万。第二次世界大战结束后，柏林分为东西两部分，东柏林为苏联占领区，西柏林为美英法三国占领区。1990年10月3日东西德统一后，柏林结束了40多年的分裂局面，重新成为全德首都。柏林为德国重要工业中心，是欧洲重要的交通枢纽和河港。

（2）汉堡。它是德国最大的港口城市，也是欧洲最大的港口之一，被称为"德国通向世界的门户"。位于易北河下游的汉堡也是德国造船工业基地，石油、电子工业都很发达。汉堡港还是欧洲规模最大、最现代化的集装箱货运中心。

（3）不来梅。位于威悉河下游的不来梅，是德国第二大港口城市，主要工业有造船、汽车、电机、化工等。同时，不来梅作为一个国际性港口城市，银行与保险业也很发达。

（4）威廉港。它是德国下萨克森州的一个城市，也是德国北部最大的石油进口港，其主要工业包括造船、机械、纺织等。该港有石油管道通往法兰克福，同时威廉港也是德国重要的军港和渔业中心。

（5）波恩。它是德国政治中心、原联邦德国首都。两德统一后，虽然柏林成为首都，但仍有部分联邦政府机关留在波恩。同时，波恩也是德国著名文化城市。

（6）慕尼黑。德国第三大城市慕尼黑是巴伐利亚州首府，德国南部政治、经济、文化和交通中心，主要工业包括电子、电器、光学仪器、汽车、啤酒制造等。慕尼黑有"啤酒之都"之称。

5.3 俄罗斯

5.3.1 俄罗斯的地理环境

1）自然地理环境

1990年6月12日，俄罗斯苏维埃联邦社会主义共和国最高苏维埃发表《国家主权宣言》，宣布俄罗斯联邦在其境内拥有"绝对主权"。1991年9月6日，苏联国务委员会通过决议，承认爱沙尼亚、拉脱维亚、立陶宛3个加盟共和国独立。12月8日，俄罗斯联邦、白俄罗斯、乌克兰3个加盟共和国的领导人在别洛韦日签署了《独立国家联合体协议》，宣布组成"独立国家联合体"。12月21日，除波罗的海3国和格鲁吉亚之外的苏联11个加盟共和国签署了《阿拉木图宣言》等文件。12月26日，苏联最高苏维埃共和国院举行最后一次会议，宣布苏联停止存在。至此，苏联解体，俄罗斯联邦继承了苏联核心部分，并成为完全独立的国家。1993年12月12日，经过全民投票通过了俄罗斯独立后的第一部宪法，规定国家名称为"俄罗斯联邦"，与"俄罗斯"意义相同。

俄罗斯横跨欧亚大陆，领土延伸至欧洲的东部和亚洲的北部，总面积1 709.82万平方千米，是世界上领土面积最大的国家。俄罗斯领土略呈长方形，东西最长约9 000千米，南北最宽约4 000千米。它东濒太平洋，北临北冰洋，西面与西南面靠大西洋和里海。陆上与14个国家接壤，西北面与挪威、芬兰为邻，西面有爱沙尼亚、拉脱维亚、立陶宛、波兰、白俄罗斯，西南面是乌克兰，南面有格鲁吉亚、阿塞拜疆、哈萨克斯坦，东南面有中国、蒙古国和朝鲜，东面与日本和美国隔海相望。

俄罗斯自然条件复杂多样。地势是西北低，向东南逐渐升高；东高西低，西部多属辽阔的平原，包括东欧平原与西西伯利亚平原，乌拉尔山介于其间，是欧亚两洲的分界线；东部是高原与山地，即中西伯利亚高原与南西伯利亚山地、东北西伯利亚山地与远东山地；大高加索山脉坐落于俄罗斯联邦欧洲部分的南部，最高峰厄尔布鲁士山海拔5 642米。

俄罗斯境内河湖众多，沼泽广布。欧洲部分的河流多发源于东欧平原中部的丘陵地带，呈放射状流向四方，河网密布，水量丰富，主要河流有伏尔加河、第聂伯河、顿河、伯朝拉河。全长3 690千米的伏尔加河是欧洲第一长河，流域面积138万平方千米，享有"俄罗斯母亲河"的称誉。亚洲部分的河流发源于西伯利亚南部和东部山地，多为源远流长的大河，著名的有自南向北注入北冰洋的鄂毕河、叶尼塞河、勒拿河和自西向东注入太平洋的阿穆尔河（即中俄界河黑龙江）。俄罗斯与伊朗等国之间有世界最大的咸水湖里海，还有世界第一深湖贝加尔湖，其沼泽主要分布于北部。

俄罗斯地处中高纬度，全境多属温带和亚寒带大陆性气候，只有太平洋沿岸地区属温带季风气候。自北而南，依次出现极地荒漠、苔原、针叶林、森林草原和草原等自然带；自西而东，大陆性气候依次加强。其温差普遍较大，冬季严寒期长，夏季短促，1月气温平均为−37℃～−10℃，7月气温平均为11℃～27℃。由于受西风带、北大西洋暖流和大西洋暖湿气团的影响，降水从西向东依次递减，并由中部森林地带向南北两端递减，但太平洋沿岸夏季降水较多。

俄罗斯矿产资源十分丰富，种类多、储量大。具体来说，天然气、石油、煤炭储量巨大，天然气已探明储量为48万亿立方米，占世界探明储量的1/3以上，居世界第一位；石油已探明储量为242亿吨，居世界第二位；煤的蕴藏量为2 000亿吨，居世界第二位。煤炭资源总地质储量为60 000亿吨以上，其中焦煤占1/5，硬煤和褐煤各占2/5。俄罗斯的有色金属、贵金属和稀有金属资源丰富，品种齐全，铁的蕴藏量居世界第一位，铝的蕴藏量居世界第二位，铀的蕴藏量居世界第七位，黄金的蕴藏量也位居世界前列。此外，俄罗斯有着广阔的森林带、丰富的土地资源和水力资源。其森林覆盖面积为8.67亿公顷，占国土总面积的50.7%，居世界第一位，木材蓄积量居世界第一位。

俄罗斯的东欧平原、西西伯利亚平原和乌拉尔山地是煤、石油、天然气和铁矿石集中分布区域。煤炭主要分布在两大含煤带内：一个位于贝加尔湖与图尔盖凹陷之间，包括伊尔库茨克、坎斯克-阿钦斯克、库兹巴斯等煤田；另一个位于叶尼塞河以东、北纬60°以北，包括通古斯、勒拿和泰梅尔等大煤田。石油、天然气主要分布在鄂毕河中下游的西西伯利亚平原中部和北部（即著名的秋明油田）、伏尔加河中游与乌拉尔山脉之间的地区（即第二巴库油田）、季曼-伯朝拉地区以及北高加索和萨哈林等地。铁矿主要分布在库尔斯克、乌拉尔和东西伯利亚地区。俄罗斯东部山地是主要的有色金属蕴藏区。

2）人文地理环境

俄罗斯人口约1.458亿（2022年），主要集中在只占全俄面积1/4的西部欧洲地区，而北极圈以内和北极圈附近的森林冻土带以及西伯利亚部分地区则人烟稀少。俄罗斯人的文化水平与劳动力素质较高，有利于社会经济的发展。但是，俄罗斯人口增长缓慢，加之地域分布很不均衡以及复杂的民族因素等，对其社会经济的发展产生了不利影响。截至2022年4月9日，欧洲50个国家人口总数为7.46亿人，其中俄罗斯以1.458亿人口位居第一，成为欧洲人口最多的国家，德国以8 387万人口位居第二。

俄罗斯是个多民族国家，大小民族有190多个，其中俄罗斯族占77.7%，主要少数民族有鞑靼、乌克兰、哈萨克、巴什基尔等。俄语是俄罗斯联邦全境内的官方语言，各共和国有权规定自己的语言，并在该共和国境内与俄语一起使用。

俄罗斯现由83个联邦主体组成，包括21个共和国、9个边疆区、46个州、2个联邦直辖市、1个自治州和4个民族自治区。俄罗斯文化艺术历史悠久，古典建筑、雕塑、绘画享有盛名，人民性格豪爽开朗。俄罗斯各民族人口中有50%的人信仰宗教，其中91%的人信仰东正教，5%的人信仰伊斯兰教，其他的信仰萨满教、犹太教和天主教等。

世界银行统计数据显示，2016年俄罗斯国内生产总值同比增长0.2%，达1.33万亿美元。2022年，俄罗斯国内生产总值约为2.22万亿美元。

5.3.2 经济发展历程与当前经济状况

俄罗斯是苏联时期经济最发达、实力最雄厚的共和国，苏联经济实力的基础、骨架及布局基本上分布在俄罗斯，其产业结构大体上仍保持着苏联的基本特征。

1991年年底苏联解体后，俄罗斯经济陷入了严重的困境。俄罗斯全盘接受了美国等西方国家推荐的经改药方，采取了"休克疗法"，推行以大规模私有化和全面自由化为核心的激进经济改革，结果经济连续下滑，形势更加严峻。1992年主要经济指标普遍大幅度下降，国民经济总产值全年下降22%，工业产值下降17.6%。在生产下降的同时，物价上涨的幅度很大，1992年通货膨胀率为2 200%，大部分居民生活在最低生活线下，因而导致当时国家政局的动荡。面对这种形势，俄罗斯联邦政府毅然放弃了"休克疗法"，采取了积极稳妥的经济发展战略，逐步实现由自由市场经济向社会市场经济的目标模式转轨。从1994年起，全国经济逐渐趋于稳定。但是，总体经济形势仍然严峻，生产滑坡，资金短缺，工农业生产处于持续衰退之中。

1998年俄罗斯爆发金融危机，各项宏观经济指标再趋恶化。1999年受卢布贬值和国际市场油价上扬以及普里马科夫政府大幅调整经济政策、加强国家宏观调控等内外多种因素的综合影响，俄罗斯经济呈现好转势头。2000年之后，普京总统继续推行稳健的社会经济政策，进一步深化社会和经济自由化改革，稳定政局，发展经济；加强经济立法，规范经济活动，改善投资和经营环境，特别是税制改革提高了企业投资的积极性，缓解了财政压力。利用国际油价上涨的有利形势，大力拓展国外能源市场，经济好转势头进一步巩固，宏观经济指标大幅上扬。2008年之后，持续多年高速增长的俄罗斯经济因为全球金融危机而陷入发展困境。2008年以来俄罗斯GDP增长率见表5-1。

表5-1　　　　　　　　　　　2008年以来俄罗斯GDP增长率

年份	2008	2009	2010	2015	2016	2017	2018	2019	2022
GDP增长率（%）	5.6	-7.8	4.0	-3.7	0.33	1.83	2.54	1.34	-2.1

资料来源　俄罗斯联邦统计局。

俄罗斯联邦统计局的初步评估结果显示，2022年俄罗斯国内生产总值（GDP）下降2.1%，约合2.22万亿美元。2021年俄罗斯GDP增长5.6%。

报道称，俄罗斯联邦统计局数据显示，2022年GDP下降是受批发零售业、供水业、污水处理业、废物处理业、环保行业、制造业、物流业增加值物量指数下降的影响。

与此同时，部分行业增加值物量指数出现增长。增幅最大的领域依次是农业、林业、狩猎业、渔业、鱼类养殖、建筑业、酒店餐饮业、国家管理部门、信息通信业以及采矿业。

由于燃料和能源产品出口价格明显高于进口价格，与2021年相比，2022年俄罗斯GDP主要构成中净出口所占份额显著增加（从9.3%升至12.8%）。

5.3.3　产业结构与部门

俄罗斯产业结构也是"三、二、一"型。农业在国内生产总值中的比重约为5.3%，工业占34%，服务业占60.7%。

1）工业

工业在俄罗斯联邦国民经济中居于突出地位。俄罗斯地大物博，工业资源非常丰富，工业基础雄厚，部门齐全，以机械、钢铁、有色冶金、石油、天然气、煤炭及化学等重工业为主，能源工业地位突出，能源与原材料均有大量出口。此外，俄罗斯木材和木材加工业也较发达；军火工业在国民经济中占重要地位。

总体来看，俄罗斯工业结构不合理，重工业发达，轻工业与食品工业等民用工业落后的状况尚未根本改变。工业产值占工农业总产值的80%，重工业产值占工业总产值的75%。长期以来，由于重视与军工、国防有关的重工业的发展，与国计民生有关的轻工业与食品工业发展甚为缓慢，其产值仅占工业总产值的25%。多年来，俄罗斯对轻工与食品工业的投资只占工业总投资的13.5%。近40年来，消费品总产值的增长只占生产资料总产值增长的1/3，而且生产技术落后，许多产品的质量与数量均不能满足需求。

俄罗斯工业以能源、冶金、机械、化工等四大工业部门最为重要。

（1）能源工业。俄罗斯是世界上煤炭、石油、天然气、核燃料及水能资源蕴藏最丰富、生产能力最大的国家之一。2019年，在履行欧佩克+减产协议框架下，俄罗斯全年生产原油5.6亿吨，日产原油1 125万桶，创苏联解体后的新高，2022年的石油产量约5.352亿吨；2019年全年天然气产量约7 384亿立方米，是8年来的最高产量，2022年降至6 738亿立方米；2022年煤炭产量小幅增长，达到4.44亿吨；由于2021年的酷暑和严冬，俄罗斯该年电力需求大幅上涨，用电量达7 916.67亿千瓦时，较2020年增长5.6%。俄罗斯能源总产量仍居世界前列。

石油是俄罗斯的重要能源，也是其重要出口商品，年出口量1亿吨左右，是俄罗斯取得外汇的主要来源。原油工业在俄罗斯国民经济中居重要地位，也是其支柱产业部门。俄罗斯的原油生产主要集中在西西伯利亚、伏尔加-乌拉尔和季曼-伯朝拉3个地区，其北部沿海及近海地区也是极具潜力的原油蕴藏区。

西西伯利亚油田采油区主要分布在秋明州，故称秋明油田，因其开发晚于苏联的巴库油田和伏尔加-乌拉尔油田（称第二巴库），故又称"第三巴库"。这里是俄罗斯最大的石油储集区和产区，油田面积达150万平方千米，远景储量240亿吨，其中探明储量约40亿吨。西西伯利亚油田内共发现150多个储油区，已开发的有40多个，其中重要的有萨莫特洛尔、乌斯季巴雷克和萨雷姆等大型产油区。西西伯利亚油田通过多条管道将原油输向各大炼油厂，进而把原油转运到黑海、波罗的海和太平洋沿岸油港，向国外出口。伏尔加-乌拉尔油田位于伏尔加河和乌拉尔河流域区，由于该区域属俄罗斯经济发达区域，油品需求量大，因此，原油加工与石油化学工业发达，区内有大型炼油厂10多座，年加工能力在1.5亿吨左右，原油与油品管道纵横交错并通往外区。季曼-伯朝拉油田位于俄罗斯欧洲地区东北部的高纬地区，地处能源短缺的西北区，距耗能高的中央区较近，乌萨为该油田最大采油区。除上述三大油田外，还有北高加索油田（年产1 000万吨左右）和萨哈林油田（年产250万吨左右）等。俄罗斯的原油加工能力几乎与原油开采能力相当，但深加工水平远低于西方工业发达国家。炼油厂主要分布于油品需求量大的欧洲部分，乌法与萨马拉是两大炼油中心，年炼油能力都在4 000万吨左右。

俄罗斯是世界上天然气资源最丰富、产量最多、消费量最大的国家，也是世界上天然气管道最长、出口量最多的国家，有"天然气王国"之誉。天然气田主要分布在西西伯利亚的秋明州，产量达5 000多亿立方米，占全俄总产量的85%以上。其中，乌连戈伊气田的探明储量约80 000亿立方米，年产量达3 000多亿立方米，是世界第一大气田。此外，东西伯利亚的雅库特、伏尔加-乌拉尔地区的奥伦堡等也是俄罗斯重要的天然气田。俄罗斯天然气管道长度已超过20万千米，主要干线均由西西伯利亚各气田通向东欧与西欧，并向那里出口天然气。

俄罗斯煤炭工业具有储量大、煤种全、资源与生产布局集中以及储、产、销之间分布不平衡等特点。俄罗斯的重要煤炭产区有20多个，位于亚洲地区北纬60°以南的库兹巴斯、坎斯克-阿钦斯克、南雅库特等煤田是其主要煤炭产区，集中了全俄煤炭产量的80%。除此以外，较重要的煤炭产地还有伯朝拉和莫斯科郊区等。北纬60°以北的亚洲地区，包括通古斯在内的几个特大型煤田，因地处偏远，气候恶劣，目前尚无条件开采。由于国家对煤炭工业的投资急剧减少，煤炭需求量降低，许多煤炭企业减少了采掘量甚至被迫停产，因此俄罗斯煤炭产量近几年不断下滑。

俄罗斯是仅次于美国和中国的世界第三大电力生产国，其电力构成中，以火电为主，约占3/4。水电与核电并重、发展大机组、建造大电站是俄罗斯电力工业发展的主要特点。俄电力工业主要分布在西部地区，乌拉尔及其以西地区的发电量占全俄发电总量的70%左右，但建设重心正逐渐向东移。火电以中央区的莫斯科、西北区的圣彼得堡及乌拉尔地区最为集中，在西伯利亚地区，则主要分布于库兹巴斯、伊尔库茨克和赤塔等工业区域；核电站的建设也主要集中在西部地区；水电主要分布于伏尔加河流域和安加拉-叶尼塞河流域。

（2）冶金工业。俄罗斯是世界上的钢铁生产大国，发展钢铁工业的条件比较优越，已探明的铁矿石储量为810亿吨，占世界铁矿石储量的1/3以上。铁矿石储量的2/3以上分布在西部地区，这里矿床规模大，富矿比重高，商品铁矿石产量大。东部地区的铁矿石储量约占全俄铁矿石储量的1/3，主要分布在东西伯利亚。

俄罗斯钢铁工业分布集中，乌拉尔、中央区和西西伯利亚三大钢铁工业基地各具特色。其中，乌拉尔钢铁工业基地是全俄第一大钢铁生产基地，年生产能力约5 000万吨，以生产特殊钢和优质钢而闻名。该区主要钢铁中心有谢罗夫、车里雅宾斯克和马格尼托哥尔斯克，后者钢铁年生产能力在1 500万吨以上，是全俄最大也是世界著名的钢铁工业中心。中央区钢铁工业基地是俄罗斯正在形成的新的钢铁基地。它地处全俄最大的钢铁消费市场和新兴的库尔斯克铁矿石基地，拥有很大的发展潜力。全区现已建成10多个钢铁企业，旧奥斯科尔则是新建设的大型钢铁联合企业。西西伯利亚钢铁工业基地是20世纪30年代建设乌拉尔-库兹巴斯煤炭-冶金工业基地过程中形成的钢铁基地，新库兹涅茨克是本区主要钢铁工业中心。

俄罗斯的有色金属工业主要分布在乌拉尔山东麓和东西伯利亚，以及西西伯利亚南部、远东地区，主要冶炼中心有乌拉尔地区的车里雅宾斯克、东西伯利亚北部的诺里尔斯克、中西伯利亚南部的克拉斯诺亚尔斯克、伊尔库茨克。

（3）机械工业。它是俄罗斯最重要的重工业部门之一。其产值占全俄工业产值的1/4以上，员工人数占40%，但机械工业在国民经济中的比重及劳动生产率均低于美国、日本和德国。同时，生产技术水平不平衡，国防军工机械比较先进，而民用机械则比较落后。俄机械制造业部门复杂，产品种类繁多，有如下几个机械工业区：

第一，中部地区。它包括中央区、伏尔加-维亚特卡区和中央黑土区，是俄罗斯最大的机械工业区，产值占全俄机械工业总产值的40%以上。该区是钢铁基地，劳动力素质高，技术力量强，部门齐全，产量大，产品多样，并着重发展耗原材料少和技术要求高的部门，以生产飞机、汽车、仪表、电机、工具、机床等为主，内河船舶、工程机械和农业机械等也占重要地位，莫斯科和下诺夫哥罗德是其最大的两个中心。

第二，乌拉尔区。本区机械工业产值约占全俄机械工业总产值的 1/8，以生产重型机械为主，主要产品有冶金设备、矿山机械、起重和锻压等机械设备、铁路车辆、大型动力机械、工程机械、化工机械、重型汽车及重型武器等。乌拉尔也有"俄罗斯重型武器库"之称，主要中心为叶卡捷琳堡、车里雅宾斯克和彼尔姆等。

第三，伏尔加河流域区。它是俄罗斯新兴的机械工业区。该区地处中央区与乌拉尔区之间，易于获取原材料，能源供应充足，又拥有较多的熟练劳动力，从而发展较快。该区以生产中轻型机械为主，如汽车、拖拉机、机床、轴承、石油与化工机械、动力机械、内河船舶与电力机车等。其主要中心有萨马拉和伏尔加格勒。

第四，西北区。该区是一个历史悠久的老机械工业区，产值约占全俄机械工业总产值的 1/8，以机床、工具、仪表等精密机械制造业和船舶、舰艇制造业为主，主要中心为圣彼得堡。

此外，西西伯利亚的机械工业近年来发展较快，主要包括矿山机械、农机和动力机械等部门。

（4）化学工业。苏联时期，其化学工业发展很快，是世界上化学工业最发达的国家之一，化工产值占世界化工总产值的 15%，仅次于美国。近年来，由于石油开采量减少，出口量增加，国内有支付能力的需求减少，俄罗斯化学工业产品的产量、产值皆严重衰退。目前，俄罗斯的化工生产能力以制造化肥和合成材料著称，其中合成氨和合成橡胶的年生产能力均居世界前列。俄罗斯的基本化学工业以硫酸和烧碱最为重要，硫酸生产遍布于各工业区，圣彼得堡的涅瓦建有大型硫酸厂；烧碱生产主要分布于乌拉尔地区；有机合成工业中的合成橡胶主要分布于伏尔加河流域和西西伯利亚的托木斯克及鄂木斯克；合成纤维分布于莫斯科、圣彼得堡、萨拉托夫等地；塑料工业分布在中央区、伏尔加河流域和乌拉尔地区。

（5）林业。俄罗斯是世界上森林资源最丰富的国家，森林采伐、木材加工和林产化工都很发达，林业已成为俄罗斯国民经济中的一个重要部门。俄罗斯木材的主要产区分布在远东的东、西西伯利亚地区。近年来，俄罗斯林业和木材加工业严重衰退，而正是这些地区木材生产量减少最为严重，其他如锯材、胶合板、纸浆、纸张的产量也都因各种原因而减产。俄罗斯现每年出口木材约 2 000 万立方米，主要输往欧洲、非洲和亚洲森林资源短缺的国家和地区。

俄罗斯林产化工业近几年发展较快，主要有造纸、纸浆及人造纤维等生产部门。俄罗斯年生产纸张 600 多万吨，自给有余并能出口。造纸和纸浆的生产主要分布在阿尔汉格尔斯克、圣彼得堡、乌拉尔地区；以木材为原料的合成纤维、合成橡胶、木质塑料等的生产分布在技术基础好的莫斯科和圣彼得堡等地。

2）农业

俄罗斯拥有广阔的土地资源，在 17 亿公顷的国土上，适于发展农业的土地有 5 亿多公顷，占国土总面积的 1/3 多。但目前已利用的农业用地仅为 2.28 亿公顷，其中耕地面积为 1.32 亿公顷，约占 60%，割草地占 15%，牧场占 25%，农业用地潜力很大。俄罗斯农业发展缓慢，是国民经济中的薄弱环节，农业产值约占全俄工农业总产值的 20%。

俄罗斯农业结构包括种植业和畜牧业两大部门，农牧业并重，主要农作物有小麦、大麦、燕麦、玉米、黍米、荞麦和豆类；经济作物以亚麻、向日葵和甜菜为主。畜牧业主要是养牛、养羊、养猪业等，养马业也很发达，北部苔原带和森林带还有养鹿业。俄罗斯有三大农业带，即北部放牧业带、中部农牧业带和南部放牧与灌溉农业带。

长期以来，由于农业投资不足、政策多变、经营管理不善，以及自然灾害频繁等多方面原因，俄罗斯农业生产发展缓慢且不稳定，减产幅度较大。俄罗斯是世界上最大的农产品进口国之一。

3）服务业

旅游业为俄罗斯新兴经济部门，近年来发展较快，但在国民经济中尚不占重要地位。国内主要旅游景点有莫斯科、圣彼得堡、黑海疗养地、伏尔加河沿岸城市和滨海边疆区。俄罗斯目前吸引外国旅客数不到国际旅客流量的1%，排名未进入世界前40名。

俄罗斯国土面积广，各类交通基础设施齐全，其陆路、水路、航空运输和管道运输都比较发达。俄罗斯的交通运输网分布不平衡，主要集中于欧洲地区，亚洲地区比较稀疏，但各有特点。欧洲地区运输网密集，形成了以莫斯科和圣彼得堡为中心、四通八达的稠密铁路网。该地区集中了全俄3/4的铁路线路，向北通向海港，向西通向波罗的海三国及东欧一些国家，向南通往白俄罗斯、乌克兰和外高加索诸国，向东与西伯利亚大铁路相接，向东南则通向中亚诸国。以伏尔加河为骨干并由伏尔加河-顿河运河、莫斯科运河及白海-波罗的海运河沟通起来的欧洲河网成为俄欧洲铁路网的重要补充；该区域公路网也很发达；管道网密集进而通向东欧；又有摩尔曼斯克、圣彼得堡诸港与大西洋相通。这里是俄罗斯各种运输形式密集、货运量最大的地区，主要交通枢纽有莫斯科、圣彼得堡和伏尔加格勒等。

在亚洲地区，第一条西伯利亚大铁路（叶卡捷琳堡-符拉迪沃斯托克）和第二条西伯利亚大铁路（泰舍特-苏维埃港）是沟通俄罗斯欧洲部分与西伯利亚及远东地区的主要动脉。乌拉尔地区的叶卡捷琳堡和车里雅宾斯克是沟通欧亚两洲的重要铁路枢纽。西伯利亚与远东的几条大河对区内的南北运输起着很大作用，是东西向铁路大动脉的重要补充，但由于结冰期过长，严重影响了河运作用的发挥。公路运输对本区区内联系也起着重要作用；海运业对太平洋及北冰洋沿岸地区的经济联系有重要意义。本区主要交通枢纽还有新西伯利亚、克拉斯诺亚尔斯克、伊尔库茨克和符拉迪沃斯托克。

5.3.4　对外贸易与市场状况

1）对外贸易发展状况

苏联的解体和由公有制计划经济向私有制市场经济的转变，导致了俄罗斯对外经济联系的一系列变化。解体后虽然组成了独联体，但传统联系中断，丧失了能源、原材料供应保障和产品销售市场，各独立国家工农业生产连年全面滑坡，贸易联系严重削弱，外贸持续萎缩。1992年俄罗斯外贸出口额为731亿美元，比1991年下降了23%，比1990年减少1/2。

1992年以后，俄放弃了对外贸易国家垄断，实行对外贸易自由化政策，经过近30

年的不断调整与改革，现已基本形成了一套符合一般国际贸易惯例要求的管理体制和外贸政策，其进出口额均有大幅增加。

据俄罗斯联邦统计局和中央银行的数据，1994 年，其进出口额总计为 940 亿美元，其中出口额 530 亿美元，进口额 410 亿美元。2016 年，俄进出口总额为 4 712 亿美元，同比下降 11.2%。其中，出口额 2 876 亿美元，同比下降 17%；进口额 1 836 亿美元，同比下降 0.4%；实现贸易顺差 1 040 亿美元。欧盟是俄最大贸易伙伴，在俄贸易总额中占比 42.8%（2015 年为 44.8%），亚太地区占比 30%（2015 年为 28.1%），独联体地区占比 12.1%（2015 年为 12.6%）和欧亚经济联盟国家占比 8.3%（2015 年为 8.1%）。

据俄罗斯联邦海关署的数据，俄罗斯对外贸易总额 2022 年增长 8.1%，达到 8 500 亿美元。其出口额增长近 20%，进口额减少近 12%。其贸易顺差为 3 320 亿美元，较 2021 年高 70%。

2）中俄贸易关系

俄罗斯与中国的经济联系历史悠久并具有明显的互补性，两国间贸易具有很大潜力，发展俄罗斯与中国的经贸关系对双方都具有重要的地缘政治和地缘经济意义。

中俄两国的经贸关系一直呈波段式发展。20 世纪 80 年代中期，中俄边境贸易曾经有过较快的发展，但因秩序混乱和管理未能及时跟上，产品质量等问题频频发生，影响了边贸的发展。近年来，这些问题正逐步得以解决，两国间贸易发展很快，边境贸易在不断扩大和加强。

2008 年中俄双边贸易额为 559 亿美元；2009 年为 395 亿美元；2010 年为 554.5 亿美元，已接近国际金融危机前的水平，较 2009 年增长 40.4%。其中，中国对俄出口额为 296.1 亿美元，同比增长 69%；自俄进口额为 258.4 亿美元，同比增长 21.7%；对俄贸易顺差 37.7 亿美元。

当前，中俄经贸关系是中俄全面战略协作伙伴关系中的重要经济基础，两国务实合作在不断增强，基础越来越牢固，可以说前景十分广阔。

近年来，中俄关系始终保持健康发展势头。2022 年，中俄双边贸易额达到创纪录的 1 902.71 亿美元，同比增长 29.3%，中国连续 13 年稳居俄罗斯第一大贸易伙伴国。中俄经贸合作稳步推进，能源、投资、互联互通等领域合作取得新成果，为两国共同发展提供了助力。

中国海关总署 2023 年 12 月 7 日公布的数据显示，中俄 2023 年 1—11 月贸易额增长 26.7%，达到创纪录的 2 181.7 亿美元。中俄贸易额历史上首次突破 2 000 亿美元。

5.3.5 主要城市与港口

（1）莫斯科。它是俄罗斯首都，是全国政治、经济、科学、文化和交通中心。莫斯科位于东欧平原中部，跨莫斯科运河两岸，人口 1 464 万（2022 年），是世界特大城市之一，建城已有 800 多年的历史，1918 年 3 月起成为苏联的首都。莫斯科工业发达，工业产值居全国第一，机电、汽车、飞机、导弹为主导工业；交通运输业发达，是俄罗斯最大的铁路和公路枢纽，地铁年客运量居世界第四位；它也是重要的国际航空港，有大型机场和多条航线。莫斯科运河连接着伏尔加河、白海、波罗的海、黑海、亚速海和里海，因此，莫斯科有"五海港口"之誉。

莫斯科全城以雄伟的克里姆林宫和红场为中心，呈环形放射状布局。市内有众多的科研单位和近百所高等院校，还有80多家博物馆、30多座剧院及众多的图书馆。全市地势低平，间有丘陵，绿化面积占40%，名胜古迹集中在中心区，工业区主要在东部。

（2）圣彼得堡。它是俄罗斯第二大城市，位于俄罗斯欧洲部分西北部、波罗的海芬兰湾东岸的涅瓦河口处，是俄罗斯最早的出海口，1712—1917年是沙皇俄国的京城。1917年列宁在此领导了十月社会主义革命，原称圣彼得堡、彼得格勒，1924年列宁逝世后为纪念列宁而改称列宁格勒，1991年恢复了圣彼得堡的名称。圣彼得堡工业发达，是俄罗斯第二大工业中心，主要工业部门有舰船、动力机械、精密机械制造等，化工、纺织、食品工业等也很发达。圣彼得堡是俄罗斯最大的海港、对外联系的重要门户。

（3）伏尔加格勒。它是伏尔加格勒州的首府，位于伏尔加河下游，是伏尔加-顿河运河的起点，始建于1589年，原称察里津。1918—1919年斯大林在此领导了著名的察里津保卫战，1925年后命名为斯大林格勒，1961年后改称为伏尔加格勒，是伏尔加河流域最大的中心之一。伏尔加格勒重要的工业部门有机器制造业、金属加工业、冶金业、化学工业与建材工业等。该市是伏尔加河流域的重要港口与铁路枢纽。

（4）新西伯利亚。它是俄罗斯亚洲部分最大的城市与经济、文化中心，位于鄂毕河与额尔齐斯河之间，并有铁路通向库兹巴斯和中亚等地，是西伯利亚最大的水陆交通枢纽。该市是乌拉尔以东最大的综合性工业城市，也是俄罗斯开发东部亚洲部分的主要基地之一。其工业发达，动力机械、机床、精密仪器以及飞机制造等在俄罗斯占有重要地位，也是东部地区的科学、文化中心。

（5）摩尔曼斯克。它位于北冰洋的巴伦支海科拉湾东岸，北距湾口50千米，人口约40万。该港虽处北极圈内，但因受西风与暖流影响，港湾终年不冻，是俄罗斯乃至世界重要的"不冻港"之一。该港全年通航，进口鱼、煤、杂货等，出口矿砂、亚麻、磷灰石等。摩尔曼斯克还是俄罗斯北方舰队基地与渔业基地及鱼类加工中心。

（6）符拉迪沃斯托克。它位于阿穆尔湾与乌苏里湾之间，濒临日本海，现为俄罗斯西伯利亚大铁路与北海航线的起点，人口约55万。该市工业以舰船修造为主，是俄罗斯远东地区最大的经济中心，也是其远东渔船队与太平洋舰队的基地。此港建有许多远洋码头，是俄罗斯西伯利亚-欧洲大陆桥海陆联运线的重要转运港之一。

知识掌握与应用

随堂测5

5.1 知识掌握

•填空题

（1）日本境内火山众多，使日本_____和_____资源丰富。

（2）日本"三湾一海"是指_____、_____、_____与_____。

（3）德国位于欧洲中部，三面靠陆，一面临_____海和_____海。

（4）德国的"硅谷"在_____，日本的"硅岛"在_____。

（5）俄罗斯是世界上面积最大的国家，地跨＿＿＿＿两洲，它同周边＿＿＿＿个国家接壤。

（6）俄罗斯进出口商品结构与其工业大国的地位极不相称，出口的大宗商品以＿＿＿＿为主，占出口商品的90%以上；进口的大宗商品主要是＿＿＿＿、＿＿＿＿与轻纺工业品等。

•判断题

（1）日本太平洋沿岸地区是日本工业集中分布的地方。　　　　　　　（　　）

（2）日本最大的造船厂位于川崎，其商船吨位仅次于巴拿马，居世界第二位。　　　　　　　　　　　　　　　　　　　　　　　　　　　　　　（　　）

（3）德国是世界上最大的硬煤生产国。　　　　　　　　　　　　　　（　　）

（4）在德国的电力工业中，火电工业是最主要的部门。　　　　　　　（　　）

（5）俄罗斯的水力资源集中分布在西部。　　　　　　　　　　　　　（　　）

（6）在俄罗斯的工业部门中，基础工业和重工业是骨干部门。　　　　（　　）

•问答题

（1）简述德国进出口商品结构和对外贸易的地区分布。

（2）分析自然条件和自然资源对俄罗斯经济发展的影响。

5.2　知识应用

（1）分析日本的地理环境对其对外贸易的影响。

（2）俄罗斯与中国的经济联系历史悠久并具有明显的互补性，两国间贸易具有很大的发展潜力，发展俄罗斯与中国的经贸关系对双方都具有重要的地缘政治和地缘经济意义。你是怎样理解这句话的？

课题 6

经贸发达型国家（下）
——英、法、意、加、澳

■ **学习目标**

• 知识目标

了解英、法、意、加、澳五国国情和地理环境的主要特征；熟知各国经济发展历程及经济特征；熟知各国主要产业部门的生产和分布；掌握各国对外贸易发展情况和与中国的经贸关系；掌握各国主要城市与港口。

• 技能目标

掌握英、法、意、加、澳五国地理环境的主要特点并能分析地理环境对其经济贸易发展的影响；结合当前五国的经贸发展情况，分析后疫情时代五国与中国的经贸发展取得的成就、面临的问题并提出相应的对策或建议。

• 素养目标

通过本课题的学习，进一步认识英、法、意、加、澳五国国情、经贸发展特征与中国的经贸关系，要树立正确的发展观、增强爱国情怀。

6.1 英国

6.1.1 英国的地理环境

1）自然环境

英国位于欧洲西部大西洋中的大不列颠群岛上，北临挪威海，西与北美洲隔海相望、东南隔多佛尔海峡、英吉利海峡、北海与欧洲大陆相望，面积 24.41 万平方千米。海岸线全长 11 450 千米，岸线曲折，多海湾、半岛、岬角，多良港，内陆和海洋之间交通非常便利。

英国是个岛国，领土以大不列颠岛为主，包括爱尔兰岛的北部及其附近的 5 000 多个小岛。大不列颠岛是欧洲第一大岛，面积约占英国本土面积的 94%，由英格兰、苏格兰和威尔士三部分组成。另外，马恩岛和海峡群岛属英国皇家属地，虽各有独立的行政单位，但国防、外交权仍归英国政府。

大不列颠岛地势西北高、东南低，山地和高原多分布在北部的苏格兰和英格兰及西部的威尔士地区；平原和丘陵多分布在英格兰中南部。奔宁山脉纵贯英格兰中部；北爱尔兰中部为平原，周围为熔岩高原和山地。英国境内地表久经侵蚀，多低山，对交通的影响不大。英国河网稠密，主要河流有塞文河和泰晤士河。塞文河全长354千米，是英国第一长河；泰晤士河全长346千米，水位稳定，航运便利。

英国地处北纬50°～60°，受北大西洋暖流和西风的影响，属海洋性温带阔叶林气候，夏无酷热，冬无严寒，降水丰沛，年平均降水量达1 000毫米。英国风大雾多，日照少，尤其是西部和北部，夏季低温潮湿，对种植业不利，但宜于多汁牧草的生长，有利于发展畜牧业；东南部背风区降水较少，光照也较充足，是主要的农耕地带。

英国有较丰富的煤铁资源，北海大陆架储藏有丰富的石油、天然气，是欧洲能源资源最丰富的国家。煤主要分布在约克郡、德比郡、诺丁汉等地；铁矿主要分布在北安普敦；石油、天然气主要分布在北海大陆架。英国森林面积达210万公顷，覆盖率9%。北海大陆架渔业资源也比较丰富。

2）人口与风俗

2016年，英国人口总数为6 564.8万，比2015年增加了53.8万。2016年是英国1947年以来人口增幅最大的年份。2019年英国人口总数达到了6 755.3万。2022年英国人口有6 658万人。其中1/3居住在英格兰东南部。其中英格兰人占83.9%；苏格兰人占8.4%；威尔士人占4.8%；北爱尔兰人占2.9%。英国官方语言为英语，威尔士北部还使用威尔士语，苏格兰西北高地及北爱尔兰部分地区仍使用盖尔语。居民多信奉基督教，北爱尔兰部分居民信奉天主教。英国民族之间对立情绪较大，新旧教对社会政治生活影响也较大。

英国是世界上人口最稠密的国家之一，全国有80%的人居住在城市，英格兰地区人口最为集中，全区已形成以伦敦、伯明翰、曼彻斯特为中心的三大城市群。英国是向外移民数量最多的国家之一，目前在海外的英国人及其后裔总数约在1亿以上。

英国人讲究体面，以礼待人，说话比较幽默，而且谦让，有绅士遗风。英国人时间观念较强，在与英国人交往时，如果收到开会或赴宴的邀请，应及时回复，明确表示能否出席，因故不能准时参加须提前说明原因，失约或迟到是不礼貌的。

在与英国人交往时，注意不要把对方称为English，应称为British，因为"English"的原意是英格兰人；也不要把英国皇室的事情作为谈资，因为皇室是大英帝国的象征，英国人不允许外人非议皇室成员。此外，英国人还忌用山羊、大象以及人物肖像作为商标图案，英国人因宗教原因忌讳"13"这个数字。

6.1.2 经济发展历程和经济特点

英国是世界上工业发展最早的国家，在产业革命时期就发展了纺织、采煤、冶金、机械和造船等工业，并依靠海上霸权，掠夺原料，加工后再销往国外。其工业生产和对外贸易长期居于世界首位，有"世界工厂"和"世界银行"之称，并拥有比本土面积约大150倍的海外殖民地。19世纪末20世纪初，英国先后被美国和德国超过，工业退居世界第三位。第一次世界大战后，英国开始衰落，其政治、经济、金融及海上霸权地位均被美国所取代。

第二次世界大战后，英国殖民体系土崩瓦解，经济发展十分缓慢。从20世纪50年代到80年代，国内生产总值的平均增长率仅为2.2%，远低于日本、法国和美国，经济实力已被削弱。20世纪80年代以来，受益于北海油田的开发和加入欧共体，加上英国政府大刀阔斧地实施一系列搞活经济的政策、措施，国内生产总值从1981年起，连续8年保持年增长3%的势头，在发达国家中仅次于日本。

第二次世界大战后，英国非常重视产业结构的调整，第一产业在国内生产总值中的比重不断下降，已由20世纪50年代初的5.7%下降到80年代的2%左右，1990年仅为1.8%。同时，第一产业的从业人数也在减少。以制造业和采矿业为主体的第二产业在国内生产总值中的比重总体上呈下降趋势，只有石油开采业出现较大增长。与第一、第二产业相比，第三产业绝大多数部门的发展呈上升趋势，其产值占国内生产总值的65%以上。农业处于次要地位，所占比重很小。

20世纪80年代末90年代初，英国经济增长速度下降，但近年来又呈现出较好的发展势头。2001年，国内生产总值为14 292亿美元，人均国内生产总值为23 820美元，次于美、日、德、法，居世界第五位。2005年，国内生产总值为22 276亿美元，次于美国、日本和德国，居世界第四位。由于金融危机的影响，2009年，国内生产总值降至20 000亿美元，退居世界第七位。2019年英国国内生产总值为28 300亿美元，居世界第五位。2022年英国国内生产总值为30 688.1亿美元，居世界第六位。

6.1.3　主要产业结构与部门

英国经济中商业贸易、金融保险、交通运输（海运）、旅游服务等第三产业占重要地位，第三产业在国内生产总值中的比重高达65%以上，农业不足2%。因此，英国又被称为"纯工业国"。

1）工业

第二次世界大战后，英国工业发展缓慢，部门之间发展不平衡。英国工业按其发展历史，可分为传统工业和新兴工业两大类。传统工业是产业革命中在蒸汽动力基础上发展起来的，包括纺织、采煤、冶金、机械、造船等，这些部门在英国早期工业化中发挥过重要作用。第二次世界大战后，传统工业因在国际竞争中逐渐失去竞争力而趋于衰落。新兴工业包括航空航天、汽车、石化、海上采油、电气电子等，主要是第二次世界大战后发展起来的。这些部门由于得到了政府支持，垄断集中程度高，技术先进，企业规模大，专业化协作水平高，科研力量雄厚，并与军事有着密切联系，因而发展较快，其中某些技术在世界上处于领先地位。一些新兴的高技术工业部门发展十分迅速，逐渐成为英国工业的主体（英国新老工业比较见表6-1）。

表6-1 英国新老工业比较

类别	部门	时间	分布	特点
老工业	采煤、钢铁、机械、造船、纺织、基本化学等	第一次科技革命	煤区	建立早、设备旧、生产率低、竞争力弱
新工业	汽车、飞机、电子、电力、石化、原子能、生物等	第二次科技革命及以后	以伦敦为中心的英格兰东南部	建立晚、设备新、生产率高、竞争力强

（1）石油工业。英国属北海沿岸国家，1964年北海沿岸国家协商缔约，规定按等分线划分北海大陆架，英国获占大陆架总面积的51%。自20世纪60年代中期起，英国就从事北海石油和天然气的勘探，至60年代末，在北海海底发现了丰富的油气资源。1975年开始产油，1984年产量突破1亿吨，英国由原油进口国变成了出口国。80年代后期，英国开始控制石油产量，但近年来，年产量已上升至1.3亿吨的高峰。目前，英国已成为世界重要石油生产国。北海油田的开发与迅速发展对英国经济起到很大的促进作用。

（2）煤炭工业。英国煤炭资源丰富，采煤历史悠久。19世纪中叶，英国煤炭产量占世界总产量的2/3；20世纪30年代，资本主义经济危机使英国煤炭工业遭受沉重打击；第二次世界大战后，中东等地的廉价石油大量涌进国际能源市场，世界能源生产、消费结构发生了改变，英国煤炭工业进一步衰退，到2019年，英国煤炭产量已经由20世纪80年代末的1.11亿吨下降到260多万吨，达到历史最低水平。

英国煤炭集中分布在南部、中部和北部三个地区，主要有南威尔士煤田、东米德兰煤田、约克夏煤田、兰开夏煤田、苏格兰中部低地煤田等。

2016年二季度，英国燃煤能源使用量降至历史最低。2017年4月21日，英国国家电力供应公司宣布实行停止燃煤24小时，这是英国135年来第一次一天都没有使用煤电，这也意味着英国朝着退出煤炭使用目标又进了一步。英国作为世界上第一个开启煤电使用的国家，或将成为第一个告别煤炭的国家。数据显示，2019年欧盟区煤炭消费量大幅度下降，欧盟27国及英国全年表观消费量合计为5.084亿吨，比上年的6.082亿吨减少近1亿吨，下降16.4%。

（3）钢铁工业。英国是现代钢铁工业的发源地，钢铁生产曾在世界占统治地位，1870年英国产钢22万吨，占世界总产量的40%多。19世纪末以来，英国钢铁生产逐渐落后于美国、德国等后起的工业化国家，企业规模小、设备陈旧、布局不合理等弱点日益显露，从而逐渐失去了竞争优势，地位日趋衰落。为扭转预势，英国政府于1967年成立了国营英国钢铁公司，控制了全国90%以上的钢铁生产。英国钢铁公司大力进行技术改造，推行合理化措施，以提高生产效率，增强竞争力。近年来，英国钢产量已经开始回落。2022年，英国粗钢产量为484.5万吨，比2021年下降16.5%。

（4）机械制造业。英国机械制造业包括汽车、造船、航空航天、电气电子等部门，是英国的主导工业，就业人数占工业员工总人数的40%，生产总值占工业总产值的30%，出口额占商品出口总额的50%。

第一，汽车工业。英国的汽车工业已有百年历史，1964年产量曾达230万辆，创历史最高水平。此后，除1972年外，产量连续下降，在日本、德国等国的竞争下，国内外市场均不断缩小。英国汽车制造商和贸易商协会（SMMT）公布的数据显示，2022年英国汽车产量为77.5万辆，较2021年下降9.8%。2022年12月，英国仅生产51 168辆汽车，同比跌幅达17.9%。2022年英国汽车出口下降14%。欧盟和美国是英国汽车出口的主要目的地，2022年英国汽车出口欧盟下跌10%，而美国市场的下跌幅度更达31.6%。有分析指出，能源价格上涨引发的成本高企和海外市场萎缩，是英国2022年汽车产量大跌的两个主要因素。进入2023年，对英国制造企业来说，最大的风险仍然是令人瞠目结舌的能源成本增加，2023年对英国制造商充满挑战。在全部出口汽车中，超过一半的订单来自欧盟成员国。英国的汽车工业主要分布在伦敦和西米德兰的伯明翰、沃尔索尔及利物浦等地。

第二，造船工业。1850—1920年是英国现代化造船工业的建立和发展时期。20世纪初，年船舶下水吨位占世界的60%，有"造船王国"之称。第二次世界大战后，造船业日益衰退。英国的造船工业主要分布在中苏格兰区。

第三，航空航天业。英国的航空航天业始建于1909年，第二次世界大战时就已具有完整的体系，并拥有一支比较熟练的技术队伍，目前已发展成为西欧最大、最完整的航空工业体系。其主要产品有民用和军用飞机、航空发动机、导弹、气垫船、宇宙飞行器、通信卫星及航空电子设备等；飞机年产量达400多架，飞机发动机年产量2 000余台。英国航空发动机制造技术在国际上享有盛誉，罗尔斯·罗伊斯公司是世界三大航空发动机生产商之一，也是英国最主要的出口企业之一，其航空和工业动力集团的客户遍及全球130多个国家。在飞机制造方面，英国是西欧国家中唯一能与美国相竞争的国家。英法联合研制的军用、民用飞机很多都是世界著名产品。飞机制造业主要分布在大伦敦的东南区、兰开夏及西米德兰区。

第四，电子工业。英国的电子工业与航空航天业同属第二次世界大战后建立的与军事及新技术革命密切相关的新兴工业部门，因此发展迅速。英国也是世界上电子设备的主要供应国之一，电子计算机、雷达、导航设备、通信设备、X光扫描仪等在世界市场上具有一定竞争力。苏格兰中部低地从格拉斯哥至爱丁堡一带是电子工业集中区，被誉为英国的"硅谷"。

（5）化学工业。这是英国工业中增长最快的部门，英国也是西欧第二化工生产大国。20世纪50年代，英国化学工业以煤和岩盐等原料为基础。60年代以后，转向以石油、天然气为原料，北海油田的开发加速了英国石化工业的发展，有机合成化学工业是发展重点，除三大合成产品外，还有化工原料、化肥、医药、农药、染料等。英国是世界上仅次于德国、瑞士和美国的第四大药品生产国。英国化工产品的年出口值约占其出口总值的1/10以上，其最大的化学垄断集团——帝国化学工业公司是世界著名化学公司，能生产8 000多种产品。石化工业多分布在沿海石油加工中心地带，如大不列颠岛东北部的威尔士岛；米德兰煤产区有煤炭化工；默西河以南产岩盐，是英国最老的基本化学中心。

（6）纺织工业。它是英国最古老的工业部门，19世纪上半叶，英国毛纺织业的规模曾一度居于世界前列，产品质量高，在国际市场上具有一定的竞争力，但近些年亦日趋萎缩。兰开夏是主要棉纺织工业区，约克夏为主要毛纺织工业区。英国纺织工业主要分布在四大区域：①大伦敦区，主要城市有伦敦、南安普敦、朴次茅斯等；②西米德兰和东米德兰，以伯明翰、考文垂、诺丁汉为中心；③兰开夏和约克夏，兰开夏以曼彻斯特和利物浦为中心，约克夏以谢菲尔德和利兹为中心；④苏格兰中部，主要城市有格拉斯哥、爱丁堡等。

2）农业

英国拥有高度现代化的农业，农业技术水平、生产专业化水平和劳动生产率都位于西欧国家前列。其农产品可满足国内需求的2/3，产值约占国内总产值的1.1%，农业就业人数占总就业人数的2.3%，虽然比重较低，但农业仍是英国重要的经济部门。

畜牧业在英国农业中占有十分重要的地位，其产值占农业总产值的70%以上。大面积的草地和大量耕地被种植了饲料和饲草，用以经营高度商品化的乳肉业，以饲养奶牛、肉牛、绵羊和家禽为主。畜牧业主要分布在苏格兰、威尔士、英格兰北部山地和西部丘陵地区。

英格兰东南部是全国最重要的耕作业区，集中种植小麦、甜菜、油菜、大麦与园艺作物等。

英国渔业比较发达，是欧洲主要渔业国之一。北海的多格滩是世界著名渔场之一，主要产北海鳕鱼，平均年渔获量在100万吨左右，在西欧仅次于挪威。渔港集中于北海沿岸，有阿伯丁、赫尔等。

3）服务业

服务业是英国经济的支柱产业，也是英国经济的第一大推动力，包括金融、保险、旅游和交通运输业等。

第一，金融业。它在英国已有300多年的发展历史，产值占经济总附加值的比重约为5%，从业人员有100多万。英国是世界最大的世界银行市场，伦敦是欧洲最大的金融中心，同时它也是世界三大金融中心之一。其特点是：①拥有最多的外国银行注册；②世界上最大的国外股票交易市场，其交易量约占世界交易总量的58%；③世界上最大的外汇交易市场，其交易量约占世界交易总量的40%；④世界上最大的资金管理中心；⑤世界上最大的保险市场之一。英国银行业的"四大家"由汇丰银行、劳埃德银行、苏格兰皇家银行及巴克莱银行组成。英国还有若干家较小的银行。此外，部分房屋协会、保险公司和超级市场也在经营银行业务，主要是一般账户业务。

第二，保险业。伦敦是世界上最大的保险业中心之一。伦敦保险市场发挥着世界保险中心的作用，承担的国际保险业务约占世界市场的1/5，英国制定的海上保险法律和保险条款都具有国际权威性。伦敦也是全球最大的再保险市场之一。英国共有800多家经批准的保险公司，其中400多家属于英国保险协会。

第三，旅游业。它是英国最重要的经济部门之一，年产值约占国内生产总值的5%，从业人员有130多万。根据世界旅游组织的数据，2023年前10个月，英国共接待游客

4 000万人次。英国旅馆和餐饮企业众多，新增加的旅馆房间多为豪华型，经济型的住宿房间较为紧缺；餐馆在数量和风味上可满足游客不同口味的需求。

英国旅游业的最大看点是王室文化和博物馆文化，英国是世界上艺术和文化遗产最为丰富的国家之一。英国主要旅游地区有伦敦、爱丁堡、加的夫、布莱顿、格林尼治、斯特拉福德、牛津和剑桥等；主要观光景点有歌剧院、博物馆、美术馆、古建筑物、主题公园和商店等。伦敦是世界领先的艺术中心，每年有600多个专业艺术节在英国举行，其中爱丁堡国际艺术节是世界上最为盛大的艺术节。

第四，交通运输业。英国海陆空交通都很发达。铁路总长16 000多千米，公路总长38.8万多千米。英国是世界上最早建造铁路的国家，铁路运输曾在国内运输中起主导作用，后因公路运输的竞争而逐渐衰退。英国国土狭小，长途货运较少，使公路更具备竞争优势而迅速发展，从而承担了全国货运周转量的2/3和客运量的90%。铁路和公路网最稠密的地区在工业发达的英格兰南部、中部和东部，伦敦是全国最大的铁路和公路枢纽。横越英吉利海峡的欧洲隧道工程已于1994年5月完工，高速铁路把英伦三岛和欧洲大陆连成一片。

岛国的地理环境使英国海上、航空运输在世界上均占重要地位。从18世纪末开始的100余年间，英国一直是最强大的海运国家，几乎垄断了海上贸易。目前，其海运地位已相对下降，商船总吨位已减至400万吨以下。伦敦、利物浦、赫尔、曼彻斯特、格拉斯哥、南安普敦是英国六大海港。英国民用航空发展迅速，在世界上占有重要地位，其民航系统形成了全球航空网。英国有民用机场120多个，伦敦是世界最大航空港之一，希思罗机场是世界上国际航运最繁忙的机场之一。英国航空公司是世界上最大的航空公司之一，其国际班机载客人数和旅客周转量均居世界前列。

6.1.4 对外贸易及中英贸易关系

1）对外贸易发展概况

19世纪中叶，英国曾是世界贸易的中心。第二次世界大战后，随着经济的衰退，对外贸易地位逐渐下降。1994年，英国对外贸易总额为4 314.29亿美元，已退居世界第五位，经济对外依赖程度仍极高。

据英国税务与海关总署统计，2022年英国的进口额为7 845.5亿美元，相比2021年增长了1 473.2亿美元，同比增长19.17%。出口额为4 578.9亿美元，相比2021年增长了329.3亿美元，同比增长6.95%。2022年英国的进出口总额为12 424.4亿美元。2022年英国进出口差额为-3 247.1亿美元，相比2021年减少了1 122亿美元。据英政府网站公布数据，2022年，英货物贸易进出口总额10 617亿英镑，其中，对前三大贸易伙伴美国、德国、中国的贸易额分别为1 199亿英镑、1 044亿英镑和989亿英镑，对该三国贸易额占比分别为11.3%、9.8%和9.3%。

英国是世界贸易组织、国际货币基金组织、经济合作与发展组织、联合国贸易和发展会议等国际组织的成员国[①]，在对外贸易中，英国根据这些组织的原则并结合本国实

---

① 2020年1月31日23点，也就是北京时间2月1日早上7点钟，英国正式脱离欧盟，向47年的盟友说再见，也为历时3年多的脱欧历程画上了句号。

际制定了相关贸易政策和措施。

2）中英贸易关系

英国是我国传统的经贸伙伴。中华人民共和国成立后，两国贸易在平等的基础上迅速发展起来。20世纪50年代至70年代，英国曾是中国在西欧的最大贸易伙伴。随着我国改革开放事业的不断发展，双边贸易也有了较大的增长，贸易额已由1980年的7.64亿美元增加到2022年的1 033亿美元。

据英国税务与海关总署统计，英国是中国在欧洲第三大贸易伙伴、第二大投资目的地和第三大外资来源地，中国是英国在亚洲最大贸易伙伴。2022年，中英双边贸易额1 033亿美元，其中我国对英出口815亿美元，自英进口218亿美元。英国对我国出口的主要商品包括汽车、原油和药品，而自我国进口的商品则包括电子设备、手工制品和办公器材等。截至2022年底，双向投资存量510.2亿美元，其中英国企业在华投资291.7亿美元，我国企业对英国投资218.5亿美元。

目前已有超过500家中资企业落户英国。两国经贸合作呈多样化发展趋势。英在我国优先发展的交通、能源、化工、机械制造领域及信息、生物工程等高新技术方面具有优势，同时也是我国机电、纺织、化工、金属制品、服装以及初级产品的重要市场。

6.1.5　主要的城市与港口

（1）伦敦。它跨泰晤士河两岸，为英国最大港口和最大城市，是业界公认的国际航运中心。尽管其港口年吞吐量才几百万标准箱，却是全球航运界无可争议的定价中心。目前，世界上20%的船级管理机构常驻伦敦，世界上50%的油轮租船业务、40%的散货船业务、18%的船舶融资业务和20%的航运保险业务都在伦敦办理。

（2）格拉斯哥。它位于苏格兰中部，是苏格兰最大城市和港口、英国最大的造船中心。

（3）利物浦。它位于默西河、爱尔兰海的河口两岸，是英国第二大港和重要的船舶修造中心。

（4）多佛尔。它位于英格兰东南端，临多佛尔海峡，与法国加莱之间有海底隧道贯通，为英国同欧洲大陆间的交通和战略要冲。

（5）普利茅斯。它位于英格兰西南部，南临英吉利海峡，是英国重要的商港和军港。

（6）赫尔。它位于英格兰东部恒比尔河下游北岸，距北海约35千米，为英国最大渔港。

（7）伯明翰。它位于英国西米德兰区，为英国第二大工业城市，冶金、电器设备、汽车、航空、化工等部门较为重要。

6.2　法　国

6.2.1　法国的地理环境

1）自然条件和资源

法国国土面积55万平方千米（不含海外领地），在欧洲仅次于俄罗斯和乌克兰，是欧盟面积最大的国家；位于欧洲大陆西部，是一个三面临海、三面靠陆的国家；地理位置优越，与世界各地的联系都比较方便，既是沟通北海和地中海的陆上桥梁，也是西欧通往南欧、北非和亚洲的交通要道。此外，欧洲大陆各国同南北美洲之间的往来也多取道法国。

法国的地形以平原、丘陵为主。海拔250米以下的平原占国土总面积的60%，海拔500米以下的丘陵占20%，其余20%为山地。其地势东南高、西北低。中南部的中央高原平均海拔700米左右，其东南为陡坡，屹立于罗讷河谷之上，向西北逐渐降低，连接北法平原。北法平原位于法国中北部，四周高，海拔在300米左右；中间低，海拔在26米左右；其中心部分便是著名的巴黎盆地。巴黎盆地东至洛林高原，东北靠阿登高地，西至阿摩里卡丘陵，塞纳河自东向西流贯盆地中部。法国西部从西北至西南分别为阿摩里卡丘陵、卢瓦尔河平原和阿基坦盆地，西南边境以比利牛斯山脉与西班牙交界。法国东北部为孚日山脉和洛林高原，高原海拔300米左右，东部则为汝拉山脉和著名的阿尔卑斯山脉。阿尔卑斯山是法国著名旅游区，其主峰勃朗峰海拔4 810米，为欧洲西部第一高峰，中央高原与阿尔卑斯山脉之间是由断层形成的罗讷河谷地。

法国境内河网稠密，水量丰富，各河流间有运河相连，水道四通八达，可通航河流总长度达8 600多千米，形成了遍布全国的水路交通网。塞纳河流入英吉利海峡；卢瓦尔河和加龙河注入大西洋的比斯开湾；罗讷河发源于瑞士境内，流入地中海。

法国气候类型多样，有利于农业生产。西部和西北部是温带海洋性气候，冬温夏凉，年降水量在750毫米左右；自西往东，受海洋性气候的影响逐步降低，大陆性气候逐渐显著，年降水量仅400～500毫米，高山地区年降水量在2 000毫米左右；南部沿海和罗讷河谷地属地中海式气候。多样性的气候为法国分区经营农业提供了有利条件。

在欧盟各国中，法国矿藏资源较为丰富，种类也比较多。其中，铁矿、铝土矿和铀矿的储量较大，均居欧盟各国的首位，钾盐也相当丰富。铁矿主要分布在洛林地区，洛林铁矿储量大约有96亿吨，占全国铁矿总储量的80%；铝土矿主要分布在地中海沿岸；铀矿主要分布在卢瓦尔河流域；钾盐主要分布在孚日山东南侧的米卢斯地区。法国有色金属缺乏，有色金属原材料对外依赖严重，煤炭和石油资源也很有限。天然气和水力资源较丰富，可部分弥补能源矿物的不足。

2）人口与风俗

法国人口数量2022年总数是6 782万人，比2021年同期增加了18.7万人，一年增加0.33%，比2020年增加0.31%略微高些。包括400多万外国侨民，法国人口密度较小，平均每平方千米只有115人，是欧洲经济高度发达国家中人口密度最低的；人口93.5%为法兰西人，此外还有布列塔尼人、巴斯克人、科西嘉人等。其官方语言为法语；居民中81%的人信奉天主教，7%的人信奉伊斯兰教，其余的人信奉基督教、犹太教和佛教等。法国城市化率约为73%，多中小城市，大部分城市及大工业区分布在勒阿弗尔–马赛一线以东的地区，其中大巴黎地区人口占全国总人口的1/6以上，是全国人口高度密集的地区。

法国人性格开朗，生性浪漫，富有感情，特别爱好音乐、舞蹈等娱乐活动，文化艺术修养较高，社交活动频繁，珍惜人际关系。法国人喜欢喝酒，酒一般被当作普通饮料，以葡萄酿制的白兰地和香槟驰名世界。由于宗教的原因，法国人特别忌讳"13"这个数字，他们认为那意味着不吉利。在社交活动中，法国人喜欢送玫瑰、百合等鲜花，但不送菊花和康乃馨。法国人注重生活情趣，富有浓郁的人情味和浪漫情怀，非常重视相互信任的朋友关系。

3）法国商人的主要特点

在商务交往中，法国人往往凭借着信赖和人际关系去交易，在成为朋友之前，他们不会同你进行大宗交易，而且习惯于先用小生意试探，建立信誉和友谊之后，大生意便接踵而至。因此，在商务交往中，要保持耐心，在初次往来时，给对方留下良好的印象是非常重要的。

法国公司多以家族企业为主，讲究产品特色和质量，不轻易做出超越自己财力范围的投资。一般情况下，法国公司的组织结构简单，自上而下的层次不多，比较重视个人力量，很少集体决策。从事谈判也大多由个人承担责任，决策迅速。法国商人大多专业性强，熟悉产品，知识面广。即使是专业性很强的谈判，他们也能一个人独当一面。因此，在同法国人谈判时，要注重专业性，对与谈判相关内容的准备要充分。

法国商人大多十分健谈，富有感情，话题广泛，而且口若悬河，出口成章。在谈判开始时，他们喜欢聊一些社会新闻及文化方面的话题，以营造一种轻松友好的气氛；否则，将被视为"枯燥无味的谈判者"。法国商人在边聊边谈中慢慢转入正题，在最后的决定阶段，才一丝不苟地谈生意。法国人非常尊重自己的传统文化和语言，在商务谈判中多用法语。如果能讲几句法语，将有助于谈判形成良好的气氛。

法国人比较注重信用，一旦签约，会比较好地执行协议。在合同条款中，他们非常重视交货期和质量条款。在合同的文字方面，法国人往往坚持使用法语，以示其爱国热情。为此，与法国商人签订协议不得不使用两种文字，并且要商定两种文字的合同具有同等效力。

在谈判方式的选择上，法国人偏爱横向谈判，谈判的重点在于整个交易是否可行，不太重视细节部分。法国人在国际商务谈判中有一些自己的特点：谈判的立场极为坚定，在谈判中不轻易改变；谈判中最好用法语，便于双方沟通；他们喜欢先为协议勾画出一个轮廓，然后再达成原则协议，最后确定协议上的具体条文。

法国商人不喜欢为谈判制定严格的日程安排，但喜欢看到成果，所以在各个谈判阶段，会有"备忘录""协议书"之类的文件，以记载在谈判中达成的协议内容，为后面的正式签约奠定基础。

法国人时间观念不强，但会严格区分工作和休息时间。对别人要求严格、对自己要求比较随便是法国人时间观的一大特点。如果你迟到，不论出于何种原因都会受到冷遇，但他们自己却会很自然地找个借口了事。在法国社交场合，有个非正式的习惯，主宾越重要越到得迟。因此，在商务交往中，要了解对方在时间方面的习惯，如果对方迟到了，千万不可发火，可以和先到的人随意交谈，耐心等待对方；相反，工作时间之外，法国人十分珍惜假期，十分舍得在度假上花钱，通常8月是法国人的假期。

在商务场合之外，热情的法国人会将家庭宴会作为最隆重的款待，但不会将家庭宴会上的交往视为交易谈判的延伸。将谈判桌上的话题带到餐桌上来，会引起对方的不满。而在谈话中，话题也比较容易把握，可以涉及对方喜爱的法国美食、美酒、法国文化等。此外，还需注意的是，法国人对穿戴极为讲究，在他们看来，衣着代表着一个人的身份、修养和地位。因此，在商务场合，要注重服饰，以免使自己相形见绌。

6.2.2 经济发展历程与经济发展特征

1）经济发展历程

法国是资本主义发展最早的国家之一。19世纪90年代以前，其工业产值仅次于英国，一直居世界第二位，也是仅次于英国的世界第二大殖民国。

第二次世界大战后，法国经济恢复和发展得较快。从20世纪50年代起，经济进入持续高速发展时期，15年中，年均经济增长率超过美国、日本和联邦德国。70年代以后，受经济危机的影响，经济发展缓慢，平均经济增长率只有1%，低于美国、日本、联邦德国，与这些国家的经济差距逐渐拉大。

法国综合经济实力在欧盟国家中弱于德国，与英国不相上下。2019年国内生产总值为2.76万亿美元，在欧洲国家中次于德国、英国，排第三位，在世界上排第六位。

2）经济发展特征

（1）经济发展水平较高。第二次世界大战后，法国经济发展速度较快。1951—1977年，年均增长率为4.8%，同期仅次于日本和联邦德国。但进入80年代后，由于政策失误，经济增长放慢，1980—1986年年均增长率为1.3%，低于英国、美国，远不如日本、德国（联邦德国）。其后，法国经济进入快速增长时期，1997年国内生产总值达15 260亿美元，在西欧仅次于德国，在资本主义世界居第四位；2010年国内生产总值为2.65万亿美元；2019年国内生产总值为2.76万亿美元，次于美国、中国、日本、德国、英国，居世界第六位，人均GDP达到6.52万美元。2022年国内生产总值为2.78万亿美元，比2021年2.96万亿美元减少1 719.7亿美元，居世界第六位。

（2）经济结构较为合理。法国轻重工业均较发达，轻工业优势更为明显，传统工业与新兴工业并存，某些传统工业尚有后劲，新兴工业更具活力。农业在国民经济中占有重要地位，法国是西欧最大的农业生产国，也是世界上仅次于美国的第二大农产品出口国。轻工、服装、军火和食品堪称法国的优势产业。

（3）垄断资本日趋集中。法国主要的经济部门大都控制在大垄断集团手中，历史上法国经历了3次国有化运动，将大批工业垄断公司和大银行收归国有，形成了势力强大、垄断程度很高的国家垄断资本集团，它们影响并左右了国家经济的方向与进程。第二次世界大战后，法国农业生产规模扩大，集中程度也不断提高，土地主要掌握在大农场主手中。近几年，国家垄断资本的比重不断下降，中小企业在经济中的作用有所加强。

（4）经济布局趋向平衡。长期以来，法国的经济分布是不平衡的。第二次世界大战后初期，法国工业主要集中在北部、东部的巴黎、里昂、马赛等大城市，在以巴黎为中心的北部地区就集中了全国工业生产的60%。为此，法国政府采取了一系列措施，积极鼓励本国和外国投资者在其他地区投资设厂。目前，法国的西部、西南部和南部都建有大规模的工业区，经济布局渐趋平衡。

6.2.3 主要产业结构与部门

经过第二次世界大战后数十年的发展，法国的产业结构发生了很大变化。尽管农业和工业均获得了快速发展，并且现代化程度较高，但在国民经济中的地位日趋下降，第三产业则不断壮大，发展迅猛。

法国主要工业部门有矿业、冶金、汽车制造、造船、纺织、化学、电器、日用消费品和建筑业等。核能、石油化工、海洋开发和宇航等新兴工业部门近年来发展较快，在工业产值中所占比重不断提高。核电设备能力、石油及其加工技术居世界第二位，仅次于美国；钢铁工业、纺织业也居世界前列，但工业中占主导地位的仍是传统的工业部门，其中钢铁、汽车、建筑为三大支柱。近年来，工业在国民经济中的比重有逐步降低的趋势，第三产业在国民经济中的比重逐年上升。其中，电信、信息、旅游服务和交通运输部门业务量增幅较大，服务业就业人数约占劳动力总数的70%。法国商业较为发达，创收最多的是食品销售，在种类繁多的商店中，超级市场和连锁店最具活力，产值几乎占全部商业活动产值的一半。

1）工业

法国工业高度发达，在国民经济中占有重要地位。第二次世界大战后，法国政府实施产业结构政策，通过国家对部门经济的发展方向进行干预和调节，引导产业结构不断向高层次演进。第二次世界大战后初期至20世纪50年代末，是法国经济恢复阶段和工业现代化初级阶段，国家历次计划均把基础部门（能源、钢铁、交通等）列为优先发展产业，从而形成了以劳动密集型基础部门为重心的工业结构；50年代末至70年代初为工业现代化高潮时期，新兴制造业（如汽车、机械、造船等）成为这一时期的主导产业，出现了由以劳动密集型为主向以资本和技术密集型为主的结构转移；70年代初至今，法国工业结构出现了新转变，传统工业部门，如钢铁、造船、纺织等产业日趋衰落，尖端技术工业迅速发展，以汽车、飞机、电子电气为主的机械制造业以及石化、通信、宇航、核能等工业成为法国的骨干工业部门，整个工业开始向知识和技术密集型转变。其主要工业部门有：

（1）能源工业。它主要包括煤炭、石油、电力和原子能4个部门，因石油、煤炭的贫乏，法国能源消费量的80%以上依赖进口，煤的年进口量已超过2 000万吨，是欧盟煤炭进口大国。本国煤炭年产量仅1 000万吨左右，洛林高原上的摩泽尔煤田和里尔附近的诺尔煤田为硬煤主要产区。法国原油消耗的99%需要进口，是欧盟中仅次于德国的第二大原油进口国；法国炼油工业发展迅速，全国有多家炼油厂，原油年精炼能力近1亿吨。20世纪60年代中期以前，法国能源消费以煤炭为主。目前，油、气消费量已占能源消费总量的50%，塞纳河口的勒阿弗尔-鲁昂是全国最大炼油基地，其次为罗讷河口左岸的地中海沿岸地区，福斯是最大炼油中心。

法国年发电量5 000多亿千瓦时，居世界前列。电力结构中，核电占有特殊地位，核工业在法国备受重视，其快中子增殖反应堆的研制居世界首位。核废料处理与循环利用技术也较成熟，并且是世界上核能利用比例最高的国家。法国水力资源蕴藏量10 000多兆瓦，可开发利用95%以上，水电供给占其电力总供给的10%左右。

（2）机械制造业。它以汽车、电气电子、宇航、船舶等部门为主，产值和就业人数皆占全国的1/3以上，地位十分重要。

第一，汽车工业。它是法国工业的支柱产业之一，2022年汽车产量达到101万辆，居世界第十二位。法国生产的汽车90%为小轿车，其余10%为载重汽车；所产汽车一半以上供出口，是世界上重要的汽车出口国，汽车是法国工业品外贸顺差的主要来源。法国汽车工业分布既集中又分散，主要集中在巴黎地区，法国第二大汽车公司——雷诺汽车公司的总部和主要工厂均设于此。标致·雪铁龙是法国第一大汽车公司，其生产基地是蒙贝利亚尔。此外，勒芒、雷恩、里昂、鲁昂等地都有汽车生产。

第二，电气电子工业。它是法国20世纪60年代以来迅速发展的新兴工业部门。其生产规模与技术水平在西方世界仅次于美国、德国。产品包括电气设备、家用电器、专用电子设备和计算机等，其中电子显微镜、半导体激光器、光导纤维、工业控制系统、武器制导系统等享有一定声誉。其生产主要集中在巴黎地区，其次为里昂、图卢兹、第戎、波尔多等地，阿尔卑斯山地区著名的山城格勒诺布尔，有"法国硅谷"的称号。

第三，航空航天工业。它是仅次于汽车制造业和电气电子工业的法国第三大工业部门，技术水平和生产能力在世界上仅次于美国和俄罗斯，居第三位，拥有从轻型商用飞机到各种直升机、从反坦克导弹到弹道导弹、从火箭到航天卫星等的设计制造能力。法国同德国等西欧国家合作研制的空中客车如A330、A380等大型干线飞机，蜚声世界。航空航天工业产品的出口每年都为法国带来可观的外汇收入，同汽车工业一样，对法国实现进出口贸易平衡起到了重要作用。航空航天工业布局较分散，巴黎仍是主要中心，图卢兹是新兴的中心。此外，还有南特、波尔多、马赛和比利牛斯山麓地区的巴约讷等地。

第四，船舶工业。法国是世界主要造船国之一，造船历史悠久，技术驰名于世，尤其长于专用船舶的建造，如集装箱船、液化天然气船以及石油钻井平台等。卢瓦尔河下游的南特、圣纳泽尔地区，是法国最重要的造船工业基地，地中海沿岸的马赛是世界著名的修船中心。

（3）钢铁工业。它是法国古老而重要的产业，19世纪中叶木炭炼铁就已开始，此后，现代化的钢铁工业基地在里尔、里昂和洛林等地相继创建。洛林铁矿储量丰富，开采便利，有力地支持了钢铁工业的发展。20世纪50年代和60年代，是法国钢铁生产的黄金时期。1974年法国钢产量曾达2 900多万吨的高峰。此后，由于能源危机的冲击，加上结构性危机的影响，钢铁工业每况愈下。2016年法国粗钢产量下降2.3%至1 463万吨；2022年，法国粗钢产量为818.3万吨，较上一年下降13.6%。

（4）化学工业。法国化学工业历史悠久，建立了较完整的工业体系。其中，塑料、合成橡胶、制药、香料、硫酸、硝酸、化肥工业在世界上皆占有重要地位。基本化学工业是在本国丰富的资源基础上发展起来的，分布较为分散，如利用阿尔萨斯地区的钾盐生产钾肥，利用洛林地区的岩盐和含磷的铁矿渣生产磷肥，利用比利牛斯山区的黄铁矿和拉克天然气田中的硫生产硫酸等。石油化工基本上依靠进口石油进行生产，三大合成材料的生产发展迅速，已成为化学工业的主体。法国的石化工业主要集中在沿海港口，地中海沿岸的马赛-福斯是全国最大的石化工业基地，塞纳河口的勒阿弗尔-鲁昂也是重要的石化工业基地。巴黎、里昂、南锡、图卢兹是传统的多种化学工业中心。

法国工业主要分布在以下几个地带：

第一，塞纳河中下游地带。该地带工矿业主要分布在下列各城市：首都巴黎是全国的政治、经济、文化中心，工业生产约占全国的1/4，机械制造业最为重要，其次是纺织服装、精细化工和食品。此外，巴黎还是世界闻名的游览胜地和重要的金融商业中心。鲁昂在塞纳河下游，是巴黎的外港，以进口原料、燃料为主。勒阿弗尔是法国第二大海港，位于塞纳河出海口，也是巴黎的外港，以造船、石油化工和军火工业为主。

第二，北部工业地带。该地带是法国最大的产煤区和重要的冶金工业基地，主要工业城市有：里尔在采煤和炼钢的基础上，发展了棉麻纺织和机械制造业；敦刻尔克濒临多佛尔海峡，近年来利用进口铁矿砂发展了钢铁和机械制造业，石油加工也有一定规模。另外，还有鲁贝，其工业门类与里尔相似。

第三，北部阿尔萨斯-洛林地带。该地带曾是法国最大的工业区，后逐渐衰落，因为本区有丰富的铁矿，又与德国鲁尔区的煤矿为邻，以钢铁工业为基础的重化工业一直比较重要。本区主要工矿城市有：南锡位于洛林矿区，是钢铁工业的主要基础，机械纺织和食品工业也很发达；斯特拉斯堡为东区最大城市，工业以机械、化工、食品等为主。

第四，中南部马赛-里昂地带。该地带位于南北要道上，是法国最发达的工业区之一，主要工矿城市有：①马赛是地中海沿岸的最大城市、全国第二大城市和最大港口，炼油、造船、钢铁、飞机、化工和食品等工业都很发达；②里昂是法国第三大城市，纺织业闻名于世，制鞋工业也较为重要，并发展有汽车、化学、飞机和电子等工业；③圣艾蒂安为军火工业中心，并发展有冶金、机械制造和纺织等部门；④土伦是法国最大军港，靠近铝土产区，炼铝、造船和机械制造业较发达；⑤福斯位于马赛西南，利用进口原料发展钢铁和石化工业。

除以上四大工业带之外，法国较为重要的工业城市还有：①南特是西北部最大城市，以飞机和造船为主；②雷恩是汽车制造中心；③布雷斯特和瑟堡分别位于布列塔尼半岛和诺曼底半岛上的海湾岸边，以造船业为主；④图卢兹位于西南部加龙河中游，化工、机械制造业较发达；⑤波尔多是法国西南部最大城市，造船、飞机、化工、机械和酿酒等工业较重要。

2）农业

法国平原广阔，土地肥沃，气候温和湿润，光热资源较充足，发展农业的自然条件相当优越，全国共有农业用地3 200多万公顷，占国土总面积的58.8%，其中耕地约1 900万公顷，占国土总面积的34.4%，是欧盟耕地面积最大的国家。法国草场资源也很丰富，西北部丘陵、中央高原及山地地区降水充沛，适宜多汁牧草的生长，全国草场面积1 300多万公顷，更兼山地高原区森林茂密，覆盖率达27%，畜牧业发达，其产值占农业总产值的2/3，牛奶产量仅次于俄罗斯和美国，肉类产量居西欧各国之首。

法国是西欧农业最发达的国家，小麦、大麦、玉米、马铃薯、甜菜、葡萄和牛肉产量均居西欧首位，是世界上仅次于美国的第二大农产品出口国，农业在国民经济中所占地位比其他发达资本主义国家都重要得多。根据欧盟统计局的最新数据，2022年，法国农业产值达966亿欧元，务农人口达44.85万人，可耕种土地面积3 000万公顷，农业产值占欧盟农业总产值的56.9%，在欧盟国家中占比最高。法国人自豪地称他们的农业为"绿色的石油"，但法国农业也存在消耗多、生产成本高、农产品过剩等一系列问题。

3）服务业

法国服务业相当发达，无论是增加值还是就业人口，都在国民经济中占有70%以上的比重。

（1）商业性服务业。它是法国经济中最为活跃的产业，约占整个经济增加值的1/3，就业人口占全国就业总人口的1/4。其中，与新技术相关的电信部门最具活力，法兰西电信公司是目前世界电信业排名靠前的大公司。

（2）商业。它包括零售、批发和汽车销售/维修3个部门。比较活跃的经济门类是医疗类、文化娱乐类和体育类。超市在零售业中仍发挥重要作用，巨型超市数量近1 300家，营业总面积688.6万平方米。家乐福是世界第二大零售商，仅次于美国的沃尔玛。

（3）旅游业。法国是世界第一旅游大国，有着丰富的旅游资源和完善的旅游设施。每年接待外国游客人次超过本国人口，是全球最大的旅游目的地。其旅游景观比比皆是，北部诺曼底的农舍，西部布列塔尼的民俗风情、卢瓦尔河谷的城堡、南部蔚蓝色海岸、拿破仑的故乡——科西嘉岛，中部的牧场，还有东部的阿尔卑斯山等都各具特色。法国是欧洲的浪漫中心，有悠久的历史、深厚的文化底蕴，还有20多处风景名胜被联合国列为世界文化和自然双遗产，如以卢浮宫和巴黎圣母院为中心的巴黎塞纳河滨、凡尔赛宫、枫丹白露宫、斯特拉斯堡等。法国约有1 200家博物馆，每年吸引几千万参观者，仅卢浮宫、凡尔赛公园和奥赛博物馆每年就要接待近1 200万参观者。旅游业是法国经常项目出超的第一大来源。法国法兰西岛大区（大巴黎地区）旅游委员会的数据显示，2019年该地区游客人数达到创纪录的5 030万人次，比2018年增加20万人次。2019年大巴黎地区旅游收入达到220亿欧元，旅店入住人数达3 540万人次，均与2018

年基本持平。其中，该地区旅店接待外国游客1 660万人次，同比下降2.5%；接待法国游客1 880万人次，同比增长2.2%，抵消了外国游客人数的下滑。中国依然是大巴黎地区最重要的亚洲客源国。随着疫情的结束，国际旅游业在2022年和2023年强劲复苏，其中欧洲和美洲领先。根据世界旅游组织发布的《世界旅游晴雨表》，法国依然是世界上游客最多的国家，2022年游客人数达到了4 840万，与2021年相比增长了95%。法国自2022年3月宣布取消大部分防疫限制措施后不到一年，旅游业复苏势头强劲。但目前包括中国游客在内的亚洲游客尚未完全回归。而随着亚洲特别是中国的开放，2023年的情况或会明显改善

（4）交通运输业。法国陆上交通发达，水上运输和航空运输亦有较高水平。全国公路总长度100万千米左右（包括乡间公路），其中总长近1.1万千米的高速公路构成了欧洲最发达、最完整的公路交通网，法国是世界公路交通最发达的国家之一。近年来，公路货运量已超过铁路货运量而居首位，占全国货运总量的3/4。巴黎-马赛线是法国最主要的高速公路干线。法国的铁路资本由国有铁路公司控制，铁路总长约30 900千米，其中电气化铁路总长占一半，成为西欧仅次于德国的第二大铁路网络。法国铁路网以巴黎为中心，呈辐射状分布，连接法国各大城市并延伸至中欧、西欧、南欧各国。法国高速列车研制技术在世界上居于领先地位，已建成的里昂-巴黎高速铁路是世界上最快的铁路线之一。

法国内河航运网稠密，内河航道8 600多千米，其中运河5 700多千米，货运量较大。法国海运业也比较发达，商船总吨位400多万吨，主要海港有马赛（是货运量超1亿吨的大港、法国最大贸易港）、波尔多、敦刻尔克等。

法国航空运输业较发达，全国有近500个机场通达全世界140多个国家的500多个城市。巴黎是全国和国际性的航空运输中心。巴黎夏尔·戴高乐机场是法国也是欧洲的重要机场。

6.2.4　对外贸易关系

（1）法国进出口贸易现状。法国是世界贸易大国之一，对外贸易在法国经济中占有重要地位，对外贸易总额约占其国内生产总值的1/4。法国海关7日公布的数据显示，受国际能源价格上涨、欧元对美元贬值等因素影响，法国2022年货物贸易逆差达创纪录的1 636亿欧元，较2021年增加781亿欧元。

数据显示，2022年法国货物贸易进口总额为7 581亿欧元，比上年增长29.1%；出口总额为5 945亿欧元，比上年增长18.5%。

法国海关表示，2021年地缘政治紧张和能源危机推高天然气等能源价格。此外，欧元对美元贬值导致以美元计价的进口产品价格上涨，特别是能源价格。数据显示，2022年法国能源进口总额比上年增长129.2%。

（2）中法双边贸易概况。中法两国自1964年建交以来，经贸关系有了较大发展。两国在能源、通信、交通、航空和农产品加工等领域的经济技术合作不断扩大。目前法国已成为我国引进先进技术设备最多的国家之一。

长期以来，法国是中国在欧盟内最重要的经贸合作伙伴之一。近两年，在疫情危机、俄乌冲突等多方因素的影响下，中法经贸关系虽然遭遇了一些波折，但总体保持着良好的增长势头。根据法国统计局最新数据，2022年中法货物贸易首次突破1 000亿欧元大关，两国货物贸易总额从2021年的888.08亿欧元上升至2022年的1 019.02亿欧元，增幅达14.74%。

在欧盟27国中，法国是中国的第二大进口国及第四大出口国，分别占2022年中国对欧盟进口和出口总额的12.46%和8.13%。然而，自2020年新冠疫情暴发以来，中法两国双边贸易结构不平衡程度有扩大趋势。据中国海关总署统计数据，法国对华贸易逆差从2020年的72.73亿美元扩大至2022年的100.98亿美元，增加了0.39倍。

从中法双边投资来看，截至2021年底，中国对法国直接投资存量为48.64亿美元，占中国对欧盟直接投资存量的5.07%，法国是中企在欧盟的第五大投资目的国。另据法国商务投资署发布的《2021外商对法投资报告》显示，截至2021年，中国已连续3年成为对法投资和创造就业的第一大亚洲国家。2021年中国企业在法国进行了53项投资，创造并保留了2 169个工作岗位，同比增长28%，主要涵盖交通运输、电气设备和汽车制造三大领域的生产经营活动。法国则是中国在欧盟的第三大投资来源国。根据中方统计数据，截至2021年底，法国在华企业（累计设立）已超过6 000多家，投资存量达180.25亿美元，主要集中在航空、汽车、电力、化工等领域。

中法两国经济贸易潜力还很大，有广阔的发展前景，目前的经济合作项目大多规模较小，而且以间接投资为主，贸易额也不如德国、英国，这与两国在国际上拥有的地位和作用还很不相称。

6.2.5 主要的城市与港口

法国主要的城市和港口有：

（1）巴黎。它位于塞纳河中游、巴黎盆地中心，人口1 100多万（指整个大巴黎区），是全国政治、经济、文化中心，铁路和航空枢纽，全国第一大城市，也是世界著名的大都市。其右岸是工商区，左岸集中了文化艺术、科研学术等机构。

（2）马赛。它位于法国东南，濒临地中海，为法国第二大城市和最大海港，主要工业有炼油、化工、钢铁、造船、机械等部门。目前，马赛港货物年吞吐量在1亿吨以上，与世界300多个港口通航，是法国与亚洲、非洲和大洋洲各国进行贸易的主要港口。

（3）鲁昂。它位于塞纳河下游，距海110千米，是巴黎的外港。

（4）勒阿弗尔。它位于塞纳河口，为法国第二大海港，货物年吞吐量在8 000万吨左右，承担着法国与南北美洲之间的货物转运任务。

（5）敦刻尔克。它位于法国北部，濒多佛尔海峡，为法国第三大港。进口以石油、铁矿石、羊毛、棉花等工业原料为主，出口以各类工业品、石油制品等为主，货物年吞吐量在5 000万吨左右。

（6）南特。它位于法国西部卢瓦尔河下游，是法国西部大港，也是重要的铁路、水运枢纽和工业中心，货物年吞吐量在3 000万吨以上。

（7）波尔多。它位于法国西南部加龙河下游，距比斯开湾98千米，是法国西南部重要的港口，货物年吞吐量约2 000万吨，主要为石油。

6.3　意大利

6.3.1　意大利的地理环境

（1）自然地理环境。意大利位于欧洲南部，是突出于地中海中部的半岛国家。其领土的主要部分是亚平宁半岛，另外还包括阿尔卑斯山以南的大陆部分和地中海的西西里岛、撒丁岛，面积30.13万平方千米。

意大利大陆部分的西北与法国接壤，北部与瑞士和奥地利毗邻，东北与斯洛文尼亚交界，其陆界面积占国界总面积的1/5。自苏伊士运河通航和穿过阿尔卑斯山的铁路通车以后，意大利成为地中海东西航线的交通要冲和中西欧国家通往非洲的天然桥梁，地理位置因此而变得非常重要。

意大利的地形分为阿尔卑斯山地、波河平原和亚平宁半岛以及岛屿四部分，北部大陆部分和南部半岛、岛屿部分的自然条件有较大差异。

阿尔卑斯山脉是意大利和北方邻国的天然国界，有多座海拔超过4 000米的高峰，山顶有万年积雪和冰川，河流自这里下泻，水能资源丰富。雪线以下是草甸和森林，河谷地带是农耕区。山前地带多狭长的冰川堆积壅塞湖泊，湖山秀丽，为旅游胜地。阿尔卑斯山麓地带往南直至半岛上的亚平宁山脉之间是广阔的平原，被称为波河平原，面积46 000平方千米，是南欧最大的平原。其地势坦荡，土壤肥沃，大陆性气候较显著，夏季高温多雨，北面有高山阻挡冬季寒潮，且波河富于灌溉之利，因而波河平原成为意大利最富庶的农业区和经济最发达的地区。亚平宁山脉南北绵延约1 500千米，是半岛的脊柱，东坡陡峭，海岸平直，沿海平原狭窄；西坡平缓，沿海平原面积大，火山喷发形成的沃土有利于作物栽培，成为半岛上人口、城市集中，工农业较发达的地区。西西里岛是半岛的延伸部分，东面墨西拿海峡宽仅3 000米，境内多山地、丘陵。撒丁岛在第勒尼安海之西，距半岛约200千米，境内多山，东半部为古老地层构成的台地，西南部有面积较大的平原。半岛与岛屿属地中海式气候，适于亚热带水果葡萄、油橄榄、柠檬等的栽培。

意大利水力、地热、天然气资源较丰富，但缺乏重要的矿产资源，仅有天然硫黄、汞、铝土等矿产。石油、天然气和铁矿储量很小，煤炭和有色金属特别缺乏。意大利多火山、地震，地热资源丰富。另外，亚平宁半岛产大理石，色泽美丽，是世界著名的建筑材料，也是意大利传统的出口商品。

（2）人口与风俗。截至2022年7月，总人口为5 885万人，主要是意大利人，讲意大利语，大部分居民信奉天主教。近些年，意大利男性的平均寿命已上升至80.6岁，女性的平均寿命提升至85.1岁。北部波河平原及利古里亚海沿岸人口稠密，撒丁岛人口稀疏，阿尔卑斯山地居民最少。意大利城市化率为70%，与其他西欧国家相比，大城市较多，人口超过100万的有罗马、米兰、那不勒斯、都灵等，但没有巴黎、伦敦那样的特大城市。居民94%为意大利人，其余为法兰西人、罗马人等，官方语言为意大利语，个别地区讲法语和德语。

意大利曾对世界文明做出过重要贡献，文化资源极为丰富，文化气息比较浓厚，但文化包袱也比较沉重。由于宗教王国梵蒂冈在罗马城内，罗马教堂是天主教的中心，罗马教皇是天主教徒的精神领袖，意大利90%以上的居民信奉天主教，因而教会在意大利社会生活中有广泛影响，政府部门的任何政策、法规都需得到教会的支持才能有效地实施。此外，意大利既是古罗马帝国的所在地，又是欧洲文艺复兴的发源地，历史遗产遍布各地。生活在历史氛围中的意大利人都有一定的文化艺术修养。

意大利人善于言谈和交际，活动能力强，但办事较为拖拉，时间观念不强，不像德国人那样讲究效率。意大利人消费水平较高，一般没有攒钱的习惯，朋友之间往来常带点礼品，鲜花和纪念品是常送之物，但有些东西不能作为礼品赠送，如红玫瑰、菊花（被认为是丧仪之花）、手帕等。

6.3.2 经济发展历程与经济发展特征

意大利是资本主义产生最早的发达国家。14、15世纪，地中海沿岸的一些城市就已稀疏地出现了资本主义生产的萌芽，其后，意大利陷入长期的封建割据和混战状态。到19世纪时，意大利已变成一个四分五裂、贫穷落后的国家。1870年，意大利获得统一，但除了西北部资本主义得到发展外，大部分地区仍较落后。在西欧资本主义世界中，意大利是封建残余势力较大、经济发展较迟缓、经济水平较低的国家。

19世纪末，意大利垄断资产阶级曾经占有240万平方千米的殖民地，20世纪积极参与了两次世界大战的发动。在战争的刺激下，意大利的工业特别是与军事相关的重工业得到迅速发展，但在第二次世界大战后，意大利经济已濒于崩溃的边缘。之后，意大利依靠"马歇尔计划"的帮助，通过大力发展对外贸易，积极引进先进设备和技术，加强对技术人员的培训，吸引外资，并通过各种经济手段刺激生产和消费，使经济在20世纪50年代和60年代得到迅速发展，创造了所谓的经济奇迹。1973年以后，受石油危机的冲击和世界性经济危机的影响，加之政局动荡不定、政府更迭频繁，意大利经济发展波动较大。1994年以来，意大利经济情况有所好转。1999年，国内生产总值为1.17万亿美元，人均国内生产总值为2.06万美元，在西方世界居第五位，仅次于美国、日本、德国、法国；2009年，意大利国内生产总值为2.20万亿美元；2013年，意大利国内生产总值为2.10万亿美元，比2012年下降了2.30%，在世界上居第七位，次于美国、中国、日本、德国、法国和英国；2019年，意大利国内生产总值为2.03万亿美元，在世界上居于第八位，人均GDP为3.35万美元。2022年意大利国内生产总值为2.01万亿美元，比2021年的2.12万亿美元减少了1 039.2亿美元，下降了4.9%，世界上居于第十位。

综观意大利经济，它有以下三个特点：①垄断资本尤其是国家垄断资本比重较高，但中小企业在轻工、纺织、服装、制鞋等行业具有优势。②经济结构趋向多元化，工农业在经济中的比重有所下降，第三产业的比重日益提高，机械、化工、服装、制鞋、交通运输、旅游等成为优势产业。③经济南北分布不平衡。意大利先进工业都集中在北方，特别是集中在都灵、米兰和热那亚"三角工业区"；南方工业很少，农业也以落后的小农场经营为主。

6.3.3　主要产业结构与部门

1）工业

意大利是西方七大工业国之一，钢铁、机械、汽车、石油炼制与石油化工等都名列世界前茅，这些部门都由少数大公司控制。在意大利，中小企业占很大比例，其数量占企业总数的99%，国家工业产值有50%是由中小企业创造的。大企业数量只占企业总数的0.8%。中小企业主要从事农产品加工、食品加工及纺织、服装、制鞋、家具、农机设备、汽车零部件、计算机软件、精密仪器等的生产。其经营灵活，反应迅速，能根据市场变化及时进行调整，不同门类的中小企业往往组成地区性企业网，形成一个个充满活力的生产区，在意大利国民经济中发挥着重要作用。如普拉托地区的纺织业，有50多万名员工、10 000多家纺织厂，形成了一个密集的地区性网络，年营业额40多亿美元，产品70%外销。

（1）机械工业。它是意大利在第二次世界大战后重建起来的重要的工业部门，主要包括机床、精密机械、电气电子、汽车、飞机等部门，生产技术先进，产值约占工业总产值的30%，产品约1/3供出口。意大利的金属加工机床和家用电器中的洗衣机、电冰箱、洗碗机等的生产规模均居世界前列。

意大利汽车工业堪称世界的一支劲旅，目前汽车年产量100万辆左右，以其质量高、性能好、耗油少、价格低等优势畅销国内外。意大利机械工业主要分布在西北以米兰、都灵为中心的地区，米兰是全国最大的机械制造中心，生产电气设备、机床、机车、汽车、飞机等多种产品。都灵是全国第二大机械制造中心，其汽车产量占全国的90%左右，有"汽车城"之称，著名的菲亚特汽车公司的总部就设在这里。另外，以都灵为核心的都灵-伊夫雷亚-诺瓦拉三角地带，是高新技术产业的集中分布区，被称为意大利的"硅谷"。

（2）钢铁工业。意大利煤、铁资源贫乏，钢铁工业的发展深受制约。第二次世界大战后，意大利利用进口原料大力发展重化工业，钢产量迅速增加。截至2022年年底，意大利粗钢产量达2 160万吨，排名世界第十一位。其中，塔兰托生产能力超过1 000万吨，是西欧最大的钢铁生产基地之一。原有的钢铁工业主要分布在北部，如阿尔卑斯山麓地带的奥斯塔；西北部的米兰、都灵等消费中心利用废钢铁生产电炉钢；热那亚则是第二次世界大战后在北部建立的唯一临海型钢铁大厂。

（3）石油炼制与石油化工。意大利工业缺煤少油，化工资源贫乏，但它地处地中海石油运输航线中枢，并靠近北非油气资源主要产地。20世纪60年代以来，意大利利用进口油气资源大力发展炼油与石化工业，重点发展三大合成材料产业，石油年加工能力达2亿多吨，居西欧首位，有"欧洲炼油厂"之称。意大利的炼油与石化工业集中分布在半岛沿海城市，如热那亚、那不勒斯等地。

（4）轻纺工业。其主要包括纺织、服装、皮革、制鞋等部门，多为中小企业，是意大利传统的工业部门。纺织业是意大利历史最悠久的行业，因其技艺高超而享有盛誉，在国际市场上的竞争力很强。意大利棉纺织工业的一半以上集中于以米兰为中心的伦巴第大区；毛纺织工业的一半以上集中于皮埃蒙特区，半岛北部的普拉托是全国最大的纺织工业中心。近年来，意大利的服装生产已超过法国而居世界首位，罗马是主要生产中心。意大利同时还是世界最大的皮鞋生产国之一，有"制鞋王国"之称，"皮鞋城"维杰瓦诺市生产的精制皮鞋畅销欧美各国。此外，意大利还是世界上金银加工量最大的国家，家具制造业也非常有名，出口额居世界前列。

2）农业

意大利农业在第二次世界大战后有了很大发展，但与其他发达资本主义国家相比，现代化程度不高，在世界农业中处于中等偏上水平。随着第二、第三产业的发展，农业劳动力不断缩减，促进了农业机械化程度的提高。

意大利区域经济发展不平衡，在农业方面表现为截然不同的两种土地经营方式成为近邻，这是由历史、自然和政府区域发展政策及其他多方面原因造成的。

意大利农业以种植业和畜牧业为主，历年来农作物种植结构变化不大，以小麦、稻谷、玉米种植为主，年产稻米100万吨左右，为欧洲最重要的稻米出口国，但小麦、玉米都需进口，自给率在80%左右。近年来，变化较大的是马铃薯和甜菜，马铃薯年产量大为减少，而甜菜年产量成倍增加。意大利是个蔬菜生产国，其中番茄、菜花、生菜大量出口，同时它也是葡萄和橄榄的重要生产国，葡萄酒和橄榄油产量居世界前列。葡萄酒是其出口创汇的拳头产品，其他水果如柑橘、柠檬、苹果等出口量也都很大，柑橘和柠檬产量都居世界前列。意大利畜牧业原来很不发达，第二次世界大战后，经济的发展、居民消费结构的变化促进了畜牧业的发展。目前，畜牧业产值已占农业总产值的40%以上。畜牧业以牛、猪饲养为主，肉、奶不能自给，需进口。

意大利农业的地区分布与自然条件关系密切，波河平原拥有大量肥沃的土地，是资本主义经济最发达的地区之一，特别是在伦巴第大区波河上游流域，垦荒和灌溉工程具有上千年历史。波河平原是小麦、玉米、稻谷、马铃薯和甜菜的主要种植区。意大利中部的农业主要集中在沿海小平原和河谷盆地中，以种植小麦、葡萄、橄榄等为主。半岛南半部山地、丘陵区农业比重大，主要生产葡萄、柑橘、油橄榄和蔬菜；半岛的东南部和西西里岛也是小麦的专业化产区。波河平原养牛业和养猪业也很发达；半岛和岛屿上的山地为牧羊区。

3）服务业

意大利在历史上对世界文明做出过重要贡献，文化资源极为丰富，文化气息比较浓厚，生活在历史氛围中的意大利人都有一定的文化艺术修养。此外，意大利历史遗产丰富，它是古罗马帝国的所在地，又是欧洲文艺复兴的发源地。因此，意大利的旅游业十分发达。

意大利地处欧、亚、非三洲的海陆空运输要道上，交通四通八达。公路运输最为重要，公路总长30多万千米，其中高速公路6 600多千米，总长度在西欧各国中居于前列。纵贯半岛的"太阳高速公路"北起米兰，南至雷焦卡拉布里亚，全长1 200千米，为意大利重要的公路干线。意大利铁路总长近20 000千米，其中电气化铁路约占一半。意大利同北部邻国之间有几条穿越阿尔卑斯山脉的铁路干线，成为沟通中欧、北欧和西欧的交通要道，米兰是全国最重要的铁路枢纽。意大利海岸线长8 600千米，海运业十分发达，拥有约700万总吨位的海运船队，在欧洲次于希腊和挪威，居第三位，主要海港有热那亚、那不勒斯、的里雅斯特、威尼斯、塔兰托等。意大利的航空运输业也相当发达，全国有民用机场上百个，罗马等地有重要的国际机场。

6.3.4 对外贸易、主要城市与港口

1）对外贸易发展概况

对外贸易在意大利经济中占有十分重要的地位，是意大利经济的支柱、发展的动力。意大利是西方七大工业国之一，对外贸易的特点是以传统产品为出口主体，机械产品、高档生活用品和消费品为其出口创汇的主要来源。在意大利，制造业产值占工业总产值的1/4，占产品和服务业出口总值的3/4。尽管服务业产值是制造业产值的2倍，但多数服务业均与制造业产品营销或供应有关，因此，意大利的工业生产在很大程度上依赖对外贸易，经济发展也完全受制于国际经济形势及国际市场需求。但由于意大利特有的专业化产业结构和政府有效的鼓励出口政策，出口在10年间（1993—2002年）有了很大的增长，这也使意大利在风云变幻的国际经济发展中始终保持其出口强国的地位，并在外贸进出口中保持顺差，成为继日本、德国之后的世界第三大贸易顺差国。

据欧盟统计局统计，2022年意大利的进口额为6 908.6亿美元，相比2021年增长了1 337.8亿美元，同比增长21.88%。出口额为6 562.8亿美元，相比2021年增长了478.9亿美元，同比增长6.95%。2022年意大利的进出口总额为13 471.4亿美元。2022年意大利进出口差额为−353.1亿美元，相比2021年减少了860.1亿美元。

2）中意贸易

意大利是中国在欧盟的重要贸易伙伴。中华人民共和国成立之初，双方就有少量民间贸易；自我国改革开放以来，两国经贸关系迅速发展，双边贸易额大幅增长，经济技术合作不断加强。近几年，中意两国的进出口贸易合作在持续、快速地发展。

中国海关总署发布的贸易数据显示，2022年，中意贸易额达到778.84亿美元，同比增长5.4%；其中中国对意大利出口额509.08亿美元，同比增长16.8%，中国自意大利进口额269.76亿美元，同比下降11%。对此，中国社会科学院欧洲研究所欧洲经济研究室主任、中国欧洲学会意大利研究分会秘书长孙彦红研究员在接受记者采访时指出，2022年中意双边贸易额同比增长5.4%，再创新高，表明两国经济仍高度互补，双边经贸合作仍具强劲韧性。

受到俄乌冲突对世界各国企业生产运营成本冲击的不对称性影响，2022年中欧和中意双向贸易呈现出一个共同特点，即中国对欧盟和意大利的出口额保持较高增长率，

但中国自欧盟和意大利进口额出现明显下滑。

能源成本飙升和通胀高企导致欧盟和意大利企业的生产运营成本大涨，出口竞争力显著下降，造成包括中国企业在内的买家转而寻求其他更经济划算的供应商。这是2022年中国自意大利和欧盟进口显著下降的最主要原因。

3）主要城市与港口

（1）米兰。它位于波河平原上，是意大利最大的工商业城市，与热那亚、都灵构成意大利最发达的工业三角区，有机械、汽车、石油化工和纺织等部门。

（2）热那亚。它濒临利古里亚海，为意大利第一大港，有600多条通往世界各国港口的航线，货物年吞吐量约6 000万吨，是意大利重要的机械、化工、钢铁和造船基地。

（3）罗马。它是意大利首都、著名的国际旅游城市，也是欧洲飞往非洲和东方必经的中转航空站。

（4）那不勒斯。它位于第勒尼安海的东侧、那不勒斯湾顶端，为意大利第二大港，出口产品以石油制品为主，港口设备完善，货物年吞吐量在1 500万吨以上。

（5）威尼斯。它位于亚得里亚海威尼斯湾，为意大利东北部重要的港口城市，以舟代车，有"水城"之称。该港货物年吞吐量在2 500万吨左右，设有自由贸易区。

（6）的里雅斯特。其位于亚德里亚海沿岸，有油管通往德国，是中欧和南欧许多国家出入地中海的要港，货物年吞吐量在4 000万吨左右，港内设有自由贸易区。

6.4　加拿大

6.4.1　加拿大的地理概况

1）自然条件与资源

加拿大位于北美洲的北半部，东濒大西洋，西临太平洋，北隔北冰洋与俄罗斯相望，东北隔巴芬湾与格陵兰岛相望，西北与美国阿拉斯加接壤，三面被海洋包围，海岸线长约20 000千米。国土东西宽约5 100千米，南北相距4 600多千米，领土面积998.467万平方千米，仅次于俄罗斯，居世界第二位。

加拿大地形分为三部分：东部高地、中部平原、西部山地。东部高地包括圣劳伦斯河谷地区及其以南的山地区（为阿巴拉契亚山脉向东北的延伸部分）、以北的拉布拉多高原区；中部平原属北美大平原的北部，地势由西向东降低，一般海拔500~1 000米，马尼托巴低地海拔300米以下；西部山地即科迪勒拉山区，包括东侧落基山脉、西侧喀斯喀特岭和海岸山脉及两列山脉之间的高原三部分，是加拿大地势最高的地区，许多山峰在海拔4 000米以上，其中洛根山海拔5 951米，为境内最高峰。

加拿大地处北纬49°以北，大部分地区气候寒冷，仅北部苔原气候区就占全国面积的1/3。苔原带以南是面积更大的亚寒带针叶林气候，再往南是温带草原气候和温带湿润大陆性气候。西部太平洋沿岸有阿拉斯加暖流经过，气候温和湿润，属温带海洋性气候。加拿大各地降水量分布不均，西部沿海可达250毫米以上，中部地区为250~500毫米，东部大西洋沿岸在 1 000 毫米左右。气候寒冷是加拿大重要的自然地理特征，但南部温带草原气候区和温带湿润大陆性气候区水热条件较好，是重要的农业区。

加拿大矿产资源非常丰富，储量和产量均居世界前列的有镍、铁、铅、锌、石棉、钾盐等，金、银、铜、铀、石油、天然气、煤等储量亦较丰富。森林覆盖面积约 440 万平方千米，覆盖率达 44%，主要树种有云杉、松、杨、糖槭等。加拿大大部分地区降水较多，蒸发量小，故河湖众多，水量大而稳定，蕴藏着巨大的水力资源，全国 70% 的电力来源于水电。

加拿大沿海水域鱼类资源丰富，东部纽芬兰岛的东南海域有拉布拉多寒流和墨西哥湾暖流交汇，是世界著名渔场之一。

2）人口与商务风俗

2022 年加拿大人口数量是 3 830 万，大多数为欧洲移民后裔，其中英裔约占 42%，法裔约占 26.7%，法裔主要居住在魁北克省，占该省总人口的 80%。其他欧洲移民有意大利人、荷兰人、波兰人等。加拿大的原住居民印第安人和因纽特人占总人口数的 3%。此外，还有华裔 170 多万。

加拿大地广人稀，有 80% 以上的土地无人居住，平均每平方千米仅 3 人。全国 90% 以上的人口集中在与美国相邻的南部狭长地带，以圣劳伦斯河沿岸密度最高，每平方千米超过 100 人。从行政区域看，加拿大人口最多的是安大略省和魁北克省，两省的南部即集中了全国 3/5 的人口。魁北克省的人口以法裔为主，蒙特利尔被认为是仅次于巴黎的第二大法语城市。

加拿大主要语言为英语，但法语也是官方语言，讲英语的居民占 2/3，讲法语的居民约占 1/5。加拿大城镇人口占全国总人口的 75% 以上，居民中约 45% 的人信奉天主教，42% 的人信奉基督教。其货币为加拿大元。

加拿大人性格开朗，不保守，重实惠，自由观念较强，行动上比较随便，不太注重礼节，但在生活起居方面比较讲究，住房要求整洁、舒适、卫生设备齐全；生活上受宗教的影响较大。

在加拿大从事国际商务活动，要注意"入乡随俗，入国问禁"。那么，加拿大商人有哪些禁忌呢？

送礼禁忌：送的礼品不可以太贵重，否则会被误认为贿赂主人；切忌送带有本公司广告标志的物品，如果那样，会被误认为不是通过送物品表达友谊，而是在做广告。如果找不出一件能代表本公司业务性质的东西作为礼品，不妨赠送对方一些办公室里摆放的工艺品或摆设物件，大方又得体；切忌送一些个性化物品（如衣服、化妆品、鞋子、打火机等）作为礼品，尤其不能向女士赠送香水，否则就有过分亲热或有"不轨企图"之嫌；礼品的包装应注意到加拿大人对数字和颜色的一些禁忌。

数字禁忌：加拿大人忌讳"13""星期五"，认为该数字和日期是厄运和灾难的象征，因此，应避免在 13 号或星期五与加拿大人处理重要外贸业务；在贸易谈判中，也应注意避免"13"这个数字。

颜色禁忌：加拿大人忌讳黑色，认为黑色是肃穆的象征，是丧葬用的色彩。他们偏爱白色，认为白色是纯洁的象征。

图案禁忌：加拿大人忌讳百合花图案，认为白色的百合花会给人带来死亡的气氛，人们习惯用它来悼念逝者；相反，加拿大人喜爱枫叶，因为加拿大是世界知名的"枫叶之国"，加拿大人把枫叶视为国宝和祖国的骄傲，视为友谊的象征。

宴请禁忌：邀请加拿大商人赴宴，切忌请他们吃虾酱、鱼露、腐乳和臭豆腐等有怪味、腥味的食物；加拿大人忌食动物内脏和脚爪，也不宜上辣味的菜肴。由于历史原因和人种的构成因素，在生活习惯和饮食习惯方面，加拿大人与英国、法国、美国人相仿，其独特之处是他们养成了特别爱吃烧制食品的习惯。他们喜欢吃烧牛排，尤以半生不熟的嫩牛排为佳，习惯于饭后喝咖啡和吃水果。主食一般以米饭为主，副食一般喜欢吃牛肉、鸡肉、鸡蛋、沙丁鱼、野味以及西红柿、洋葱、青菜、土豆、黄瓜等，口味不喜太咸，偏爱甜味。加拿大人喜欢喝白兰地、香槟。他们也喜欢中国的苏菜、沪菜和鲁菜。与加拿大客户一起进餐时，切忌自己的餐盘里剩食物，他们认为这是一种不礼貌的行为。

在加拿大做生意时，应该因人种而变换手法，否则是要吃亏的。同英国后裔进行商务谈判时，往往在价格上很费时间和精力，一旦签订了合同，就稳如泰山了。而法国后裔则恰恰相反，他们和蔼可亲，对客户很亲切、很热情。但在进行正式的商务谈判时，他们就判若两人了，讲话慢吞吞的，难以捉摸，要谈出一个结果来是很费劲的，即使合同签订之后，也仍旧令人不安。加拿大商人中，90%为英国和法国的后裔，他们大多属于保守型，不喜欢产品的价格变动。

与加拿大商人进行谈判时，应注意如下方面：①切忌把加拿大和美国放在一起进行比较，尤其是拿美国的优势方面与他们相比；②切忌询问加拿大客户的政治倾向、工资待遇、年龄以及买东西的价钱等诸如此类的事情，他们认为这些都属于个人的私事，不喜欢别人过问和干涉；③切忌对加拿大客户说"你长胖了""你长得胖"，因为在加拿大大部分穷人无闲心锻炼身体，因而说上面那样的话自然带有贬义。

由于加拿大经济对美国的依赖，加拿大人在生意场上打交道最多的是美国商人，与其他文化一样，加拿大的商业文化受美国商业文化影响最大，他们做生意的方式、处事的形式乃至商业模式几乎都是美国人的翻版。因此，与加拿大人做生意必须重视其美国性，在很多方面可以参照与美国人打交道的模式。这样不仅容易与加拿大商人合作成功，而且还会使他们觉得你很老实，是一个做大生意的老板。

3）经济行政区域

（1）核心区——中央诸省，包括安大略和魁北克两省。其东南部圣劳伦斯河谷地和五大湖下游低地是中央诸省最发达的地区，集中了全国人口的3/5、制造业的4/5和绝大部分的大城市。加拿大集约化程度最高的农业区也在这里。

（2）大西洋沿岸区，包括纽芬兰、新斯科舍、新不伦瑞克和爱德华王子岛四省，大部分属于阿巴拉契亚山地，海岸曲折，多良港。这里是欧洲移民最早到达、开发较早的地区，但自中央诸省发展起来之后，其发展就相对停滞了，成了中央诸省的农、林、渔、矿原料供应地，被称为"被忽视的地方"。

（3）草原诸省，包括曼尼托巴、萨斯喀彻温和阿尔伯塔三省，大部分为平原，生产了全国90%以上的小麦和大麦。本区落基山脉东侧的煤、油、气资源丰富且被大量开采，因而有"粮仓与燃料库"的美称。曼尼托巴省的温尼伯是全国较大城市，为东西陆路交通要冲，是世界著名的谷物转运中心。

（4）远西区，主要指临太平洋的不列颠哥伦比亚省，大部分山地和高原的迎风坡（西风带）降水丰沛，水力资源丰富。其林业发达，渔业、矿业亦颇重要。温哥华是全国第三大城市和工业中心，又是加拿大通向东方的门户。

（5）北部地区，包括北纬60°以北的育空地区、努纳武特地区和西北地区，是大面积寒冷的森林、苔原和冰原带。

6.4.2　经济发展条件与经济发展特征

1）经济发展条件

加拿大经济起步较晚，但发展很快。它曾先后沦为法国和英国的殖民地，1861年获得内部自治，1931年完全独立，并成为英联邦的成员国。独立以后，加拿大经济进入快速发展阶段，迅速成为西方七大工业国之一。2005年，加拿大国内生产总值为1.03万亿美元；2010年达1.50万亿美元，居世界第十二位；2016年，加拿大国内生产总值为1.55万亿美元；2019年，加拿大国内生产总值为1.74万亿美元，居世界第十位，人均GDP为4.65万美元；2022年，加拿大国内生产总值为2.14万亿美元，比2021年的2.01万亿美元增加了1 382.7亿美元，居世界第九位。加拿大的经济发展有其特定条件，主要包括以下三方面：

（1）土地辽阔，资源丰富。加拿大西部为山地，科迪勒拉山系纵贯北美洲；东部为拉布拉多高原，地势平缓；中部则是平原，地势低平，土壤肥沃，湖泊密布，是主要的农牧业区；南部地区水热条件较好，宜于发展农牧业，可耕地面积约占国土总面积的16%，已耕地面积占6.8%，有约6 800万公顷，人均耕地面积2.06公顷。加拿大森林覆盖率为44%，除西部太平洋沿岸为阔叶林以外，针叶林占80%，最大林区在魁北克。其森林总面积仅次于俄罗斯和巴西，居世界第三位。加拿大海域广阔，鱼类资源丰富，尤其是东部的纽芬兰渔场为世界著名的四大渔场之一。另外，五大湖的淡水鱼产量也很高。更为重要的是，加拿大矿产资源十分丰富，目前已开发生产的有石油、天然气、铁、硫黄、石棉、钾盐和各种有色金属等约60种。

（2）加拿大原是英法殖民地，英法移民除把资金、技术和劳动力转移到加拿大外，还从故乡带去了资本主义制度和文化。这与早期西班牙和葡萄牙殖民者在拉丁美洲建立起来的封建庄园经济完全不同。

（3）加拿大的邻国为世界最富强的美国。与美国为邻有不利的一面，主要是加拿大的内政、外交都要受到美国的影响，但应该说，有利方面更多些。首先是美加之间有5 000千米长的不设防的边境线，美国的资金、技术和劳动力以及经营管理方式可以源源不断地流到加拿大。其次是受美国保护，加拿大军费开支减少到了最低点。

2）经济发展特征

与其他资本主义国家相比，加拿大当前经济发展特征主要表现为：

（1）加拿大是一个后起的、工农业生产水平较高的发达资本主义国家，是世界上重要的工业国，同时拥有大规模的发达农业。加拿大经济起步较晚，但技术水平很高，按人口平均计算的国民收入、机械设备占有总量、动力资源的消耗量均居世界前列。

（2）加拿大资本的输出量较大，但接受外国资本的数量更大。其经济受外国资本特别是美国垄断资本的控制，对美国依赖很大。外国资本控制了加拿大近60%的加工制造业和70%的采矿业，本国个人资本主要集中在商业和服务业上，本国国家资本大部分集中在为外国和个人资本服务的电力与交通运输业中。顺应外国资本特别是美国资本的需要是加拿大经济的重要特征之一。

（3）加拿大原料、燃料的生产和出口在经济中占重要地位。这应该是发展中国家所具有的特点，因而加拿大被公认为是具有"发达资本主义发展中特点"的国家。

6.4.3 主要产业部门的生产与分布

1）工业

（1）采矿业与能源工业。加拿大矿产资源丰富，采矿业发达，是世界上矿产品的主要生产国和出口国，镍、锌、铀产量居世界首位，铜、黄金、铂、石棉、钾盐、铁的产量也居世界前列，并大量出口。目前，其采矿业增加值约占国内生产总值的3%。加拿大又是世界重要的油、气生产国之一，日产原油570万桶（跻身全球石油产量第四位，2022年数据），年产天然气1 000多亿立方米，石油、天然气大量出口到美国。加拿大还是世界重要的煤炭生产国和出口国，煤的年产量约达9 000万吨，但由于近年来西方国家钢铁工业萎缩，加拿大的煤炭出口量也骤减，年出口量为2 000多万吨。在加拿大整个能源生产构成中，石油大体占22%，天然气占23%，煤占11%，水电、核电和地热等占44%。加拿大电力工业发达，年发电量达6 000亿千瓦时，其中水力与地热发电约占一半，核电占25%以上。

（2）森林工业。加拿大森林资源丰富，森林工业已有100余年的历史，目前产值仅次于美国、俄罗斯，居世界第三位。除木材加工（包括锯材、胶合板等）外，还有纸浆和造纸业，其中新闻纸产量占世界总产量的40%，居世界首位，并大量输往美国。林业生产主要分布于安大略省、魁北克省和不列颠哥伦比亚省，这里木材产量占全国的80%以上，蒙特利尔是最大的造纸工业中心。

（3）冶金工业。加拿大煤、铁资源丰富，为钢铁工业的发展提供了优越条件。钢铁工业主要分布在安大略湖沿岸城市，汉密尔顿为最大中心，其次为苏圣玛丽。加拿大有色冶金工业也很重要，铝、锌、镍、铜的冶炼都很发达，并且是世界铝、锌、铜的重要出口国。

（4）制造业。它是加拿大的重要部门，圣劳伦斯河谷和五大湖下游低地是全国最大的机器制造工业区，林业机械、矿山机械、农业机械、电机等产品都有出口，不少产品已达到世界先进水平。机床和很多工业设备的制造相对滞后，依赖进口。轻型机械主要分布于多伦多，重型机械分布于汉密尔顿。加拿大汽车工业发达，是第二次世界大战后新兴的最重要的工业部门，多为美国跨国公司所控制。汽车生产集中在与美国汽车城底特律隔湖相对的温泽。加拿大石油、天然气资源及其生产皆具雄厚基础，石油化学工业也较发达，尤以合成橡胶的生产最为重要，主要分布在多伦多、温哥华等城市。

2）农业

加拿大农业发达，但农业增加值在国内生产总值中仅占3%左右，比重很小。近年来，加拿大政府的农业政策发生了很大变化，一改多年来以限制进口来保护国内农业的政策，转而支持大农场，政府对从事大规模经营的农户实行优惠贷款等政策。加拿大南部适于发展种植业，20世纪60年代已基本实现农业机械化，现在加拿大已成为农业机械化高度发达的国家之一。

加拿大现有耕地面积约6 800万公顷，占国土总面积的6.8%，谷物年产量7 000万吨左右，其中小麦年产量近3 000万吨，玉米近700万吨，每年出口小麦可达2 000万吨。草原诸省是农业中心地区，有"加拿大谷仓"之称。除小麦外，加拿大还盛产大麦、燕麦。五大湖下游及圣劳伦斯河谷地区产玉米、油菜籽、甜菜、蔬菜、水果。

加拿大牧草种植普遍，畜牧业在农业中占有重要地位。第二次世界大战后，加拿大政府实行农牧并重、以牧为主的方针。目前，畜牧业产值已超过种植业。从区域专业化分工看，大西洋沿岸为农林牧渔结合的地区，中部是农牧并举的地区，西部太平洋沿岸是以奶牛养殖为主的地区。

加拿大渔业也很发达，纽芬兰渔场是世界著名渔场，太平洋沿岸也有重要渔场。渔业产值约占国内生产总值的1%，水产品的80%以上供出口，是世界上两大渔产品出口国之一。

3）服务业

加拿大服务业近年来发展较快，是经济中的首要部门。服务部门包括非商业服务行业，如文化教育、保健福利、宗教和慈善事业等；商业性服务行业，包括饮食、文娱、旅游等。此外，还有财政金融、法律服务、批发零售商业、交通运输、通信和公用事业等。

（1）旅游业。加拿大旅游业十分发达。其国土辽阔，风景优美，旅游资源丰富，每年7—9月是加拿大旅游的黄金季节。加拿大主要旅游城市有温哥华、渥太华、多伦多、蒙特利尔、魁北克市等。

（2）交通运输业。加拿大水、陆、空运输均十分便利。其铁路总长72 000多千米；横贯加拿大的高速公路全长7 725千米，于1971年全线通车，从太平洋东岸的维多利亚直到大西洋西岸纽芬兰的圣约翰斯，是世界最长的国家级高速公路；圣劳伦斯河深水航道全长1 287千米，船舶可从大西洋抵达五大湖水系。加拿大共有25个大的深水港和650个小港口。最大的港口是温哥华港。加拿大约有商业飞机4 500余架，经核准的机场共886个，主要机场68个，包括多伦多、温哥华、卡尔加里和蒙特利尔等国际机场。加拿大输送石油、天然气与水的管道总长19.6万千米，是世界第二长的管道系统。

6.4.4 对外贸易、主要城市与港口

1）对外贸易发展概况

加拿大是典型的外向型经济国家，出口是其生命线，约1/4的就业人口直接与出口有关，产品1/4以上用于出口。由于加拿大国内市场容量较小，因而其整个经济活动对国际市场的依赖程度很高，外贸出口额常占国民生产总值的30%以上。近年来，加拿大对外贸易平稳发展。

据加拿大统计局数据，2022年，加拿大货物贸易出口比上年增长22.5%，出口总额7792亿加拿大元；进口增长19.9%，进口总额7574亿加拿大元。加拿大对世界的货物贸易顺差，自2021年的46亿加拿大元，扩大至2022年的218亿加拿大元。

2）中加贸易

中加两国自20世纪50年代起就开始了民间贸易活动，1970年10月两国建交以来，双边贸易关系发展顺利。到90年代，双边贸易额已突破20亿美元，1995年更创下了42.14亿美元的历史纪录。

据加拿大统计局统计，2022年加拿大与中国货物进出口贸易额为1286.84亿加拿大元，同比增长12.9%，占加拿大对外货物贸易进出口总额的8.5%。其中，加拿大对中国出口286.56亿加拿大元，同比增长2.1%，占加拿大出口总额的3.7%；加拿大自中国进口1000.28亿加元，同比增长16.4%，占加拿大进口总额的13.5%。中国继续保持加拿大第二大贸易伙伴、第二大进口来源地、第二大出口市场地位，均仅次于美国。中加互为重要的投资来源地和目的地。截至2021年底，加拿大累计在中国投资设立企业1.7万余家，在中国直接投资存量为113.8亿美元，中国在加拿大的直接投资存量为137.9亿美元。

3）主要城市与港口

（1）渥太华。它是加拿大首都，位于渥太华河南岸，与魁北克省隔河相望。同时，它也是加拿大的政治和文化中心。该城风景秀丽，文化气息浓郁。渥太华的两所高等学府——渥太华大学和卡尔顿大学就位于里多运河岸边，风光秀丽，声誉甚隆。此外，渥太华还有各式各样的博物馆，如加拿大国立美术馆、加拿大航空博物馆、加拿大文化博物馆等，构成了渥太华的又一人文景观。

（2）蒙特利尔。它坐落于渥太华河和圣劳伦斯河交汇处，是加拿大第二大城市，人口约330万。1967年举办过规模宏大的世界博览会，还承办过1976年的奥运会。作为魁北克省最大的城市，蒙特利尔的法语居民占多数。它也是加拿大历史最悠久的城市之一，约在350年前由法国人建立，而后欧洲其他各国移民纷纷涌入。因此，在所有的北美大城市中，当数蒙特利尔的欧洲风情最浓郁。蒙特利尔的市旗图案是由四朵小花组成的，分别代表最早建设蒙特利尔市的英格兰、法兰西、苏格兰和爱尔兰移民。纵览蒙特利尔市全景，大大小小、风格各异的教堂构成了引人注目的文化奇观，其数量之多（约450座），甚至超过了古城罗马。蒙特利尔市曾在20世纪90年代初与中国的上海市结成姐妹城，其植物园中独具苏杭园林特色的中国园，就是上海市帮助后建成的。蒙特利尔

主要工业有钢铁、电子、飞机、造船和石油加工等。此外，该市在高等教育方面也很有特色。

（3）多伦多。它是加拿大第一大城市，也是安大略省的省会，人口430多万。"多伦多"原为印第安语，意即"相会的地方"，顾名思义，这是一个人口密集的大都市，公路、地铁等交通设施都很完善。多伦多是加拿大的金融中心，其工商业和银行业都很发达，也是全国最大的股票交易市场。多伦多的标志性建筑是市政厅和电视塔，登顶远眺，都市风景一览无余，令人赏心悦目。多伦多是加拿大英语区域的经济、文化中心。高等学府有多伦多大学和约克大学，都是北美的知名高校。

（4）温哥华。它位于不列颠哥伦比亚省西南部，是该省第一大城市，也是加拿大第三大城市，人口约190万。特殊的周边地理环境，使该市拥有冬暖夏凉、四季宜人的舒适气候条件，可称得上全加拿大气候最好的城市。温哥华优越的地理位置和自然条件也使它成为加拿大西海岸最大的港口、国际贸易中心和文化中心，交通便利。温哥华聚集了大批中国移民，使得位于市区东部柏特街的唐人街成为全加拿大规模最大的唐人城（纵横十几个街区），在整个北美地区，其规模也仅次于美国旧金山的唐人街。唐人街上处处洋溢着浓重的香港风韵，中文随处可见，中国商品琳琅满目。温哥华的夜生活也极为丰富多彩，有一流的剧院、酒吧、舞厅、优质中餐馆和日本、韩国餐馆等可供选择。

（5）魁北克。它是魁北克省的省会，也是一座法兰西风情浓郁、历史悠久的文化名城，是北美洲所有城市中唯一被联合国教科文组织列入《世界遗产名录》的城市。魁北克市的纸浆生产世界闻名。此外，该市还有造船和纺织等部门。

（6）哈利法克斯。它是加拿大历史最悠久的英语城市，为加拿大大西洋沿岸唯一不冻港。

（7）温尼伯。它是加拿大中部地区最大的工商业城市之一和铁路枢纽，也是世界上最大的谷物转运中心和牲畜集散地之一。

6.5　澳大利亚

6.5.1　澳大利亚的地理环境

1）自然地理环境

澳大利亚由澳大利亚大陆、塔斯马尼亚岛等岛屿和海外领土组成，面积769.2万平方千米，占大洋洲总面积的85.7%，居世界第六位。澳大利亚位于南半球太平洋的西南部与印度洋之间，四周为海洋环抱，是个孤立的大陆，最近的邻国是北面的巴布亚新几内亚和印度尼西亚。东北部沿海有世界著名的珊瑚礁——大堡礁；东南部海岸线较曲折，多港湾，澳大利亚的大城市和对外联系的港口多分布在这里。

澳大利亚大陆是一块古老的大陆，经过长期侵蚀，地势低平，平均海拔高度约350米。全境可分为三大地形区：①东部澳大利亚山地区，大部分海拔在800～1 000米，东坡陡峻，沿海平原狭窄；西坡缓斜，向西逐渐展开为中部平原。②中部平原海拔不超过

200米，地表景色单调，少起伏，以埃尔湖为中心的盆地是大自流盆地，地下水相当丰富，是世界上最大的自流盆地；东南部墨累河流域水源充足，流域内灌溉面积占全国的9/10，是澳大利亚最重要的农业区。③西部高原区一般海拔在200~500米，大部分是沙漠或半沙漠，仅西南角和北部沿海地区较为湿润。

澳大利亚处于南纬10°~44°，南回归线横贯大陆中部，除大陆东南部和塔斯马尼亚岛属温带气候外，大部分地区是热带和亚热带气候，且炎热干燥；占大陆面积68%的内地，雨量少于500毫米，其中又有一半地区不足250毫米，对农牧业发展十分不利。但澳大利亚地下水资源丰富，且分布相当普遍，中部自流井盆地凿井取水往往可自行喷流，弥补了干旱地区降水的不足。澳大利亚草原和可耕地面积辽阔，草原面积约4.2亿公顷，占全国总面积的55%；可耕地面积4 800多万公顷，占全国总面积的6.4%；森林面积约占21%。因此，从总体上说，澳大利亚的自然条件有利于农业的发展。

澳大利亚是世界上矿藏丰富的国家之一。煤炭总储量700多亿吨，煤质较好，易于开采，主要分布在新南威尔士州、维多利亚州和昆士兰州；铁矿储量约350亿吨，富铁矿占一半以上；露天铀储量约45万吨，为世界主要产铀国之一，主要分布在达尔文以南、以东地区；镍、金主要分布于西澳大利亚州的卡尔古利等地；铝土储量约53亿吨，居世界第二位，主要在约克角半岛。此外，在澳大利亚东南部和中部已探明有大量的煤、铅、锌、钨、铜、银、锡、金红石、锆及蓝宝石等；它的西部和北部是铁、镍、铝土矿等的巨大埋藏地，铀和锰的蕴藏量也很大。水力资源主要集中在塔斯马尼亚岛。

2）人口与宗教

澳大利亚现有人口2 639万人（截至2023年7月），其中74%是英国及爱尔兰裔，17%为欧洲其他国家人后裔（意大利、德国等）；5.6%为华裔；土著居民仅占2.8%。澳大利亚通用英语。居民中70%的人信奉基督教（其中，28%的人信奉天主教，21%的人信奉英国国教，21%的人信奉基督教其他教派），5%的人信奉佛教、伊斯兰教、印度教和犹太教，非宗教人口占25%。

澳大利亚的首都是堪培拉，人口约38万，年平均气温20℃。其重要节日有澳大利亚日（澳大利亚国庆日，1月26日）。

澳大利亚地广人稀，平均每平方千米仅2.6人，人口分布极不平衡。全国90%以上的人口居住在占国土面积1/5的东部沿海地区，广大内陆地区人烟稀少。城市人口占全国总人口的86%，人口在10万以上的城市有14个，其中有5个超过百万人口的城市，分别是悉尼、墨尔本、布里斯班、珀斯和阿德莱德。澳大利亚总人口的一半居住在悉尼、墨尔本、布里斯班等大城市及附近城镇，其余人口也主要集中在各州首府及其他重要城市。

澳大利亚人时间观念很强，会见必须事先联系并准时赴约。其待人接物较随便，如果应邀到澳大利亚人家做客，可以给主人带瓶葡萄酒，最好给女主人送上一束鲜花。

大部分澳大利亚人有个绝对无法通融的习俗，就是每周日上午一定要到教堂听道。自古至今，其一直严守"周日做礼拜"的习俗。欧美人一般周日一清早就去打高尔夫球，有时候还利用打球的时间大谈生意，亿万元的合约可在球场上"一言为定"，但想在澳大利亚人身上用这一招，绝对不管用。因此，要避免在周日上午约他们出来打球、谈生意。

受南半球地理位置等因素的影响，与澳大利亚人开展商务活动最好安排在3—11月，且宜安排在酒店，因为12月至次年2月为澳大利亚人的假期。圣诞节及复活节前后一周不宜拜访。

6.5.2 经济发展历程与经济发展特征

澳大利亚原属英国殖民地，从1770年英国人建立殖民据点开始，农牧业在澳大利亚经济中一直很重要，特别是羊毛的出口闻名于世，被称为"骑在羊背上的国家"。1901年澳大利亚成为英国的自治领，1931年成为英联邦内的独立国家。独立后澳大利亚经济获得了相当大的发展，但直至第二次世界大战前，经济仍高度依赖农业。二战期间，与军事有关的工矿业得到迅速发展，成为英美在太平洋地区的"兵工厂"和后勤基地。二战后，美、日、英等国的垄断资本相继渗入，澳大利亚大利亚采矿、冶金、机械、化工和食品等部门都有了很大发展，尤其是矿产品的需求急剧增加，逐渐形成了包括采矿、冶金、机械、化学和食品等部门在内的规模较强大的工业体系，澳大利亚成为世界主要原料出口国之一，于是它又被形象地称为"坐在矿车上的国家"。目前，澳大利亚农牧业产值占工农业总产值的1/5，而工矿业产值已占4/5，成为澳大利亚经济的支柱产业。20世纪70年代以来，澳大利亚进行了一系列经济改革，大力发展对外贸易，经济持续较快增长。近年来，澳大利亚制造业和高科技产业也有了较快发展，服务业已成为国民经济的主导产业，占GDP的70%左右。

1990年以来，澳大利亚经济一直保持了快速增长势头。2010年澳大利亚名义国内生产总值（GDP）为12 351.09亿美元，较上年的9 883.48亿美元增长了25%（本币升值15.9%）。2013年澳大利亚国内生产总值为1.6万亿美元，居世界第12位。2016年澳大利亚国内生产总值为1.3万亿美元。2022年澳大利亚国内生产总值为1.7万亿美元，居世界第12位，人均GDP为6.55万美元。

6.5.3 主要经济部门生产与分布

（1）工矿业。主要包括采矿业和制造业两大部门。采矿业是澳大利亚传统的工业部门，但20世纪60年代以前，矿产不占重要地位；60年代以后，采矿业以惊人的速度发展，一跃成为国民经济的重要部门。产量除供国内需求外，仍可出口的矿物包括铝土、氧化铝、铜、黄金、锡等。矿产品出口额占全国出口总额的1/3以上。

澳大利亚采煤业发展较早，主要分布于新南威尔士州和昆士兰州，目前年产量4亿余吨，出口量居世界第二位（2022年出口3.47亿吨）。煤是澳大利亚最重要的电力动力来源，电力工业初级能源的75%是煤，南澳大利亚州和西澳大利亚州也用天然气来发电。西北大陆架的天然气田是世界最大的天然气田之一，除自用外，液化天然气的出口逐年迅速增加。20世纪60年代末70年代初，澳大利亚发现了许多铀矿，对于铀的开采，联邦政府通过原子能法令加以控制，只准许开发澳大利亚北部地区的几个铀矿和南澳大利亚州的奥林匹克·达姆矿。

铁矿是澳大利亚最重要的矿藏，主要分布在西澳大利亚的皮尔巴拉等地，铁矿石年产量3亿余吨，出口量居世界前列。

澳大利亚铝土矿储量和铝土产量分别居世界第二位和首位，年产铝土3 000多万吨、原铝120多万吨，是世界上铝的主要出口国。约克角西侧的韦帕有世界最大的铝土矿，韦帕港是著名的铝土输出港。

澳大利亚金矿储量丰富，是世界主要黄金生产国之一，金矿主要分布在西澳大利亚州的卡尔古利和北部的滕南特克里克。澳大利亚镍的产量亦居世界前列，2019年产量在20万吨以上，主要分布于西澳大利亚州的坎博尔达和昆士兰州的格林韦尔。澳大利亚铜、铅、锌、银的储量和产量亦居世界前列，开采中心主要有新南威尔士州的布罗肯希尔和昆士兰州的芒特艾萨。此外，稀有金属中的钛、金红石的开采均在世界占重要地位，西澳大利亚州钛资源丰富；铀矿主要分布于阿纳姆地半岛，年产铀矿砂4 000多吨，经精炼后产品全部运往美、英等国。

第二次世界大战后，澳大利亚制造业在迅速发展的同时，部门结构也发生了较大变化。冶金、机械、化工等部门发展较快，跃居重要地位，橡胶、造纸、印刷等部门也有了较大发展，食品工业发展相对缓慢。

钢铁工业是澳大利亚冶金部门的支柱，为全国最大的布罗肯希尔财团所控制，能冶炼各种特殊钢材。澳大利亚钢铁工业中心有肯布拉港、纽卡斯尔等地。由于煤炭资源丰富、电力价格低廉，20世纪80年代澳大利亚炼铝工业有了长足发展，从而使澳大利亚成为西方国家中仅次于美国、加拿大的第三大铝生产国。近年来，由于国际市场金属价格看好，澳大利亚其他有色金属的产量也有所增加。

机械制造业是澳大利亚重工业的最大部门之一，第二次世界大战以前就有一定的基础，经过战时和战后的持续发展，门类已较齐全，主要包括汽车、飞机、船舶、电气电子和机车等部门。其中，汽车工业发展最快，年产汽车40万辆左右，主要为小汽车和卡车，产品大多销往亚太地区，墨尔本是最大的汽车制造中心。飞机制造业是新兴工业部门，能生产多种民用和军用飞机，墨尔本生产的喷气式飞机畅销国内外。其他机械产品还有电动机和内燃机、电子计算机、家用电器等，悉尼是主要生产中心。

同钢铁、机械制造一样，化工也是澳大利亚重工业中的最大部门之一。第二次世界大战后，化工产品的种类和产量均有较大增长，主要化工产品有各种工业用化工产品和酸类、化肥、塑料、医药和化妆品等，产品主要满足国内市场的需求。

食品和纺织工业是澳大利亚建立较早的工业部门。第二次世界大战前，食品工业产值曾占工业总产值的20%以上，现比重已迅速下降，但仍为主要部门之一，除满足内需外，可大量出口，主要包括肉类加工、制糖、罐头、面粉等，集中分布在东南沿海一带。纺织工业以毛纺织最为重要，对外出口毛条、毛纱；棉纺织发展也较快，产品以满足内需为主，但尚不能全部自给。

（2）农牧业。其历来为澳大利亚的重要经济部门。20世纪50年代初，农业产值约占澳大利亚国内生产总值的25%，农产品出口额占澳大利亚出口总额的80%以上。此后，农业产值继续增长，但速度慢于其他经济部门，羊毛和肉类相继成为最重要的农产品。

畜牧业是澳大利亚地位最重要的经济部门，产值占农业总产值的比重高达3/5，畜产品出口值占澳大利亚出口总值的比重曾达1/3。澳大利亚养羊业最为发达，绵羊存栏数近年达1.3亿只，居世界前列。绵羊品种以美利奴羊为主，这是世界最优良的绵羊品种之一，此外还有考力代、波尔华斯及肉用杂种羊等品种。澳羊毛细长、柔韧，光泽良好，且单畜产毛量高，目前世界近30%的细羊毛产自澳大利亚，常年出口量达70万～80万吨，居世界首位，羊肉产量亦居世界前列。养羊业主要分布在东南部湿润地区和西南部半干旱半湿润地区，包括新南威尔士、西澳大利亚、维多利亚及南澳大利亚等州。养牛业仅次于养羊业，牛的存栏数2 000多万只，肉牛饲养占90%。其年产牛肉近200万吨，年出口量近50万吨，是世界重要牛肉出口国之一。奶牛业集约化程度高，黄油、奶酪出口亦居世界前列。肉牛养殖主要分布于北部热带雨林与热带草原气候区，其中40%集中在昆士兰州；奶牛主要在城市及工矿郊区附近饲养。

耕作业是澳大利亚农业的又一重要部门，产值占农业总产值的2/5。小麦的种植最为重要，是世界重要的小麦生产国和出口国之一。其他粮食作物还有大麦、燕麦、水稻、玉米、高粱等。经济作物有甘蔗、棉花等，蔗糖年出口量达200多万吨，居世界前列。园艺业以栽培果树为主，塔斯马尼亚岛有"苹果之岛"之称，墨累河下游的无核葡萄素负盛名。

（3）服务业。其对澳大利亚经济增长起着重要的支撑作用。伴随着经济全球化的进程以及电子通信技术的发展，澳大利亚服务业发展迅猛，产值占澳大利亚国民生产总值的70%左右，就业人数占全部就业人数的75%左右，电信、金融服务、法律服务、软件、娱乐节目、旅游、教育出口等极大地促进了澳大利亚经济增长。

旅游业是澳大利亚发展最快的行业之一。澳大利亚旅游资源非常丰富，独特的动物、著名的旅游城市和景点遍布全国。黄金海岸、卡卡杜国家公园、悉尼歌剧院、大堡礁奇观、土著人发祥地、土著文化区，以及独特的东海岸温带和亚热带森林公园等景点，每年都吸引着大批国内外游客前往观光，为国家赚取了大量的旅游收入。

澳大利亚交通运输业发达，产值约占国内生产总值的5.5%。全国54%的运输量由铁路完成，海运占44%，公路运输的比例小于2%。澳大利亚的铁路和公路主要分布在沿海地区，特别是东南沿海地区。

澳大利亚铁路运输业产值约占全国运输业总产值的28%，国有铁路总长40 000多千米，各州还有私营铁路，人均拥有铁路长度居世界首位。澳铁路网分布不均，集中分布于东南部、东部和西南部沿海地区，深入大陆的铁路很少，且轨距不一，影响了运输效率和地区间的经济联系。由悉尼向西经皮里港、卡尔古利到西南部海港城市珀斯的铁路线是澳大利亚最重要的东西向干线。另外，东部沿海地区由悉尼向南至墨尔本、向北至凯恩斯的铁路线也很重要。

澳大利亚公路总长约90万千米，1/3为沥青路，公路运输较为发达，但大城市之间的公路运输规模很小。

在澳大利亚运输业中，海运曾占主导地位，甚至国内运输也主要依靠海运，但目前海运占比为44%，低于铁路运输的占比54%。澳大利亚有商港70多个，沿海运输对各港口及各州之间的经济联系起着重要作用。澳大利亚外贸运量十分庞大，但本国仅有远洋商船数十艘，故其国际航线主要由外轮经营。

澳大利亚航空业近年来发展迅速，在运输业中的地位日益重要，产值已占运输业总产值的47%，有民用飞机11 000多架、飞机场400多个。除国内民航外，还与全球近百个国家通航，悉尼是全国最大的交通中心。

6.5.4 对外贸易、主要城市与港口

1）对外贸易发展概况

澳大利亚对外贸易发达，由于国内市场有限，故其对国外市场的依赖性很大。澳大利亚曾长期处于英国的殖民统治下，经济上曾是一个单纯的农牧业国和农牧产品出口国，英国是其主要贸易对象，对英国的出口值曾占其出口总值的55%以上，有"英国农庄"之称。第二次世界大战后，随着经济结构的变化，其对外贸易的商品结构和地区结构都发生了重大变化。目前，澳大利亚出口以农、牧、矿产品为主，主要出口小麦、食糖、羊毛、肉类、煤炭、铁矿砂及有色金属矿产品等，制成品在出口产品中的比重已上升到25%以上，主要包括运输设备、钢铁及部分化工产品等，并已明显地增加了精加工产品和高新技术产品的出口；进口以制成品为主，主要有机械、运输设备、石油化工产品和纺织品、日用品等。

据澳大利亚统计局统计，2022年澳大利亚的进口额为2 902.4亿美元，相比2021年增长了428.2亿美元，同比增长17.27%。出口额为4 121.4亿美元，相比2021年增长了677.4亿美元，同比增长19.58%。2022年澳大利亚的进出口总额为7 023.8亿美元。2022年澳大利亚进出口差额为1 222亿美元，相比2021年增长了249.6亿美元。中国是澳大利亚最大的贸易伙伴。

2）中澳贸易关系

中澳经贸合作历史悠久，两国自1972年建交以来，双边经贸关系发展迅速，成就卓著。近年来，澳大利亚政府推行"面向亚太""融入亚洲"的经贸战略，重视发展同中国的关系，我国也将澳大利亚视为多元化战略的重点目标市场之一，双边经贸合作更显示出勃勃生机。

中国是个具有巨大市场潜力的发展中国家，而澳大利亚是个拥有丰富的矿产资源、原料和先进技术的发达国家，两国经济具有很强的互补性，因而两国经贸关系始终保持着日益扩展的势头。2004年，双边贸易额达311亿澳元，创历史最高水平。2009年中澳贸易额达600.84亿美元，比2008年略增0.7%，实现了正增长。

据澳大利亚统计局统计，2022年双边贸易额达到2 870亿澳元，占澳大利亚对外贸易总额的28%。同时，澳大利亚也是中国最大的商品供应国之一，去年中国购买的11亿吨铁矿石中，65%来自澳大利亚。

海关总署最新公布的数据显示，2023年1月至9月，中国和澳大利亚之间的双边贸

易额为 1.197 万亿元人民币（1 600 亿美元），增长 10.2%，进出口均出现正增长。其中，中国自澳大利亚进口同比强劲增长 15.3%，2023 年以来保持月度两位数增长。

铁矿石和煤炭等澳大利亚商品推动了中澳贸易正增长。目前，澳大利亚仍然是中国最大的铁矿石海外来源地。来自澳大利亚的其他商品，包括牛肉和大麦，对中国市场的出口也在回升。一直以来，中国是澳大利亚大麦的主要买家。大麦是澳大利亚出口到中国的三大农产品之一，澳大利亚约 70% 的大麦产品销往中国。

2023 年，中澳一大贸易亮点是，澳大利亚锂矿超过液化天然气成为第二大对中国出口商品。2023 年上半年，澳大利亚的锂矿出口额达到创纪录的 117 亿澳元，而两年前仅为 4.7 亿澳元。

3）主要的城市与港口

（1）堪培拉。其位于澳大利亚山脉马兰比吉河谷，为澳大利亚的首都，是全国的政治和文化中心，人口 30 多万。

（2）悉尼。其位于澳大利亚东南海岸，是澳大利亚最大城市和主要工业中心，也是新南威尔士州的首府和港口城市，人口近 450 万。

（3）墨尔本。其位于澳大利亚东南部，地处悉尼、阿德莱德和霍巴特三角地带的中央，是维多利亚州的首府和港口城市，也是澳大利亚重要的交通枢纽和贸易、工业中心，人口约 400 万，该港为澳大利亚主要的杂货和集装箱港口。

（4）布里斯班。其位于澳大利亚东部布里斯班河口，为昆士兰州首府和港口城市，人口近 200 万，该港以装卸效率高、费用低而享誉国际航运界。

■ 知识掌握与应用

6.1　知识掌握

•填空题

（1）法国小麦和甜菜的主要产区是_____。

（2）北海油田的开发，使英国沿海城市_____成为英国最大石油工业基地，_____成为英国最大石油港。

随堂测 6

（3）_____是意大利最大的纺织工业中心，也被称作世界著名的_____中心。

（4）在著名的"五大湖"中，加拿大与美国共有的湖泊是_____、_____、_____和_____。

（5）澳大利亚种植的主要粮食作物是_____，主要的经济作物有_____、_____和_____。

•判断题

（1）法国东南部沿海属典型的地中海式气候。　　　　　　　　　　（　　）

（2）所谓苏格兰硅谷，是指格拉斯哥-爱丁堡一带。　　　　　　　（　　）

（3）威尼斯为意大利最大海港。　　　　　　　　　　　　　　　　（　　）

（4）加拿大的官方语言是英语。　　　　　　　　　　　　　　　　（　　）

（5）澳大利亚的制造业集中分布在东南沿海地区。　　　　　　　　（　　）

•问答题

（1）简述法国的进出口商品结构和对外贸易地区分布。

（2）比较英国新、旧工业的特点。

（3）简述意大利的主要工业部门及地位。

（4）简述澳大利亚农牧业的特点。

（5）为什么说加拿大是一个后起发达的资本主义移民之国？其外贸模式有何特点？

6.2　知识应用

（1）欧盟统计局发布的数据显示，2020年前9个月，欧盟与中国货物贸易总额维持增长势头，货物贸易总额为4 255亿欧元（约合33 676亿元人民币），同比增长3%。欧盟统计局9月公布的数据显示，2020年前7个月，欧盟27个成员国与中国的进出口总额为3 287亿欧元，同比增长约2.6%。中国首次超越美国成为欧盟第一大贸易伙伴。

资料来源　作者根据相关资料整理。

请分析我国与欧盟之间这几年贸易发展的现状和今后的发展对策。

（2）请从加拿大与澳大利亚两国的国情出发，分析两国在经贸发展上的异同点。

课题 7

新兴工业化国家
——新加坡、韩国、巴西和南非

▒ 学习目标

• 知识目标

了解新加坡、韩国、巴西和南非等新兴工业化国家的地理环境概况；了解各个国家的经济发展历程和主要特点；掌握各国当前的经贸发展特点和主要产业部门构成及分布；了解各国对外贸易在全球及各自周边地区的地位、主要特点；掌握各国对外贸易发展情况和与中国的经贸关系；了解各国的主要城市与港口。

• 技能目标

掌握新加坡、韩国、巴西和南非等新兴工业化国家地理环境的主要特点，并能分析其对经济贸易发展的影响；分析四个新兴工业化国家实现工业化的内外因素；结合当前四国经贸发展情况，分析其与中国的经贸发展取得的成就、面临的问题并提出相应的对策或建议。

• 素养目标

通过本课题的学习，进一步认识新加坡、韩国、巴西和南非等新兴工业化国家国情，树立正确的发展观，增强爱国情怀。

7.1 新加坡

7.1.1 新加坡的地理环境

新加坡是一个热带城市型岛屿国家，位于马来半岛南端、马六甲海峡出入口，北隔柔佛海峡与马来西亚相邻；南隔新加坡海峡与印度尼西亚相望。它紧扼太平洋与印度洋之间的航运要道，又处于亚洲与大洋洲两大洲之间，素有"东方十字路口"之称，地理位置十分重要。

新加坡由主岛新加坡岛及附近的 63 个小岛组成，其中新加坡岛的面积占国土总面积的 88.5%（总面积 724.4 平方千米）。其地势低平，平均海拔 15 米，最高海拔 163 米；有花岗岩的长堤通向马来西亚的新山，海岸线长 193 千米；自然资源缺乏；属典型的热带海洋性气候，年平均气温 24℃~32℃，日平均气温 26.8℃，年平均降水量 2 345 毫米，年平均湿度 84.3%。新加坡没有台风、地震等自然灾害，气候宜人，植物繁茂，风光绮丽，被誉为"花园城市"国家。①

2012 年以来，新加坡总人口增长率逐年下滑，从 2.5% 跌至 2015 年的 1.2%，是过去 10 多年来的新低。2016 年总人口增长的主要因素，是 2015 年有更多公民诞下了金禧宝宝，以及外籍女佣和长期探访准证（Long-Term Visit Pass）持有人增加。目前，新加坡人口密度已经达到了每平方千米 7 257 人，是世界上人口密度最高的国家之一。2022 年，新加坡的总人口达 564 万人。

在新加坡人口的族群比例方面，华族依然是居民人口（包括公民和永久居民）的主要部分，与 10 年前相比，华族人口比例约下降 3 个百分点，目前约为 74%；其次是印度族和马来族。近 10 年来，除华族、印度族和马来族以外的其他少数族群人数增长很快，已由原来的 4.64 万人增加到现在的 12.58 万人，增长了近 2 个百分点，占居民人口总数的 2% 以上。

新加坡主要宗教为佛教、道教、伊斯兰教、基督教和印度教，首都新加坡，货币是新加坡元。在新加坡可使用多种语言，其中马来语是国语，英语、汉语、马来语、泰米尔语为官方语言，英语为行政用语。

新加坡人多地少，加上各种自然资源十分贫乏，因此就决定了其只能利用优越的地理位置和丰富的人力资源走加工贸易的发展道路。近年来，旅游业成为新加坡经济的支柱产业之一。

7.1.2　经济发展历程与经济发展特点

新加坡的传统经济以转口贸易为主，20 世纪 60 年代开始致力于经济多元化，经济曾长期高速增长，1960—1984 年间 GDP 年均增长 9%，成为亚洲新兴工业化国家，经济合作与发展组织（OECD）在 1995 年把新加坡列为"更先进的发展中国家"。新加坡的经济发展经历了多个阶段。

20 世纪 60 年代初，新加坡着手发展本地工业，陆续设立出口加工区 20 多处，实施出口导向政策，通过进口原材料和零部件、半成品，利用本国廉价劳动力加工装配，向外出口制成品，赚取附加价值。这一时期，新加坡生产和出口的制成品主要是劳动密集型产品，包括纺织品、服装、电子产品、金属制品、皮革制品等。从 60 年代中后期开始，为减少与韩国以及中国台湾、中国香港等地区的竞争，新加坡政府审时度势、扬长避短，选择发展一些对资本和技术要求都比较高的产业，其中首推炼油业，其次是电子工业和船舶修造业。这三大工业部门获得了迅速发展，不仅改变了新加坡以劳动密集型为主的轻型产业结构，也改变了对外贸易的商品结构。与此相对应，新出口贸易中，本

---

① 外交部. 新加坡国家概况［EB/OL］.［2024-01-01］. https://www.mfa.gov.cn/web/gjhdq_676201/gj_676203/yz_676205/1206_677076/1206x0_677078/.

国产品的比重迅速上升，1966年时还只占28.6%，到了1973年便超过了60%。

20世纪70年代末，新加坡政府制订了新的经济发展计划，提出进行"第二次工业革命"，进一步发展资本和技术密集型工业，以取代劳动密集型工业，发展资本及技术密集型产品的出口；在税收、信贷、工资等方面采取积极措施，加大了人员培训和智力开发力度，同时继续大量吸引外资。这些措施取得了明显成效，其中制造业的迅速发展是新加坡经济最显著的变化，电子、炼油、修造船已发展成为具有世界意义的核心部门。除制造业之外，在交通、通信、金融、贸易、旅游等方面，新加坡也都取得了长足的发展。新加坡1997年受到了亚洲金融危机的冲击，但影响并不严重。2001年受全球经济放缓、国际市场电子产品需求下降等因素的影响，经济出现了2%的负增长，陷入独立以来最严重的衰退。为刺激经济发展，新加坡政府提出了"打造新的新加坡"口号，制定了从传统经济向知识经济转型的战略规划，大力弘扬创业文化，积极与世界主要经济体商签自由贸易协定。2017年、2018年、2019年新加坡经济增长率分别达到3.5%、3.2%、0.8%。2020年受新冠疫情影响，经济衰退5.8%。2021年，新加坡经济实现强劲反弹，同比增长7.6%。2022年，新加坡经济增长率回调至3.6%。

总之，新加坡经济已由过去单纯的转口贸易经济发展成为以制造业为中心，金融、运输、旅游业发达的多元化经济。当前，新加坡正充分利用东南亚地区经济中心及国际海、空运输枢纽的优越地理条件，依托美、日、欧和周边市场，大力发展外贸驱动型经济，向发达国家的行列迈进。

7.1.3　主要产业结构与部门

1）工业

（1）工业发展阶段。独立后，新加坡政府采取了适合其经济发展的工业战略。其工业发展主要经历了四个阶段。

第一，劳动密集阶段。由于独立初期（1965年）新加坡失业率高达10%，劳动力成本低廉，同时鉴于新加坡是印度尼西亚、马来西亚两地的主要转口贸易中心和加工中心，新加坡政府首先采取了发展出口导向的劳动密集型制造业的方针，主要行业为传统手工业，如软饮料、木材、橡胶等产业，之后又发展了纺织、电子零部件等产业。政府为此采取了改善基础设施、实行税收优惠、提供银行贷款服务等措施，为新加坡走出独立初期的经济困境起到了重要作用。70年代后，新加坡政府开始注重发展资本密集型制造业，力求最大限度地解决失业问题，实现全民就业，因此开始大力提倡工业自动化，加强了在造船、修船、炼油等方面的建设。这期间，新加坡政府开始工业园区和厂房的开发建设，大量吸引外资，特别是来自跨国公司的投资。此外，政府还将部分无法经营的私人公司收为国有，如新加坡航空公司、新加坡发展银行等。工业化的进步带来了新加坡经济状况的全面改观，此间，新加坡经济年均增长率为10%。到1979年，新加坡失业率已从1965年的10%下降到3.3%；制造业占GDP的比重由1965年的15%上升到27%。

第二，资本密集阶段。20世纪80年代初期，随着新加坡经济基础逐步稳固，政府开始着手重组经济结构，使制造业朝着高附加值、资本和技术密集型方向转化。此外，研发、设计、工程、信息科技等行业逐步兴起，吸引了以国际著名跨国公司为投资主体的电脑及其附件制造业以及石化制造业陆续落户新加坡。为使经济顺利转型，新加坡政府提出了"自动化、机械化、电脑化"的发展方针，开始重视教育和培训，开发人力资源，鼓励技术密集型投资和发展高附加值服务业等。1985年，受美国经济衰退的影响，新加坡经济曾一度萎缩了1.6%，但年均增长率仍高达6.8%，技术工人比率上升至22%。

第三，技术密集阶段。1986—1998年是新加坡经济高速发展的鼎盛时期，特别是进入90年代，新加坡已经跻身于亚洲新兴工业国的行列。新加坡政府大力发展高新技术，先后拨款60亿新元，作为国家科技发展计划基金，兴建高科技基地。电子业已发展成为本地制造业的龙头，到2000年其产值已占新制造业产值的48%，电子产品出口额占国内产品出口总额的55%，新加坡已是全球重要的集成电路、芯片和磁盘驱动器的生产基地。此外，西方五大石油公司完成了在新加坡的投资，使得新加坡成为世界第三大炼油中心。其石化和工程建设也得到了强有力的发展和壮大。鉴于新加坡在金融（银行、保险、会计、审计）、交通（快捷的空运、海运和高效的港口）、商业、酒店餐饮等服务业方面的快速发展，它被公认为东南亚地区的金融中心、运输中心和国际贸易中心，落户新加坡的国际跨国公司的数量超过5 000家，许多具有地区总部职能。新政府正式确定将制造业和服务业作为经济发展的双引擎。在大力发展国内经济的同时，新政府号召商家到海外发展，寻找、扩大商业空间。在此期间，新加坡经济增长率年均达到8.5%。

第四，知识密集阶段。从20世纪90年代后期开始，以信息产业为中心的知识密集型经济在新加坡如火如荼地发展起来。学习纽约纳斯达克，代表科技股的新加坡自动报价股市场开始运作。为寻求经济新的增长点，新加坡政府开始提倡研究生命科学，并投入巨资支持本地科研单位勇于创新。

（2）主要工业部门。新加坡主要工业部门包括制造业和建筑业，制造业产品主要包括电子产品、化学与化工产品、机械设备、交通设备、生物医药、石油产品等。其特点一是设备、原料多依赖进口，产品主要供出口；二是外资比重大。

第一，炼油业。它是新加坡第一大工业部门。新加坡地处马六甲海峡南端，是中东原油运往亚太地区的必经之地，有得天独厚的区位条件，现有七大炼油厂，日提炼能力100万桶以上，成为仅次于休斯敦和鹿特丹的世界第三大炼油中心。

第二，电子工业。它是新加坡第二大工业部门。1965年以前，新加坡几乎无电子工业可言；自1965年起，新加坡开始发展电子工业。现在，新加坡是东南亚地区电子元件、电子产品、电子计算机、高级集成电路等的生产中心。电气电子工业由简单的装配发展到多层次嵌装，自制零件及产品多样化、高端化，各类电子计算机的出口在亚洲仅次于日本，赢得了"智能岛"和"东南亚硅谷"的美誉。新加坡半导体产量曾经仅次于美、日、韩和马来西亚，居世界第5位，但近年来由于受到全球经济不景气的影响，新加坡半导体企业开始走下坡路。

第三，船舶修造业。它是新加坡第三大工业部门，也是新加坡传统优势部门，现拥有50多个大小造船厂，并且是世界海洋石油钻井平台的主要生产基地之一，每年建造的石油钻井平台数占世界总数的1/4以上。

2）金融业

新加坡的国际金融业自20世纪60年代后期开始兴起，1970年设亚洲美元市场，到90年代初，亚洲美元市场由开始时的3.898亿美元迅速扩展至1 100多亿美元。新加坡以十分完备的优惠制度吸引外资，且通信等服务设施完善，被称为"世界上最理想的投资国"之一。目前，已有近150家外国银行云集新加坡开展广泛的业务，新加坡成为仅次于伦敦、纽约、东京、香港的国际性金融中心。

3）旅游业

新加坡利用其优越的地理位置，通过大力发展基础设施、提供优质服务、简化出入境手续，并开展各种旅游外交活动，吸引了大量外国游客来访及大批国际会议来新加坡召开，成为亚洲的旅游王国。

目前，旅游业已成为新加坡外汇的主要来源之一。游客主要来自东盟各国、中国、日本、澳大利亚和印度等。新加坡旅游局发布的报告显示，2017年新加坡接待的国际游客数量总共达1 742.28万人次，同比增长6.2%，入境游客人数和旅游收益均创历史新高。截至2023年9月23日，新加坡入境游客数量达1 014万人次，同比增长171%。其中，到访新加坡的中国游客达101万人次，同比增长1 154.2%。新加坡主要景点有圣淘沙岛、植物园、夜间野生动物园等。

4）交通运输业

新加坡交通发达，设施便利，是世界重要的转口港及联系亚、欧、非、大洋洲的航空中心，也是世界最繁忙的港口之一和亚洲主要转口枢纽之一，有200多条航线连接世界600多个港口。

新加坡航空运输业高度发达，有世界一流机场——樟宜国际机场，为亚、欧、大洋三大洲之间重要的国际航运中心。当前，新加坡已经开通至60多个国家和地区200多个城市的航线，有70多家航空公司每周提供超过3 700架班次的定期飞行服务。樟宜国际机场连续多年被评为世界最佳机场。

5）农业

新加坡农业是典型的都市农业，其占国民经济的比重不到1%，主要是家禽饲养业和水产业，粮食全部依靠进口，蔬菜绝大部分从马来西亚、中国、印度尼西亚和澳大利亚进口，自给率仅为5%。

7.1.4　对外贸易及中新经贸关系

1）对外贸易发展情况

20世纪60年代初，新加坡以转口贸易为主，60年代中期以后，转口贸易的地位逐步下降，本国生产的劳动密集型产品（如纺织品、服装、电子产品等）的出口迅速上升。70年代末开始的"第二次工业革命"致力于出口产品的升级换代，资本、技术密集的高附加值产品的出口比重迅速上升。经过50多年的努力，新加坡对外贸易飞速发展，对外贸易额 1965 年仅为 20.25 亿美元，到 2009 年，商品进出口总额为 5 158 亿美元，是国内生产总值（1 068 亿美元）的 4 倍多。2016 年新加坡货物进出口额为 6 129.5 亿美元，比 2015 年下降 4.7%。

国际贸易是新加坡国民经济重要支柱。2022 年新加坡对外货物贸易总额约 13 650 亿新元（约合 9 912.8 亿美元），其中出口 7 100 亿新元（约合 5 154.4 亿美元），进口 6 550 亿新元（约合 4 758.4 亿美元）。①新加坡主要进口商品为电子真空管、原油、加工石油产品、办公及数据处理机零件等，主要出口商品为成品油、电子元器件、化工品和工业机械等，主要贸易伙伴为中国、马来西亚、美国。

此外，2022 年新加坡共吸引 225 亿新加坡元固定资产投资，同比增长 90.7%，创历史新高。

2）中新经贸关系

（1）中新经贸发展概况。据中国海关统计，1990 年中新两国建交时的双边贸易额仅为 28 亿美元，到 2000 年已突破 100 亿美元。近几年，尽管世界经济不景气，发展中国家的对外贸易普遍下降，但中新双边贸易仍然取得了较快的增长。2009 年中新双边贸易额为 522.8 亿美元，同比下降 19.3%。中国为新加坡第三大出口目的地和第三大进口来源地。到 2013 年，中国与新加坡的双边货物进出口额为 920.6 亿美元，增长 10.7%。

从 2013 年起，中国连续 9 年蝉联新加坡最大贸易伙伴，是新加坡第一大出口市场、第一大进口来源以及第三大服务贸易国。总体来看，中新两国贸易规模呈现增长态势，中国处于贸易顺差地位。2022 年中新进出口商品总额达 1 151.3 亿美元，同比增长 22.8%。其中，中国自新加坡进口总额约为 339.58 亿美元，中国向新加坡出口总额约为 811.68 亿美元。从双边贸易品类来看，机电产品、矿产品、机械器具、光学医疗设备和塑料制品是中国与新加坡的前五大贸易品类。

从投资来看，截至 2022 年 10 月，新加坡累计在华实际投资 1 304.6 亿美元，新加坡继续保持中国最大的新增投资来源国的地位。新加坡也是中国在东盟最大的投资目的国，中国对新加坡的直接投资存量已超过 600 亿美元，中国累计对新加坡投资 735.5 亿美元，中国连续 13 年保持新加坡对外直接投资第一大目的国，新加坡成为中资企业"走出去"开展贸易投资合作的主要目的地之一。中国对新加坡投资涉及所有主要行业，主要集中于金融保险业、贸易业、航运、电力等行业。2022 年，中国新能源汽车企业蔚来和金融企业扬子江金控在新加坡交易所敲钟上市。多个行业的中资企业宣布在新加坡扩大投资和业务规模，其中包括中国跨境快时尚服装品牌 Shein、台湾大型化工企业长春集团、科兴生物、台积电在内的企业宣布在新加坡扩大投资和业务规模。

（2）中新经贸合作展望。中新双方的经贸合作是全方位和多层次的，已经取得了令人满意的成绩，但两国进一步开展经贸合作的空间和潜力仍很大。目前，两国企业及经贸主管部门正积极努力，力争双边经贸合作取得新的进展。新加坡是东南亚经济最发达的国家，是世界的金融、航运和对外贸易中心，外向型经济、多元文化和多元种族构成

---

① 外交部. 新加坡国家概况［EB/OL］.［2024-01-01］. https://www.mfa.gov.cn/web/gjhdq_676201/gj_676203/yz_676205/1206_677076/1206x0_677078/.

使得新加坡与亚洲其他国家及欧美日等经济发达市场的联系非常密切。但新加坡国小人少，国内市场有限，缺乏自然资源，要保持经济发展，就必须依靠庞大而稳定的市场。当前，中国经济持续稳定增长，市场广大且需求旺盛，中国的发展和开放为新加坡的商家和投资者提供了良好的合作机会。

此外，中新开展经贸合作的基础和条件良好，合作前景广阔，主要表现在：①中新两国政治关系友好、稳定；②双边贸易已具备相当规模，且潜力巨大；③新加坡对华投资进入新阶段。

随着《区域全面经济伙伴关系协定》（RCEP）生效实施，中国和新加坡均承诺对各方 90.5% 的产品关税最终降为零。其中，中国承诺 67.9% 的对新加坡出口的产品关税立即降为零；新加坡承诺 74.9% 的对中国出口的产品关税立即降为零。关税削减措施有利于新加坡这类的出口导向型高价值商品生产国。总之，中新经贸合作与交流前景光明。两国的交流与合作不但有利于两国的经济发展，能造福两国人民，还将有利于本地区的发展。

7.2　韩国

7.2.1　韩国的地理环境

（1）人口与城市。韩国于 1948 年 8 月 15 日成立。它位于亚洲大陆东北、朝鲜半岛的南半部，东、西、南三面环海，东濒日本海，西临黄海，东南隔朝鲜海峡与日本相望，面积 10.329 万平方千米。[①]

韩国地形东北高、西南低，以山地、丘陵为主，其面积占国土总面积的 70%。太白山脉绵亘在整个东海岸，海岸平直，多悬崖峭壁；中部主要是东北-西南走向的小白山脉；西部以平原为主；西南部海岸线曲折，沿海多岛屿。其主要河流有汉江、洛东江、锦江等。韩国属温带季风气候，海洋性特征显著，年均降水量在 1 300～1 500 毫米，主要集中在 6—8 月。

韩国自然资源贫乏，矿产资源较少，已发现的矿物有 280 多种，其中有经济价值的 50 多种。具有开采利用价值的矿物有铁、无烟煤、铅等，但储量都不大。由于自然资源匮乏，其主要工业原料、燃料均依赖进口。

韩国总人口 5 143 万（2022 年底），为单一朝鲜民族，通用韩国语，50% 左右的人口信奉佛教、基督教、天主教等宗教。韩国人口平均增长率 20 世纪 70 年代为 2.30%，80 年代和 90 年代分别下降至 1.43% 和 1.11%。21 世纪以来，韩国人口增长率仍呈下降趋势。

韩国现有 1 个特别市（首尔市），2 个特别自治市（道）（世宗特别自治市、济州特别自治道），8 个道（京畿道、江原道、忠清北道、忠清南道、全罗北道、全罗南道、

---

① 外交部. 韩国国家概况［EB/OL］.［2024-01-01］. https://www.mfa.gov.cn/web/gjhdq_676201/gj_676203/yz_676205/1206_676524/1206x0_676526/.

庆尚北道、庆尚南道），6个广域市（釜山、大邱、仁川、光州、大田、蔚山）。①

韩国首都：首尔（Seoul），人口约941万。重要节日：8月15日，纪念从日本殖民统治下光复（1945年）和大韩民国建国（1948年）；10月3日开天节，传说中的古朝鲜建国日。货币：韩元。

韩国人口密度为492人/平方千米，是世界上人口最稠密的国家之一。人口中城市人口不断增加，约占总人口数的60%，主要集中在首尔、釜山、大邱等大城市。

韩国工业、商业和服务业均很发达。首尔城内宫殿众多，因此有"皇宫之城"之称，是韩国的政治和文化中心；釜山是韩国第二大城市，也是韩国最大的港口城市，人口约400万，主要工业有造船、汽车、电力、化工、造纸等。大邱人口约250万，为韩国东南部政治、经济和文化中心。

（2）韩国风俗与禁忌。韩国由单一的韩族（即朝鲜民族）组成。韩国人直爽、开朗、活泼、能歌善舞、民族意识强烈；崇尚儒教，尊重长者，长者进屋时大家都要起立，向他们问好；和长者谈话时要摘去墨镜；早晨起床和饭后都要向父母问安；父母外出回来，子女都要迎接；乘车时，要让位给老人；吃饭时应先为老人或长辈盛饭上菜，老人动筷后，其他人才能吃。

韩国人见面时的传统礼节是鞠躬，晚辈、下级走路时遇到长辈或上级，应鞠躬、问候，站在一旁，让其先行，以示敬意。男人之间见面通常互相鞠躬并握手，握手时或用双手，或用左手，并只限于点一次头。鞠躬礼节一般在生意场合不使用。和韩国官员打交道一般可以握手或是轻轻点一下头。女人一般不与人握手。

在宴会中，男女分开进行社交活动，甚至在家里或在餐馆里也是如此。在韩国，如友人邀请你到他家吃饭或赴宴，你应带小礼品，最好挑选包装好的食品。席间敬酒时，要用右手拿酒瓶，左手托瓶底，然后鞠躬致祝词，最后再倒酒，且要一连三杯。敬酒人应把自己的酒杯举得低一些，用自己杯子的杯沿去碰对方的杯身，敬完酒后再鞠个躬才能离开。做客时，主人不会让你参观房子的全貌，自己也不要到处逛。要离去时，主人会送你到门口甚至送到门外，然后说再见。

韩国人用双手接礼物，但不会当着客人的面打开。不宜送外国香烟给韩国友人，酒是送给韩国男人最好的礼品，但不能送酒给女士，除非你说清楚这酒是送给她丈夫的。在赠送韩国人礼品时应注意，韩国男性多喜欢名牌纺织品、领带、打火机、电动剃须刀等；女性喜欢化妆品、提包、手套、围巾类物品和烹饪用的调料。

若有拜访必须预先约定，韩国人很重视交往中的接待，宴请一般在饭店或酒吧举行，夫人很少在场。

韩国人禁忌颇多。逢年过节相互见面时，不能说不吉利的话，更不能生气、吵架；农历正月头三天不能倒垃圾、扫地，更不能杀鸡宰猪；寒食节忌生火；婚期忌单日；渔民吃鱼不许翻面，因忌翻船。

与年长者同坐时，坐姿要端正。由于韩国人家中的餐桌通常是矮腿儿小桌，放在地

---

① 外交部. 韩国国家概况［EB/OL］.［2024-01-01］. https://www.mfa.gov.cn/web/gjhdq_676201/gj_676203/yz_676205/1206_676524/1206x0_676526/.

炕上，用餐时，宾主都应席地盘腿而坐。若是在长辈面前，应跪坐在自己的脚底板上，无论是谁，绝对不能把双腿伸直或叉开，否则会被认为不懂礼貌或侮辱人；未征得同意，不能在上级、长辈面前抽烟，不能向其借火或接火；吃饭时不要随便发出声响，更不许交谈；进入家庭住宅或韩式饭店应脱鞋。

7.2.2　经济发展历程与当前经济状况

第二次世界大战后，由于资源贫乏，加上战争的破坏，韩国经济基础脆弱，经济振兴的起点很低。1960年其人均国内生产总值只有82美元。韩国现代经济起飞始于60年代，60多年来，韩国政府充分、及时地利用国内外的有利条件和机遇，采取适合本国国情的经济政策，适时调整发展战略和经济结构，积极利用外资，引进先进技术，扶植战略产业，建立出口加工区和自由贸易区，迅速建立起以钢铁、造船、石化、汽车、电子为代表的重化工业体系，实现了30多年的经济持续高速增长，迅速发展成为令世人瞩目的新兴工业化国家和出口贸易额超千亿美元的贸易大国。

自20世纪60年代初起，韩国经济步入高速增长轨道。1962—1971年，韩国政府连续实施了第一个和第二个五年计划，推行"出口第一"的外向型发展战略，利用世界发达国家工业结构转型的有利时机，大量引进外资和先进技术设备，并在依靠进口原料、燃料和本地区廉价劳动力的基础上建立起以出口为中心的"出口主导型"经济结构，推动国民经济迅速发展。

1972—1981年，韩国政府实施了第三个和第四个五年计划。韩国抓住西方发达国家又一次产业结构调整的机遇，推行"有重点地发展重化工业"的方针，把钢铁、有色金属、机械、造船、汽车、电子、石化、水泥、陶瓷和纤维工业作为"十大战略工业"重点扶持。到70年代末，韩国重工业产值超过轻工业，其经济的重化工业化率从60年代后期的40%提高到55.6%，韩国跻身于新兴工业化国家的行列。

80年代末90年代初，韩国在"出口导向"的战略下，再次大力调整经济结构，以实现"科技立国"为基本目标，大力提高国民经济的科学技术水平，将重点转向知识、技术密集的产业领域，实行产业升级和产品的高级化、多样化。到第六个五年计划时期，韩国已在电子、半导体、通信、自动化机械、精密化工等新兴产业领域取得较大进展，从而使韩国工业迅速由劳动密集型向资源、资本密集型转变，又进而向知识、技术密集型迈进。

韩国自1992年开始实施第七个五年计划，并进一步实施"科技立国"的基本国策，采取了增加科技研究与开发投资、大力培养科技人才等措施，加快发展高科技产业，以逐步建立自己的高科技体系和促进经济结构的进一步升级。1992年，韩国政府还提出了"世界化战略"的方针，改革政治与经济机制，与新的国际经济秩序接轨，进一步提高国际竞争力，使国家建设的各个领域全面走向世界，迎接世界范围内科技与贸易的新挑战。"科技立国"战略的实施，使韩国经济结构发生了明显变化，经济实力明显增强。1994年，韩国国内生产总值达3 675.7亿美元（世界排名第11位），人均达8 260美元。

韩国 GDP 在 2007 年曾达 1.05 万亿美元，但此后全球金融危机和韩元贬值导致韩国 GDP 在 2009 年跌至 9 310 亿美元。按照 2009 年的 GDP 计算，韩国经济规模排在全球第 15 位，但与其前两位的澳大利亚和墨西哥相比差距很小。韩国 2010 年国内生产总值同比增长 6.1%，约为 1.001 万亿美元，时隔 3 年重新突破 1 万亿美元大关。2019 年韩国 GDP 为 1.66 万亿美元，居世界第 11 位。2022 年韩国 GDP 为 1.66 万亿美元，比 2021 年的 GDP1.81 万亿美元减少了 1 459 亿美元，居世界第 13 位。

7.2.3　主要产业结构与部门

第二次世界大战后，历经 70 多年的发展，韩国从贫穷落后的农业国变成一个新兴的工业化国家。其国民经济结构得到较大改善，农业比重明显下降，工矿业和第三产业的比重迅速上升。

根据产业政策制定和实施的特点，韩国的产业发展可以分为五个阶段：①1961 年以前的进口替代阶段；②1962—1972 年的起飞阶段；③1973—1979 年的促进重工业阶段；④1980 年至亚洲金融危机前的调整阶段；⑤亚洲金融危机至今的全面改革阶段。

1）工业

目前，韩国主要工业部门有钢铁、汽车、造船、电子、化学、纺织等。

（1）钢铁工业。作为韩国主导型产业的钢铁工业，在过去的半个世纪中，一直保持着快速增长，并在推动韩国经济的繁荣方面做出了巨大贡献，近年来在世界钢铁业中一直保持着钢铁制造大国的地位。2016 年，韩国粗钢产量同比下降 1.6% 至 6 857 万吨，居世界第 6 位。2019 年粗钢产量为 7 140 万吨。受新冠肺炎疫情的影响，国内外汽车、造船和建筑业需求萎缩，韩国 2020 年粗钢产量大幅下降。韩国钢铁协会的统计数据显示，2022 年该国粗钢产量为 6 580 万吨，居世界第 6 位。

（2）汽车工业。韩国的汽车工业在第二次世界大战后经过 30 余年的发展，到 80 年代进入飞速增长时期，1986 年汽车产量突破 100 万辆；1997 年汽车产量达 281.8 万辆，居亚洲第 2 位；2010 年汽车产量 427.1 万辆，居世界第 5 位。2016 年，韩国国内汽车产量同比减少 7.2%，为 422.8 万辆，创下 2010 年以来的最低水平，居世界第 6 位；相反，韩国五大整车厂商在海外生产的汽车数量同比增长 5.5%，达 465.2 万辆，史上首次超过国内汽车产量。其主要汽车公司有现代、韩国通用、起亚、雷诺三星、双龙等。2022 年，韩国汽车产量达到 343.84 万辆，同比增长 9%，居世界第 5 位，市场占有率为 4.4%。

（3）造船工业。20 世纪 60 年代以前，韩国只有十几家小型造船厂，只能建造和修补一些捕捞用的小型木船。进入 70 年代，国际市场造船业比较景气，现代、大宇等大企业集团先后建立蔚山、木浦等大型造船厂，韩国造船业迅速发展。船舶是韩国重要的出口商品。

英国克拉克松研究公司的统计数据显示，2019 年由于贸易保护主义的加强，全球新船订单量降至 2 529 万 CGT（修正总吨）。其中，韩国造船企业新获的订单量为 943 万 CGT，占全球比例虽略微下滑至 37.3%，但依然是全球第 1 名。

2022 年中国造船业在接单量、完工量和手持订单量这三大指标上全面超越日韩，在全球市场的份额占比接近一半，超过韩国和日本的总和。2023年9月份中国承接的造船订单继续远超韩国。中国获得了62艘船舶订单，占全球订单量的82%，位居世界第1；而韩国排名虽为世界第2，但仅获得了4艘造船订单，占比仅为6%。

（4）电子工业。韩国电子工业起步于20世纪60年代，进入80年代后发展迅速，1989年电子工业产值已居世界第5位。电子产品由初级产品发展到高级精密产品，技术水平在亚洲居领先地位。

目前，韩国电子工业以高新技术密集型产品为主，为世界十大电子工业国之一，半导体集成电路发展尤为迅速。三星、现代、LG三大电子公司的芯片在全球半导体市场占有相当大的比重。近年来，韩国十分重视IT产业的发展，不断加大投入，IT技术水平和产值均名列前茅。

韩国工业空间分布随着工业结构的转换与升级发生了明显的变化。工业总体布局是逐步向东南沿海、西部沿海地区聚集，现主要分布在三个地区：一是京仁工业区，即以首尔、仁川为中心的传统工业区，首尔以纺织、服装、印刷和食品等轻工业为主；仁川重工业发达。二是岭南临海工业区，以釜山为中心，以重化工业为主。三是西南沿海新兴工业区，以始华、群山、木浦等工业区为主，着重发展高新技术产业和知识密集型产业。

2）农业

韩国现有耕地面积152.8万公顷，主要分布在西部和南部平原、丘陵地区，以稻米、小麦种植为主，其中稻米出口量位居世界前列；韩国现有农业人口195万，约占总人口的4.2%。

3）服务业

韩国服务业近年来发展较快，在国民经济中占有重要地位。

（1）旅游业。韩国风景优美，有许多文化和历史遗产，旅游业较发达。2006年访韩外国游客突破600万人次，旅游外汇收入突破60亿美元；2010年访韩外国游客突破900万人次，旅游外汇收入达到100亿美元。根据韩国观光公社的统计数据，截至2016年11月21日，访问韩国的外国游客突破1 500万人次大关，已经刷新了2014年创下的全年历史最高水平1 420万人次的纪录。其中，中国游客最多，前10个月，入境韩国的中国游客多达700万人次，同比猛增40%。2017年，受"萨德"事件的影响，韩国旅游界赖以生存的访韩中国游客锐减超过40%，韩国旅游业经历了前所未有的困难期。韩国文化体育观光部的数据显示，2019年访韩外国人大幅增加，达到1 750万人次，达到历史新高。疫情防控政策放宽推动2022年韩国出入境人数同比大增326%，为1 941.4228万人次。虽然该数值仅为2019年（9 354.8093万人次）的21%，但恢复势头不断增强。

韩国旅游服务设施完善，全国有40多家饭店达到国际标准，其中部分已加入国际饭店预订系列。首尔的新罗饭店、乐天饭店、洲际饭店、朝鲜饭店等被列入超豪华类饭店行列。韩国主要旅游景点有景福宫、民俗博物馆、南山塔、庆州、济州岛、雪岳山等。

（2）交通运输业。韩国陆、海、空交通运输均较发达，近年来，随着经济的发展，韩国交通运输量迅速上升，全国已建成纵横交错的铁路网和高速公路网。

7.2.4　对外贸易概况及中韩贸易关系

1）外贸发展概况

韩国是世界上经济对外依存度较高的国家，对外贸易被视为其生命线，对外贸易额占国内生产总值的60%以上。1964年，韩国提出了"出口立国"战略，依靠进口工业原料、燃料、中间产品和机器设备，生产国际市场需要的工业制成品，推行了工业化，迅速增强了国家的经济实力，推动了对外贸易的快速发展。六七十年代是韩外贸增长最快的时期，年平均增长率近40%。80年代后期，韩国出口增长速度略有放慢，但仍居亚洲前列。

此外，韩国的出口商品结构也发生了很大变化。20世纪60年代初，农副产品和矿产品占全部出口商品的一半以上；60年代中期，工业品出口比重迅速赶上并超过农矿产品的出口比重；而到了70年代中期，除传统商品外，电子、船舶、钢铁和石化产品等已位居十大出口商品之列。

据韩国产业通商资源部发布的《2022年12月及全年进出口动向》报告，2022年韩国贸易逆差为472亿美元，创历史新高。统计显示，2022年出口额为6 839亿美元，同比增长6.1%；进口额为7 312亿美元，同比增长18.9%。

这是自2008年全球金融危机以来，韩国时隔14年首次出现贸易逆差。规模为金融危机前1996年（206.2亿美元）的两倍多，刷新历史最高纪录。

目前，韩国和世界上180多个国家和地区有经贸关系，进出口市场主要集中在北美和亚洲地区，主要贸易伙伴有美国、中国、日本、东南亚国家、欧盟、中东国家及澳大利亚等。其中，中国、美国、越南为韩国前三大贸易伙伴国。

2）中韩贸易关系

中韩两国的经贸往来始于20世纪70年代末80年代初。当时，两国通过中国香港进行转口贸易，贸易额很小，1979年仅1 900多万美元。1988年双方开展直接贸易后，双边贸易额迅速增长，1991年双边贸易额达到57.65亿美元。1992年8月24日，中韩正式建交，双边经贸关系进入了一个新的发展时期。

进入21世纪后，双边贸易发展更快。1992—2002年的10年间，中韩双边贸易额年均递增24.2%。2010年，中韩双边贸易额达2 071.7亿美元，同比增长32.6%。其中，我国出口687.7亿美元，进口1 384亿美元，同比分别增长28.1%和35%。我国逆差696.3亿美元，创历史新高，同比增长42.5%。

当前，中国是韩国最大贸易伙伴、最大出口市场和最大进口来源国，韩国是中国第三大贸易伙伴国。据中方统计，2022年中韩贸易额为3 622.9亿美元，同比增长0.1%。其中，中方进口额1 996.7亿美元，同比减少6.5%；出口额1 626.2亿美元，同比增长9.5%。中韩两国经济互补性强，合作潜力巨大，广阔的合作前景将继续造福两国人民。

中韩两国地理位置相邻，文化习俗相近，在经济发展方面又各有优势、各有需求，存在着很强的互补性,中韩双方经贸合作潜力很大。

7.3 巴西

7.3.1 巴西的地理环境

巴西位于南美洲东南部,面积 851.04 万平方千米[①],约占南美洲总面积的 47.8%,是拉丁美洲最大的国家,居世界第五位。巴西国土绝大部分属于巴西高原和亚马孙平原,二者分别占国土总面积的 1/2 和 1/3。巴西 80% 的地区位于热带,最南端属亚热带气候,北部亚马孙平原属赤道气候,中部高原属热带草原气候。

巴西热带雨林资源极其丰富,森林面积 442 万平方千米,覆盖率为 62%;木材储量 658 亿立方米,占世界总储量的 20%,有 4 000 多种高大的乔木。全境河流众多,亚马孙河流域面积、径流量均居世界第 1 位,蕴藏了丰富的水力资源。巴西的矿产资源也相当丰富,主要有铁、锰、铝、铬、镍、锡、铌、钽、铍、铀、金刚石等,已经探明铁矿储量 333 亿吨,占世界 9.8%,居世界第 5 位,产量居世界第 2 位;铀矿、铝矾土和锰矿储量均居世界第 3 位;铌、铍矿储量均居世界首位。此外,巴西已探明煤炭储量 230 亿吨,但品位很低;石油储量 149 亿桶,居世界第 15 位,南美地区第 2 位(仅次于委内瑞拉)。2007 年底以来,在沿海陆续发现多个特大盐下油气田,预期储量 500 亿至 1 500 亿桶,有望进入世界十大储油国之列。

巴西全国共分 26 个州和 1 个联邦区(巴西利亚联邦区),2022 年巴西人口 2.03 亿,位居拉美第 1、世界第 7。白种人占 53.74%,黑白混血种人占 38.45%,黑种人占 6.21%,黄种人和印第安人等占 1.6%。官方语言为葡萄牙语。约 50% 的居民信奉天主教,31% 的居民信奉基督教福音教派。首都巴西利亚,人口 385.8 万,年平均气温 21℃。[②]

巴西人性格开朗豪放,待人热情而有礼貌,相见时通常热烈拥抱。与巴西人进行商务谈判时,不要马上谈工作,因巴西人时间观念不强,要等主人先谈工作,再逐步进入正题;商务活动最好着深色西服。巴西人会客时,主人通常会敬上一小杯浓咖啡,客人必须喝下去,以表示尊敬主人。对于商品图案及商标,巴西人喜欢大红色,忌讳棕色、紫色、黄色及深咖啡色,认为这些颜色不吉利。因此,出口到巴西的商品包装应避免上述颜色。

巴西的重要节日有狂欢节(2 月中下旬)、独立纪念日(9 月 7 日,即巴西国庆日)等。其货币是雷亚尔。

---

① 外交部. 巴西国家概况 [EB/OL]. [2024-01-01]. https://www.mfa.gov.cn/web/gjhdq_676201/gj_676203/nmz_680924/1206_680974/1206x0_680976/.
② 外交部. 巴西国家概况 [EB/OL]. [2024-01-01]. https://www.mfa.gov.cn/web/gjhdq_676201/gj_676203/nmz_680924/1206_680974/1206x0_680976/.

7.3.2 经济发展历程与当前经济特点

巴西是拉美经济大国，特别是第二次世界大战后经济发展迅速，成绩显著，已从一个单一经济的农业国发展成为具有中等发达国家水平的工业-农业国。二战后至60年代初，巴西实行进口替代工业化发展的战略，强调国家对经济的干预和领导，保护民族产业，强化本国经济的独立自主，奠定了经济起飞的基础。1967—1974年，巴西经济年均增长率高达10.1%，被誉为"巴西奇迹"；80年代，其经济一直处于停滞甚至严重衰退和高通货膨胀状态；从90年代初开始，巴西向外向型经济模式转轨，1994年政府实施了雷亚尔货币稳定计划，有效遏制了高通胀。此后，政府继续推行以控制通胀为目标的稳健经济政策，深化改革，加速宏观经济结构调整，积极推进私有化进程，经济有所恢复。

1997年后，由于受亚洲和俄罗斯金融危机的冲击，巴经济发展受到一定程度的影响。1998年底到1999年初，巴金融市场剧烈动荡，政府被迫放弃1994年以来实行的固定汇率制，货币大幅贬值，经济遭受重创。在国际社会的支持下，巴政府在较短时间内稳定了金融形势，国内生产总值当年实现了低增长。2000年以来，巴政府严格执行同国际货币基金组织达成的协议，继续进行经济、金融和产业结构调整，加大对宏观经济的管理和调控力度，经济形势有所好转。但由于2001年爆发了全国性电力危机，加上受全球经济衰退和阿根廷经济危机的影响，巴经济增长乏力，金融形势不容乐观。从总体来看，目前巴西经济实力居拉美首位，是世界第12大经济实体（2022年），属于新兴的工业化国家。2022年，巴西GDP为1.92万亿美元，比2021年增加了2 702.8亿美元。巴西最大经济中心是圣保罗，商业和金融中心是里约热内卢。

7.3.3 主要产业结构与部门

巴西拥有拉美最为完整的产业体系，工业、农业和服务业是国民经济的支柱产业。

（1）工业。巴西是拉美最大工业国，实力和技术水平均居拉美首位。20世纪70年代即建成了比较完整的工业体系，工业基础较为雄厚。近年来，巴西在信息技术、核技术、生物工程、光纤通信技术和宇航工业等方面发展很快，取得了令世人瞩目的成就。

巴西主要工业部门有钢铁、汽车、造船、石油、食品等，核电、通信、飞机制造等已跨入世界先进国家行列。20世纪90年代中期以来，药品、食品、通信设备及交通器材等的生产增长较快；制鞋、服装、皮革、纺织和机械工业等逐渐萎缩。

巴西是拉美最大的钢铁生产国，钢铁工业主要集中在米纳斯吉拉斯州、圣保罗州和里约热内卢州。汽车工业主要分布在圣保罗附近，2022年巴西汽车产量近182.48万辆，比上一年增长5%，居世界第8位。航空工业是巴西工业的后起之秀，巴西目前是世界航空工业大国，现已能生产几十种型号的军用、民用飞机。

（2）农业。农业在巴西国民经济中占有重要地位。巴西国土辽阔，土地肥沃，可耕地面积约4亿公顷，已开垦约9 000万公顷，牧场2亿公顷，发展农业的潜力巨大。巴西是世界上农、林、牧、渔各业全面发展的少数国家之一，被誉为"21世纪的世界粮仓"。

巴农产品种类繁多，主要有咖啡、甘蔗、可可、大豆、柑橘、香蕉、玉米、烟草等。其中，大豆、咖啡、蔗糖、柑橘产量居世界第一，玉米产量居世界第三。除小麦部分尚需进口外，粮食基本能自给，农产品多数供出口。巴西有辽阔的草原，畜牧业分布较广、较发达，主要养牛、羊、马等。

（3）服务业。服务业对巴西经济发展举足轻重，它不仅是产值最高的产业，也是创造就业机会最多的行业，主要部门包括不动产、租赁、旅游业、金融、保险、信息、广告、咨询和技术服务等。2019年，巴西服务业产值4.59万亿雷亚尔，占国内生产总值的62.9%。

第一，旅游业。巴西拥有丰富的自然和人文旅游资源，旅游内容主要包括古老的建筑、热带自然风光、民族风情等，赴巴西游客多来自拉美各国和欧洲。目前，巴西拥有18 000多家星级饭店，能提供30多万间客房，旅游业提供直接、间接就业机会580多万个。旅游业外汇收入已成为巴西主要外汇来源。里约热内卢、圣保罗、巴西利亚、亚马孙丛林、伊瓜苏大瀑布、大沼泽地国家公园等是巴西主要旅游景点。其中，巴西利亚以其独特的建筑闻名于世，被联合国教科文组织列为"人类文化遗产"；一年一度的狂欢节彩车游行是其独特的人文旅游景观。赴巴西旅游最好的季节是每年的4—10月，而12月中旬至来年2月末，巴西正处于酷暑时节，当地人多外出度假，办事有诸多不便，并且旅游就餐也成问题。

第二，交通运输业。公路交通在巴西占有极为重要的地位，其货物运输量占全国货物运输总量的60%以上，公路网总里程达175万千米；铁路运输很不发达，总长只有30 374千米，货物运输量占全国货物运输总量的21%；巴西拥有丰富的水运潜力，有漫长的内河航线和海岸航线，但运输效率并不高，港口机械化程度较低，造成水运成本较高；巴西的航空运输近年来发展很快，全国有150多个城市开通了航线。

7.3.4　对外贸易概况及中巴贸易关系

（1）外贸概况。对外贸易在巴西经济中占有重要地位，总额约占国内生产总值的1/5。早在20世纪60年代，随着国家经济结构的调整，巴西就提出了"出口即出路"的口号，把增加出口和使出口多样化作为发展战略，出口额不断增加。

近年来，巴西政府对外贸政策做了重大调整，摒弃了以高额关税限制进口的保护主义，对出口进行奖励和补贴，鼓励提高产品质量和加强出口竞争机制，宣布开放市场，减免5 000种商品的进口关税。这些举措有利于巴西对外贸易保持高速增长态势。

数据显示，2022年，巴西出口额为3 350亿美元，比上年增长19.3%；进口额为2 727亿美元，比上年增长24.3%。2022年巴西实现贸易顺差623亿美元，创历史最高纪录。

巴西主要港口有：①桑托斯（圣保罗的外港），是世界最大的咖啡出口港；②里约热内卢，是巴西最大海港，有集装箱码头泊位，输出咖啡、砂糖、皮革、铁矿砂等。此外，巴西还有维多利亚、巴拉那瓜和圣路易斯等港口。

（2）中巴贸易关系。中巴建交以来，双边经贸关系取得长足发展。巴西是我国第九大贸易伙伴国，我国是巴西第一大贸易伙伴国。据中国海关统计，2022年中巴双边贸易额为1 714.9亿美元，同比增长4.9%，其中中方出口额619.7亿美元，同比增长15.7%，进口额1 095.2亿美元，同比下降0.4%。中方主要出口机械设备、计算机与通信技术设备、仪器仪表、纺织品、钢材、运输工具等，主要进口铁矿砂及其精矿、大豆、原油、纸浆、豆油等。

我国对巴西投资主要涉及能源、矿产、农业、基础设施、制造业等行业。巴西在华投资主要涉及压缩机生产、煤炭、房地产、汽车零部件生产、纺织服装等项目。我国企业在巴西承接火电厂、特高压输电线路、天然气管道、港口疏浚等大型基础设施项目。

发展中巴贸易不仅符合两国目前的经济利益，而且符合中国在拉美发展的长远利益。加强中巴贸易关系，对我国与拉美其他发展中国家贸易往来的拓展可以起到纽带作用，甚至可以推动我国进入拉美最大的区域经济组织——南方共同市场。这有利于促进我国出口市场在拉美地区的多元化。研究并推动中国和巴西的经贸关系，深化两国各领域的合作，符合双方的共同利益。

7.4 南非

7.4.1 南非的地理环境

（1）位置、面积、种族和语言。南非位于非洲大陆最南端，东、南、西三面分别被印度洋、大西洋包围，海岸线长达2 954千米，交通位置十分重要。国土面积1 219 090平方千米，人口约6 060万（2022年）。[1]

南非原住居民是班图语系的土著非洲人，1652年荷兰殖民者入侵后，逐渐对南非进行了殖民统治。1910年，南非沦为英国的自治领土，称作"南非联邦"。1961年，南非从英联邦中退出。南非少数白人政府在执政过程中推行种族歧视和隔离制度，造成了南非尖锐的社会矛盾和血腥的种族冲突。1994年5月10日，南非第一任黑人国家元首就职，标志着南非白人种族统治的结束和种族隔离制度的取消。

南非是一个多种族聚居社会，共有4个种族，其中非洲黑人占绝大多数，约为总人口的79.6%；有色人占到9%；白人占到8.9%，其中大多数是早期荷兰等国移民的后裔，少部分是英国血统的白人；亚洲人占2.5%，主要是19世纪后期被殖民者招募的劳工后裔。

南非有11种官方语言，其中英语和阿非利卡语为通用语言。约80%的人口信仰基督教，其余信仰原始宗教、伊斯兰教、印度教等。

南非是世界上唯一同时存在三个首都的国家。行政首都比勒陀利亚是南非中央政府所在地，人口328万；立法首都开普敦是南非国会所在地，是全国第二大城市和重要港

① 外交部. 南非国家概况［EB/OL］.［2024-01-01］. https://www.mfa.gov.cn/web/gjhdq_676201/gj_676203/fz_677316/1206_678284/1206x0_678286/.

口，位于西南端，为重要的国际海运航道交汇点，人口401万；司法首都布隆方丹为全国司法机构的所在地，人口76万（2016年南非人口普查数据）。

南非全国共分为9个省：东开普、西开普、北开普、夸祖鲁-纳塔尔、自由州、西北、北方、姆普马兰加、豪登。各省政府有立法、任免公务人员的权力，负责本省经济、财政和税收等事务。

（2）地形、气候和资源。南非地形以高原为主，海拔多在600米以上，地势由东向西、向北降低，沿海有狭长平原，德拉肯斯山脉绵亘东南，卡斯金峰高达3 660米，为全国最高点；西北部为沙漠，是卡拉哈里盆地的一部分；北部、中部和西南部为高原；沿海是狭窄平原。奥兰治河和林波波河为两大主要河流，奥兰治河自东向西穿过南非中西部，注入大西洋，长2 100千米，是非洲大陆南回归线以南最长的河流。

南非大部分地区属热带草原气候，各地平均气温12℃～22℃。年降水量大致由东南向西北由1 500毫米逐渐减少到200毫米以下。东部沿海为热带季风气候，南部沿海为地中海式气候。全境气候分为春夏秋冬四季。12月到第二年2月为夏季，最高气温可达32℃～38℃；6—8月是冬季，最低气温为-12℃～-10℃。行政首都比勒陀利亚年平均气温17℃。

南非矿产资源以种类多、储量大、产量高而闻名世界。目前已探明和开采的矿产品种类达70多种，几乎涵盖了所有的工业用矿物。黄金、铂族金属、锰、钒、硅铝酸盐、铬、红柱石的储量居世界第一位，金刚石、铀的储量居世界第二位。此外，石棉、锑、磷酸盐、铅、锌、煤、铁、钍、锆和稀土等蕴藏量也极为丰富。黄金、铂族金属和金刚石是贵重矿产。铬、钒、铀、钛、锆等具有重要的开采价值。

7.4.2　南非经济发展现状

2019年，南非GDP总量为3 713.0亿美元，居世界第37位，人均GDP为6 341美元。2022年，南非的GDP总量为4 114.8亿美元，落后于尼日利亚和埃及，位居非洲第3位，人均GDP为6 739美元。南非基础设施良好，资源丰富，是世界五大矿产国之一，经济开放程度较高。矿业、制造业、农业和服务业均较发达，是经济四大支柱，深井采矿等技术居于世界领先地位。但南非国民经济各部门、地区发展不平衡，城乡二元经济特征明显。

南非是非洲经济实力较强的国家，也是第二次世界大战后新崛起的工业化国家。南非工业化生产自成体系，工业现代化程度在新兴工业化国家中名列前茅，在非洲首屈一指。第二次世界大战以后，南非经济逐渐由以农工矿业为主导转为以制造业为主导。如今制造业已经成为南非最大的经济部门和国民经济最重要的支柱产业，主要工业部门包括钢铁、有色冶金、化工、机械制造、电子、军火、纺织、食品等。其中，冶金和机械制造是南非制造业中两个最大的生产部门，产值占整个制造业产值的1/3。南非钢的年产量约为900万吨，产品主要销往欧美、中东和亚洲等地的50多个国家和地区，在国际市场上具有较强的竞争力。南非石油资源贫乏，20世纪70年代，其大力发展煤炼油、电气工业，目前生产规模和技术水平居世界领先地位，南非也是世界上为数不多用液化煤炭提取石油的国家。机械工业部门主要生产矿山机械、农用机械、汽车、飞机、船舶等。电气电子工业是南非新兴的工业部门，生产能力不断提高；军火工业近年来发展迅速，产品涉及枪炮、导弹、军用飞机、舰艇等，南非是南半球最大的军火生产国，也是世界重要的武器出口国，军火工业主要集中在约翰内斯堡、比勒陀利亚、开普敦、德班等地。

采矿业是南非的第二大经济部门。南非以丰富的矿产资源为基础，发展起规模巨大的采矿业，是世界上最重要的矿物生产国和出口国之一，被称为"非燃料矿物的波斯湾"。其矿产品的75%以上供出口，主要销往西欧、美国和日本等90多个国家和地区。其中，黄金生产一直处于采矿业的主导地位，产量一直高居世界第一，是世界最大的产金国。南非黄金主产区位于以约翰内斯堡为中心的兰德盆地，并不断向东南、西南两翼伸展，形成总长约500千米的巨大"金弧"，这一地区也成为世界规模最大的金矿采炼区。铀矿作为金矿的副产品，其产量也位居世界前列。南非是世界尤其是西方国家核电工业原料的重要供应地。

南非的钻石由于质地优良，在国际市场上享有盛誉，是世界上天然钻石的主要生产国和出口国之一。南非所产的钻石多数用于加工首饰，按产值计算，位居世界首位；主要产地位于金伯利和比勒陀利亚等地。南非的铂族金属储量占世界的近80%，年产量（30 000吨左右）占世界总产量的近一半。铬矿储量约780万吨；钒矿集中于布什维尔德地区，年产量30 000吨左右，约占世界的一半。

南非的农牧业也相当发达，在非洲占有重要地位，是世界上重要的农牧产品出口国之一，羊毛、玉米、水果等是重要出口商品。目前，南非的农牧业以种植业为主，除粮食生产之外，还生产棉花、烟草、甘蔗、茶叶、水果等经济作物。此外，其园艺业也很发达。南非利用南半球的季节差异为西欧的淡季市场供应大量鲜果、蔬菜。南非的畜牧业在非洲占有重要地位，牛肉、羊毛产量居非洲第一位；鸵鸟饲养和鸵鸟产品加工是南非新兴产业，南非也是世界最大的鸵鸟肉、皮革、羽绒的供应地。

7.4.3 南非对外贸易

南非现代化的港口、四通八达的铁路和公路网，加之与南部非洲国家结成关税同盟，盟国之间的商品可以自由流通，免征关税，世界各国商人都把南非视为进入南部非洲市场的桥梁。他们在南非设立众多贸易公司，从事转口贸易。

南非实行自由贸易制度，是世界贸易组织（WTO）的创始会员国。欧盟与美国等是南非传统的贸易伙伴，但近年南非与亚洲、中东等地区的贸易也在不断增长。2022年南非货物进出口额为2 315亿美元，比上年上升8%。其中，出口1 216亿美元，进口1 098亿美元，贸易顺差118亿美元。

1998年1月1日，南非与中国建立大使级外交关系。1998年12月6日，中国北京市与南非豪登省结为友好城市。2000年4月，两国签署了《关于伙伴关系的比勒陀利亚宣言》。

中国是南非最大贸易伙伴，南非是中国在非洲最大贸易伙伴。2004年6月，南非承认中国的市场经济地位。2022年双边贸易额567.4亿美元，同比增长5.0%。2018年

11月，南非作为主宾国参加首届中国国际进口博览会。2019年6月，中国政府组织贸易促进团成功访南，双方共签署93项合作协议，协议金额近20亿美元。

两国双向投资规模不断扩大。截至2022年8月，中国对南非直接投资（含金融类）存量为101亿美元，涉及矿业、金融、制造业、基础设施、媒体等领域。南非对中国直接投资8.9亿美元，集中在食品、矿业等行业。2018年以来，南非举办了五届投资大会，中方派出高级别政府代表团和大型企业家代表团通过线上线下等形式参会。人民币是南非储备货币之一。

7.4.4　南非主要城市和港口

南非的大城市主要分布于豪登省和东南沿海。约翰内斯堡、爱库鲁莱尼市、德班、纳尔逊·曼德拉湾市、开普敦和比勒陀利亚为南非六大都市。

（1）约翰内斯堡。它是南非第一大城市和仅次于开罗的非洲第二大城市、豪登省省会，素有"黄金城"之称，是南非的交通、文化及工商业中心。约翰内斯堡海拔1 760米，人口400万，昼夜温差大，但气候温和，夏天平均气温20℃，冬天11℃左右。市中心高楼林立，政府机关、银行、车站、证券交易所等都是非常新颖的现代建筑。

约翰内斯堡也是南非最重要的工矿业中心，其方圆240千米有60多处金矿。工业产值举足轻重，有大型矿山机械、钻石切割、化学、医药、纺织、电机、汽车装配、橡胶等工业；金融业、商业发达，南非证券交易所、各大公司和银行总部多设于此，是南部非洲金融中心。其中，杉腾地区发展最快，成为新的金融和商业区，30余国在此设有总领馆、领事馆。约翰内斯堡也是南非航空、铁路和公路的枢纽，拥有南部非洲最大、最现代化也是最繁忙的约翰内斯堡国际机场。

（2）爱库鲁莱尼市。它西邻约翰内斯堡，北靠比勒陀利亚，面积逾2 000平方千米，人口200万，下辖11个区，多为著名工业区；历史上曾是重要采矿业中心，闻名于世的约翰内斯堡地区的黄金矿脉由东向西延伸至市中心；白云石矿藏丰富；湿地资源丰富也是其一大特色。爱库鲁莱尼市交通设施完备，航空、陆路交通发达。

（3）德班。它濒临印度洋纳塔尔湾，面积约400平方千米，人口约380万，黑人占50%，印度人占30%。德班是南非的造船中心和最大港口，也是非洲第二大港。德班的制糖、炼油、汽车装配、机械、化工、纺织、食品等工业较发达；拥有南非著名大学——纳塔尔大学。德班属海洋性气候，夏天湿气虽重，冬天却非常温暖宜人。旅游业在德班整个经济中占相当大的比例，并且城市基础设施完备，多次举办大型国际会议，20余国在此设总领馆、领事馆。德班与中国广州市互为友好城市。

（4）纳尔逊·曼德拉湾市。它位于东开普省的阿尔戈阿湾，人口100万，系南非汽车工业中心，福特、通用、大众等多家国际汽车公司在此均设有装配厂，人称"南非的底特律"。此外，该市还有橡胶、纺织、电子、机械、建材、制药、食品、羊毛及马海毛等工业。纳尔逊·曼德拉湾市也为南非交通枢纽之一，机场、港口设施良好。其风景秀丽，旅游业发达，被誉为"友好之城"。

（5）开普敦。它是南非的立法首都，也是全国第二大城市和重要港口。开普敦是世界公认的最漂亮、最迷人的海滨城市，是南非最古老的城市，也是南非共和国的发祥地，始建于1652年，原为荷兰东印度公司供应站的驻地，是西欧殖民者最早在南非建立的据点，故南非人亲切地称它为"母亲城"。

开普敦市内多殖民时代的古老建筑，位于广场附近的开普敦城堡是该市最古老的建筑。此外，还有17世纪欧洲移民的民房、家具、荷兰风车绘画及古老的农家风貌。市区内有风光秀丽的政府街公园，公园对面是著名的议会大厦，它是南非国民议会所在地。

（6）比勒陀利亚。它是南非行政首都，位于东北部高原的马加莱斯堡山谷地，跨林波波河支流阿皮斯河两岸；海拔1 300米以上；年平均气温17℃。其始建于1855年，以布尔人领袖比勒陀利乌斯的名字命名，其子马尔锡劳斯是比勒陀利亚城的创建者，市内立有他们父子的塑像。1860年，它是布尔人建立的德兰士瓦共和国的首都。1900年，比勒陀利亚被英国占领。1910年，比勒陀利亚成为白人种族主义者统治的南非联邦（1961年改为南非共和国）的行政首府。其风光秀美，有"花园城"之称，街道两旁种植有紫薇，又称"紫薇城"。每年10—11月，百花盛开，全城进行节日庆祝，时达1周。市内公园众多，面积共达1 700公顷以上，其中以国家动物园和韦宁公园最为知名。

■ 知识掌握与应用

随堂测7

7.1　知识掌握

•填空题

（1）新加坡位于_____半岛，北隔_____海峡与马来西亚为邻。

（2）"金砖五国"是指_____、中国、_____、_____和_____。

（3）韩国的工业主要分布在三个地区，分别是_____、_____和_____。

（4）巴西人喜欢大红色，忌讳_____、紫色、_____及深咖啡色，认为这些颜色不吉利。因此，出口到巴西的商品包装应避免上述颜色。

（5）南非是世界上唯一同时存在三个首都的国家。行政首都是_____，立法首都是开普敦，司法首都是_____。

•判断题

（1）仁川是韩国纺织工业中心。（　　）

（2）新加坡的主导产业是制造业与金融业。（　　）

（3）南非的司法首都是开普敦。（　　）

（4）阿根廷是南美洲面积最大的国家。（　　）

•问答题

（1）说明新加坡对外贸易的特点。

（2）分析韩国的经济发展模式与中国台湾地区有什么不同。

（3）分析南非经贸发展的条件和特点。

（4）目前巴西经济发展有哪些特点？为什么说巴西是一个较为发达的发展中国家？

"巴西奇迹"是指什么？

7.2 知识应用

（1）分析韩国、新加坡、南非和巴西四国地理环境对其经济贸易发展的影响。

（2）分析韩国、新加坡、巴西和南非等新兴工业化国家实现工业化的内外因素。

（3）结合当前韩国、新加坡、南非和巴西四国的经贸发展情况，分析四国与中国的经贸往来取得的成就、存在的问题并提出相应的对策或建议。

课题 8

发展中的大国
——印度和中国

学习目标

•知识目标

了解印度和中国的国情及两国地理环境的主要特点；了解印度经济发展的过程、条件和特点；熟知印度产业结构的特点和经济发展的主要特征；明确印度主要产业部门的生产和分布；掌握印度和中国在国际经贸中的地位及市场的主要特点；掌握两国主要的港口（城市）。

•技能目标

掌握印度地理环境的主要特点并能分析其对经济贸易发展的影响；结合当前印度和中国的经贸发展情况，分析两国经贸发展取得的成就、存在的问题并提出解决问题的建议。

•素养目标

通过本课题的学习，进一步了解印度和中国两国国情，树立正确的世界观、发展观和价值观，增强爱国情怀。

8.1 印度

8.1.1 印度的地理环境

1）位置与面积

印度位于南亚次大陆的中部，东北与孟加拉国、缅甸为邻，北与中国、尼泊尔、不丹接壤，西北部的邻国为巴基斯坦，西临阿拉伯海，东与东南濒临孟加拉湾，面积约298万平方千米，是南亚面积最大、人口最多并有着悠久历史和文化的国家。

印度于1947年8月15日摆脱英国统治宣布独立，1950年1月26日成立印度共和国，但仍留在英联邦内，首都为新德里，货币为卢比，官方语言为英语和印地语。

2）人口与风俗

2019 年，印度总人口已达 13.54 亿，约占世界总人口数的 17.86%。根据联合国人口司对全球人口的估计和预测，2023 年 4 月份，印度的人口达到 14.2577585 亿人，超越中国成为世界人口第一大国。

牛被印度教教徒视为"圣兽"，他们认为牛既是繁殖后代的象征，又是人类维持生存的基本保证。就是在科学技术十分发达的今天，印度人对牛仍然是敬之如神。印度教教徒不允许吃牛肉，但喝牛奶是允许的，特别是水牛牛奶。印度有 3 亿多头牛，人均拥有量居世界第一位，但经济上的作用并不大。印度僧侣每年都要举行一次叫作"波高"的仪式，表示对牛的尊敬。他们还和商人兴办了许多"圣牛养老院"，将那些年迈体弱、不能自己觅食的老牛收养起来，一直到老死。

信奉伊斯兰教的印度人不吃猪肉，虔诚的教徒不喝酒。正统的锡克教教徒不剪发，头上缠着头巾。他们不吸烟，也不吃牛肉。正统的穆斯林妇女一般不见男客，但邀请印度人参加社交活动时，也应邀请他们的妻子。

印度是一个讲究礼节的民族，又是一个东西方文化共存的国度。印度人与友人见面时，通常是双手合掌或举手念一句"纳马斯卡拉"（Namaskara），意为"向您致意"，有时也相互拥抱，两手互搭对方肩膀，以示亲热。如迎候贵宾，往往敬献花环并套挂在客人脖子上，表示由衷的欢迎，但客人应马上取下，表示谦虚。在同印度人谈话时，如果他同意你的意见，往往把头歪到一边或摇头，这个习惯往往会引起外国人的误会，要多加注意。

在印度的孟买，60% 的人是素食主义者，因此，宴请印度商人时，事先必须确认对方是否为素食主义者。印度人爱喝茶，尤其是红茶。去印度人家里吃饭时，客人可以给主人带些水果、糖作为礼品，也可以给主人的孩子带些礼物。

印度人喜欢红色、蓝色、紫色、金黄色、绿色，不喜欢黑色、灰色和白色。大象被看作吉祥的动物，被视为智慧、力量和忠诚的象征。

在印度，初次访问公司或政府机关宜穿西装，并进行预约，赴约应尽量准时。印度商人喜欢凭样交易，洽谈中应多出示样品，广为介绍经济实惠的品种。许多印度商人都在英美受过教育，颇为健谈，常会询问你的家庭生活、工作、健康等私人问题，这是表示关心、友好的一种方式。

在商务谈判中，印度商人往往细细研究，耗时较久。在谈判时，切忌在印度商人面前谈论印度的赤贫、庞大的军费开支等话题。印度人吃饭大多使用盘子，千万注意，吃饭时，只准用右手递接食物，不能用左手。

因商务活动访问新德里最好选择每年的 10 月至次年的 5 月，访问孟买最好选择 9—10 月，以避开酷热或梅雨。印度全国性的节日有 8 月 15 日独立日、10 月 2 日国父甘地诞辰纪念日、12 月 26 日国庆节等。而印度教教徒、伊斯兰教教徒等各有自己的不同假日，各港口也有单独假日，届时绝不进行交易。因此，访问印度前，务必先了解好对方的假期。

印度海关规定，入关者可携带香烟 200 支或雪茄 50 支或烟草 250 克、酒 1 夸脱。在孟买入关者，宜在海关申请饮酒许可，因为孟买市面无酒可购，印度人往往带客户到私人俱乐部内饮酒。

3）优越的自然条件

印度自然条件十分优越，主要有下列三个特点：

（1）地势低平，土地肥沃，有利于经济发展。从地形看，印度自北向南大致可分为三种地形：北部为山地，属喜马拉雅山系，面积约10万平方千米。由于山势高大险峻，且连绵不断，使南亚地区与亚洲其他地区陆上往来十分不便，具有相对的独立性，人们习惯上称其为南亚次大陆。喜马拉雅山脉以南是由印度河、恒河和布拉马普特拉河冲积而成的平原。东段与中段为恒河平原，面积约40万平方千米；西段为印度河平原，面积约35万平方千米。平原上土质深厚、地势平坦、河流纵横，是印度人口稠密、经济较为发达的地区。平原以南的印度半岛为海拔在300～500米的德干高原和沿海平原，面积约200万平方千米。这里地势平坦，地表为古老熔岩风化而形成的"棉黑土"，十分肥沃，特别适宜棉花的生长，因此是印度重要的植棉区。

（2）热量充足，降水多但不稳定。印度位于北纬8°～33°之间，绝大部分领土位于热带。除北部的山地属高山气候、西北部的塔尔沙漠属热带沙漠气候外，其余地区均属热带季风气候，全年高温，年平均气温在25℃左右，年积温高，热量丰富。印度降水量丰富，冬季受东北季风的影响，降水量少，形成旱季；夏季受来自印度洋西南季风的影响，降水量多，尤其集中在6—9月，由于西南季风势力不稳定，常常形成水旱灾害。

（3）某些矿产储量丰富，但有色金属相对贫乏。印度由于地层古老、地质复杂，矿产种类十分丰富。目前已开采的矿产有60多种，其中尤以煤炭、铁矿、锰矿、云母、铝土矿和稀土矿储量较丰富，其中云母储量居世界第一位，但铜、铝、锌、锡、锑、钼等有色金属和石油等却依赖进口。煤、铁、锰等主要分布在半岛东北部，少量的石油主要分布在孟买附近的海域。

4）复杂的社会文化

印度的社会文化环境十分复杂，在某种程度上成为制约其经济发展的一个重要因素。

（1）人口众多，民族关系复杂。印度是一个多民族国家，拥有100多个民族，各民族都有自己的语言、传统和风俗习惯。印度斯坦族人口最多，约占人口总量的46.3%。其他较大的民族包括马拉提族、孟加拉族、比哈尔族、泰卢固族、泰米尔族等。各个民族不但语言不同、风俗习惯有差异、各有相对集中的居住地，而且经济发展水平也存在一定差异，因此民族纠纷、民族矛盾时有发生。

（2）语言复杂，影响了交流和沟通。印度语言有众多语系，如印欧语系、汉藏语系、孟加拉语系等。使用人数在10万以上的语言就有720多种，而使用人数超过1000万的15种语言被列为主要用语，其中印地语为国语，英语为官方用语。众多的语言使各地居民的往来交流变得十分困难。

（3）多种多样的宗教。宗教在印度一向占有重要地位。世界各大宗教在印度都有信徒，其中印度教教徒和穆斯林分别占总人口的80.5%和13.4%。印度教教徒把牛奉若神明，任何人都不能伤害它们，而且受到最好的保护。因而出口到印度的商品要切忌商标中有牛的图案出现；同时，进入印度教寺庙时，身上绝不要穿或戴牛皮制的服饰。

8.1.2 印度的经济概况

印度独立后经济有了较快的发展。农业由严重缺粮到完全自给，工业形成了较为完整的体系，自给能力较强。20世纪90年代以来，印服务业发展迅速，占GDP的比重逐年上升。目前，印度已成为全球软件、金融等服务业重要出口国。印度于1991年7月开始实施全面经济改革，"十五"计划（2002—2007年）期间经济平均增长7.8%。2010年，印度GDP为1.6万亿美元，位居世界第11位；2013年，印度GDP为1.87万亿美元，排名世界第10位；2019年，印度GDP为2.97万亿美元；2022年印度GDP为3.39万亿美元，比2021年增加了322.1亿美元，排名世界第5位。经过多年的发展，印度经济结构近年来发生了很大变化，服务业占GDP的比重在50%以上，工业仅占不到25%，农业所占比例也不到20%，与发达国家的产业结构类似。

1）农业

农业是印度国民经济最基础的部门。印度拥有世界1/10的可耕地，面积约1.5亿公顷，人均0.11公顷，是世界上最大的粮食生产国之一。农村人口占总人口的65%。20世纪60年代后期以来，印度政府大力推行"绿色革命"，推广农业先进技术，接受外国投资，大力改变农业生产的落后面貌，取得了比较明显的成效，1978年实现粮食基本自给；90年代中期，农业连续4年获好收成；2019年，印度粮食产量达到创纪录的2.9665亿吨。此外，近年来，印政府对生物技术投资的激增也有助于增加粮食产量和提高品种质量。然而，印度农业的落后性还依然存在，虽然其垦殖指数高达57%，但其土地利用却不合理，复种指数过低，生产技术落后；多种作物如花生、棉花、甘蔗、芝麻、高粱等的种植面积虽居世界前列，但单产不高；除茶叶外，多数作物的单产均低于世界平均水平，因而影响了其总产量的提高。印度畜牧业的产值相当于种植业产值的1/4，牲畜中有一半是牛。印度是世界上养牛最多的国家。

印度国土辽阔，各地自然条件和社会经济条件有很大不同，农业生产具有明显的地域差异，大致可分为四个区：

（1）东北部水稻、黄麻、茶叶区。本区位于恒河下游，主要包括西孟加拉、阿萨姆等几个邦，面积57万平方千米。地形以平原为主，降水量大，人口稠密，是印度最大的水稻、黄麻和茶叶产区。2019年，印度的大米出口量由上年的1 200万吨左右大幅下降至987万吨，大大低于2019年年初的计划，但出口总量仍在全球排第一位。其中，黄麻和茶叶产量分别占全国总产量的90%和80%。

（2）西北部小麦、杂粮、油菜区。本区由印度河平原、恒河中上游平原及周围山地组成，主要包括旁遮普、北方、中央、拉贾斯坦、哈里亚纳5个邦，面积123万平方千米。区内各地降水量差异较大，但发展灌溉条件较好，灌溉面积占全国的一半，是印度农业"绿色革命"的重点区，以小麦、杂粮种植为主，小麦产量占全国的80%，经济作物中油菜产量占全国的90%、甘蔗占50%、芝麻占75%，均以北方邦为最大产区。

（3）半岛杂粮、棉花、花生区。本区由德干高原和沿海平原组成，主要包括古吉拉特、马哈拉施特拉等几个邦，面积108万平方千米，多属半湿润气候区。全区以谷子等杂粮为主，生产水平较低，棉花是本区最重要的经济作物，产量占全国的60%，主要供出口；花生、烟草产量约占全国的80%。

（4）西南水稻、热带作物区。本区主要包括西高止山脉南端及沿海平原，指喀拉拉邦及其毗邻地区。这里农业生产集约化程度较高，水稻产量较大，也是胡椒、咖啡、腰果、橡胶、椰子、木薯等经济作物的主产地，并有出口。目前，腰果仁出口金额已超过大米和茶叶，成为印度农产品出口中外汇收入的最大来源。

2010年以前，印度只有一小部分农产品被加工成增值产品，加工食品量仅占农产品数量的2%，但近年来已受到重视，印度已成为世界上最大的食品加工国之一。另外，印度也是世界重要的水果和蔬菜生产国。

2）工业

印度工业原有一定的基础，独立后，工业发展较为平稳，目前，已建立起较完整的工业体系。印度生产钢铁，可以自制各种机床、精密仪器、汽车、飞机、远洋海轮、电子产品，还建立了原子能发电站，发射了自己设计和制造的地球卫星和通信卫星，具备了生产核武器的能力。近年来，印度工业品的自给率大大提高，并能向外输出多种轻重工业产品及一般性的工业技术，而且生物技术、信息技术产业发展迅速。进入21世纪，印度信息技术产业进入了腾飞阶段，发展速度引起了世人的瞩目。由于和其他传统产业不同，其可以在道路、机场和港口条件都较差的情况下取得成功，这使得印度可以绕过基础设施建设等薄弱环节的瓶颈而发展信息技术产业；同时，互联网的迅猛发展，为其信息技术产业的发展铺平了道路。当前，印度已成为仅次于美国的世界第二大计算机软件国。但在科技行业日益依赖先进的自动化、机器学习、大数据分析等技术的大趋势下，印度IT公司近两年出现了大裁员的情况。

目前，印度工业过分集中的状况已有明显改变，全国可分为五大工业区：

（1）胡格利河下游工业区。本区以加尔各答为中心，历史悠久，机械和麻纺织工业是本区主要工业部门。

（2）焦达讷格布尔高原工业区。本区是20世纪50年代发展起来的重工业区，以采煤、钢铁工业为主，有"印度的鲁尔区"之称。钢、煤产量占全国的3/4，电力、重型机械、化工等部门也很突出。

（3）金奈-班加罗尔-哥印拜陀工业区。本区为新兴工业区，飞机、电子、机床等机械工业比重最大。金奈以汽车、冶金、化学等工业为主；班加罗尔为全国第三大工业城市，是印度的"硅谷"；哥印拜陀为全国第三大棉纺工业中心。

（4）孟买-浦那工业区。本区棉纺工业居印度首位，孟买是全国第二大工业中心。

（5）艾哈迈达巴德-巴罗达工业区。棉纺织工业为本区主要部门。

除上述五大工业区外，新德里、坎普尔、海得拉巴等也是重要的工业城市。

3）服务业

服务业是"印度模式"的一大亮点。1990—2009年间，印度服务业对GDP增长的贡献率接近70%。发展服务业，不仅使印度避免了大量的基础设施建设投入，而且在全球形成了竞争力。

（1）旅游业。印度以其悠久的历史和独特的文化吸引着众多海内外游客。旅游业是印度政府重点发展的产业，也是重要的就业部门，提供了2 000多万个岗位。入境旅游人数逐年递增，旅游收入不断增加。其主要旅游地有阿格拉、德里、斋浦尔、昌迪加尔、泰姬陵、海得拉巴等。

（2）运输业。印度的交通运输业在发展中国家较发达，以铁路运输为主，现有铁路60 000多千米，居世界第四位，主要分布在平原区，煤、铁和粮食等主要靠铁路运输。近年来，印度公路运输发展较快，在客运方面已赶上铁路。印度地处亚、非、澳三大洲国际航空线的交叉地区，航空运输尤显重要，孟买、加尔各答、新德里等地都有国际机场。印度沿岸共有港口170多个，主要港口有加尔各答、孟买、金奈等。

4）主要城市

（1）新德里。它位于恒河平原的西部、亚穆纳（朱木拿）河岸边，包括历代许多王朝的都城老德里在内，面积达1 485平方千米，人口近2 500万。1947年印度独立后，即以新德里为新生共和国的首都。新德里是全国工商业中心，主要有纺织、化工、木材加工、炼铁、印刷和食品等工业部门，手工艺品如宝石、象牙雕刻等闻名世界。新德里的文化教育事业十分发达，有许多著名的图书馆、博物馆和高等学府，尼赫鲁大学就设在这里。新德里也是全国交通枢纽，有铁路、公路、航班通向世界各大城市及全国各地，市郊的英迪拉·甘地国际机场是南亚地区最重要的国际机场之一。

（2）加尔各答。它是东方最大的商业名城之一，面积568.8平方千米，人口超过1 500万，现为西孟加拉邦首府。加尔各答位于恒河三角洲的胡格利河左岸，濒临孟加拉湾，是印度东海岸最大的海港，同时拥有巨大的国际航空站，是亚非和中东地区的空中交通枢纽之一，在商业、金融、工业、交通和文化等方面都占有极其重要的地位。加尔各答工业相当发达，主要有机械、化工、军工、冶金、印刷、陶瓷、食品等部门。它还是印度最大的黄麻加工中心，黄麻制品产量占全印度的90%。这里也是通往印度其他地区的水路、陆路和航空中心之一。恒河流域盛产的黄麻、茶叶、矿产等大都从加尔各答港出口，全年的货物吞吐量达5 000多万吨。

（3）孟买。它是印度第二大工商业城市，也是印度西海岸的天然良港，面积603平方千米，人口2 100万左右，现为马哈拉施特拉邦首府。孟买濒临阿拉伯海，1869年苏伊士运河通航之后，这里便成为来自欧洲的远洋货轮的第一个停靠站，所以孟买又以"印度的门户"而闻名。孟买素有"小印度"之称，在孟买，可以看到印度各种文化、语言、民族和风俗的缩影。孟买又有"印度的好莱坞"之称，印度的大多数电影制片厂都设在这里。它也是全印度纺织业的中心，素以棉纺业发达闻名于世，有"棉花港"之称。它还是印度西部的海陆空交通枢纽、国际商港和金融中心。近几年来，在孟买近海发现了石油与天然气，蕴藏量十分丰富，为该地区发展石化工业奠定了坚实的基础。

（4）金奈。它位于印度东海岸，濒临孟加拉湾，是印度第四大工商业城市和最大的人工港，面积128平方千米，人口近1 000万。其海陆空交通都很发达，是南印度重要的交通枢纽，素有"南印门户"之称。金奈也是一座文化名城，著名的南印度最高学府马德拉斯大学就设在这里；圣乔治堡、政府博物馆和政府艺术宫荟萃了南印度众多珍贵文物及绘画、雕塑作品；一望无际的海滩和令人着迷的蛇园、水族馆使游客们流连忘返。近年来，金奈的工业发展很快，主要有建筑、机械、汽车、炼油、铸铁、原子能发电等部门。

8.1.3 市场状况和对外贸易

自 1947 年 8 月获得独立之后，随着经济的发展，印度对外贸易的规模、进出口商品结构、贸易的国别（地区）结构等均呈现出了许多新特点，发生了不小的变化。

1）市场状况

（1）人口众多，市场容量大。印度是一个拥有超过 14 亿人口的大国，随着经济改革的深化，居民收入也有所增加，众多的人口必然形成潜力巨大的市场，而且随着经济的发展，无论是资本货物还是原材料、中间产品和日用消费品，都存在着巨大的需求，这为对外贸易提供了有利条件。

（2）市场自由化程度不断提高。近几年，印度政府大力进行贸易自由化改革，取消对绝大多数产品进口的限制，减少进口许可证商品的种类，降低关税，取消出口商品补贴，鼓励私人企业和外国公司参与出口贸易，推行在经常项目下卢比可自由兑换等自由化措施，为对外贸易提供了更加宽松的环境。

（3）消费层次多样，对高、中、低档的各种商品都有需求。当前，印度经济发展水平仍然很低，贫困人口仍占很大比重，因此对物美价廉的商品仍有巨大需求。但当前印度的中产阶层已有 2 亿多人，他们有较强的购买力，因此他们对中高档商品同样有着巨大的需求。

（4）人才素质高。印度无论是高校数量、入学人数，还是科技人员数量，均居世界前列，因此，在高新技术领域加强与印度的合作，具有很大的发展潜力。

2）对外贸易的主要特点

（1）随着经济的发展和对外政策的调整，印度对外贸易的规模呈加速扩大趋势。20世纪 50 年代，印度政府对出口采取限制政策；进入 60 年代，印开始采取出口促进政策，出口额不断上升；尤其是 90 年代以后，随着印度经济改革进程的加快，促进出口更成为政府的主要方针，出口额和进口额都急剧攀升。据印度商业信息统计署与印度商务部统计，2019 年印度货物进出口额为 8 080.3 亿美元，同比（下同）下降 3.7%。其中，出口 3 241.6 亿美元，下降 0.2%；进口 4 838.6 亿美元，下降 6.0%。贸易逆差 1 597.0 亿美元，下降 15.8%。

2022 年印度的进口额为 7 306 亿美元，相比 2021 年增长了 1 574.7 亿美元，同比增长 28.01%；出口额为 4 538.8 亿美元，相比 2021 年增长了 580.1 亿美元，同比增长 14.77%。

（2）对外贸易长期处于逆差的不利状态。在对外贸易政策上，由于印度长期实行保护国内市场的内向型进口替代经济发展战略，对国内经济实行高度保护，导致印度进出口贸易发展缓慢，长期处于贸易逆差状态，对国内生产总值的贡献率很低。

（3）在相当长的时期内，印度对外贸易的增长率低于世界平均水平。1948—1970年，世界出口额增长了 5 倍，而印度只增长了 0.5 倍。1980—1986 年，低收入国家出口平均增长率为 6.5%，中等收入国家出口平均增长率为 4.6%，而印度只有 3.8%。正是由于出口增长缓慢，印度对外贸易额在世界贸易额中所占比重不断下降，1950 年占世界的 2.2%，1960 年下降为 1.2%，1970 年为 0.7%，1984 年为 0.5%。2000—2009 年间，印度对外贸易迅猛发展，年均增长率为 19.1%，高于 11.2% 的世界平均水平。近两年外贸增长率起落不定。但相对于其他国家和经济总量，其对外贸易规模仍然相对偏小。

（4）印度对外贸易额占国内生产总值的比重很低，经济的外向度比较差。

3）对外贸易的商品结构

（1）进口商品结构：资本货物、原料和中间产品的进口大量增加，而粮食等消费品的进口大大减少。20 世纪 70 年代末，印度粮食已基本实现自给，粮食不再是主要进口商品。70 年代中期以来，石油及其制品成为印度最主要的进口商品，大量进口石油是造成其外贸逆差的重要原因之一。2019—2022 年印度前三大进口商品是矿物产品、机械器具、化学产品。

（2）出口商品结构：近年来，印度农业及其相关产品在总出口额中所占比重不断下降，工业制成品的比重不断提高。一些传统产品如茶叶、黄麻制品和棉纺织品逐渐丧失了优势地位，而非传统产品如稻米、鱼和鱼制品、工业制成品中的成衣、皮革制品、珠宝、机械产品等成为新的骨干出口产品。出口产品日益多样化，改变了印度独立初期单纯依赖茶叶、铁矿砂、黄麻制品等少数产品出口的状况。这说明印度的产业结构尤其是第二产业的结构日益多样化。但印度出口商品的技术含量和附加价值还是很低，工业技术水平与发达国家或新兴工业化国家相比仍有较大差距。2019—2022 年印度前三大出口商品是化学产品、矿物产品、机械器具。

4）对外贸易的地区结构

近年来，印度主要进口贸易伙伴不断增加，进口的范围不断扩大，改变了独立初期依赖少数国家的不利局面。20 世纪 50 年代，英国是印度的最大进口来源国，其进口额占印总进口额的 20.8%；其次是美国，约占 18.3%；第三位是伊朗，约占 6.5%。

在 2023 年的货物贸易中，印度出口增加的产品包括电信产品、计算机和电子产品、机械、锅炉、涡轮机、药品、陶瓷等；出口下降的产品包括谷物、蔬菜、水果、香料、鱼类、乳制品、纺织品、地毯、服装、鞋类、皮革等。在 240 个出口目的国中，134 个出现了下降，其中主要国家包括美国、阿联酋、中国、孟加拉国和德国；出口增长的主要国家包括荷兰、英国和沙特。在出口额超过 10 亿美元的 42 个国家中，12 个出口增长，29 个出口下降。贸易逆差最大的国家有中国（381 亿美元）、俄罗斯（296 亿美元）、沙特（129 亿美元）、伊拉克（125 亿美元）和瑞士（75 亿美元）。

5）中国与印度的经贸关系

中印两国国情极为相似，都是历史悠久、面积大、人口多的发展中国家。自古以来，双方就有着密切的经贸往来，"南方丝绸之路"就是这种往来的证明。第二次世界大战后，印度独立，中国解放，为两国经贸往来开启了新的篇章。1950—1959年两国间的贸易额由0.413亿卢比增长到1.267亿卢比，增长了207%。当时中国向印度出口大米、大豆、生丝及变压器等，印度向中国出口各种经济作物、化学品、药品和机械。1959年中印政治关系恶化之后，两国贸易陷入了停顿，1962年双边贸易额仅1 130万卢比，只有1959年的约9%。1976年中印外交关系恢复正常后，两国经贸关系又得到了恢复和发展，1980—1981年度双边贸易额已增长到10.56亿卢比。1988年印度总理拉·甘地访华，1989年双方又签订了新的贸易协定，从而进一步推动了双边贸易的发展。这期间，中国向印度出口生丝、淡水珍珠、药品等，从印度进口珠宝、胶合板、高压锅炉、油田设备、化工品及电子元件等。进入90年代，中印双边贸易进一步发展。1992年印度总理拉奥访华，1993年双方又签署了新的议定书，1995年双边贸易额达8.95亿美元。

近年来，中印双边贸易更是取得了有目共睹的成绩，中印经济合作领域不断拓展。2021年，中印双边贸易额为1 256.6亿美元，同比增长43.3%，其中我国对印度出口975.2亿美元，同比增长46.2%，我国自印度进口281.4亿美元，同比增长34.2%。2022年，中印双边贸易额为1 359.8亿美元，同比增长8.4%。其中我国对印度出口1 185亿美元，同比增长21.7%，我国自印度进口174.8亿美元，同比下降37.9%。中国对印度主要出口商品有机电产品、化工产品和贱金属及制品等。中国自印度主要进口商品有矿产品及原料和化工产品等。

除双边贸易持续攀升外，两国在其他经济领域的合作也呈方兴未艾之势。双方近几年在对方国家投资办厂的势头持续上升。两国在钢铁、电信等方面的合作进展显著，能源方面的合作也在酝酿之中。在信息技术领域，印度一些著名的高科技企业纷纷在中国投资办厂或设立办事处，而中国的一些知名软件和电信公司也在逐步进入印度市场，有力地促进了两国间经济、科技和教育的交流。

8.2 中国

8.2.1 中国对外贸易发展概况

中华人民共和国成立后，社会主义新型生产关系建立，我国发展了独立自主、社会主义性质的对外贸易，特别是党的十一届三中全会确定我国实行对外开放政策以来，我国社会稳定，经济获得了长足发展。经过40多年的积极探索和艰苦努力，我国改革开放和现代化建设取得了辉煌成就。对外开放总体格局基本形成，国民经济迅速发展，综合国力稳步提升，社会主义市场经济体制正在逐步建立，成功地走出了一条中国特色社会主义道路。

进入21世纪后，我国对外贸易迅猛发展，表8-1是2010—2018年我国进出口总体情况。

表8-1 　　　　　　　　　2010—2018年中国进出口总体情况 　　　　　　　金额单位：亿美元

年份	进出口		出口		进口		差额
	总额	增速（%）	总额	增速（%）	总额	增速（%）	
2010	29 727.60	34.7	15 779.30	31.3	13 948.30	38.7	1 831.00
2011	36 421.00	22.5	18 986.00	20.3	17 435.00	24.9	1 551.00
2012	38 667.60	6.2	20 489.30	7.9	18 178.30	4.3	2 311.00
2013	41 600.00	7.6	22 100.00	7.4	19 504.00	7.3	2 597.50
2014	43 030.40	3.4	23 427.50	6.1	19 602.90	0.4	3 824.60
2015	39 586.44	−8.0	22 765.74	−2.8	16 820.70	−14.1	5 945.04
2016	36 849.25	−6.8	20 974.44	−7.7	15 874.81	−5.5	5 099.63
2017	41 045.00	11.4	22 635.20	7.9	18 409.80	15.9	4 225.40
2018	46 230.40	12.6	24 874.00	9.9	21 356.40	15.8	3 517.60

资料来源　中国海关统计资料。

据海关统计，2022年我国货物贸易进出口总值42.07万亿元人民币。其中，出口23.97万亿元，增长10.5%；进口18.1万亿元，增长4.3%。

海关总署新闻发言人表示，2022年我国外贸的主要特点如下：一是进出口韧性强、规模大；二是贸易伙伴结构优、增势好；三是一般贸易增长快、比重升；四是外贸主体数量增、活力强；五是主要产品供需稳、优势足。

尽管面对需求收缩、供给冲击、预期转弱三重压力，我国外贸进出口依然展现了强劲的韧性，在困难多、挑战大的情况下交出了一份亮眼成绩单。

中国世界贸易组织研究会数据显示，2022年的外贸数据基本上符合预期，总体上保持了基本盘的稳定，可以说外贸对经济增长做出了积极的贡献。

（1）从市场看，2022年我国对东盟、欧盟等主要贸易伙伴的出口都保持较快增长。我对东盟、欧盟、美国分别进出口6.52万亿、5.65万亿和5.05万亿元，分别增长15%、5.6%和3.7%。同期，新兴市场加速开拓，对"一带一路"伙伴进出口增长19.4%，占我国外贸总值的32.9%，提升了3.2个百分点，其中出口增长20%，拉动整体出口增长6.1个百分点。我对RCEP其他成员国进出口增长7.5%，对非洲、拉丁美洲出口分别增长14.8%、14.1%。

东南亚市场发展势头较好，RCEP发挥了一定的作用，真正实现增长的是印尼、马来西亚、新加坡、菲律宾、泰国和越南这六个国家，其经济发展较好，对稳定我国外贸发挥了积极作用。欧美市场逐步出现一些回落，其中有经济增长需求不振的因素，也有贸易保护主义的干扰。我国同"一带一路"伙伴贸易一直保持着高速增长，这也是一大亮点。未来，在巩固与东盟的合作的同时，我们也要进一步拓展日韩市场。

（2）从产品看，2022年我国工业制品出口增长9.9%，拉动整体出口增长9.4个百分点。其中，我国机电产品进出口20.66万亿元，增长2.5%，占进出口总值的49.1%。太阳能电池、锂电池和汽车出口分别增长67.8%、86.7%和82.2%。

劳动密集型产品出口也保持了较快增长，上涨8.9%，占出口总值的17.9%。其中，箱包、鞋和玩具出口分别增长32.6%、24.4%和9.1%。

除了市场出现分化外，对外出口产品也在分化。中国出口产品的竞争力稳步提升，一些新兴产业的竞争力也在快速成长。"机电产品出现了新的增长点，一些新能源产品增长较好，如风能和太阳能相关产品，新能源汽车零部件出口可观，这都是需要我们巩固的成果。此外，劳动密集型产品也出现了分化，一些产品较有竞争力，维持着一定水平的需求。

8.2.2　中国对外贸易结构

1）进出口市场结构

中华人民共和国成立以来，我国进出口市场结构发生了较大变化，20世纪50年代主要同苏联、东欧社会主义国家开展贸易。60年代以后，逐步扩大到同资本主义国家开展贸易。1978年改革开放以来，同发达资本主义国家特别是同日本、美国的贸易得到迅速发展。进入90年代，同韩国的贸易得到较快发展。同时，香港在内地的出口中一直占很重要的地位；90年代以来，欧盟在我国的外贸中也占有越来越重要的地位。

目前，我国对外贸易的市场结构日趋多样化，已同世界230多个国家和地区进行贸易往来，主要出口市场集中在美国、欧盟、日本等几个发达国家和亚洲的东盟地区。

2009年，我国进出口前十大贸易伙伴分别为美国、中国香港地区、日本、韩国、德国、荷兰、英国、新加坡、印度及法国。金融危机使得发达国家和地区的外需有所降低，促进了我国对外贸易地理的平衡，与发展中国家的贸易增长，使我国对发达国家高贸易依存度的格局逐渐趋缓。

2022年中国大陆货物贸易十大出口国或地区：美国3.87万亿元、中国香港1.99万亿元、日本1.15万亿元、韩国1.08万亿元、越南9 800亿元、印度7 900亿元、荷兰7 800亿元、德国7 700亿元、马来西亚6 300亿元、新加坡5 400亿元。

2022年中国大陆货物贸易十大进口国或地区：中国台湾1.58万亿元、韩国1.33万亿元、日本1.23万亿元、美国1.18万亿元、澳大利亚9 500亿元、俄罗斯7 600亿元、德国7 400亿元、马来西亚7 300亿元、巴西7 300亿元、越南5 900亿元。

2022年中国大陆货物贸易前五大顺差国或地区：美国2.68万亿元、中国香港1.94万亿元、荷兰7 000亿元、印度6 700亿元、英国3 900亿元。

2）进口商品结构

进口商品结构变化的趋势是初级产品进口比重下降，工业制成品进口比重上升，升降的幅度也很大。20世纪50年代，我国主要进口工农业生产、交通运输和国防工业所需要的成套设备、机电产品、物资和原材料、生产资料，进口比例高达91.5%，进口的消费资料仅占8.5%。60年代，我国主要进口的是生产资料，其比重占71.6%，消费资料占28.4%。70年代以来，我国进口的商品中以原材料、技术设备为主。近几年，我国进口的商品中机电产品份额最大，占了近一半；进口商品主要有汽车、飞机、纺织机械、建筑及矿山设备、金属加工机床、电话等通信器材以及橡胶和塑料加工机械等。同时，国内紧缺的原材料及生产资料进口较多。我国先进技术设备进口的来源国（地区）主要有日本、美国、德国等。

3）出口商品战略、结构及主要出口基地

（1）出口商品战略。根据世界产业结构和国际市场变化趋势以及今后我国的产业政策，在充分利用传统优势产品出口创汇的同时，我国应大力调整和优化出口商品结构，逐步实现由以粗加工制成品出口为主向以精加工制成品出口为主的转变，努力增加附加值高的机电产品、轻纺产品和高新技术产品的出口，积极扶持和培育一批新的出口主导产业和产品，从根本上提高我国出口产品的整体竞争力。

第一，大力发展机电产品和高新技术产品的出口。

第二，继续发展轻纺产品出口。其采取的措施应包括：发挥群体优势，实现规模效益；以国际市场为导向，以三化（零件标准化、部件通用化、产品系列化）为基础，促进轻纺工业产品的结构升级，优化轻纺出口商品结构；发挥科技的先导作用，加快产品升级换代，促进新产品开发。

第三，积极发展知识和技术密集型产品的出口。其采取的主要措施应包括：国家制定优惠政策，给予资金、外汇方面的大力支持，促使科技成果商品化、产业化，走向国际市场；积极利用外资，引进先进技术，加快对现有企业的技术改造，提高出口商品的技术含量和附加值；努力开发高新技术产品，尤其是出口效益好、技术附加值高的产品，为从根本上改变我国比较落后的出口商品结构创造条件。

（2）出口商品结构。近年来，尽管中国人均贸易额还相对较低，对外贸易中仍存在种种问题，但不可否认的一个事实是，中国进出口贸易结构发生了很大变化，中国正从贸易大国向贸易强国迈进。40多年来，中国外贸经历了以从轻工纺织品到机电产品再到高新技术产品为主要支撑和新增长点的三个阶段，成功地驾驭着出口产品结构逐步升级的过程。

中国出口主打产品40多年来完成了3次转型：①1978—1990年，中国出口增加额的61%依靠纺织品和轻工产品来实现；②1991—2000年，出口增加额的50%由传统机电产品创造，机电产品成为出口的主导力量；③近几年来，以信息技术为代表的高新技术产品越来越显示出活跃的生命力，正成为推动中国进出口高速增长的新亮点。

长期以来，中国外贸出口的主要成分是一般贸易，但近年来，这种格局已被打破，加工贸易异军突起。商务部统计数据显示，近几年，加工贸易额已占到进出口总额的近30%。商务部的一份分析报告显示，加工贸易产业聚集、配套和辐射效应，已经使得这种贸易形式的国内增值率达65%。加工贸易不仅推动了产业结构的升级和产品结构的优化，吸纳了2 000万以上的劳动力就业，而且每年由此获得了较大的贸易顺差，为增加进口提供了安全保障。外资企业和民营企业的崛起，也是当前和未来一段时间中国贸易发展的新趋势。2022年我国有进出口实绩的民营外贸企业51万家，进出口值达到21.4

万亿元，进出口规模年度占比首次超过一半，外贸"稳定器"作用持续发挥。

外贸领域的市场准入使得民营企业长期积蓄的能量在短期内得到释放，形成近几年独特的出口推动力，已成为中国出口的重要增长点。

近年来，以跨国公司资本和技术密集型产业大规模转移为标志，外资大量进入中国，同时也带来了国际营销网络、高新技术和现代管理经验，使中国工业技术能力成长迅速，具体表现为工业配套能力增强、产品技术含量提高、产业结构提升很快，形成了强大的产业国际竞争力。

（3）主要出口基地。出口商品的生产基地，是指在一个地区或省辖市的范围内建立的综合或单项出口商品生产基地。由于我国国土辽阔，各地区自然条件、历史基础、经济、技术等诸多因素差异较大，因此依据扬长避短、发挥优势、因地制宜、统筹规划、合理布局的原则，我国在各地区建立了一大批综合和单项出口商品的生产基地。

第一，综合基地。这类基地有的以农副产品为主，有的以工业品为主，有的工农产品并重，产品种类多并各具特色。近几年，以沿海地区的广东、海南、山东等省为例，其利用当地农业、海洋、气候等优势条件，大力发展外向型创汇农业，产品出口到韩国、日本等国家和地区，带动了地区经济的发展。

我国这类综合基地主要有广东省的佛山、惠州、湛江、江门、茂名；湖南省的湘潭、株洲；湖北省的荆州；山东省的青岛、烟台、威海、临沂、菏泽；河南省的南阳；江苏省的苏州、扬州、南通、徐州；浙江省的嘉兴、台州、湖州、绍兴；河北省的石家庄、唐山、张家口；山西省的大同；辽宁省的大连、营口、丹东；广西壮族自治区的玉林；吉林省的吉林市及京津沪等地。

第二，单项基地。这类基地遍及全国，产品多为农产品和土特畜产品，主要特色单项基地包括：

① 活猪基地：主要分布在湖南、河南、湖北、浙江、江西、广西等省区，主要生产猪鬃、猪肠衣等副产品。

② 活牛基地：主要分布在内蒙古的通辽、黑龙江的绥化、河北的承德、湖南的邵阳、河南的南阳等地。

③ 小湖羊皮基地：我国的小湖羊皮是国际上久负盛名的珍贵裘皮，有"软宝石"之誉，出产地集中于太湖流域的浙江嘉兴、江苏苏州、上海郊区等地，尤以嘉兴地区品质最好、出口量最大。

④ 山羊板皮基地：我国山羊板皮出口量居世界首位，主要产地在河南、山东、安徽、河北、内蒙古、山西等省区。

⑤ 冻兔肉基地：兔肉是高蛋白、低脂肪的优质保健食品，国际市场需求较大，仅荷兰每年需求就在 5 000 吨以上。我国山东的潍坊、内蒙古的通辽和乌兰察布、河北的张家口和承德、河南的南阳、江苏的徐州和淮安、山西的大同、辽宁的朝阳等地为主要产地。

⑥ 柑橘基地：柑橘原产于我国，属亚热带水果，其产量仅次于巴西，居世界第二位，主要产地有四川、湖南、广东、广西、浙江、福建、江西等省区。

⑦ 苹果基地：我国苹果老基地是山东、辽宁。近几年，陕西、河北、山西、甘肃、四川等省区发展迅速，尤其是陕西，苹果产量已超过了辽宁，位居全国第二位。

⑧ 茶叶基地：我国是茶的故乡，茶叶品种多、品质好，一直是传统的出口产品。茶叶出口基地主要有浙江、安徽、福建、四川、云南等省区。

此外，我国还有大豆、花生、羽绒、烤烟、蜂蜜、中药材、兔毛等单项出口商品生产基地。

8.2.3　中国对外贸易主要海运航线和港口

1）我国对外贸易海运的有利条件

我国是个海陆兼备的国家，背靠欧亚大陆，面向最大的大洋——太平洋，发展海运可谓条件优越。

（1）远洋运输历史悠久。早在距今 7 000 年前的新石器时代晚期，中华民族的祖先已能用火与石斧"刳木为舟，剡木为楫"。到明代永乐至宣德年间，伟大的中国航海家郑和率领远洋船队先后七次下西洋，访问了数十个国家。这一航海盛举，不但将中国古代航海业推向顶峰，而且在整个人类航海史上树立了一座永垂史册的丰碑。

（2）岸线漫长，海域辽阔，岛屿众多，多天然港湾。我国大陆岸线曲折绵长，延伸长达 1.8 万千米；海域辽阔，除内海渤海以外，还有黄海、东海、南海，辽阔的海域分布着台湾岛、海南岛等 7 600 多个大大小小的岛屿、群岛和海礁，建港条件优越。

（3）造船能力强。当前，我国造船量居世界第一位，船舶出口额亦居世界前列。2023 年 1—10 月，中国船舶工业新承接船舶订单量 6 106 万载重吨，同比增长 63.3%，占全球新船市场份额达 67%；完工交付 3 456 万载重吨，同比增长 12%，占全球市场份额达 49.7%；手持订单 13 382 万载重吨，同比增长 28.1%，占全球市场份额达 54.4%。出口方面，1—10 月，我国船舶出口金额 211.4 亿美元，同比增长 21%。效益方面，1—9 月，全国规模以上船舶工业企业 1 186 家，实现主营业务收入 4 329.5 亿元，同比增长 22.7%；实现利润总额 166.1 亿元，同比增长 120.3%。现在，我国能建造油轮、货轮、集装箱轮等多种技术船舶，出口到世界 40 多个国家和地区。

（4）世界航运大国之一。目前，我国拥有一支以第四代、第五代集装箱船为代表的散装船、多用途船、油船、客船、杂货船等种类齐全的国际远洋船队，吨位居世界前列。

2）我国外贸的重要海运线

我国对外贸易发展迅速，已成为 140 多个国家和地区的主要贸易伙伴，形成更大范围、更宽领域、更深层次对外开放格局，主要对外贸易海运线有东、西、南、北四大航线。

（1）东行航线——由我国沿海各外贸港口东行至日本及美国、加拿大等美洲各国，出口煤炭、纺织品、服装、石油、农副产品等，进口钢材、粮食、汽车、化肥、木材以及机械设备、计算机和通信设备等。

（2）西行航线——由我国沿海各外贸港口出发南行至新加坡，穿过马六甲海峡，过印度洋，经苏伊士运河到地中海或绕过好望角进入大西洋，沿途经过南亚、西亚、非洲和欧洲沿海各国。西行线运量大、运输繁忙，主要的出口商品有机电、纺织品、服装、茶叶、工艺美术产品等，进口的商品主要有机械设备、电信器材、化肥、纸张（浆）、钢铁、热带特产、木材等。

（3）南行航线——由我国沿海各外贸港口南行至东南亚、大洋洲各国。出口商品主要有纺织品、服装、日用工业品等，进口商品主要有橡胶等热带物产、矿石、畜产品等。

（4）北行航线——由我国沿海各外贸港口向北至朝鲜、韩国及俄罗斯远东地区。随着我国和韩国、独联体国家贸易的发展，北行线发挥着越来越大的作用。

3）我国重要的对外贸易港口

70多年来，我国港口建设取得了巨大成就，目前有100多个港口对外开放，其中主要对外贸易港口有：

（1）宁波—舟山港。位于东海之滨的宁波港和舟山港，是我国深水岸线资源最丰富的地区，背靠经济发达的长江三角洲，是江浙和长江流域诸省的海上门户。其中，宁波港已进入世界五大港口、中国前三大港口之列；舟山港作为上海国际航运中心和上海—宁波—舟山组合港的主要组成部分，港口开发是其未来最具潜力和竞争力的产业。2022年宁波—舟山港货物吞吐量雄踞全球第一，达12.24亿吨，并且成为世界上第一个也是唯一一个吞吐量超过10亿吨的港口。

（2）上海港。它扼长江入海咽喉，背靠人口稠密、物产丰富、经济发达、城镇密布的长江三角洲，是长江经济带的龙头，具有区位经济优势。2022年货物吞吐量约7.70亿吨，世界排名第二。近年来，上海港新建、改建码头泊位40余座，与世界180多个国家和地区的400多个港口有来往。国标集装箱运输以每年25%的速度递增。吞吐的货物主要有机电产品、集成电路、粮食、煤炭、集装箱、木材、化肥、金属矿石等。

（3）唐山港。其位于河北省唐山市东南，是我国沿海地区的重要港口，是能源、原材料等大宗物资专业化运输系统的重要组成部分；毗邻京津冀城市群，是河北省、北京市、华北及西北部分地区经济发展和对外开放的重要窗口之一。其主要吞吐的货物有煤炭、矿石、钢铁、粮食、化肥、水泥、设备、集装箱等。唐山港2022年完成货物吞吐量7.69亿吨，同比增长6.43%，居世界第二位。

（4）青岛港。其地处山东半岛，濒临黄海。港口所在的胶州湾域阔水深，又可避风，是建设大型港口的天然良址。其吞吐的货物主要有煤炭、石油、盐、化肥、矿石、粮食、水产品等。青岛港2022年完成货物吞吐量6.30亿吨，居世界第四位。

（5）广州港。其地处珠江三角洲，近年来货物吞吐量增长迅速，吞吐的货物主要有煤炭、矿砂、机械、化肥、粮食、盐、杂货等。广州港2022年完成货物吞吐量近6.24亿吨，居世界第五位。

（6）苏州港。它是国家沿海主要港口、国家对外开放一类口岸。苏州组合港地处长江入海口的咽喉地带，背靠经济发达的苏、锡、常地区，东南紧邻上海，是由原国家一类开放口岸张家港港、常熟港和太仓港三港合一组建成的新兴港口，以国际集装箱、铁矿石运输为主，相应开展石油化工品及临港工业的原材料和产成品的运输。苏州港2022年完成货物吞吐量近5.66亿吨，居世界第七位。苏州港的强势崛起得益于自身以及周边城市强大的制造业优势。

（7）日照港。它是伴随着我国改革开放诞生、成长起来的新兴沿海港口，1982年正式开工建设，1986年投产运营，是我国沿海主枢纽港之一、新亚欧大陆桥东方桥头堡。日照港东临黄海，北与青岛港、南与连云港港比邻；隔海与日本、韩国、朝鲜相望。日照港2022年货物吞吐量达5.41亿吨，居世界第九位。

（8）天津港。它以天津新港为主体，是华北地区重要的外贸港口，吞吐的货物主要有集装箱、粮食、化肥、盐、钢铁等。2022年完成货物吞吐量近5.30亿吨，居世界第十位。受经济增速放缓的影响，曾经北方最大港口的天津港近年来发展速度放缓。

（9）烟台港。其位于山东半岛北侧芝罘湾内、东北亚国际经济圈的核心地带，是中国沿海25个重要枢纽港口之一，也是中国沿海南北大通道的重要枢纽和贯通日韩至欧洲新欧亚大陆桥的重要节点。烟台港主营业务包括客运滚装物流、集装箱、管道运输、液化油品、散杂货。烟台港2022年货物吞吐量达4.23亿吨，居世界第十三位。

（10）北部湾港。北部湾港位于中国广西壮族自治区南部北部湾，是中国沿海主要港口之一。北部湾港北靠渝、云、贵，东邻粤、琼、港、澳，西接越南，南濒海南岛，地处华南经济圈、西南经济圈与东盟经济圈的接合部，是国内陆腹地进入中南半岛东盟国家最便捷的出海门户。北部湾港2022年货物吞吐量达3.58亿吨，居世界第十四位。

2022年中国十大集装箱港吞吐量见表8-2。

表8-2   2022年中国十大集装箱港吞吐量

排名	港名	2022年（万TEU）	全年同比增幅（%）
1	上海港	4 730	0.6
2	宁波—舟山港	3 335	7.3
3	深圳港	3 004	4.4
4	青岛港	2 567	8.3
5	广州港	2 486	1.6
6	天津港	2 102	3.7
7	厦门港	1 243	3.2
8	苏州港（内河）	908	11.9
9	北部湾港	702	16.8
10	日照港	580	12.2

8.3 中国台湾地区

8.3.1 台湾地区概况

台湾省位于中国东南沿海的大陆架上，东临太平洋，西隔台湾海峡与福建省相望。台湾省包括台湾本岛及兰屿、绿岛、钓鱼岛等 21 个附属岛屿，澎湖列岛 64 个岛屿，其中台湾本岛面积为 35 873 平方公里。目前所称的台湾地区还包括台湾当局控制的福建省的金门、马祖等岛屿，总面积为 36 188 平方公里。①

台湾的宗教大致分为三类：第一类为祖国大陆传统宗教，如佛教、道教；第二类为西方传入的基督教和天主教；第三类为伊斯兰教。

台湾自古以来就是中国的领土，多风景名胜，日月潭为中国十大风景名胜之一，是台湾著名的避暑胜地。其他风景区还有阿里山、阳明山等；古迹有郑成功庙、云林妈祖庙、台北中山（故宫）博物院等。

台湾岛 2/3 以上的面积是山地，主要山地有中央山脉、雪山山脉、阿里山脉；近 1/3 是平原，主要平原是台南平原。台湾地跨北回归线，以热带雨林季风气候为主，终年高温多雨，是我国受台风影响最大的地区。

台湾自然资源较丰富，其中，森林资源、渔业资源、水力资源以及热带、亚热带生物资源在全国各省区中名列前茅，但发展现代化工业的金属矿产资源异常贫乏。

台湾的地热资源丰富；金属资源中较有开采价值的有金、银、铜、铁等，但储量少，品位低；非金属资源种类繁多，其中石灰石、大理石、白云石等储量相当丰富。

8.3.2 经济发展过程、特点和主要部门

1）经济发展的过程和特点

在我国历史上，台湾经济的开发较大陆沿海各省稍迟，但在与海外经济贸易的联系上则发展较早、影响较深。由于深受帝国主义侵略与掠夺的冲击，其开发多带有殖民地经济的烙印，形成了与祖国大陆别具一格的状况。第二次世界大战后，台湾经济是在整治战争破坏的基础上发展起来的，大致可分为经济恢复、经济发展、经济高速增长、经济调整和新的经济增长五个时期。

（1）经济恢复时期。1953 年以前是台湾经济恢复时期。1949 年台湾提出"以农业培养工业，以工业发展农业"的方针，在农村实施所谓的"和平土改"，借以刺激农民的生产积极性，发展生产力。至 1952 年其工农业生产已基本恢复到第二次世界大战前的水平，粮食产量达到二战前最高水平的 112%，平均每人所得达到 102 美元，为本地区的经济发展奠定了良好的基础。

（2）经济发展时期。1953—1964 年为台湾经济发展时期。在经济得到恢复后，

---

① 国台办．台湾简介 [EB/OL]．[2024-01-01]．https://www.gov.cn/govweb/fwxx/ly/2008-06/18/content_1020135.htm.

1953 年台湾提出建立"自立自主的经济体系"，制定了"稳定中求发展，发展中求稳定"的基本方针，且推行"农业-轻工业-重工业"的建设次序，连续实施了 3 期"四年经济建设计划"。

（3）经济高速增长时期。1965—1973 年为台湾经济高速增长时期。由于进口替代工业发展至 50 年代末，岛内市场趋于饱和，发展受到限制，于是在 1963 年开始实行"开放经济"的政策，由"内向发展"转向"外向发展"，制定"奖励投资条例"，开设加工出口区，大量吸引外资，促进对外贸易，带动经济增长。1965—1973 年，台湾"国民生产总值"年平均增长率达到 10.2%，"人均国民收入"从 205 美元提高到 489 美元。同时，完成了由进口替代工业向出口扩张、传统农业经济向近代工业经济的转型，使台湾一向封闭的小生产经济转向开放的大生产经济。这是第二次世界大战后台湾经济发展道路上的一个大转折。

（4）经济调整时期。1974—1982 年为台湾经济调整时期。近 10 年的经济高速增长，一方面为台湾积累了资金，增加了就业人数，稳定了物价，取得了经济建设的一些经验；另一方面也暴露出了台湾经济基础的薄弱，资源严重不足，企业规模太小，人员技术素质不高，轻重工业比例失调，因而妨碍了本地区经济的进一步发展；加上第一次世界"石油危机"的冲击，台湾当局不得不加快调整经济结构，即由劳动密集的轻纺工业向资本与技术密集的重化工业过渡，大力发展以钢铁、石油化工、电力、交通运输和造船为主的重化工业。为突破经济发展的瓶颈，台湾先后进行了"十项建设""十二项建设"，设置高科技工业园区，大力推动高科技工业发展。

（5）新的经济增长时期。1982 年以来为台湾新的经济增长时期。台湾经济在经历了调整以后，重化工业比重已上升至适当地位，形成了较合适的工业结构。同时，新技术产业的发展也带动了工业技术水平的提高，工业装备普遍得到更新。在此基础上，台湾经济又进入一个相对平稳的增长时期，没有大起大落，增长速度在多数年份表现适中，少数年份较高。1983—1992 年，台湾经济年均增长率为 8.6%。这一时期，台湾当局以"自由化""国际化""制度化"作为发展经济的指导方针，在产业发展上，大力扶植和优先发展电子、通信、材料、能源、机械及其他技术密集型产业，即所谓的策略性工业，以带动整个经济的增长，特别是电子工业产品等数十种具有高额附加价值的商品的对外销售，已成为台湾巨额外汇收入的主要来源，成为当前台湾整个经济发展与生存的命脉所在。1992 年，台湾"国民生产总值"为 2 110 亿美元，较 1952 年增长 131 倍；2016 年，台湾"国民生产总值"为 5 285 亿美元，"人均国民收入"为 22 453 美元，居世界第 22 位；2022 年，台湾"国民生产总值"为 7 617 亿美元，居世界第 21 位。

2）主要部门

（1）工业。台湾的工业大部分集中在西部的平原地带，基本上以台北、台中、高雄为中心，形成了一个弧形工业带：①北部工业区以台北市为中心，包括桃园县、台北县、基隆市、新竹市。这里集中了全台湾工商企业总数的 1/3 左右，约 40 万家，员工人数占到全台湾的 53%，资产总值约占到全台湾的 3/4。全台湾的纺织、食品、电子、机械等工业多集中在这一带，为全台湾第一大工业区。②南部工业区以高雄市为中心，包括台南市、屏东县，共有工商企业20多万家，员工人数和资产总值分别占到全台湾的23%以上和11%以上。大型钢铁、造船、石油化工等重化工业多集中在这一带，从而成为全台湾的重化工业基地。③中部工业区以台中市为中心，包括彰化县、云林县、南投县，共有工商企业18.3万余家，员工人数和资产总值分别占到全台湾的22%和10%左右。

此外，在东部山区，金属和非金属采矿业最集中，其他工业较少。

（2）制造业。本地区制造业从竹器编织到钢铁冶炼有20多个大类、80多个行业。制造业是全台湾工业的主导部门，无论是产值、比重还是增长速度都占绝对优势。其主要行业有：

其一，纺织工业。台湾纺织工业包括棉纺、毛纺、人造纤维、印染、成衣各业，在20世纪70年代中期以前，是台湾的工业支柱。近年来，由于来自外部的竞争加剧，少数纺织工厂被迫迁至东南亚和中美洲，因为当地的生产成本较低。

其二，电子电气工业。台湾电子电气工业从20世纪60年代初期以进口原件装配电子电气产品开始至今，已成为迅速发展的行业之一，代工是电子电气工业发展的主要模式。

其三，食品加工工业。它是台湾最早发展起来的工业部门，20世纪五六十年代曾经是全台湾工业的支柱，产值和外销额曾居于重要地位，包括罐头及冷冻食品、乳制品、面粉、制糖、制茶、饮料及其加工等各类加工行业。近几年由于外销不畅，食品加工工业产值和产量已显著下降。

其四，化学工业。它属于台湾较早发展起来的一个工业部门，包括酸碱、化肥及塑胶、制药等行业。其中，除塑胶及其制品以外销为主外，其他产品均以供本地区需要为主。

此外，台湾的石油化学工业、金属工业、运输工具制造业、机械制造业、建筑业等近些年也有较快发展。

（3）农业。台湾是我国自然条件比较优越、农业生产比较发达的地区，农业是台湾经济的支柱产业。台湾总耕地面积为90万公顷，水田占56%左右，排灌面积占48%左右。近年来，台湾旱地面积逐渐增加，水田面积逐渐减少，加之人口增加、工业发展及各种污染，人均耕地面积日益减少，但台湾农业机械化程度较高，机耕地面积占全部耕地面积的80%以上，且耕地大部分分布在平原。

目前，台湾农业已经由传统的以种植业为主转向种植、畜牧、渔、林各业综合发展。近年来，渔、牧业的产值已超过种植业，台湾农业生产已逐渐商品化，并逐步转向专业化、企业化经营，农作物尤以水稻、甘蔗和茶叶最著名，被誉为"台湾三宝"。

台湾经济作物最著名的是甘蔗，其次为茶叶、花生、大豆、香草等。台湾还盛产水果，其中在国际市场上享有盛誉的首推香蕉和菠萝，此外还有柑橘、木瓜、柚子、龙眼等。台湾年产各类水果200万吨以上，大部分出口。

台湾渔业资源丰富，海岸线长达1 600千米，捕捞海域广阔。据统计，台湾岛周围的鱼类不下500种，其中经济价值较高的达100种以上。金枪鱼居首，虾次之。

近年来，台湾的畜牧业发展迅速，其比重仅次于种植业。畜牧业以养猪为主，其次为养鸡。此外，牛、羊的饲养量近几年也有所增加。畜牧业的特点是专业化和企业化程度高，半数以上的猪和鸡是由专业农场饲养的。

（4）运输业。台湾的对外贸易运输几乎全部依赖海运。岛内交通以陆运为主。近10年来，台湾的海运业发展较快，先后扩建和新建了许多港口，扩充了港口机械设备，拓展了近洋航运，建立了商船队。其主要航线有：至美国东西海岸、澳大利亚、日本、东南亚各国、韩国以及中国香港地区。台湾主要港口有高雄港、基隆港等。

8.3.3　对外贸易关系

1）对外贸易

台湾地理位置优越，为发展对外贸易提供了良好条件，对外贸易在地区经济中一向占有重要地位。从20世纪60年代起，随着出口加工业的发展，台湾对外贸易有了迅速增长。据台湾"关税总局"统计，2022年全年，台湾地区货物进出口总值为9 071.22亿美元，同比增长9.5%。其中，货物出口总值为4 795.22亿美元，同比增长7.4%；货物进口总值为4 276.00亿美元，同比增长11.9%；货物贸易顺差为519.22亿美元，同比减少19.4%。

2）两岸经贸关系的发展历程

海峡两岸恢复经贸交流30余年来，已形成日益密切的产业对接、优势互补、分工合作的互动关系。两岸经贸交流的深化和扩大不仅促进了两岸经济的共同繁荣，增进了两岸人民的相互了解，而且带动了两岸其他各领域的交流与合作，成为两岸关系中最积极和最活跃的因素。祖国大陆经济具有世界上独一无二的市场优势与发展潜力，在未来数十年有望持续发展，中国因素在台湾、亚洲乃至世界经济中的影响力会稳步上升。祖国大陆是台湾经济发展的机遇，也是挑战。

1979年以来，两岸经贸交流经历了从无到有、从小到大、充满曲折但又势不可挡的发展历程。其大致可分为三个阶段：①起步阶段（1979—1986年）。总体上看，这一期间两岸经贸关系进展有限，直至80年代中期，两岸通商仅限于海上小额贸易和经香港转口的间接贸易，台商到中国大陆投资更是凤毛麟角。②快速发展阶段（1987—1995年）。这一时期，祖国大陆制定和实施了一系列鼓励台商到大陆投资和开展贸易的措施，两岸经贸关系由此进入新的发展阶段，贸易及台商赴祖国大陆投资均形成热潮。③曲折中发展阶段（1996年至今）。

3）两岸经贸关系现状

当前，两岸经贸已基本形成以间接贸易、台商投资祖国大陆为主体，以兴办实业、科技交流、金融合作、人员培训等为主要内容的多种形式并存的格局，两岸互成重要贸易伙伴。

（1）贸易规模扩大。海关总署公布的统计数据显示，2022年，两岸贸易额为3 196.78亿美元，同比下降2.5%。其中，大陆从台湾进口2 380.92亿美元，同比下降4.6%；大陆向台湾出口815.87亿美元，同比增长4.2%。2022年，克服新冠疫情和民进党当局阻挠限制等不利影响，突出"以通促融、以惠促融、以情促融"，扎实推进两岸经济交流合作。在两岸同胞共同努力下，两岸经贸往来克难前行，总体保持稳定。

（2）贸易依存度上升。据台湾"陆委会"估算，1981年台湾对祖国大陆的出口依存度为1.70%、进口依存度为0.35%、贸易依存度为1.05%；祖国大陆对台湾的出口依存度为0.34%、进口依存度为1.75%、贸易依存度为1.04%。根据2018年的统计数据大致测算，两岸货物贸易依存度较为稳定，大陆对台湾的贸易依存度不到5%，而台湾对大陆的贸易依存度则超过20%。2018年，两岸各自统计的贸易额均有超百亿美元的增加，并且台湾对大陆的货物贸易依存度创下了24.20%的历史新高。近两年，台湾对大陆贸易依存度居高不下，对大陆（及香港）出口额占总出口的比例高达四成。与此同时，两岸服务贸易依存度依旧保持下滑的态势，但是降幅已大幅收窄。综合而言，两岸货物贸易的稳定发展极大熨平了两岸产业关联的波动，尤其是在当前全球贸易保护主义抬头的大环境下，两岸货物贸易依存度均在提升，难能可贵。

（3）台商投资是两岸贸易增长的引擎。在两岸经贸关系发展中，一个不争的事实是，台商对祖国大陆的投资是拉动两岸贸易发展的重要因素。根据商务部的数据，截至2022年，台湾地区核准对大陆市场累计投资2 033亿美元，累计实际投资720亿美元，这为大陆的经济发展做出了巨大的贡献。

4）台商赴祖国大陆投资持续增长

（1）祖国大陆成为台对外投资的主要地区。

（2）台湾是祖国大陆主要外资来源地之一。

（3）投资领域由制造业向服务业拓展。

（4）投资规模大型化。近年来，在祖国大陆投资的台商主体已由从事下游工业生产的中小企业向以上游工业为主的大企业扩展；由个人办厂发展为水平整合、策略联盟、龙头企业带动相关企业，逐渐形成集团化的趋势。

（5）投资行为长期化。

（6）投资地域扩大化。台商从开始时的珠江三角洲逐渐北上至长江三角洲，建立起产业链关系的企业群后，近年来又继续向北部和西部更广阔的地域发展。一方面，台商积极扩大对经济发展极具潜力的山东半岛、辽东半岛和京津地区的投资；另一方面，开始以陕西、四川、湖北等地为据点，向成本较低的中西部地区渗透。

（7）产业分工体系初露端倪。在贸易与投资的推动下，两岸已形成初步的产业分工关系。20世纪90年代中期前，两岸产业分工主要体现为转移至祖国大陆的下游劳动密集型产业与岛内传统的中上游产业的垂直分工关系；90年代后期，随着台湾IT产业及石化产业大量向祖国大陆转移，两岸产业分工迅速扩展至资本和技术密集型产业，涉及的领域更广泛，分工方式更复杂，参与的生产要素也更丰富。近几年，两岸在信息产业领域的分工与合作尤其明显，与全球产业发展态势密切互动，并成为全球信息电子产业链中不可或缺的一环。

5）其他经济领域的交流与合作有新突破

（1）入世后，两岸金融合作不断升温，沪、港、台三地合作不断深化，祖国大陆银行积极赴台发展，台湾证券业深耕祖国大陆市场。

（2）2008年12月15日，两岸实现直接"三通"。

8.4　中国香港地区

8.4.1　香港地理概况

香港特别行政区，简称"港"，全称中华人民共和国香港特别行政区，位于中国南部、珠江口以东，西与澳门隔海相望，北与深圳相邻，南临珠海万山群岛，区域范围包括香港岛、九龙、新界和周围262个岛屿。香港是世界上人口密度最高的地区之一。

香港地势北高南低，多石山、岩岛，海岸曲折，以浅水湾和维多利亚港最为著名。香港属亚热带湿润季风气候，夏季多雨，冬季干冷。香港是亚洲及太平洋地区重要的金融、轻纺、贸易、交通、旅游和通信中心，是世界著名良港和自由贸易港。经济以制造业、旅游业、房地产业为支柱。工业以纺织、制衣和服饰为最大部门，是世界上最大的服装出口区，电子、钟表、电器等亦很重要。农业以园艺作物、养殖业等为主。

香港素有"东方明珠"之誉，1997年7月1日回归祖国，成为享有高度自治权的地方行政区域。这是一个充满魅力的地方，一个世纪以来，东西方文化在此汇聚、撞击、融合，使之既具有现代化的都市风姿，又处处闪烁着中国传统文化的光芒，是蜚声世界的旅游、购物天堂。太平山为香港著名游览胜地，山上有山顶公园、古炮台，山下有文武庙、动植物公园、跑马场、海洋公园等。此外，九龙荔园游乐场、仿北宋汴京的宋城、迪士尼乐园等亦是游人的好去处。

香港的法定官方用语是中文和英语，当地人使用最多的是粤语。香港人口中，约98%为华人。

8.4.2　经济发展过程

第二次世界大战以后，香港的经济发展经历了两次重大变化。

（1）20世纪五六十年代由转口贸易型转为出口导向型。20世纪50年代以前，香港经济的支柱就是转口贸易，其利用地理位置优势，在转口贸易中获取巨利。1950年朝鲜战争爆发后，美国操纵联合国对中国实行封锁、禁运，使香港的转口贸易一落千丈。此时，50年代以前从上海转移到香港的纺织企业在经济转型中起到了重要作用。纺织业成为香港出口导向型经济的绝对主力，以纺织业为主的其他相关行业，如轻工业、塑胶业也得到了发展。到1959年，香港本地产品出口总值超过了转口贸易总值，1960年本地工业产品出口额占其出口总额的72.8%。在近10年的时间里，将转口贸易型经济转变为出口导向型经济，这在世界上是少有的。

（2）从低成本竞争到高成本竞争的转变。进入20世纪70年代，世界许多发展中国家也开始参与低成本竞争，致使中国香港在这种竞争中逐渐失去优势。为了适应新的形势，香港产业发展由劳动密集型向技术密集型转变。香港利用美国、日本和西欧国家提供的资金、技术和企业管理经验，加速经济转型，从而形成了一个以加工工业为基础、以对外贸易为主导、以多种经营为特点的国际工商业城市。

香港的地区生产总值1996年为1 012亿美元，到2010年已增至2 245亿美元，增长了1.22倍，从人均15 615美元增加到32 780美元，增加了17 165美元，可以说增幅是非常大的。2022年，香港地区生产总值为3 610亿美元，同比实际下降2.2%，人均49 226美元。当前，香港仍是一个颇具竞争力的经济体，是世界上最重要的金融中心与转运中心之一，全球最大的国际空运机场与全球最大、最先进的空运货站之一，全球第二大船舶管理中心，世界第五大黄金市场，世界第五大外汇市场，世界第十大（亚洲第三大）股票市场。这无疑使外商对香港的经济前景和在香港的经营充满了信心。

8.4.3　主要工业部门及对外贸易概况

1）制造业

制造业在20世纪70年代一直是香港最重要的经济产业，产值占本地生产总值的比重曾达到30%。香港制造业的产品几乎全部依赖出口，尤其是主力生产部门，如纺织、成衣、塑胶、玩具、电子、钟表等更为突出。80年代后，因成本因素，制造业开始向高科技领域发展。

香港的制造业按国际标准分类，大致有食品、饮料、成衣、塑料、机械等22个大类，其中以纺织成衣业、电子业、塑料制品业、制鞋业等最为有名。近几年，玩具产品在世界市场也占有重要地位。

2）房地产业、建筑业

房地产业在20世纪80年代成为香港的经济支柱，1987年楼宇业产值已达346.25亿港元，占香港地区生产总值的10%。这其中一个很重要的原因是香港政府多年来坚持卖地的做法。香港回归前，房地产业在香港经济中占有重要地位，许多行业都与房地产业相关，可以说是牵一发动全身的行业。由于历史原因，香港房地产业在1995—1997年之间出现了大幅上涨浪潮，进而推动股价的大幅上涨，形成典型的泡沫经济。亚洲金融危机发生后，泡沫经济破灭，自1997年年底开始，香港楼市与股市大跌，财产缩水，导致香港负资产（即住宅物业未偿还贷款超过其市场值的金额）问题严重。这严重影响了香港的消费与投资，进而影响了香港经济的增长。从2001年开始，香港楼市才逐渐好转。截至2019年年底，香港房地产市场依旧火热，香港依旧是全球房价最昂贵的城市之一。

3）旅游业

旅游业是香港经济四大支柱产业之一，是香港政府极力推动刺激经济的重要部门。尽管1997年后受亚洲金融危机与世界经济不景气的影响，香港旅游业发展受到一定影响，但总体上旅游业仍呈较好发展态势，同时带动了相关产业的发展。

近年来，旅游业已被香港政府列为政策推动重点。为此，香港政府大幅增加旅游业投资，积极改善旅游设施，开展了形式多样的旅游活动，并加强了与内地旅游部门的合作。香港旅游发展局的一项数字显示，香港旅游业于2017年起逐步由低位回稳，2018

年赴港旅客人次达 6 515 万，较 2016 年增长近 15%。入境旅游相关总消费增幅达 12%，由 2016 年的 2 937 亿港元增长至 2018 年的 3 281.9 亿港元，约合人民币 2 953.8 亿元。2019 年 1 月访港旅客人次创近 5 年历史新高，达 678 万人次。然而，自 2019 年 6 月中旬开始，"反修例"风波严重性日渐升级，致使 2019 年下半年香港旅游业遭受强烈冲击。2020 年，随着新冠肺炎疫情愈发严重，访港旅客数据进一步暴跌。根据香港旅游发展局公布的数据，2023 年 1—10 月访港旅客约 2 680 万人次，预计全年访港旅客将超 3 000 万人次。

4）交通运输业

交通运输业及制造业为香港两大传统支柱产业。香港是亚洲装卸最快、港口收费全世界最低的地区。普通船只装卸货物平均在港内逗留 2.5 天，而集装箱船仅逗留 13 小时。香港至世界各地有 20 余条主要航线，近到日本、菲律宾等国家和中国澳门地区，远到欧洲、非洲和南北美洲。

香港空运货物的能力在世界上排名前列，若就单一空运公司来讲，香港空运站的运输量可排世界第一。位于大屿山岛的香港国际机场（赤鱲角机场）可供巨型飞机升降，并有全世界理货量最大的空运货站。香港目前有近 40 家航空公司，联系世界 100 多个大城市。航空网远达美国、欧洲、加拿大、日本和东南亚各国。

此外，港珠澳大桥通车后，香港到珠海、澳门的时空距离大幅缩短，从香港自驾到珠海、澳门仅需 30 分钟。这有助于吸引香港投资者到珠江三角洲西岸投资，并可促进港、珠、澳三地的旅游业。港珠澳大桥是中国建设史上里程最长、投资最多、施工难度最大的跨海桥梁项目。港珠澳大桥将连起世界最具活力的经济区，快速通道的建成对香港、澳门、珠海三地的经济社会一体化意义深远。

5）对外贸易概况

香港对外贸易的发展基本上与世界经济发展同步。2022 年，香港货物贸易总值为 12 127 亿美元，其中出口总值为 5 810 亿美元，进口总值为 6 317 亿美元，货物贸易占香港地区生产总值的比重为 334%。香港得天独厚的地理位置、产业优势、政策便利以及文化融合，使得其能够拥有并提供更广阔的国际市场。

海关总署公布的统计数据显示，2022 年，内地与香港进出口贸易额为 3 053.9 亿美元。其中，内地从香港进口 78.5 亿美元，同比下降 19.1%；内地向香港出口 2 975.4 亿美元，同比下降 15%。

在过去近 40 年中，香港的出口表现优于整体经济发展的表现。对外贸易远胜其他行业，对香港经济增长的实质贡献最大。在对外贸易不断发展的同时，香港制造业为寻求低成本的土地和劳动力，大部分已经迁离香港。1980 年香港工业产值占地区生产总值的比重为 23.6%，到 2001 年仅占 5.2%，显示香港本地工业的全盛时期已经过去。实际上，工业外移正是香港工业腹地的扩张，同时也有助于提升香港服务业的规模和水平。如今，制造商们在香港依然活跃，他们设在香港的办事处主要以贸易公司和营运总部的方式运作，以支援其离岸生产，这本身就给香港中介服务业带来了巨大需求。如果香港工业不把生产设施迁离，香港的对外贸易总额就不可能在过去近 40 年增长 30 多倍，工业和对外贸易的收入也不会注入香港本土经济。

展望未来，香港的工业（包括离岸生产）及对外贸易前景乐观，将继续推动香港其他行业的发展，这对香港维持和进一步增强其作为贸易枢纽以及金融、物流和其他贸易支援服务中心的地位，至关重要。

知识掌握与应用

随堂测8

8.1 知识掌握

• 填空题

（1）印度新兴工业区分布在_____、_____和_____，其中_____被称为印度"硅谷"。目前，印度已成为仅次于_____的世界第二大计算机软件国。

（2）_____是印度最大的棉纺织工业中心，_____是印度最大的麻纺织工业中心。

（3）印度茶叶主要分布在印度的_____部。

（4）我国五大经济特区指的是_____。

（5）我国是个海陆兼备的国家，背靠_____大陆，面向_____洋，发展海运条件优越。

• 问答题

（1）简述印度的经济发展过程和特点。

（2）随着"一带一路"倡议的实施，我国进出口市场结构发生哪些变化？

8.2 知识应用

请结合中印两国的国情，分析两国经贸发展的关系。

课题 9

世界工业生产布局和贸易

▌学习目标

• 知识目标

了解世界能源工业、冶金工业、电子工业、汽车工业和纺织工业的分布情况及基本规律；掌握各主要工业国家的分布规律以及贸易对象的地域分布；了解工业的生产条件、布局规律与贸易之间的关系。

• 技能目标

能利用地图分析能源、汽车和电子工业的生产条件、布局规律与贸易之间的关系；收集材料并分析世界能源工业发展取得的成就、存在的问题并提出解决问题的建议。

• 素养目标

通过本课题的学习，进一步认识世界能源工业、冶金工业、电子工业、汽车工业和纺织工业的分布情况，树立正确的世界观和发展观，增强爱国情怀。

9.1 世界能源工业生产和贸易

9.1.1 世界能源工业生产与布局

能源是一种特殊的自然资源，是世界经济发展的物质基础。世界上许多经济问题和政治问题的产生都与能源的分布和生产有着直接或间接的关系。世界能源结构的每一次变革，都极大地促进了世界经济的发展。

在世界能源的生产与消费结构中，常规能源占据着不可替代的绝对优势地位。这些常规能源的分布、生产是很不均衡的。从分布来看，具有一定的规律性，如煤和石油的形成与古代植被的堆积和地质构造相关；从生产来看，不仅与资源的分布有关，还与经济发展速度、规模和发展阶段、发展水平有着直接的关系。

随着经济的发展，我国迅速崛起成为世界能源大国，一次能源生产总量跃居世界第一。2018年我国能源产量快速回升，生产总量达37.7亿吨标煤，同比增长5%，创7年来新高。2022年我国规模以上工业能源生产整体稳定。规模以上工业原煤产量45亿吨，比上年增长9%；规模以上工业原油产量2.05亿吨，增长2.9%；天然气产量2 178亿立方米，增长6.4%，连续3年增产超过100亿立方米；发电8.4万亿千瓦时，同比增长2.2%。

世界能源的分布规律决定了不同国家或地区的能源生产结构与布局类型。有的国家石油、天然气、煤炭等各种能源都很丰富，结构合理，能源生产全面发展，如美国、俄罗斯；有的国家以煤炭生产为主，如中国、印度、南非等，结构比较单一；有的国家以石油和天然气生产为主，如中东各国、尼日利亚、委内瑞拉等；有的国家水力资源蕴藏丰富，并得到较充分的开发利用，如加拿大、巴西、瑞士等；有的国家核能开发利用较多，如法国；有的国家地热资源利用得比较充分，如冰岛；有的国家常规能源贫乏，只能依靠进口，如日本。

9.1.2　世界能源的消费与贸易

随着世界经济的发展速度放缓，世界能源的消费量也从迅速增长转变为低速增长。

《bp世界能源统计年鉴（2022）》显示，能源需求和排放量在2021年出现反弹，基本能源需求增长5.8%，比2019年的水平高出1.3%；化石燃料占基本能源使用量的82%，低于2019年的83%和五年前的85%。

来自能源使用、工业过程、燃烧和甲烷的二氧化碳排放量在2021年上升5.7%达到390亿吨二氧化碳当量，能源产生的二氧化碳排放量上升5.9%，达到339亿吨二氧化碳当量，接近2019年的水平。燃烧产生的二氧化碳排放量以及甲烷和工业过程产生的排放量分别温和增长了2.9%和4.6%。

2021年油价平均为70.91美元/桶，为2015年以来的第二高水平。2021年石油消费量每天增加530万桶，但仍比2019年的水平低370万桶。大部分消费增长来自汽油（180万桶/天）和柴油（130万桶/天）。从地区来看，大部分增长发生在美国（150万桶/天）、中国（130万桶/天）和欧盟（57万桶/天）。

2021年，三大主要天然气地区的天然气价格均强劲反弹。其中欧洲上涨了4倍，达到历年的最高水平（TTF均价达16美元/百万英热单位）。亚洲液化天然气现货价格增至三倍（JKM均价达18.6美元/百万英热单位）。2021年美国亨利枢纽（Herry Hub）价格几乎翻了一番，达到3.8美元/百万英热单位的均价，为2014年以来的年度最高。

2021年全球天然气需求增长5.3%，恢复到2019年疫情前的水平之上，且首次突破4万亿立方米大关。2021年天然气在一次能源中所占份额与上一年持平，仍为24%。2021年液化天然气供应量增长5.6%（即增长了260亿立方米），达到5 160亿立方米，是2015年以来（2020年除外）的最低增长率。美国液化天然气供应量增长340亿立方米，占新增供应量的大部分，抵消了主要来自其他大西洋盆地出口国的下降。

世界能源分布、生产及消费的不均衡决定了世界能源贸易的基本格局是以石油和天然气为主，发达国家是主要消费国和进口国，但消费量和进口量有逐渐下降的趋势；发展中国家中的大国，如中国、印度等，因能源消费增长迅速也成为能源进口国；发展中国家特别是石油输出国组织是能源的主要供应国。

9.1.3　世界主要能源工业部门与贸易

1）石油和天然气工业

（1）石油和天然气资源的分布。世界石油主要分布在两个弧形地带，即东半球的北非–中东–俄罗斯中部–里海沿岸；西半球的委内瑞拉–墨西哥湾西部–美国中南部–加拿大西部。天然气主要分布在俄罗斯西西伯利亚、中亚、波斯湾沿岸、北非、北海等地。2022年全球石油产量为46.18亿吨，相较于2021年全球石油产量提高3.7%。欧佩克+产量为16.47亿吨，在全球产量中占比35.7%。非欧佩克+国家增产160万桶/日，其中77%来自美国，加拿大、巴西、中国和圭亚那等国均实现稳定增产。主要产油国石油产量普遍增长，沙特、伊拉克、阿联酋、安哥拉产量增长均超过5%。

根据2022年各国更新的剩余探明储量（简称储量）数据，全球石油和天然气储量较2021年均有所增长，其中石油储量为2 406.9亿吨，同比增长1.3%；天然气储量为211万亿立方米，同比增长2.2%。欧佩克+石油储量为1 701.1亿吨，同比增长0.4%，占全球储量的比例下降0.6个百分点，至70.7%；天然气储量为74.2万亿立方米，同比增长0.7%，全球占比下降0.5个百分点至35.2%。

2022年，中国的石油产量回升，增幅为3.9%，产量升至2.08亿吨，仍排世界第5位。根据2023年中国矿产资源报告，2022年中国石油储量约38亿吨，只占全球储量的约1.58%，排世界第13位；天然气储量约7.2万亿立方米，增长3.6%，排世界第8位。

（2）石油和天然气贸易。在世界能源贸易中，石油的贸易量最大。单是2016年，世界原油出口额就高达6 781亿美元，占全球商品出口总额的4.3%。然而，受国际油价震荡的影响，这一数字较2012年下降了59.4%之多，较2015年下降了11.4%。

2022年2月，俄乌冲突爆发，欧美国家先后对俄罗斯实施10轮制裁，对全球油气贸易造成了影响。根据俄罗斯海关数据，俄乌冲突爆发以来，俄罗斯原油出口对亚洲增加、对欧洲减少，即表现为"西降东升"的态势，使得全球原油贸易流向也随之发生显著变化。美国和中东出口至欧洲的原油数量均增加，出口至亚洲的数量均减少；非洲同样显著减少了出口至亚洲的原油量，呈现出"西升东降"的特点。随着西方国家加大对俄制裁力度，俄罗斯海运原油将可能由"西降东升"演进至"西停东升"。而随着亚洲加大来自俄罗斯的原油进口量，被挤出亚洲市场的美洲、非洲、中东原油将流向欧洲，从而实现全球原油贸易的再平衡。

俄乌冲突爆发后，美国实行了"长臂管辖"，给原油贴上制裁标签，全球正常原油贸易恐将面临市场萎缩的风险。欧盟2022年12月以后停止从海上进口俄罗斯原油，2023年2月以后停止从海上进口俄罗斯成品油。七国集团对俄罗斯石油执行限价并贴上了制裁的标签。此举导致了全球原油资源供给受到冲击，也影响了正常的原油贸易，严重制约了交易规模。

在天然气贸易方面，2022年，世界天然气贸易量为1.21万亿立方米，同比下降1.0%。管道气贸易量为6 492亿立方米，同比下降7.8%，占天然气贸易总量的53.7%，较上年下降4.0个百分点，主要由于俄罗斯供欧洲管道气量大幅下降。液化天然气（LNG）贸易量为5 597亿立方米，同比增长5.1%，其中美国LNG出口贸易量1 100亿立方米，同比增长13.4%，在全球LNG贸易中占比19.5%，较上年提升1.5个百分点；LNG贸易中现货和3年内短期合约贸易量1 695亿立方米，同比下降0.7%，占LNG总贸易量的29.8%。

2）煤炭工业

（1）煤炭资源的分布。在世界矿物能源中，煤炭储量最为丰富。但世界煤炭资源分布很不均衡，北半球占80%以上。从国家来看，美国的煤炭储量占世界的25.4%，俄罗斯占15.9%，中国占11.6%。此外，印度、澳大利亚、德国、南非等国的煤炭储量也很丰富。

（2）煤炭贸易。2020年，受新冠肺炎疫情全球蔓延影响，煤炭需求大幅下降，国际能源署（IEA）年度报告显示，全球煤炭需求下降4.4%，为第二次世界大战以来最大的降幅。2021年，随着经济复苏，世界煤炭消费大幅反弹增长6%。2022年上半年，多个主要经济体受通胀等因素影响，能源消费量受到一定抑制，但随着乌克兰问题引发地缘政治紧张局势升级，俄罗斯限制对欧洲的天然气供应，天然气价格大幅上涨，也加剧了多个国家燃料由天然气向煤炭转换，能源消费结构向煤炭倾斜，推升了煤炭需求。国际能源署数据显示，2019年，全球煤炭贸易量为14.36亿吨，2020年下降10.4%至12.96亿吨，2021年回升5.4%至13.68亿吨。2022年全球煤炭出口贸易量增长约1.4%，总量接近疫情前水平。

9.2　世界冶金工业生产和贸易

9.2.1　世界钢铁工业生产和贸易

（1）钢铁工业的生产与分布。钢铁工业是各国工业的基础，直接关系到一国经济的发展及工业实力，各国常以钢铁的产量及消费量来衡量其经济发展水平。

现代钢铁工业始建于19世纪初，至今已有200多年的历史。第二次世界大战前，世界钢铁产量有限，生产国家也不多且分布集中，主要分布在美国、西欧国家和苏联。第二次世界大战后，世界钢铁工业的发展突飞猛进，产量倍增，钢铁工业的地域结构也发生了变化。20世纪50年代中期，日本钢铁工业发展极为迅速，先后超过了法国、英国、联邦德国，到70年代居世界第一位。中国的钢铁产量后来居上，现已成为世界最大的钢铁生产国。世界钢铁生产的分布，从地域来看，亚洲是最大的钢铁产地。

近年来，全球粗钢产量呈衰退态势。世界钢铁协会发布的《世界钢铁统计数据2023》显示，2022年，世界粗钢总产量达18.85亿吨，同比下降4.08%；钢铁表观消费总量为17.81亿吨。2022年世界粗钢产量排前3名的国家均为亚洲国家。其中，中国的粗钢产量为10.18亿吨，同比下降1.64%，全球占比达到54.0%，排名第一；印度为1.25亿吨，同比增长2.93%，全球占比为6.6%，排名第二；日本为8 920万吨，同比增长7.95%，全球占比为4.7%，排名第三。其他亚洲国家的2022年粗钢产量占全球粗钢总产量的8.1%。

钢铁工业属资源密集型工业，影响其布局的因素主要有铁矿石、能源和水等，而铁矿石的分布是最基本的制约因素。据联合国有关机构统计，世界铁矿石储量为8 500亿~9 000亿吨（不包括海洋中约2 500亿吨的磁铁矿）。铁矿石资源丰富的国家主要有俄罗斯、巴西、加拿大、澳大利亚、美国、中国等。其中，俄罗斯、巴西、加拿大3国的储量占世界总储量的近60%。在国际贸易中，铁矿石的贸易量仅次于石油，是第二位大宗运输货物，主要出口国有澳大利亚、巴西、加拿大、印度等。当前，中国是世界最大的铁矿石进口国，其他进口大国还有日本、美国等。

（2）钢铁工业产品的贸易。铁矿石分布的不均匀、钢铁生产及消费的不均衡带来了钢铁工业产品贸易。钢材作为钢铁工业的最终产品，用途广泛，是工业的基础，在国际贸易中占有极其重要的地位。1980年，世界钢材出口量为1.4亿吨，占当年钢材产量的23.9%，到2010年出口量已近4亿吨，占当年钢材产量的40%，年均增长2.8%，同期世界钢产量的增长幅度仅为0.76%，贸易增长幅度超过了钢产量增长幅度。

2020年后，在疫情、地缘政治冲突等复杂因素影响下，全球钢材贸易流已悄无声息地发生了变化。世界钢协数据显示，地缘政治冲突造成俄、乌两国出口大幅减少。2021年，俄罗斯及乌克兰分别是全球第三、第十大钢材出口国，钢材出口量分别为3 260万吨、1 570万吨。冲突发生后，俄、乌两国钢铁需求大幅下滑，生产受到严重干扰，同时欧盟、日本等地开始对俄罗斯的钢材进行进口限制，导致两国出口量骤降，2022年，俄、乌两国钢材出口分别下滑41.9%和68.6%。

2022年，全球钢铁出口量为4.02亿吨，同比下滑12.6%，钢材出口量占产量比重下滑至22%，以乌克兰、俄罗斯及其他独联体国家（下滑2 703万吨）、欧洲（下滑1 110万吨）以及亚洲除中国及日本外的国家（下滑1 230万吨）最为显著。全球钢材进口同样呈现下滑状态，其中欧洲（下滑1 410万吨）、南美（下滑1 190万吨）、中国（下滑1 070万吨）、乌克兰加俄罗斯及其他独联体国家（下滑900万吨）最为显著。

尽管全球贸易量大幅下滑，但中国、美国、巴西等国出口仍有增量。数据显示，以上国家对俄、乌钢材出口减量形成了替代。2022年，俄、乌出口减少主要影响意大利、土耳其、墨西哥、比利时、哈萨克斯坦等国，以上国家在无法从俄、乌进口钢材后，转而向中国、巴西、韩国以及美国等地获取资源。

出口替代国中，以中国、巴西出口增加最为明显。2022年，尽管我国钢材出口增量仅有138.7万吨，却是全球钢材出口增长最为显著的国家。从贸易流的变化来看，我国承接了土耳其、意大利等地由于俄乌冲突造成的减量，也承接了东南亚、中东、非洲等地的需求。2022年之所以出口增量并不显著，主要受欧美经济增速放缓所致。

9.2.2 世界有色金属生产和贸易

有色金属是指除铁、锰、铬等黑色金属以外的所有金属的统称。有色金属不仅是国民经济的基础物资，更是高新技术产业的原材料及国防工业的战略物资。随着社会经济的发展，有色金属的战略地位越来越重要。

有色金属的生产以资源的分布状况为基础，其消费则与各地区的经济技术发展水平正相关。发达国家是有色金属产品的主要消费国，发展中国家消费较少，多为供应国。世界有色金属生产大国有美国、俄罗斯、加拿大、中国、日本等；消费大国有美国、日本、德国、中国、俄罗斯等。

1）铜的分布、储量、生产与贸易

（1）铜的分布及储量。全球铜蕴藏量较为丰富的地区共有5个：①南美洲秘鲁和智利的安第斯山脉西麓；②美国西部的落基山地区；③非洲的刚果（金）和赞比亚；④哈萨克斯坦共和国；⑤加拿大东中部。从国家分布来看，世界铜资源主要集中在智利、澳大利亚、墨西哥、美国和秘鲁等国。根据美国地质勘探局（USGS）的数据，2019年全球铜可采储量仅为8.9亿吨，智利居第一位，储量为20 000万吨，占全世界总储量的23.0%；澳大利亚储量为8 800万吨，占比10.1%；秘鲁储量为8 700万吨，占比10.0%；墨西哥储量为5 300万吨，占比6.1%；其后分别为美国（5 100万吨）、中国（3 494万吨）。

（2）铜的生产。1995年以来，全球精炼铜产量除2002年以外均呈正增长，只是增长速度有较大波动。2008年以后（除2014年外），精炼铜产量增速都在4%以下，2015年增速仅有1%。2016年，全球精炼铜产量较2015年增长2.1%，达到2 346万吨。2022年世界铜矿产能为2 731.7万吨，较2021年增长4.9%；铜矿产量为2 181.1万吨，较2021年增长3.4%，增幅有所扩大，产能利用率为79.8%。从产量分布来看，智利和秘鲁两国是最主要的铜矿生产国，2022年合计产量占世界产量的35.6%。

（3）铜的贸易。铜作为一种基本金属和全球大宗消费金属，2006年以来其消费一直保持平稳增长的态势，年均消费量超过1 700万吨。从全球铜精矿进口国别和地区看，中国进口铜精矿数量最大。2022年，中国进口实物量达到2 531.8万吨（约合铜金属量709万吨），同比增长8.1%，在全球进口量中占比达到61.1%。随后是日本和韩国，但这两个国家铜精矿进口数量与中国相比较少，而且在其国内没有在产铜矿。此外，近几年，中国台湾地区、马来西亚以及韩国等铜精矿进口数量增长很快，同时，又大量或全部出口。从铜精矿出口国别来看，智利目前仍处在世界第一位，但相对于前些年，该国所占份额有所下降，主要原因是秘鲁铜精矿出口量持续增长，以及塞尔维亚、印度尼西亚和哈萨克斯坦等出口量快速提升。

2）铝的分布、储量、生产与贸易

（1）铝的分布及储量。目前，全球已探明的铝土矿储量在245亿吨左右。其中，几内亚、越南和澳大利亚三国的储量占世界总储量的一半以上，储量居于前列的还有巴西、中国、越南、牙买加等国。

（2）铝的生产及贸易。当前，全球有近30个国家（地区）开采铝土矿。澳大利亚、中国、几内亚和巴西4国的开采量约占全球总产量的70%。

目前，美国、中国、日本、德国等是世界主要铝加工生产国。北美、远东和欧洲是世界铝的集中消费地区；美国是世界最大的铝进口国，其次是日本。铝的主要输出国是澳大利亚、几内亚、巴西、牙买加等。

3）铅、锌的生产与贸易

铅锌矿多为共生矿，在工业中应用广泛。国外60%的铅用于制造蓄电池，45%的锌用于电镀。世界铅锌矿主要分布在澳大利亚、美国、加拿大、墨西哥等地，同时这些国家也是世界铅、锌的生产地和供应地；铅、锌的主要进口国是日本和西欧大部分国家。我国的铅、锌资源也很丰富，保有储量居世界前列，主要分布在南岭、川滇、秦岭–祁连山和内蒙古等地。

4）锡的生产与贸易

世界锡矿集中分布在亚洲的中国、印度尼西亚、马来西亚等国，这几个国家的储量约占世界总储量的60%以上。此外，南美洲的巴西和玻利维亚锡储量也很丰富。同时，这些国家也是世界锡的主要出口国。锡的主要进口国是日本、美国等。

5）镍的生产与贸易

镍是一种银白色金属，广泛应用于军工、电信等领域。世界镍矿集中分布在古巴、俄罗斯、加拿大和新喀里多尼亚岛等地。中国的储量居世界第五位，其中"镍都"——金昌的探明储量约占全国的70%。世界镍的主要供应国是加拿大、南非、印度尼西亚等国；主要进口国是日本、美国和西欧各国等。

9.3　世界电子信息产业生产和贸易

9.3.1　世界电子信息产业的发展

电子信息产业的产品包括电子计算机、通信设备、电子元件以及各种办公设备、教学设备、医疗设备、机械设备、军用设备等。

20世纪90年代以来，以通信、计算机及软件产业为主体的电子信息产业凭借其惊人的增长速度，一举成为当今世界上最重要的战略性产业。它在激烈的竞争和产业结构升级的过程中高速发展，增长速度基本保持在8%～10%之间，是同期世界经济增长率的1.5倍。电子信息产业不仅增速快，而且技术含量高、附加值高、污染少、潜力大，能对国民经济及社会其他各部门的发展起到带动作用。因此，发达国家和新兴发展中国家都对本国电子信息产业的发展投入了极大的热情和关注。2005年以来，美国电子信息产业以年均40%的速度持续增长，对国民经济的贡献率超过35%。从亚洲新兴工业国家的产业演进过程来看，以电子信息技术为代表的高科技产业也正成为国民经济新的增长点。

世界电子信息产业主要集中在亚太地区和西欧。美国是世界电子信息产品的最大生产国和出口国。亚太地区的电子信息产品贸易主要集中在中国、韩国、日本、印度等，是世界第二大进口市场和最大的出口市场。西欧地区目前是世界最大的电子信息产品进口市场和第二大出口市场。

9.3.2 世界电子信息产业的生产及贸易

电子信息产业具有技术含量高、附加值高、污染少等特点，随着以平板电视、平板电脑、智能手机等为代表的市场热点产品的发展速度进一步加快，电子信息产业对社会变化的影响力日益增强，并被全球各主要国家作为战略性产业。以家用电器、智能终端、消费电子等为代表的电子产品的爆发式发展，助推了电子信息产业进入快速发展阶段。

电子信息产业的发展与下游电子产品市场具有紧密关联性。受 2008 年全球金融危机的影响，全球电子产品市场 2009—2013 年整体增速放缓，2014 年随着发达国家市场经济形势的逐步回升以及新兴经济体市场的快速增长，全球电子信息产业经历了触底反弹，呈现出复苏回暖的发展态势。

从全球产业分布情况来看，电子信息产业格局目前已进入调整阶段，美国、欧洲和日本等发达国家（经济体）依然是电子信息产业的主导，继续保持技术研发和产品设计领域的优势，包括中国、印度、马来西亚等国在内的新兴经济体，依托其生产能力和工艺水平的不断提升，在世界电子信息产业中的地位不断上升，并逐步向电子信息产业链的高端环节升级。

在中国经济由高速增长向平稳增长转变的背景下，电子信息产业保持着较快的增长速度。受 2008 年全球金融危机的影响，中国电子信息产业 2010 年以来增速减缓，到 2014 年增速逐步趋于稳定，2015 年产业整体平稳增长。2018 年，我国电子信息制造业整体运行呈现出"稳中有进、稳中育新"的特点。2018 年，我国电子信息制造业主营业务收入较 2017 年增长 9.0%。2019 年，我国正式迎来了 5G 商用元年。2019 年规模以上电子信息制造业增加值同比增长 9.3%，增速比上年回落 3.8 个百分点。

2022 年，全球主要电子产品生产变化幅度明显。消费电子产品中面板、手机、计算机产值大幅下滑，汽车电子产品市场增速放缓。

根据中国电子信息行业联合会发布的《2022 年电子信息行业经济运行报告》，2022 年，我国规模以上电子信息制造业实现营业收入 154 487 亿元，比上年增长 5.5%；软件和信息技术服务业实现软件业务收入 108 126 亿元，增长 11.2%。从主要产品产量来看，微型计算机产量 4.3 亿台，下降 7.0%；手机产量 15.6 亿部，下降 6.1%；集成电路产量 3 242 亿块，下降 9.8%。

2022 年，我国高新技术产品出口 9 513 亿美元，比上年下降 2.8%，低于同期全国货物贸易出口增速 9.8 个百分点；进口 7 635 亿美元，下降 8.8%，低于同期全国货物贸易进口增速 9.9 个百分点。从主要产品看，出口电脑及零部件 2 360 亿美元，下降 7.5%；出口手机 1 427 亿美元，下降 2.5%；出口集成电路 1 539 亿美元，增长 0.3%；

出口音视频设备 380 亿美元，下降 7.0%。

9.4　世界汽车工业生产和贸易

9.4.1　世界汽车工业的发展状况

1886 年，德国人本茨发明了第一辆以汽油为动力的汽车，至今已有 130 多年的历史，但现代汽车工业却发源于美国。19 世纪末 20 世纪初，美国率先建立了汽车工业。1913 年，美国三大汽车公司之一的福特汽车公司应用了流水线作业方式，大大提高了生产效率，汽车生产量迅速提高。20 世纪 20 年代，美国的汽车工业实现了专业化、集团化、国际化，在世界上独占鳌头，美国成为世界上最大的汽车生产国。由此，美国的汽车霸主地位保持了半个多世纪。

汽车工业属于资金、技术密集型工业，资金投入大、技术要求高、协作性强、精密度高。汽车生产所需要的零部件及原材料与钢铁、机械、电子、石化、纺织、橡胶等许多行业有着内在联系。汽车工业的发展对这些相关行业有着很大的拉动作用，并对整个经济的发展具有明显的推动作用。因此，各国都对汽车工业加大投入，支持其发展。继美国之后，英国、德国、法国、加拿大、意大利等国的汽车工业也快速发展。第二次世界大战前，以上 6 国的汽车产量占世界汽车总产量的 95% 以上。二战后，世界汽车工业生产格局发生了新的变化，日本汽车工业后来居上，发展迅速，20 世纪 80 年代首次超过美国。同时，发展中国家的汽车工业也迅速崛起，韩国、巴西、中国、墨西哥、印度等紧随其后。到 1994 年，美国的汽车产量又重新超过日本。进入 21 世纪，世界汽车生产的格局表现为三大生产区，即以美国为代表的美洲生产区、以德国和法国为代表的欧洲生产区、以中国和日本为代表的亚洲生产区。

9.4.2　世界汽车工业生产和贸易

在世界汽车产品的构成中，轿车和商用车（载货汽车）占主导地位。其中，轿车产量约占世界汽车产量的 70%，商用车产量约占 30%。

据国际汽车协会统计，2022 年全球各国共生产汽车约 8 502 万辆（含狭义乘用车和商用车），比上年增长 6%。2022 年汽车产量前三名分别是中国（2 702 万辆，占全球总量 31.8%，同比增长 3%）、美国（1 006 万辆，占全球总量 11.8%，同比增长 10%）、日本（784 万辆，占全球总量 9.2%，同比没有变化），其后是印度、韩国、德国、墨西哥、巴西、西班牙、泰国。

根据世界汽车工业协会（OICA）提供的数据，2022 年全球汽车销量约为 8 163 万辆，比上年减少 1.4%。其中，乘用车销量 5 749 万辆，比上年增长 1.9%；商用车销量 2 414 万辆，比上年减少 8.3%。

目前，全球发达国家的汽车市场已趋于饱和，一些劳动密集型、资源密集型的汽车制造产业已经由发达国家逐步向发展中国家转移。其中，以中国、巴西和印度为代表的新兴市场汽车工业发展迅速，增长速度明显高于发达国家。因此，北美、西欧、日本等发达国家和地区的汽车厂商瞄准了新兴市场尤其是中国市场的巨大发展潜力与增长空间，通过资本和技术等多种方式合资或独资建厂，给新兴市场国家汽车工业带来了巨大的发展机遇，也带来了严峻的挑战。

表9-1为世界汽车工业协会公布的2022年全球前十名汽车生产国汽车产量及变化情况。

表9-1　　　　　　　2022年全球前十名汽车生产国汽车产量及变化　　　　　数量单位：辆

国家	乘用车产量	商用车产量	汽车总产量	增长率（%）	占比（%）
中国	23 836 083	3 184 532	27 020 615	3	31.8
美国	1 751 736	8 308 603	10 060 339	10	11.8
日本	6 566 356	1 269 163	7 835 519	0	9.2
印度	4 439 039	1 017 818	5 456 857	24	6.4
韩国	3 438 355	318 694	3 757 049	9	4.4
德国	3 480 357	197 463	3 677 820	11	4.3
墨西哥	658 001	2 851 071	3 509 072	10	4.1
巴西	1 824 833	544 936	2 369 769	5	2.8
西班牙	1 785 432	434 030	2 219 462	6	2.6
泰国	594 057	1 289 458	1 883 515	12	2.2

9.5　世界纺织工业生产和贸易

9.5.1　世界纺织工业发展的特点

纺织工业包括棉纺织、毛纺织、麻纺织、丝纺织、针织、印染和化学纤维等行业，是比较典型的劳动密集型工业，发展与分布直接受原料、市场、劳动力等因素的制约。世界纺织工业的发展具有以下特点：

（1）纺织原料多样化。第二次世界大战后，化学纤维工业迅速发展，使纺织工业的原料结构发生了很大变化，20世纪50年代末，化纤原料比重只占1/5，到80年代末已上升到1/2。就纯棉、毛、丝、麻等天然纤维和各种化学纤维而言，它们各有自己的优点和缺点。如天然纤维织成纺织面料后吸汗、透气、质感强、穿着舒适；而化学纤维织物则具有挺括、抗皱、垂感好等优点。所以，当今世界上最流行的纺织面料是采用混纺纤维新工艺开发生产的新性能面料，即将两种纤维的优点结合起来。纺织工艺技术的进步使天然纤维的优点得到充分发挥，化学纤维的不足（如有静电等）被逐渐改善。

（2）技术改进促进了劳动生产率的迅速提高。20世纪80年代以后，伴随科技进步，纺织工业设备不断改进，不仅提高了纺织品的质量，同时自动化设备的广泛采用也大大提高了纺织行业的劳动生产率。

尽管如此，纺织业相对于其他行业来说仍是劳动密集型行业，特别是其最终产品——服装的加工制作更是以手工操作为主。这是世界纺织工业不断向发展中国家转移的重要原因，也是中国在加入世贸组织以后纺织品大量出口欧美并引发一系列贸易争端的最主要原因。

（3）不断调整生产和产品结构。随着经济的发展和人们穿着消费水平的不断提高，单一的服用性消费结构已转变为服用性、功能性、艺术性相统一的立体消费结构，促使纺织工业跳出狭隘的传统观念，与纺织系统外的服装、地毯、抽纱、装饰四大行业的联系日益紧密，形成了一个大纺织工业生产体系，从而使纺织业不断调整生产和产品结构，以适应消费水平日益提高的需要。这种调整主要体现在两个方面：一是由单纯面向穿着用转为同时面向装饰用和工业用。目前，在发达国家的纺织品生产结构中，穿着用占50%，装饰用占30%，工业用占20%；而在发展中国家，穿着用一般占80%。二是由着重布匹生产转向着重服装生产。当前，发达国家的服装成品已占纺织品消费量的90%以上。

（4）纺织工业的地区分布发生了明显变化。20世纪60年代末，发达国家实行产业升级政策，国内纺织业逐渐萎缩、衰退。近20年来，发达国家的纺织设备大幅度减少；与此相反，因纺织工业技术含量低，劳动密集型生产特征十分明显，加之发展中国家人工成本远低于发达国家，故发展中国家的纺织工业近年来发展迅速。一些发达国家的资金、设备大量地进入发展中国家的纺织工业，使纺织品和服装成为中国、印度、菲律宾等发展中国家出口创汇的重要商品之一。但纺织工业毕竟在全球分布非常广泛，几乎每个国家都有发展水平不同的纺织工业。总体来看，目前最主要的纺织品生产国有中国、印度、美国、俄罗斯等。

9.5.2　纺织品贸易

随着科技水平和世界纺织品生产专业化水平的提高，以及国际分工的日益扩大，纺织品贸易得到迅速发展。目前，纺织品贸易额已占全球纺织品生产总额的30%以上。世界纺织品的主要出口国有中国、日本、韩国、巴基斯坦、意大利等。

当前，中国已成为世界上最大的纺织品生产国和出口国，每年能为全世界每个人生产一件针织服装和一件梭织服装，并为世界众多的名牌服装公司加工成衣。与众多的发展中国家一样，中国出口的纺织品、服装数量虽然增长很快，但多数是低档品，名牌服装、高档纺织面料的服装出口极少，故外汇收入的增速远低于出口数量的增速，出口收益欠佳并耗费了大量能源和原料，不符合建设节约型社会的原则。

法国的纺织品、服装以其创造性和高质量在国际市场上享有较高的声誉。法国是世界第四大纺织品、服装消费国，年均消费量17.6千克/人。近10年来，法国服装贸易连年逆差，逆差额年均14亿欧元。显而易见，法国纺织品、服装的生产远小于消费，是世界重要的纺织品、服装市场之一。

知识掌握与应用

9.1 知识掌握

•填空题

（1）世界能源贸易以_____为主，发达国家是主要消费国和进口国，发展中国家中的大国，如中国、印度等，因能源消费增长迅速，也成为能源进口国。

随堂测9

（2）发展中国家特别是石油输出国组织是能源的主要_____国。目前，世界石油主要是从发展中国家流向发达国家。

（3）钢铁工业布局属_____密集型，影响布局的因素主要有铁矿石、能源和水等。

（4）汽车工业属于_____密集型工业，资金投入大，技术要求高，协作性强，精密度高。

•问答题

（1）分析世界能源工业的生产布局与贸易之间的关系。

（2）世界钢铁工业布局的要素有哪些？主要钢铁生产国有哪些？

（3）简要说明纺织工业生产的特点，分析世界纺织品工业布局的现状及成因。

9.2 知识应用

（1）汽车工业具有资金、技术密集的特点，且具有明显的规模性。结合我国汽车工业的生产布局及价格特点，谈一下对我国汽车工业发展的看法和建议。

（2）近年来，我国纺织品生产及出口屡次遭到欧美的制裁或抵制，请结合相关事例，谈一下竞争、出口、利润、品牌、资源等如何协调才能走出目前的困局。

课题 10

世界农业生产布局和贸易

学习目标

•知识目标

掌握世界粮食作物的生产及分布规律、主要粮食生产国和出口国；了解和掌握世界主要经济作物的分布地区、生产国与出口国；熟知世界渔业主要生产国及出口国的基本情况；掌握世界畜牧产品的生产及贸易状况；了解世界森林资源的分布及贸易。

•技能目标

掌握世界农业生产和布局的特点、规律；能利用地图分析世界粮食作物的生产条件、布局规律与贸易之间的关系；收集材料，分析世界森林工业发展取得的成就、存在的问题，并提出解决问题的方法。

•素养目标

通过本课题的学习，进一步认识世界、了解世情，树立正确的世界观、人生观和价值观，增强爱国情怀。

10.1 世界粮食生产和贸易

10.1.1 世界粮食生产与布局

1）世界粮食生产的基本格局

粮食是人类赖以生存和发展的最基本食物，所以粮食生产和储备受到各国政府的高度重视。随着世界人口的持续增长，为了满足人类对粮食的基本需求，世界各国（地区）都致力于提高粮食单产和总量，但由于各国（地区）的自然条件和生产力水平存在很大差异，粮食生产很不平衡，粮食单产和总量的差异很大。这也是造成世界各国（地区）贫富差异的重要原因之一。

从目前世界粮食生产的总体格局来看，南北美洲年产粮食人均600千克左右；欧洲年产粮食人均570千克左右；大洋洲年产粮食人均超过1 000千克；亚洲是世界人口最多的地区，也是粮食产量最大的洲，年产粮食10多亿吨，但人均只有330千克左右，与世界人均粮食拥有量持平；非洲人多粮少，人均粮食拥有量不到200千克。从以上数据可以看出，世界粮食生产的基本格局是发达国家和地区粮食的总量、单产和人均占有量都很高，而发展中国家和地区的这几个数据都很低。

从粮食产量来看，中国、美国、印度、巴西、俄罗斯是世界产粮大国。中国是世界第一产粮大国，近年来，每年生产6亿多吨粮食。中国用不足世界10%的耕地，养活了世界22%的人口。美国农业高度发达，机械化程度高，年产粮食5亿吨左右，是世界粮食生产第二大国。美国的粮食出口量位居世界第一，年出口量约1.5亿吨。印度也是世界产粮大国之一，2022年粮食产量约3.24亿吨。印度是人口大国，其生产的粮食基本用于国内消费。巴西年粮食产量达1亿多吨，是世界产粮大国之一。巴西也是世界第二大大豆出口国、第三大玉米生产国。

《全球生态环境遥感监测2022年度报告》显示：2022年极端天气频发叠加区域性突发事件，导致全球大宗粮油作物减产1.3%，是近10年第二大减幅；玉米产量减幅较大，水稻产量同比基本持平，小麦和大豆小幅减产。我国农业生产防灾减灾能力持续增强，长江流域极端高温干旱、西北局地涝渍灾害给农业生产带来的不利影响有限。

此外，2019年年底暴发的新冠疫情扰乱了全球供应链，加上世界两大粮仓俄罗斯和乌克兰的冲突，给世界带来太多不确定性，粮食危机日益严重，粮食安全风险加剧。首先，新冠疫情导致全球失业人数增加，失业率升高带来的收入减少致使部分人口无法获取食物，这种情形在不发达国家和地区尤为严重。其次，俄乌冲突引发连锁反应。俄罗斯和乌克兰是全球小麦、玉米等重要谷物的生产国和贸易国，俄罗斯还是全球重要的化肥生产国和出口国。两国之间的冲突扰乱了农产品生产、收获、贸易及运输的整个供应链，其导致的出口中断使阿富汗、埃塞俄比亚和叙利亚等高度依赖小麦进口的国家饥饿状况进一步恶化。最后是极端气候事件。降雨、飓风、洪水和干旱等事件都会对农作物和畜产品生产造成严重影响。2022年，全球主要粮食主产区几乎同时遭遇了极端天气影响。

数据资料显示，全球每年生产的小麦、稻谷的95%以上加工成面粉和大米，直接作为口粮或作为制作面、米食品的原粮；玉米作为口粮的比例低于小麦和稻谷。我国约有13%的玉米作为口粮被加工，50%以上作为饲料，10%左右作为生产淀粉的原料；在发达国家，如美国，60%以上的玉米作为饲料，20%以上的玉米用来生产淀粉。

2）世界粮食作物的分布

粮食作物在世界农作物中种植面积最大、产量最多，以谷物为主，谷物中又以小麦、稻谷和玉米为主。这三种作物的种植面积约占世界谷物种植面积的75.0%，产量约占世界谷物产量的85.6%。

根据经济合作与发展组织（OECD）与联合国粮食及农业组织（FAO）联合发布的《2019年至2028年农业展望报告》，未来发展中国家人均谷物消费略有增长，发达国家人均谷物消费基本平稳，世界谷物供需宽裕，库存消费比处于高位。2019—2020年度，世界小麦（该报告）预测供应量为10.43亿吨，产量为7.65亿吨，消费量为7.55亿吨，贸易量为1.8亿吨，期末库存量为2.88亿吨；世界稻谷（该报告）预测供应量为6.7亿吨，产量为4.98亿吨，消费量为4.95亿吨，贸易量为0.46亿吨，期末库存量为1.75亿吨；世界玉米（该报告）预测供应量为14.28亿吨，产量为11.04亿吨，消费量为11.25亿吨，贸易量为1.67亿吨，期末库存量为3.03亿吨。其中，小麦、玉米产略大于需，大米产不足需。

（1）小麦。小麦在世界粮食作物中居首要地位，世界人口，特别是发达国家人口大多以小麦为主要口粮。其产量最大，种植面积也最大。目前小麦全球种植面积超220万公顷，年产量在7亿吨左右，约占世界粮食总产量的1/3。由于受自然条件和国土面积等的限制，各地区小麦种植面积和单产差异较大。小麦的类型和品种繁多、分布广，对土壤、气候条件的适应性强，耐寒、耐旱、稳产、高产，但是遇到极端天气时，小麦的生产与价格依然会受到影响。据联合国粮食及农业组织（以下简称联合国粮农组织）的数据，2022年全球小麦总产量达到7.8亿吨。在小麦主产国中，中国占据核心生产地位，小麦年产量高达1.38亿吨，占世界总产量的18%。

小麦种植分布广泛，但主要集中在北纬27°~57°和南纬25°~40°的温带地区，特别是海拔200米以下的平原谷地和较低平的高原山地。从国别来看，世界小麦产量最大的国家是中国，接下来是印度、俄罗斯和美国，四国小麦产量之和占世界小麦总产量的45%以上。从地区来看，小麦集中分布在以下地区：第一，俄罗斯的温带草原区；第二，美国中部的小麦带；第三，印度和澳大利亚的热带和亚热带草原区；第四，中国的东北平原和华北平原。

（2）稻谷。稻谷种植面积约占世界谷物种植面积的1/4，产量占世界粮食总产量的近30%。稻谷的种植区域比较集中，主要分布在亚洲的季风气候区，其中以东亚、东南亚和南亚最为集中，其次是墨西哥湾沿岸及密西西比河下游地区。

美国农业部发布的统计数据显示，2021—2022年度，中国以1.49亿吨的大米产量排名全球各国产量第一名；紧随其后的是印度，2021—2022年度大米产量为1.30亿吨。两个国家合计大米产量占到全球的54%左右。图10-1是2021—2022年度全球大米产量排名前几位的国家。

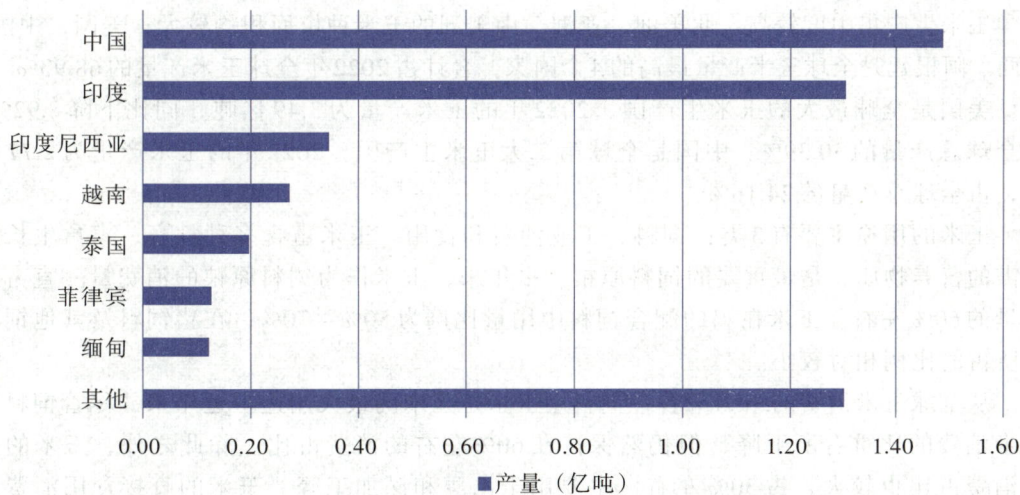

图10-1　2021—2022年度全球大米产量排名前几位的国家

数据来源　前瞻产业研究院.

在消费量方面，近年来，全球大米消费量整体呈增长态势，2021—2022年度，全球大米消费量达到5.12亿吨；2022—2023年度，世界大米消费量达到创纪录的5.19亿吨。2017/18—2022/23年度全球大米消费量如图10-2所示。

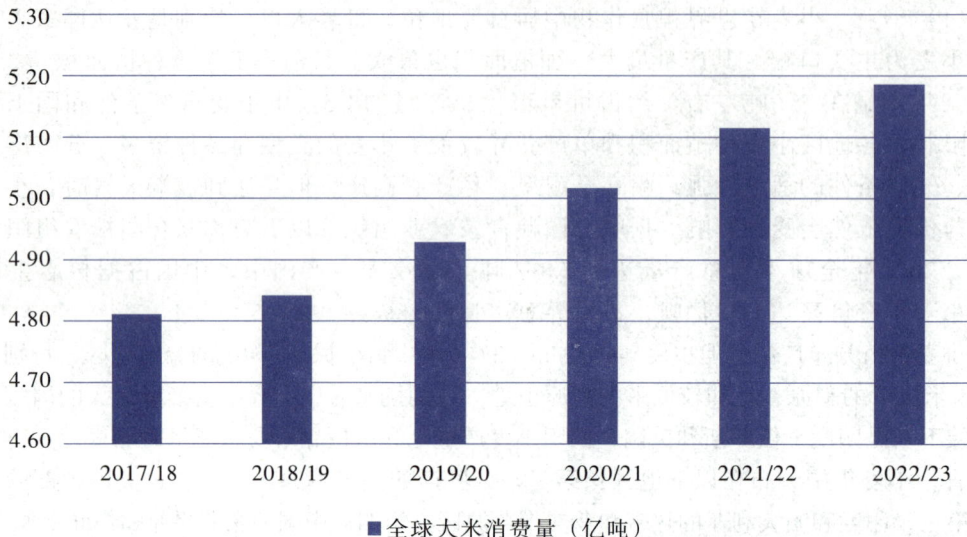

全球大米消费量（亿吨）

图10-2　2017/18—2022/23年度全球大米消费量

（3）玉米。玉米是世界三大粮食作物之一，分布广泛，在北美洲种植面积最大，在亚洲、非洲和拉丁美洲也有较多种植区域。全世界每年种植玉米1.92亿多公顷，总产量9.7亿多吨，约占全球粮食总产量的1/3，主要分布在美国、中国、巴西、阿根廷等。

从全球来看，近十几年来，玉米产量在高位波动调整。2022年，全球玉米产量11.48亿吨，比上年减少6 850万吨，降幅5.63%。2022年全球玉米种植面积2.01亿公顷，比上年减少5 587万公顷；平均单产5 701千克/公顷，比上年下降3.01%。

玉米生产集中度较高。北美洲、亚洲、南美洲的玉米种植面积均较大，美国、中国、巴西、阿根廷是全球玉米产量最高的4个国家，合计占2022年全球玉米产量的68.93%。

美国是全球最大的玉米生产国，2022年的玉米产量为3.49亿吨，同比下降8.92%，占全球总产量的30.39%。中国是全球第二大玉米主产国，2022年的玉米产量为2.77亿吨，占全球总产量的24.16%。

玉米的用途主要有3类：饲料、工业消费和食用。玉米富含多种牲畜、家禽生长所必需的营养物质，是最重要的饲料原粮。多年来，玉米作为饲料原粮的消费量一直占总产量的60%左右。玉米在鸡的配合饲料中用量比例为50%～70%，在猪饲料及其他饲料中所占的比例相对较小。

从全球玉米消费的结构来看，饲料用玉米是玉米的最大用途。近年来，尽管饲料占玉米消费的比重有所下降，但仍然保持在60%左右的消费占比。除此之外，玉米的工业消费占比也较大，占30%左右，主要用于乙醇和深加工等。玉米的直接食用消费占比不足10%。

10.1.2 世界粮食贸易与粮食问题

1）世界粮食贸易

1972—1973年度世界粮食贸易量只有1.33亿吨，而2002—2003年度已达到2.37亿吨，增长了78%。2016—2017年度，全球粮食（谷物）贸易量达3.91亿吨，在货物贸易量中仅低于石油、钢材，居第三位。

（1）小麦贸易。根据经济合作与发展组织和联合国粮农组织发布的报告，自2020年新冠疫情全球蔓延以来，小麦全球贸易量连续3年创历史新高，2022—2023年度全球小麦进口量超过2.1亿吨，比新冠疫情前的2019—2020年度增加2 205万吨，增加的主要原因是全球小麦进口国政府和民间预防性储备增加；从面粉生产来看，3年疫情期间，面粉产量并没有呈现持续增加的态势，总体上疫情对面粉消费有一定的负面影响，但影响幅度相对较小。同时，受俄乌冲突影响，全球小麦贸易格局也发生了一定变化，小麦进口国更加注重本国自给问题。加拿大、澳大利亚、中国和俄罗斯是全球小麦主产国，4国近5年平均产量占全球平均值的35.7%。

（2）大米贸易。2020年7月，联合国发布《世界粮食安全和营养状况》报告，从全球来看，2019—2020年度，全球大米产量为4.96亿吨，与上年度相比有所下滑，主要原因是全球稻米收获面积减少。美国农业部发布的《世界农产品供需预测报告》显示，2022—2023年度，全球大米产量（预计）达到5.08亿吨（成品米），比上年减少1.36%，主要受印度等地区干旱因素影响，产量有所减少。

从全球大米贸易的情况来看，近年来全球大米进出口市场呈波动态势，2019—2020年度，全球大米进口量为3 960万吨，出口量为4 150万吨，与上年同期相比均有所下降，主要是由印度和泰国大米贸易量下降导致的。

2023年7月20日，印度政府宣布，为保障国内市场供应，印度将禁止除蒸谷米和印度香米外的大米出口，即日生效。自2008年起，印度大米出口量连续15年稳居世界首位。2022年，印度大米出口量占全球大米贸易量的40.2%，是全球140多个国家和地区的大米进口来源国。美国Gro Intelligence数据分析公司2023年7月的报告指出，印度本次出口禁令将减少大约1 000万吨大米的出口量，直接影响全球大米市场短期供应。印度大米出口禁令的冲击波引发阿拉伯联合酋长国、俄罗斯跟进。此外，有国际指标作用的泰国大米出口价在2023年7月暴涨至每吨607.5美元，达到2012年5月以来的最高水平。相较于出口市场，全球大米进口国家和地区分布较为分散。

（3）玉米贸易。近年来，全球玉米贸易量总体上呈现上升趋势，2012—2016年全球玉米进口量的年均复合增长率为9.73%，2017年全球玉米进口量为14 974万吨。近两年，全球玉米贸易活跃。2022—2023年度，全球玉米平均贸易规模约1.75亿吨，占当年玉米总产量的15.22%。

全球玉米出口高度集中，出口量排名前四位的国家是美国、巴西、阿根廷和乌克兰。2022—2023年度，这4个国家出口量之和占全球玉米出口总量的84.99%。

由于巴西玉米种植面积大幅度提高，加上获准出口至中国，2022—2023年度巴西成为玉米第一大出口国，出口量达到5 000万吨，约占全球出口总量的28.62%；美国玉米出口量大幅下降1 578多万吨，为4 699万吨，约占全球出口总量的26.90%；阿根廷及乌克兰分别占全球出口总量的16.03%和13.45%。

2）世界粮食问题

世界粮食问题表现为不同国家或地区之间粮食生产、占有、消费等方面的差异，其产生有较为复杂的原因和历史背景。从世界粮食生产和消费来看，分布不平衡是世界粮食问题的外在原因。第二次世界大战后，世界粮食总产量的增速超过了世界人口的增速，但分布不均衡加剧了世界粮食问题的严重性。世界粮食生产的基本格局是：广大发展中国家粮食缺乏，大量人口处于饥饿状态；少数发达国家却拥有大量余粮，每年需要耗费巨额资金保管。当前，世界贫困人口有增无减，发达国家人口只占世界人口的1/4，而粮食产量却占世界粮食产量的49%，发展中国家与其相距甚远。世界粮食出口贸易操纵权掌握在几个发达国家手中，尤其是美国，美国的粮食出口量约占世界粮食总出口量的1/2，美国控制着粮食的市场价格。在发展中国家中，只有阿根廷、泰国等进行粮食出口贸易，中国、印度、巴西等30多个国家可实现基本自给，大多数发展中国家要进口粮食来满足国内的基本需要。

发展中国家缺粮的主要原因有：①一些国家和地区经历了长期的殖民统治，形成了单一经济结构，农业结构不合理，生产落后；②受自然因素影响，粮食产量不稳定；③人口增长过快，抵消了粮食产量的增长；④部分国家政局不稳、多动乱，严重影响了农业生产；⑤落后的生产方式影响了粮食生产。

此外，2022年，非洲之角遭遇了40年来最严重的旱灾，农作物大量减产；2022年伊始，世界"粮仓"大动荡，使非洲粮食问题愈加突出。

农业、粮食安全和全面可持续的农村转型对非洲国家的发展至关重要。非洲经济脆弱，一大软肋便是农业脆弱。目前，许多非洲国家和地区仍然面临粮食安全问题和农业生产效率低下问题，这是事实。不少非洲国家和地区正在加大、加快对农业和农产品加工的规模投资，并在众多国家，尤其是中国的帮扶下，取得了不少丰硕的成果

联合国粮农组织于2023年12月发布的《2023年亚洲及太平洋区域粮食安全与营养状况》报告显示，由于全球粮食、饲料和燃料价格上涨，从新冠疫情造成的破坏中恢复缓慢，亚太地区数以百万计本已营养不良的人们在健康和生计方面受到严重损害。该报告指出，在暴发新冠疫情以及"粮食、饲料、燃料、肥料和资金"短缺的危机期间，亚太地区饱受困扰；时至今日，危机的持久影响犹存。

联合国粮农组织的最新统计数据表明，亚太地区营养不良者人数超过3.7亿，占全球的一半；而该地区处于严重粮食不安全状态的人数也占全球一半，其中女性的人数比男性多。事实上，该地区育龄妇女的贫血率以及5岁以下儿童发育迟缓、消瘦和超重的发病率仍处于较高水平，远未达到世界卫生大会确立的全球营养目标。

要解决世界粮食问题，发展中国家应依靠自己的力量，政府要采取积极扶持农业生产的政策措施，提高农业技术，改革落后制度，大力发展农业生产，控制本国人口增长，保护生态环境。同时，国际社会，特别是发达国家，应在技术、资金等方面给予发

展中国家更多的援助，努力建设国际政治、经济新秩序，帮助这些国家走出困境。

10.2　世界主要经济作物生产和贸易

经济作物是除粮食作物以外的重要农作物，是轻工业生产的重要原料。经济作物种类很多，一般可分为以下几类：①纤维作物，如棉花、麻类等；②油料作物，如大豆、花生、油菜籽等；③糖料作物，如甘蔗、甜菜等；④饮料作物，如茶叶、可可、咖啡豆等。经济作物的生产与自然条件、生产技术、劳动力等因素关系密切，因此在分布和生产上有一定的规律。

10.2.1　纤维作物生产与贸易

1）棉花的生产与贸易

棉花是最重要的纺织工业原料，与人们的生产和生活密切相关。棉花属于喜温、喜光作物，适合在有沙质土、有灌溉条件的地区种植。从世界棉花的生产和分布来看，其主要集中在 4 个地区：

（1）亚洲中部、东部和南部地区。这是世界棉花的主要产区，中部地区包括乌兹别克斯坦、土库曼斯坦、哈萨克斯坦等国；东部地区包括中国的华北平原、长江中下游平原和黄河中下游地区；南部地区包括印度的德干高原、巴基斯坦等。

（2）北美洲南部地区。它主要是指美国南部的棉花带，是世界第二大产棉区。

（3）非洲东北部地区。它主要是指埃及和苏丹的棉花产区，这里的长绒棉产量占世界长绒棉总产量的 80% 以上。

（4）拉丁美洲地区。它主要包括巴西、阿根廷及中美洲各国。

国际棉花咨询委员会（ICAC）指出，2022—2023 年度，全球棉花期初库存 1 997 万吨，同比减少 57 万吨；产量 2 469 万吨，同比减少 46 万吨；消费 2 303 万吨，同比减少 267 万吨；期末库存 2 163 万吨，同比增加 166 万吨；期末库存消费比为 93.92%，环比上升 0.2%，同比上升 16.2%。印度、美国、中国是全球棉花市场影响力最大的 3 个国家，产量、消费以及出口政策变动对棉市影响较大。美国农业部发布的《世界农产品供需预测报告》显示，2022—2023 年度，中国棉花产量位列全球第一，印度、美国分别为第二和第三。

此外，巴基斯坦是全球第五大棉花生产国，同时也是第三大棉花消费国，还是全球最大的棉纱出口国。

2）麻类的生产与贸易

麻类既是服装面料，也是工业原料。麻的种类有黄麻、红麻、亚麻、剑麻等。黄麻和红麻主要用于编织麻袋；亚麻分为纤维用亚麻和油用亚麻，分别用于纺织和榨油；剑麻坚韧耐腐，主要用于制造缆绳。

世界麻类生产主要集中在印度和孟加拉国，其他产麻国家还有俄罗斯、缅甸、泰国等，但产量都不大。黄麻和红麻生产的 90% 集中在印度和孟加拉国；亚麻以俄罗斯生产最多，中国东北也有生产；剑麻主要产在巴西和坦桑尼亚等国。发展中国家的麻类生产及制品主要出口到发达国家。

10.2.2 油料作物生产与贸易

油料作物的种类较多，有一年生的大豆、花生、油菜籽、芝麻等，还有多年生的油橄榄、油棕、椰子、油茶等。其中，一年生的油料作物产量占世界油料作物总产量的80%左右，多年生的占20%左右。

（1）大豆的生产与贸易。大豆是油料作物，也是营养丰富的粮食作物，其含油率在16%~22%。全球大豆产量已从1992年的1.17亿吨增加到2019年的3.42亿吨。2018—2019年度，全球大豆播种面积为1.26亿公顷，产量前五位的国家分别是美国、巴西、阿根廷、中国、印度，占比分别为33.6%、32.6%、15.4%、4.5%和3.0%。

据美国农业部2023年3发布的《世界农产品供需预测报告》，世界大豆供需形势变动情况如下：①2022—2023年度，世界大豆供应量预计为4.74亿吨，较2021—2022年度估算值增加1589万吨。②2022—2023年度，世界大豆产量预计为3.75亿吨，较2021—2022年度估算值增加1701万吨，比上月预测值下调786万吨。其中，在干旱和炎热的天气条件下，阿根廷大豆产量减少800万吨，下调至3300万吨；乌拉圭大豆产量减少20万吨，下调至210万吨。③2022—2023年度，世界大豆消费量预计为3.71亿吨，较2021—2022年度估算值增加886万吨。④2022—2023年度，世界大豆贸易量预计为1.68亿吨，较2021—2022年度估算值增加1442万吨。其中，巴西和美国大豆出口量上调，阿根廷大豆进口量有所上调。同时，伊朗和土耳其大豆进口量也有所上调

（2）花生的生产与贸易。花生是重要的油料作物，喜温，对自然条件的适应性较强，可在沙土中生长。花生含油率较高，一般在45%~50%。世界花生的生产地主要分布在亚洲、非洲和美洲，主要生产国有印度、中国、美国、阿根廷等。其中，印度的种植面积最大，中国的产量最大，美国的单产最高。中国已成为世界最大的花生生产国、消费国和出口国，产量每年在1500万吨左右，占世界花生总产量的40%以上，出口量占世界贸易总量的25%以上。印度的年产量在750万吨左右，约占世界总产量的18%。中国和印度是世界花生主要出口国，其他生产国的出口量不大，日本和欧洲一些国家是花生的主要进口国。在用途上，印度将80%的花生用于榨油，美国将60%以上的花生加工成食品，欧盟各国将90%以上的花生加工成食品，我国将50%的花生用于榨油。

（3）油菜籽的生产与贸易。油菜籽是重要的油料作物，含油率在35%~46%，对自然条件的适应性较强。在世界油料作物中，无论是种植面积还是产量，油菜籽都仅次于大豆。中国是世界油菜籽产量最大的国家，产量约占世界总产量的30%，年产量为1000万~1200万吨。第二大油菜籽生产国是加拿大，其产量约占世界总产量的14%。此外，德国、澳大利亚、印度、法国等国也是重要的油菜籽生产国。其中，加拿大、澳大利亚、德国等国是主要出口国，加拿大的油菜籽出口量占世界出口量的50%以上。中国既是油菜籽的生产大国，也是消费大国，每年都需要进口大量油菜籽，其进口来源地主要是加拿大和澳大利亚。日本、美国和欧洲一些国家也是主要进口国。

10.2.3 糖料作物生产与贸易

糖料作物中最主要的是甘蔗和甜菜，出糖率分别为 11%～12.6% 和 12%～14%。在世界糖料作物产量中，甘蔗的产量约占 85%，甜菜的产量约占 15%。

（1）甘蔗的生产与贸易。甘蔗属热带、亚热带作物，喜高温，用水量大，生长期长，主要分布在南北纬 35°之间。从种植面积来看，巴西甘蔗的种植面积最大，印度第二，泰国第三。中国、古巴、墨西哥、澳大利亚等国也是甘蔗生产国。从产量来看，2022—2023 榨季，巴西的甘蔗产量最大，达 6.5 亿吨，世界排名第一；其次是印度和中国。此外，墨西哥、古巴的甘蔗产量也较大。世界出口蔗糖的国家主要有巴西、澳大利亚、泰国、古巴等。其中，巴西是世界最大的食糖出口国，其食糖出口量占世界食糖出口总量的 40% 以上。

（2）甜菜的生产与贸易。甜菜属耐寒作物，适宜在中温带种植，主要分布在北纬40°～60°之间。甜菜制糖由于成本和技术要求高，因此其主要生产国为欧盟和北美的发达国家，欧洲甜菜产量占世界甜菜产量的 80% 以上。世界主要甜菜生产国有法国、德国、美国、波兰和中国等。

制糖工业适宜布局在原料地，甘蔗和甜菜生产量大的国家的食糖产量也大。发达国家对食糖的消费基本稳定，发展中国家的食糖消费增长较快。世界主要食糖进口国有日本、美国、中国、韩国等。

10.2.4 饮料作物生产与贸易

世界饮料作物主要有 3 种，即茶叶、咖啡豆、可可。

（1）茶叶的生产与贸易。茶叶是热带、亚热带木本植物，喜湿热，耐阴耐酸，主要分布在湿润的低山丘陵地区。世界主要茶叶生产国多为发展中国家，主要有印度、中国、斯里兰卡、肯尼亚等；同时，这些国家也是茶叶的主要出口国。中国是茶叶的原产地，茶园面积居世界第一，但单产较低，故总产量低于印度。中国出口的茶叶以绿茶为主，而世界茶叶市场上红茶销量约占 90%。美国、英国、俄罗斯、巴基斯坦、埃及等国是茶叶的主要进口国。

（2）咖啡豆的生产与贸易。咖啡是世界上最主要的饮料之一，其消费量是茶叶的 4 倍多。咖啡树是热带作物，主要分布在拉丁美洲和非洲。在南美洲，咖啡生产国主要有巴西、哥伦比亚、委内瑞拉、厄瓜多尔等。其中，巴西的咖啡树种植面积最大，产量也最大，占世界总产量的 1/3，有"咖啡王国"之称。中美洲的咖啡主要生产国有危地马拉、哥斯达黎加、萨尔瓦多、尼加拉瓜等。非洲的主要咖啡生产国有几内亚、喀麦隆、肯尼亚等。亚洲的最大咖啡生产国是印度尼西亚。

世界咖啡生产主要集中在发展中国家，其产量的 3/4 供出口。其中，巴西的咖啡出口量最大。此外，哥伦比亚、越南、危地马拉、印度尼西亚等国的咖啡出口量也较大。咖啡的主要进口国是美国和欧洲国家。

（3）可可的生产与贸易。可可是热带作物，适合高温多雨的气候，集中产在南北纬

15°之间的非洲西部沿海地区。科特迪瓦是世界上最大的可可生产国，其可可产量约占世界总产量的45%。加纳是可可第二大生产国，年产量为60多万吨。此外，喀麦隆、尼日利亚等国的可可产量也较大。拉美地区的可可生产国有巴西、厄瓜多尔、苏里南等。

可可是生产巧克力的主要原料，世界巧克力生产对可可的依赖性较强。我国巧克力生产的原料都需要进口。

10.3　世界水产品生产和贸易

10.3.1　世界水产业的发展状况

水产业是指在海洋、江、河、湖、塘等水域中养殖水生动植物或从事捕捞并从中获得产品的生产事业。在我国，它属于农、林、牧、副、渔各业中的渔业。水产品是人类不可缺少的、营养价值很高的食品，多以天然生长为主，但随着世界人口的增长和水产品消费量的增加，天然水产品已无法满足人们的需要，水产品人工养殖得以发展。人工养殖水产品投入少、收益高，受到各国的普遍重视且发展迅速。亚洲是世界水产养殖业发展最快、养殖面积最大、水产品产量最高的地区，水产品生产主要集中在7个国家，即中国、印度、日本、韩国、菲律宾、印度尼西亚和泰国。以上7国的水产品产量约占世界总产量的85%，其中，中国的产量就占世界总产量的60%以上。泰国是亚洲主要的水产品出口国。

水产业的发展和布局与自然条件关系密切，主要受水域条件的限制。目前，世界水产品绝大多数还是靠海洋捕捞，因而水产业集中分布在沿海有丰富鱼类资源的地区和拥有现代化捕捞设备及加工设备的国家，主要是发达国家。

世界水产品生产国可分为两类：

一类是以《联合国海洋法公约》规定的距海岸200海里经济专属区以内的水产资源为主的国家，包括美国、秘鲁、加拿大、澳大利亚、挪威、南非、中国、印度等国。由于世界渔业资源集中分布在浅海大陆架内，所以，距海岸200海里水域内，渔业资源最丰富。美国是世界上拥有最大经济专属区的国家，面积达220万平方海里，水产业十分发达。秘鲁是一个渔场宽达200海里的国家，也是世界上主要的水产品生产国和出口国。秘鲁主要产鳀鱼，鳀鱼骨是鱼粉的主要原料。其水产品的90%用于出口，鱼粉出口居世界首位。

另一类是在很大程度上以远洋捕捞为主的国家，如日本、俄罗斯、英国、德国等。这类国家最初在传统的捕捞区进行捕捞，《联合国海洋法公约》规定了200海里经济专属区以后，这些国家的远洋捕捞受到一定程度的影响。在这些国家中，日本是传统的渔业国，第二次世界大战后，其捕捞技术和水产品加工技术提高很快，目前是世界渔业生产大国。

10.3.2   世界渔业生产及贸易

1）世界渔业的生产与分布

（1）世界渔业生产。随着世界人口的增长和人们生活质量的提高，人们对水产品的需求不断增加，这促进了海洋捕捞和水产品加工技术的进步，以及人工养殖技术的提高，使世界渔业得到了快速发展。1950年，世界渔业产量为 2 110 万吨，2020年全球渔业和水产养殖总产量达到2.14亿吨，是历史最高水平。其中，水产品捕获量有所减少，但养殖水产品的生产量达到历史最高。随着全球野生渔业资源的锐减，全球水产养殖业逐渐兴起与发展，并发挥了至关重要的作用。一方面，其有效减少了人们对野生渔业资源的无尽索取，并逐渐满足了人们对水产食品的需求；另一方面，水产养殖业的发展带动了一部分人就业，并促进了相关产业经济的发展。

根据《世界渔业和水产养殖状况》（SOFIA）的数据，受全球，特别是亚洲水产养殖业增长的推动，2020年渔业和水产养殖总产量上升至历史最高水平，达2.14亿吨，其中1.78亿吨为水生动物、3 600万吨为藻类。中国的水产品产量稳居全球第一。自1991年以来，高度发达的水产养殖业为中国提供了大量养殖水产品，其数量比世界其他地区的总和还要多。SOFIA称，未来水产养殖业将继续扩张，尽管增速将有所放缓，但养殖鱼类将在未来10年占据更大的消费和贸易份额；预计非洲的水产养殖产量将增长48%，这有助于缓解非洲因人口增长导致的人均鱼类消费减少的预期。

（2）世界渔场分布。世界渔业资源的分布是不均衡的，海洋鱼类资源比较集中地分布在寒暖流相汇或有海水上翻的海域。水深在200米以内的捕捞作业区被称为大陆架渔场，是海洋中水产品最丰富的区域，坡度平缓，适宜捕捞作业，渔获量占海洋总渔获量的90%。

第二次世界大战前，世界有四大渔场：北海道渔场、北海渔场、纽芬兰渔场、秘鲁渔场。第二次世界大战后，渔业技术的进步和新渔场的开辟又将世界渔场分为太平洋西北部渔区（渔获量居世界首位）、大西洋东北部渔区（包括北海和波罗的海）、太平洋中西部渔区等19个区域。

舟山渔场是中国最大的渔场，与黄渤海渔场、南海沿岸渔场、北部湾渔场构成中国的四大渔场。

2）世界渔业贸易

世界渔业的生产和消费存在较大的地区差异。按人均渔业产品产量计算，发达国家比发展中国家高出近一倍，而且发达国家渔业产品的消费量也远高于发展中国家，这使得许多发达国家的渔业产品仍需进口。

世界渔业产品的出口国主要集中在沿海鱼类资源丰富的发展中国家，如中国、泰国、印度、菲律宾等；发达国家中，主要渔业产品出口国有加拿大、挪威、冰岛、丹麦等。

目前，中国不仅是渔业产品的第一大生产国，也是第一大出口国。中国渔业产品的产量（人均近37千克）和出口额均居世界第一，出口额约占全球出口总额的9%，主要出口产品有冻鱼片、头足类、养殖虾类及制作的鱼罐头；主要出口对象为日本、美国、韩国和欧盟；出口地集中在山东、辽宁、浙江、广东、福建等省份。

世界渔业产品的进口国主要是渔业产品消费量较大的发达国家。例如，日本虽然渔业产品产量居世界第二位，但它是世界上最大的渔业产品进口国，其进口额约占世界渔业产品交易额的30%。其他渔业产品进口国还有美国、法国、德国等。

10.4 世界畜牧业产品生产和贸易

畜牧业是农业中的一个重要部门，其生产水平不仅与人们的食物结构和生活水平有着密切的关系，还对农业的发展、畜牧产品的加工、出口创汇等起着促进作用。

10.4.1 世界畜牧业产品的生产状况

畜牧是人类最早的生产活动，一直伴随着人类发展。当前，畜牧业技术水平和生产方式已经发生了根本性变化，由于不同国家或地区所处的发展阶段不同，畜牧业的生产性质和经营方式也存在较大的差异。

按生产性质划分，畜牧业可分为游牧畜牧业和商品性畜牧业。游牧畜牧业是指生产水平较低、生产目的以自己消费为主的畜牧业。非洲的广大牧区及亚洲的部分牧区属于这种类型，牧民靠天养畜，依赖天然牧场，生产不稳定，产品产量低。商品性畜牧业是以交换为主要生产目的的畜牧业，生产方式先进，以人工牧场为主，生产稳定，效率高，品种优良，所出售的畜牧产品有肉、皮、毛、奶、蛋、活体畜产品等。

按经营方式划分，畜牧业可分为粗放式畜牧业、大农牧场放养畜牧业和舍饲畜牧业。

从生产性质上看，粗放式畜牧业是自给性的；从经营方式上看，粗放式畜牧业是非定居牧民赶着牲畜随草的生长、衰退而放牧生活，属于靠天养畜。

大农牧场放养畜牧业属集约型畜牧业，其特点是：①对草场实行科学管理，如将草场分割，轮流放牧，对退化的草场采取封闭培育、补播等措施，以恢复草场的生产能力；②建设草场，保证冬、春季饲料储备；③对牲畜实行科学管理，如保持合理的畜龄结构和培育适龄母畜，以保证畜产品的商品率；④实行草畜结合，如根据牧草生产情况确定养畜数量，合理载畜。这种畜牧业生产方式是当今世界上最先进的方式，生产国以澳大利亚、新西兰、美国为代表。

舍饲畜牧业是以粮食作为主要饲料来饲养牲畜的畜牧业。这种生产方式集约性强、占地少、产量大、效率高，主要饲养的畜牧品种有奶牛、肉牛、猪、鸡、鸭、兔等。如美国中部的玉米带就是用玉米和大豆作饲料，大规模饲养牛、猪等。

10.4.2 世界畜牧业产品的生产和贸易

第二次世界大战后，随着世界粮食产量的不断增长，世界畜牧业产品产量也相应增长，但是不同类型国家和地区的畜牧业发展情况不同，大多数发达国家粮食供应大于粮食的直接消费，因而有充裕的土地用于发展饲料和牧草生产。所以，从世界主要畜产品产量来看，除少数几个土地面积较大的发展中国家（如中国、印度、巴西、阿根廷）外，畜产品主要分布在北美、西欧、东欧和澳大利亚等国家和地区。

联合国粮农组织的报告指出，2022年，全球肉类产量达3.6亿吨，比2021年增长1.2%。同时，国际肉类价格指数在2022年6月达到历史新高。该报告显示，2022年，全球肉类生产仍处在扩大之中。据预测，大部分增长来自亚洲，如中国猪肉产量提升，同时南美洲的牛肉和禽肉也有增长，其他地区的肉类产量相对稳定，欧洲肉类产量则出现下降。与此同时，全球肉类贸易总量在下降，该报告显示，2022年，全球肉类贸易总量预计达到4 160万吨，比2021年下降0.8%。

总的来看，目前发达国家仍然是畜产品的主要出口国，发展中国家成为主要进口国。但是各个发达国家的情况也不同，如美国、加拿大、德国、澳大利亚是畜产品的主要出口国，而日本及部分欧洲国家是畜产品的主要进口国。

在发展中国家中，巴西、阿根廷等国是畜产品的主要出口国。中国的畜产品产量居世界前列，畜禽肉类生产量约占世界生产总量的27%。其中，猪肉占47%，羊肉、禽肉和牛肉分别占26%、17%和9%。中国禽蛋产量约占全球产量的45%。但中国又是全球肉类消费大国，中国人均猪肉消费量为41.9千克，是世界其他国家平均水平的4.6倍，也是牛肉、羊肉的净进口国。

10.5　世界林业产品生产和贸易

10.5.1　世界森林资源与分布

森林是自然环境的重要组成部分，也是人类最宝贵的财富之一，素有"绿色金子"之称。森林不仅有经济价值，更重要的是，它是陆地上最大的生态系统，具有重要的环境保护价值。没有森林，地球生态系统就会崩溃。因此，在保持自然界的生态平衡中，森林占据了极其重要的地位，破坏森林就等于破坏人类赖以生存的自然环境。

森林可分为郁闭林、疏林和灌木林。按照联合国粮农组织森林资源统计的规定，林地的郁闭度在0.2以上才算森林资源，郁闭度在0.2以下的称为疏林地。

总体来看，世界各地区、各国的森林覆盖率差异很大。从地区来看，拉丁美洲和加勒比海地区的森林覆盖率达47.1%，中东和北非的森林覆盖率仅为1.5%。从国家来看，有的国家森林覆盖率高达70%～80%，如加蓬（84.7%）、几内亚比绍（77.8%）和芬兰（72%）；而有的国家森林覆盖率不到1%，如埃及（0.1%）、利比亚（0.2%）和沙特阿拉伯（0.7%）；有的国家森林面积大，但森林覆盖率并不高，如中国和俄罗斯；有的国家森林面积并不大，但森林覆盖率很高，如日本和朝鲜。

世界森林资源主要分布在热带地区的国家（如巴西、哥伦比亚、秘鲁、玻利维亚等）和高纬度寒温带地区的国家（如俄罗斯、瑞典、芬兰、加拿大等）。

世界主要森林分布地区有：①亚马孙河流域热带原始森林区，涉及巴西、哥伦比亚、秘鲁、玻利维亚等国；②刚果河流域热带原始森林区，涉及刚果民主共和国、刚果共和国、安哥拉、赞比亚等国；③亚欧大陆北部寒温带针叶林区，主要指亚欧大陆北纬55°以北地区，涉及俄罗斯、芬兰、瑞典等国。

10.5.2　世界林业产品生产和贸易

林业产品可分为工业用材、薪炭材和其他用材。世界原木产量的一半用于工业，如建筑、家具、造纸、煤炭等工业需要大量木材，其他大多作为薪炭烧掉。在世界原木产量中，发展中国家产量约占55%，但其中的80%用作薪炭材，估计全世界有20亿人口的家用燃料依靠木材，还有许多发展中国家仍然缺乏薪炭材。在木材的利用上，发展中国家的综合利用率较低；在发达国家的原木产量中，80%以上为工业用材，综合利用率较高。

世界上生产原木较多的国家有俄罗斯、巴西、加拿大、美国、印度尼西亚、中国、印度等国。由于各个国家对木材的需求量不同，这些国家并不都是木材出口国。中国和印度的原木产量虽然很大，但其需求量更大，还要依赖进口。中国和印度是木材的主要进口国。

■ 知识掌握与应用

10.1　知识掌握

•填空题

（1）小麦和玉米的种植分布较_____，而稻谷的种植较_____。

（2）被称为"咖啡王国"的是_____。

随堂测10

（3）总的来说，发达国家是畜产品的_____，而发展中国家则成为畜产品的_____。

（4）世界森林资源不仅是_____资源，更主要的还是_____资源。

•问答题

（1）世界粮食问题是如何产生的？应怎样解决？

（2）对比分析棉花、亚麻、甘蔗、甜菜在分布、生产及贸易上的主要区别。

（3）分析位置条件及经济技术条件对渔业发展的影响。

10.2　知识应用

（1）组织讨论，谈一谈世界粮食问题产生的内外部原因及解决的有效途径。

（2）根据所学知识，将以下概念联系起来并谈谈个人看法：土地、人口、历史、食物结构、畜牧业生产方式、畜牧产品的进出口、健康。

课题 11

国际贸易运输地理

学习目标

•知识目标

了解运输在国际贸易中的地位和作用；比较各种运输方式的优缺点；掌握国际贸易海洋运输的主要航线及主要港口的分布；掌握主要国际铁路干线及大陆桥运输；了解世界公路运输的发展状况；掌握世界主要国际机场及航线。

•技能目标

结合世界地图，指出国际贸易海洋运输的主要航线、航行路径及主要港口名称和分布；绘出主要国际铁路干线和主要国际机场及航线的分布图。

•素养目标

通过本课题的学习，进一步了解运输在国际贸易中的地位和作用以及各种运输方式的优缺点，树立正确的世界观和发展观，增强爱国情怀。

11.1 国际贸易运输概述

11.1.1 国际贸易运输的含义、特点及作用

1）国际贸易运输的含义

根据运输的对象，可把运输分为货物运输和旅客运输两大类。就货物运输而言，又可按国家地域划分为国内货物运输和国际货物运输两类。国际货物运输就是货物在国家与国家、国家与地区之间的运输，是国际商品流通过程中的一个重要环节，是国际贸易的实现方式。它可分为贸易物资运输和非贸易物资（如个人携带物品、救援物资等）运输两种。在国际货物运输中，最主要的是贸易物资的运输，非贸易物资的运输只是贸易物资运输部门的附带业务。所以，国际货物运输通常也被称为国际贸易运输，从一国来看，就是对外贸易运输。

在国际贸易合同项下的标的物价格条款中，一般都包含运输费用，并且运价在商品价格中占有较大的比重，一般约占10%，有的商品要占到30%～40%。商品的运价和商品的生产价格一样，随国际市场供求关系的变化而围绕价值上下波动，也随商品的物质形态一起进入国际市场进行交换。商品运价的高低直接影响国际贸易商品本身的价格变化。可以说，国际货物运输本身就是一种国际贸易，不同的是，它用于交换的不是物质形态的商品，而是一种特殊的商品——运输服务。进一步说，国际贸易运输本身就是国际贸易的一种形式——服务贸易。

2）国际贸易运输的特点

国际贸易运输与国内贸易运输相比有许多不同点，主要表现在以下几方面：

（1）运距长，中间环节多。国际贸易运输是跨国家或地区的运输，运输距离长。在运输过程中，往往要使用多种运输工具，经过多次装卸、搬运，变换不同的运输方式，途经不同国家或地区。

（2）关系复杂，涉及面广。国际贸易运输业务涉及不同国家或地区的法规、政策、外贸和金融制度及交易习惯等，还要与不同国家或地区的商检、海关、银行、保险等部门发生关系。这就使得国际贸易运输比国内贸易运输复杂得多。

（3）时间性要求强。在国际市场上，商品的价格瞬息万变，贸易合同订立后能否按时履行、货物能否及时运到目的地，不仅关系到信用问题，还关系到违约和损失、赔偿问题，特别是鲜活易腐商品和季节性商品，如果不能按时运达目的地及时出售，所造成的经济损失更加严重。

（4）贸易风险较大。国际贸易运距长、中间环节多、涉及面广、时间性强、各国情况千差万别，加之国际政治、经济形势的变化，自然条件中偶然事件的发生等，都加大了国际贸易运输的风险。为转嫁、分担这种风险，各个国家或地区都设立了保险制度，各种进出口货物及运输工具一般要办理运输保险。

3）国际贸易运输的作用

国际贸易运输是整个运输业的重要组成部分，具有特殊的地位和作用。这一点随着全球经济的发展和国际经济一体化步伐的加快，表现得更为明显。目前，世界海洋运输中，80%以上的货物都是外贸货物；其他运输方式中的外贸货运量也在增大。运输工具、运输技术、运输方式的改进及运输管理水平的提高，都对国际贸易运输产生了巨大的促进作用。

（1）国际贸易运输的发展开辟了广阔的国际贸易市场。例如，苏伊士运河和巴拿马运河的开通，大大缩短了洲际航线，节省了运输费用；集装箱运输、大陆桥运输等先进运输方式在国际贸易运输中的采用，节省了时间，降低了成本；超大型船舶的出现，改变了工业布局的模式，使市场依存关系更为明显。

（2）国际贸易运输的发展促进了国际分工的深化，加强了国家及地区间的经济联系，使国际经济一体化步伐加快。

（3）国际贸易运输的发展降低了产品的成本，提高了本国产品在国际市场上的竞争力。

（4）国际贸易运输是平衡国家外汇收支的重要手段。

11.1.2　国际贸易运输的发展

运输业是经济体系中的重要组成部分，其发展水平与社会经济发展水平是相适应的，二者之间是一种相互促进的关系。在资本主义发展前期，人类依靠畜力、人力进行运输，后来出现了帆船；12世纪，我国就已经在海上使用指南针进行仪器导航，后来由阿拉伯人将该技术传入欧洲，在各国海船上广泛使用，极大地促进了航海技术的发展，扩大了国际交往范围；15—16世纪，航海技术进一步发展，欧洲资本主义生产关系形成，开辟了新的航线，造就了一系列"地理大发现"；18世纪末、19世纪初，伴随着欧洲的工业革命，火车和轮船等近代运输工具出现了；进入20世纪30年代，汽车运输、航空运输和管道运输相继出现并迅速发展，运输业从生产部门中分离出来，成为独立的行业；第二次世界大战后，科学技术的迅猛发展又进一步推动了运输业的发展，使各种运输工具向大型化、高速化、专业化、自动化方向发展，特别是集装箱开始广泛应用，以此为媒介形成了多式联运，"港到港"运输转变为"门到门"运输。运输方式的现代化简化了运输程序，提高了运输效率。

11.1.3　国际贸易运输方式

1）国际贸易运输方式的种类
国际贸易运输方式的种类如图11-1所示。

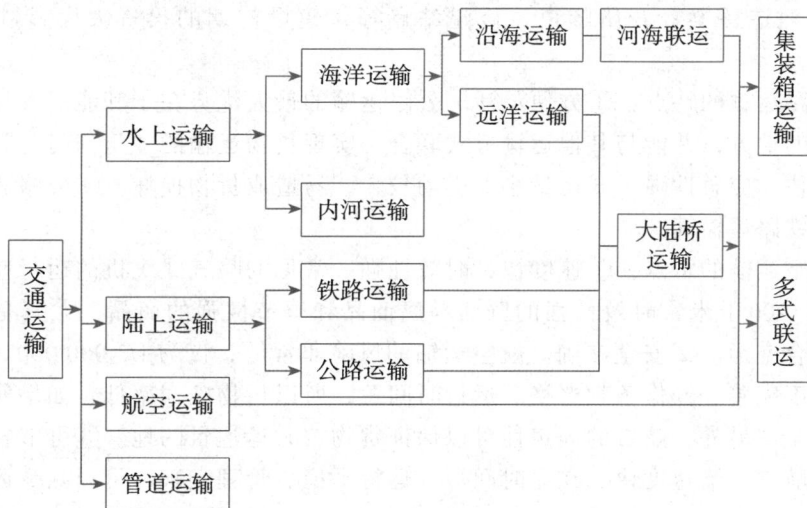

图11-1　国际贸易运输方式的种类

2）各种运输方式的主要特点
（1）海洋运输的特点：①通过能力大。海洋运输利用天然航道，不受道路或轨道的限制，具有较强的灵活性，如遇政治、经济、贸易等因素的阻碍，可绕过事发海域，选择最有利的航线。②运量大。在世界石油运输业中，载重20万～30万吨的油轮已成为运输主力，且出现了载重50万～70万吨的巨型油轮；最大的散装船载重已近40万吨；最大的集装箱船的载箱能力已超过20 000个标准箱（TEU）。③运费低。由于船舶运量大、使用期长、燃料消耗低，加之港口设施多为政府投资修建，因此，货物的单位运输成本和运输价格都较低。据统计，海上货物运价约相当于铁路运价的1/5、公路运价的1/10、航空运价的1/30，非常适合运输时间性要求不高的大宗货物。④对货物的适应性强。船舶由于体积和空间大，适合各种货物的运输，尤其是大型笨重货物和其他运输方式无法承载的货物。⑤速度慢。船舶由于体积和重量大，运行阻力也大，所以速度较慢。如果提高航行速度，燃料消耗就会大幅增加，运输成本提高，运输优势降低，因而又会造成运输的不经济。⑥受自然条件影响大。海洋运输必然受到水文、气象、地质等自然因素的影响，航运的连续性难以保障，同时也存在遇险的可能性。据统计，全世界每年遇险沉没的船舶在300艘左右。

（2）铁路运输的特点：①运输的连续性强、准确性好。铁路运输几乎不受自然条件的影响，运行速度稳定，到达时间准确，规律性强，可以极大地提高运输效率。②运输速度较快。铁路货运速度可达每小时100千米以上；客运速度更快，高速铁路可达每小时300～400千米，其运行速度仅次于飞机。③运输量较大。一组列车可载货物量达几千吨，甚至可达上万吨，运输量仅次于海运。④运输成本较低。就运载量而言，单位货物运输成本较低；就能源消耗而言，每万吨货物千米耗油量仅为汽车运输的1/20，这使铁路运输的价格仅高于海运。⑤运输安全可靠。铁路运输速度均匀稳定，几乎不受自然因素的影响，十分安全可靠。⑥初期建设投资大。与其他运输方式相比，铁路运输需要铺设轨道、建造桥梁、开凿隧道、修建站点等，建设初期的投资大大超过其他运输方式。

（3）公路运输的特点：①方便灵活。公路运输的最大优势在于其能深入其他运输工具难以到达的地方，并能与其他运输方式联合，实现货物运输的"门到门"服务。②投资少，见效快，应急性强。③运量小，震动较大，易造成货物损坏。④公路运输费用比海洋运输和铁路运输高。

（4）航空运输的特点：①速度快，时效性强。常见的喷气式飞机的运行速度大多为每小时850～900千米，时效性强的鲜活易腐商品和季节性强的商品，尤其是救灾援助物品特别适合空运。②安全准确。航空运输的风险非常低，仅为1/3 000 000。由于航空运输管理制度完善、操作条款严格、运行时间短，所以货物破损率低，如果使用集装箱运输则更安全。另外，航班的固定性可以保证货物按时运达目的地。③可节省包装、保险等费用。航空运输速度快、在途时间短、运行平稳、管理完善，可以减少运输过程中的包装费和保险费等费用。④不受地面条件影响。航空运输不受地面地理条件的限制，可以深入地表条件恶劣、其他运输工具难以到达的地区。⑤运量小，运价高。

（5）管道运输的特点。管道既是运输工具，又是运输通道。管道运输只适合气体或液体等流动性物质。其特点有：①货物在管道内封闭流动，无须换装、搬运，在运输过程中损失很小，所运输的货物无须包装和保险，因此可节省运输费用。②不受外界的影响，运输连续性强。③运行及管理成本低。④初期投资大、灵活性差，具有固定性和单向性。

11.2　国际贸易运输中的海洋运输

11.2.1　国际海洋运输的发展状况

1）海洋运输优势明显，发展迅速

如前所述，海洋运输具有无与伦比的优势，世界上绝大多数国家和地区可以通过海上通道联系。随着国际分工的形成及国际贸易的发展，国际运输的距离越来越长，运输货物量越来越大，海洋运输的地位和作用更显重要。其发展速度远远快于铁路和内河运输，仅次于公路运输，居第二位。

2）船舶向大型化、自动化、高速化和专业化方向发展

目前，各国投入使用的超级油轮载重都在60万吨以上，载重20万～30万吨的油轮成为石油的主力运输工具。专业化船舶，如天然气船、运煤船、矿石船、运粮船的吨位也在不断增大。集装箱船的大型化速度更快，2017年12月25日，由中国船舶及海洋工程设计研究院（MARIC）设计、上海外高桥造船有限公司建造的世界上载货量最大的21 000箱超大型集装箱船H1416出坞。

3）海洋运输以量大、笨重的大宗货物为主

海洋运输的自身特点决定了它所运输的货物量大、笨重、价廉、运距长、时间性不强。目前，在国际贸易运输中，海运的主要货物是能源，其中以石油及其制品最为重要，其次是铁矿石、谷物、煤炭及其他各种矿产品。

4）运输结构与国家经济发展水平相关

一般而言，经济发达国家的海运量较大，以出口工业制成品、进口能源和原料为主，卸货量大于装货量；而发展中国家则以出口能源和原料、进口工业制成品为主，装货量大于卸货量。发达国家海运货物的装卸量每年占世界海运货物装卸总量的60%左右，其中装货量不足40%，而卸货量占60%以上；发展中国家正好相反。

5）发展不平衡

（1）各大洋的海运发展很不平衡。在地球上的四大水域中，以大西洋航区海运最为发达。大西洋两岸是世界主要发达国家所在地，其海运货物的周转量和吞吐量占世界海运总量的60%以上。其次为太平洋、印度洋。北冰洋航区因气候和地理位置等原因，目前海运量较少。

（2）世界商船队的绝大多数被经济发达国家所控制。发达国家控制的商船队总吨位占世界商船总吨位的70%以上。其中，日本、美国及一些具有航海传统的国家，如希腊、挪威等，大多拥有规模庞大的商船队。在发展中国家登记的商船也不少，其吨位约占世界商船总吨位的30%，但这些商船绝大部分属于发达国家的"方便旗船"。当今世界上提供"方便旗船"的主要国家有巴拿马、利比里亚、巴哈马、马耳他及塞浦路斯等。其中，在巴拿马登记的商船数量和总吨位均居世界第一，约占世界商船总吨位的24%。"方便旗船"的主权国主要有美国、法国、日本等。

所谓"方便旗船",是指登记国籍与船舶所属国籍不同的船舶。许多船舶的船主为了逃避本国较高的船舶税和较高的船员待遇,转而在税收和船员待遇较低的国家注册登记,并悬挂该国国旗,人们称其为"方便旗",此船即"方便旗船"。

(3)国际航运市场的中心正在向亚太地区转移。当前,亚太地区已成为世界经济最有活力的地区,海运量也随之大增。全球十大航运中心亚太占六席,世界航运中心东移的趋势明显。从集装箱、干散货和液体散货三大板块来看,世界航运中心东移的趋势均有所体现。

国际航运中心综合评价结果显示:2022年,最新的国际航运中心十强已经出炉,分别为新加坡、伦敦、上海、香港、迪拜、鹿特丹、汉堡、纽约—新泽西、雅典—比雷埃夫斯、宁波舟山。其中,5个位于亚洲,4个位于欧洲,1个位于北美洲。近年来,世界经济重心和国际航运中心东移的趋势日益清晰。一方面,领先国际航运中心城市的航运资源集聚与配置能力已逐步沉淀,进入相对稳定的阶段;另一方面,受新冠疫情影响,大批港口码头的建设项目进展较慢。

11.2.2 世界四大航区主要航线

1)太平洋航线

太平洋位于亚洲、大洋洲、南北美洲和南极洲之间,面积1.8亿平方千米,是世界上面积最大、深度最深、岛屿最多的海洋,拥有世界1/6的港口,沿岸有30多个国家和地区。近年来,随着东亚经济的快速发展和太平洋东西两岸贸易规模的扩大,跨太平洋航线已逐步发展为世界主要航线之一,世界航运中心东移之势已见端倪。太平洋航线主要有:

(1)远东—北美西海岸航线。这是指从中国、朝鲜、日本和俄罗斯的太平洋沿岸港口出发,横跨太平洋,经火奴鲁鲁,到达加拿大、美国和墨西哥西海岸港口的航线。

(2)远东—加勒比海、北美东海岸航线。这是指从远东各港口出发,跨太平洋,经火奴鲁鲁,过巴拿马运河,到达加勒比海沿岸和美国东海岸各港口的航线。

(3)远东—南美西海岸航线。这是指从远东各港口出发,越过赤道,进入南太平洋水域,到达南美西海岸各港口的航线。

(4)远东—东南亚航线。这是指从中国、朝鲜、韩国、日本各港口出发,到东南亚各港口或经马六甲海峡到印度洋、大西洋沿岸港口的航线。

(5)远东—澳新航线。这是指从远东各港口到澳大利亚、新西兰各港口的航线。从远东各港口到澳大利亚东、西海岸的航线是不同的。若去东海岸,需经琉球群岛、加罗林群岛;若去西海岸,则需经过龙目海峡、望加锡海峡进入印度洋。

(6)澳新—北美西、东海岸航线。这是指从澳大利亚或新西兰东海岸出发,经火奴鲁鲁至北美西海岸,或经巴拿马运河到达北美东海岸的航线。

2)大西洋航线

大西洋位于欧洲、非洲、南北美洲和南极洲之间,面积为7 676万平方千米,是世界第二大洋。其沿岸,特别是北大西洋沿岸,是经济发达的西欧、北美所在地,几百年来大西洋的海运量一直较大。其主要航线有：

（1）西北欧—北美东岸航线。该航线历史悠久，是世界上两个工业最发达地区之间的运输线，也是世界上最繁忙的航运干线。

（2）西北欧与北美东岸—加勒比航线。这是指从西北欧和北美东岸各港口出发，横跨或南下大西洋，进入加勒比海沿岸各港口，或经巴拿马运河至北美西海岸的航线。

（3）西北欧与北美东岸经地中海、苏伊士运河—亚太地区航线。这条航线是北大西洋两岸与亚太地区贸易往来的捷径，也是世界上最繁忙的航运干线之一。

（4）西北欧与地中海—南美东海岸航线。这是指从西北欧和地中海沿岸各港口出发，横跨大西洋，到南美东海岸各港口的航线。

（5）西北欧与北美东海岸—好望角、远东航线。该航线所经之处都是天然航道，故是巨型油轮航行的航线。

（6）南美东海岸—好望角—远东航线。这也是一条运送石油和矿石的主要航线。

3）印度洋航线

印度洋位于亚洲、非洲、大洋洲和南极洲之间，面积为 7 056 万平方千米，是世界第三大洋。它沟通了太平洋和大西洋，在世界航运中起着"海上走廊"的作用。印度洋沿岸有 20 多个国家和地区，海水终年不冻，一年四季均可通航；沿岸资源丰富，尤以波斯湾地区的石油最突出。印度洋航线大多与石油运输密切相关。其主要航线有：

（1）波斯湾—东南亚—远东航线。这是日本、韩国、中国从海湾地区进口石油的航线，马六甲海峡是目前的必经航道。

（2）波斯湾—好望角—西欧、北美航线。这是西欧、北美从海湾地区进口石油的航线。由于该航线所经之处均属天然航道，巨型油轮都从此航线经过，所以货运量较大，但有时气候恶劣，风险较大。

（3）波斯湾—苏伊士运河—地中海—西欧、北美航线。这是一条通往欧美的重要石油航道，但通航能力通常受苏伊士运河的影响。

4）北冰洋航线

北冰洋面积为 1 475 万平方千米，是世界第四大洋，沿岸国家不多，所处纬度较高，冬季港口大多结冰，航运业不太发达，摩尔曼斯克是天然不冻港。

11.2.3　世界主要运河和海峡

1）世界主要运河

（1）苏伊士运河。苏伊士运河位于埃及东北部，扼欧、亚、非三洲交通要冲，沟通了红海和地中海及大西洋和印度洋，是欧洲—亚洲海上运输的捷径，比绕好望角近 5 000～8 000 千米。苏伊士运河北起塞得港，南至陶菲克港，全长 161.1 千米，连同伸入地中海、红海的河段总长 173 千米，宽 160～200 米，为一海平式运河。经过两期扩建，目前已能通行载重 25 万吨的超级油轮，每年通过运河的船只约 27 000 艘次，货运量 3 亿多吨，居世界运河之首。

（2）巴拿马运河。巴拿马运河位于巴拿马共和国中部，是沟通太平洋、大西洋的捷径，全长81.3千米。巴拿马运河大部分河面高出海平面，为一水闸式运河，共有5个船闸。巴拿马运河可通行65 000吨以下的轮船，每年约有15 000艘船舶通过，货运量近2亿吨，仅次于苏伊士运河，居世界第二位。巴拿马运河由于通过能力有限，准备在其西侧修建另一条海平式运河，新运河建成后，其运输效率将比现在提高10倍。

（3）基尔运河。基尔运河位于德国的东北部，横贯日德兰半岛，是沟通波罗的海和北海的捷径。基尔运河全长98.2千米，平均深度11米，有船闸7座，可通行载重35 000吨以下的船舶，每年通过的船舶近80 000艘，货运量为5 000多万吨。

2）世界主要海峡

（1）马六甲海峡。马六甲海峡位于亚洲东南部马来半岛与苏门答腊岛之间，是连接南海和安达曼海的一条狭长水道。马六甲海峡呈喇叭形，为西北—东南走向，长约1 080千米，主要深水航道偏于马六甲海峡东侧，可通行20万吨级海轮。马六甲海峡扼太平洋和印度洋之咽喉，是连接亚洲、非洲、欧洲、大洋洲的重要海上通道，有两洋"战略走廊"之称，也是北太平洋沿岸国家通往孟加拉湾、阿拉伯海、红海、地中海的必经之地，战略地位十分重要。马六甲海峡事务目前由马来西亚和新加坡、印度尼西亚3国共管。

（2）霍尔木兹海峡。霍尔木兹海峡是连接波斯湾和阿曼湾的水道，呈"人"字形，东西长约150千米，宽55～95千米（通常情况下，世界航运使用的航道仅宽5千米），水深10～219米，是波斯湾通往印度洋的唯一出口，也是海湾产油国石油出口的唯一通道。该海峡是一条石油运输的大动脉，战略地位不言而喻，已成为沿岸各国石油输出的海运咽喉，是著名的"国际石油通道"。有人将该海峡称为"世界石油的阀门"。

（3）曼德海峡。曼德海峡位于阿拉伯半岛西南端与非洲大陆之间，是连接印度洋的亚丁湾和红海的水道。其长约50千米，宽26～43千米，水深29～323米。曼德海峡是红海中最狭窄的地段，是红海北上通往苏伊士运河及其东边的亚喀巴湾、向南通往印度洋的咽喉要道，地理位置十分险要，颇具战略意义。曼德海峡紧扼红海南端门户，自古以来就是沟通印度洋和红海的一条活跃商路，现为国际上主要的石油通道，西方国家称其为"世界战略的心脏"。

（4）黑海海峡。黑海海峡又称土耳其海峡，位于土耳其的亚洲部分和欧洲部分之间，包括东北部的博斯普鲁斯海峡、马尔马拉海和达达尼尔海峡，全长361千米，是黑海—爱琴海—地中海的唯一海上通道，经济和军事地位十分重要，每年有商船2万艘次、军舰数万艘次通过该海峡。

博斯普鲁斯海峡位于小亚细亚半岛西北端和巴尔干半岛东南端之间，是沟通黑海和马尔马拉海的水道，为东北—西南走向，长约30千米，水深27.5～124米。该海峡为欧亚两洲分界线的一段，是黑海沿岸国家重要的出海口、俄罗斯通往大西洋和印度洋的咽喉要道。海峡南端的伊斯坦布尔修建了横跨博斯普鲁斯海峡的公路大桥，长达1 560米，连接了欧亚两大洲。

（5）直布罗陀海峡。直布罗陀海峡地处欧洲伊比利亚半岛和非洲西北角之间，是沟通地中海和大西洋的唯一水道。直布罗陀海峡全长约90千米，宽14～43千米，水深

50～1 181米，是西欧、北欧各国船只经地中海、苏伊士运河通往印度洋的咽喉要道，每天过往的船只在千艘以上，有"西方海上生命线"之称。

（6）英吉利海峡和多佛尔海峡。英吉利海峡西通大西洋，东北与北海沟通。多佛尔海峡地处英吉利海峡东部，西南连大西洋，西北通北海。两海峡是西北欧10多个国家与世界各国联系的主要通道，但两海峡内潮高浪涌，多雾和风暴，虽然沿海有现代化的航行设备和浮标装置，但仍给航行带来了一定困难。

11.2.4　世界主要港口

1）世界主要港口分布

港口是各国外贸物资进出口的门户，是海陆交通最重要的联系枢纽。世界港口总共有3 000多个，其中用于国际贸易的大小港口约占80%。位于世界海洋要道、各国各地区货物聚集在此并转运到世界各地、年吞吐量在1亿吨以上的世界大港口有20多个。受水文、气候等自然条件的影响，港口可分为天然港、人工港、开敞港、闭合港，以及冻港、不冻港等。此外，世界上有些港口被定为自由港或在港口划定了自由港区。

目前，世界上年吞吐量在千万吨以上的大港口有100多个，80%以上集中在发达国家，它们往往也是大工业中心。发展中国家的港口多是原料出口港，工业不够发达。大西洋沿岸的港口数量最多，约占世界港口的3/4；太平洋沿岸的港口约占1/6；印度洋沿岸的港口约占1/10。鹿特丹、纽约、新奥尔良、神户、横滨、伦敦等均为世界大港。

2）世界十大著名港口

（1）鹿特丹港。鹿特丹港是世界著名大港，位于荷兰西南沿海，在莱茵河和马斯河两大河流入海汇合处所形成的三角洲上，濒临世界海运最繁忙的多佛尔海峡，有"欧洲门户"之称。全港港区面积约为100平方千米，水域面积达27.7平方千米，最深处为23米。航道无闸，冬季不冻，泥沙不淤，常年不受风浪侵袭。该港位于欧洲的水陆交通要冲，是荷兰及其他欧盟国家的货物集散中心。

鹿特丹港进出货物的90%以上属大宗货物。在海运货物构成中，原油及石油产品占1/2以上。鹿特丹港的进出口货物有60%属过境贸易和转口货，转运的货物主要是石油、煤炭。

鹿特丹港最大进港船达35万吨级，最大集装箱码头可接纳第五代集装箱船进行装卸。每年进出港船舶3.5万多艘，每天可同时停靠300多艘船，定期远洋班轮达1.2万多航次，年货物吞吐量在3亿吨以上，居欧洲第一。

（2）纽约港。纽约港位于美国哈得逊河河口，是美国第三大集装箱港和最大交通枢纽。纽约还是全美最大的工商业中心和世界金融中心。该港的对外贸易总值占美国全国的40%左右。

纽约港包括三部分：纽约、新泽西、纽瓦克。港区自然条件十分优越，有纵深的港湾，该港湾具有深、宽、隐蔽、潮差小、冬季不冻的优点。港区一般水深15～20米，有的主航道深达25米，20万吨的巨轮可以自由出入。5万吨以下的轮船可以进入哈得逊河作业区。该港是世界最大港口之一，年货物吞吐量达2亿吨以上。

（3）神户港。神户港是日本最大海港，位于大阪湾北岸。神户港海岸线长达30多千米，水域面积达73.4平方千米，自古以来就是日本的重要交通枢纽，是日本主要的国际贸易中心和最大的工业中心之一。神户港位于填海建造的人工岛上，为日本最大集装箱港口，港口年吞吐量为2亿吨左右。

（4）横滨港。横滨港位于东京湾西南岸，北与川崎港相邻，是日本最大的港口，也是世界亿吨大港和主要集装箱港之一。这里海岸线异常曲折，港湾深入内地约5 000米，水深港阔，很少受太平洋风浪的影响。它的北、西、南三面有丘陵环绕，东面有深水航道通向太平洋，是日本著名的天然良港之一。

横滨港以日本经济最发达的关东地区为腹地，是关东地区的海上门户，现已发展成为日本最大的贸易港。横滨港的突出特点是以输出业务为主，进口的物品主要是工业原料和燃料。

（5）新加坡港。新加坡港位于马来半岛南端的新加坡岛南岸，西临马六甲海峡的东南侧，南临新加坡海峡的北侧，是亚太地区著名的转口港和自由港，也是世界最大的集装箱港口之一。该港位于太平洋与印度洋之间的航运要道上，战略地位十分重要。该港自然条件优越，水域宽广，处于赤道无风带，很少受台风袭击，潮差小。港区面积583平方千米，水深适宜，吃水在13米左右的船舶均可顺利进港靠泊，港口设备先进完善。

近几年来，新加坡港已成为世界上最繁忙的港口之一，共有250多条航线的船舶来往于世界各地，平均每12分钟就有一艘船舶进出该港，有"世界利用率最高的港口"之称。

（6）汉堡港。汉堡港是德国第一大港，位于易北河下游，是一个河海兼用的开敞式潮汐港。由于位于欧洲市场的中心位置，汉堡港已发展成为欧洲最重要的中转海港、欧洲第二大集装箱港和世界上最大的自由港。该港总面积91平方千米，其中陆地面积44平方千米、水域面积31平方千米，另外有16平方千米被单独划为"自由港"，有320个泊位，主要经营转口贸易。

汉堡港设备先进，机械化、自动化程度高，被称为"德国通向世界的门户"和"欧洲最快的转运港"。汉堡港有近300条航线通向世界五大洲，与世界1 100多个港口保持着联系。每年进出港的船只达1.8万艘次以上，铁路线遍及所有码头，车厢与船舶间可直接装卸。

（7）安特卫普港。安特卫普港是比利时第一大港，也是欧洲乃至世界设备先进、生产效率高、交通方便和经营管理科学性强的著名大港之一。它位于比利时北部斯海尔德河下游，距北海约80千米，港区总面积140平方千米左右。港区码头可使用岸线长127.2千米，备有汽车、钢材、矿产、煤炭、谷物、木材、集装箱等各类专业码头，共有泊位约800个，其中万吨以上的深水泊位有310多个。港口每年进出船舶1.7万余艘次，码头最大可靠泊13万载重吨的船舶。

（8）伦敦港。伦敦港是英国最大港口，位于英格兰东南部、泰晤士河下游，距河口88千米。伦敦港是世界性大港，港区设备先进、完善。在欧洲，伦敦港是"伯明翰—巴黎—鲁尔工业区"这一经济发达地带中最大的港口之一。

伦敦港同世界上100多个国家和地区的港口有往来。整个港区包括印度及米尔瓦尔、蒂尔伯里、皇港区。水域面积为 2 平方千米，大量的封闭式港池群是该港的一大特色。

（9）马赛港。马赛港是法国最大的港口，也是欧洲乃至世界的著名大港，有法国"南大门"之称。马赛港通过公路、铁路和罗讷河与法国腹地相连。其空运也很发达，配备具有国际水平的机场。马赛港也是非洲远程航线的停靠站，是通往科西嘉岛、西班牙巴利阿里群岛和北非的桥梁。

马赛港是马赛市发展的基础。现在的马赛港由跨市镇的四大港区组成，即马赛港区、拉维拉港区、福斯港区和罗讷—圣路易斯港区。福斯港区可容纳 40 万吨级的巨轮，拥有名列世界之首的大型船坞，容量为 42.3 万立方米。马赛港装卸设备齐全，导航设备也很先进。

（10）洛杉矶港。洛杉矶港位于美国西南部加利福尼亚州西南沿海圣佩德罗湾的顶端、太平洋东侧，是北美大陆桥的桥头堡之一，也是美国第二大集装箱港。

洛杉矶港由外港和内港组成，有各类深水泊位，是高度现代化的国际大港。该港的主要输出产品有石油产品、航空设备、海洋工程设备、精密机械、棉花等；进口产品主要是亚洲和太平洋地区的钢铁、小轿车、家电产品、石油、木材等。

11.3　国际贸易运输中的铁路运输

11.3.1　世界铁路运输的发展状况

世界上第一条铁路是英国 1825 年正式营运的从斯托克顿至达灵顿全长 40 千米的铁路。铁路运输一出现，就显示了明显的优越性，各国开始纷纷兴建铁路。截至 19 世纪末，全世界铁路总长度就超过了 65 万千米；至第一次世界大战前，又增加到 110 万千米；20 世纪 20 年代末，达到 127 万千米。目前，世界铁路运输的发展具有以下一些特点：

（1）铁路运输所占比重在下降。目前，在美国、英国、德国等发达国家，公路汽车运输完成的货运量已占总运量的 80% 左右，正在取代铁路运输而居主导地位。铁路客运在发展中国家也有被公路运输和航空运输所取代的趋势。

（2）铁路向高速化和电气化方向发展。高速铁路不仅速度快，还具有运量大（单向运能每小时 15 000 人以上）、占地少、能耗低、污染相对小的优点。从建设用地看，建一条高速铁路占地约为四车道高速公路的 1/3，而且能耗较低。美国的研究资料表明，与扩建高速公路相比，修建高速铁路不仅可节省一半以上的投资，而且更利于环保。

电气化铁路机车具有牵引力大、速度快、耗能低、成本低的优点。当前，世界各国都非常重视铁路电气化的建设和完善。西欧国家 2/3 的铁路已实现电气化，瑞士实现了全部铁路电气化，日本、瑞典、挪威、荷兰、意大利等国铁路电气化率都已超过 50%。为促进欧洲经济一体化的发展，欧盟正规划建设贯通全欧洲的高速铁路网。日本也在大力推行"一日行动圈"新干线蓝图。发展中国家的铁路电气化进程也在加快，我国运输繁忙的铁路干线基本上实现了电气化，电气化率已近 70%。

（3）铁路网分布不均衡。目前，世界铁路总长度约为 140 万千米，主要分布在欧洲和北美。其中，欧洲铁路最密集，占世界铁路总长度的1/3以上；北美铁路总长约占世界铁路总长度的1/4。以上两个洲的铁路长之和占世界铁路总长度的55%。其余45%的铁路线分布在其他国家或地区，主要集中在日本、中国东部、印度、巴基斯坦、澳大利亚东南部、非洲东南部、阿根廷的经济中心区潘帕斯草原，以及巴西里约热内卢和以圣保罗为中心的东南部地区。就铁路营运里程来看，截至2022年年底，美国为29.3万千米，居世界第一位；中国为15.5万千米，居世界第二位；后面依次是俄罗斯、加拿大和印度等国。若就铁路网密度（铁路线长度/平方千米）来看，英国、德国、日本、法国的铁路网密度较高。

（4）铁路机车向重型化、大数据方向发展。

11.3.2 国际主要铁路干线

铁路网由干线和支线构成，干线是铁路运输的主干道，承担铁路运输的最主要任务；支线是干线的分支，起着分流和集散的作用。世界铁路网分布很不均衡，铁路干线主要集中在欧美等国。世界主要铁路干线有：

（1）西伯利亚大铁路。西伯利亚大铁路位于俄罗斯境内，该铁路有两条：一条东起俄罗斯纳霍德卡港，向西经符拉迪沃斯托克、伊尔库茨克、新西伯利亚、鄂木斯克、萨马拉至莫斯科，全长9300多千米；另一条东起苏维埃港，经共青城、叶塞尼斯特、苏尔古特、秋明、新西伯利亚，并在此与第一条铁路会合，全长6500千米。

西伯利亚大铁路是世界上最长的铁路干线，全线均系复线、双轨，已全部实现电气化。它是连接亚洲东部国家、欧洲各国及西亚的运输干线，是欧亚大陆桥的重要组成部分，在世界货物贸易运输中占有重要地位。当前，为加快实现欧亚大陆桥的宏伟规划，俄罗斯在更新改造和延伸西伯利亚大铁路，使之与朝鲜半岛铁路相连的同时，正抓紧建设与此平行的"欧亚运输走廊"北线。全部工程完工后，俄罗斯依托地缘优势精心构筑的欧亚运输走廊，其东段将形成南北两条干线：南线经符拉迪沃斯托克、朝鲜的元山，直达韩国釜山，以集装箱和客运为主；北线经共青城、鞑靼海峡，前往南萨哈林斯克，以散货运输为主。其营运范围将覆盖远东和亚太广大地区，并以便捷的路线、低廉的运价，吸引欧亚间的巨大物流从海运转向陆运。

（2）北美铁路干线。北美地区铁路网较稠密，铁路运输以货运为主，货运量占铁路运输总量的99%，集装箱运输和多式联运是北美铁路干线最主要的业务。北美铁路运输以双层集装箱运输为主，其运量占美国集装箱总运量的70%以上。

北美地区穿越大陆的铁路干线有多条，在美国境内主要有4条，它们是：西雅图—俾斯麦—圣保罗—芝加哥—底特律；奥克兰—奥马哈—芝加哥—匹兹堡—费城—纽约；洛杉矶—堪萨斯城—圣路易斯—辛辛那提—华盛顿—巴尔的摩；洛杉矶—图森—埃尔帕索—休斯敦—新奥尔良。

在加拿大境内主要有2条：鲁珀特王子港—埃德蒙顿—温尼伯—魁北克；温哥华—卡尔加里—温尼伯—蒙特利尔—圣约翰—哈利法克斯。

（3）欧洲铁路网。欧洲是铁路网最稠密的大洲，其中欧盟的铁路网密度最大，平均每平方千米有铁路52.5千米，但铁路客货运量在总运量中所占比重不大。20世纪50年代以来，各国铁路运输市场份额一直在减少。在汉堡、鹿特丹、安特卫普等大港口向内陆运输的集装箱中，铁路运量占5%~35%，大部分集装箱靠公路、内河运输，但欧洲公路一直拥挤不堪，目前各国正采取各种措施来发展铁路运输。

欧洲主要铁路线有3条：巴黎—慕尼黑—维也纳—布达佩斯—贝尔格莱德—索非亚—伊斯坦布尔—巴格达；巴黎—科隆—柏林—华沙—莫斯科，与西伯利亚大铁路相接；里斯本—马德里—巴黎—科隆—柏林—华沙—圣彼得堡—赫尔辛基。

（4）拉丁美洲的铁路线。它主要是指布宜诺斯艾利斯—圣地亚哥—瓦尔帕莱索铁路线。此线沟通南美大陆东西两岸，在南美相邻国家的贸易中起着重要作用，也为开展集装箱水陆联运创造了良好条件。

（5）东南非纵贯铁路线。它是指达累斯萨拉姆—卢萨卡—布拉瓦约—哈博罗内—开普敦铁路线。该铁路线穿越5个国家和地区，沿线矿产丰富，一旦大量开采，运输将十分繁忙。

（6）亚洲的铁路线。它主要是指巴士拉—巴格达—科尼亚—伊斯坦布尔铁路线。该铁路线全长3 100多千米，向西经索非亚、贝尔格莱德、布达佩斯、维也纳等，与其他中西欧铁路相连，是中东地区连接欧洲最重要的铁路线。亚洲其他铁路线密集的国家包括日本、中国、印度等。

11.3.3　大陆桥运输

1）大陆桥运输的概念及产生

大陆桥运输是指以横贯大陆的铁路或公路运输系统作为中间桥梁，通过各种运输方式的相互衔接，把大陆两端的海洋（港口）连接起来，以集装箱为媒介的联合运输方式。大陆桥运输有3种组织形式：海-陆（铁路）-海，海-陆（公路）-海，海-陆（航空）-海。无论哪种组织形式，都采用集装箱运输，陆地运输部分以铁路运输为主，所以又被称为大陆桥国际铁路集装箱运输。

大陆桥国际铁路集装箱运输是从美国和苏联开始的。20世纪50年代初期，日本货运公司从日本把集装箱货物装船运到美国太平洋沿岸港口上陆，利用横贯美国东西的大铁路运到美国东海岸（大西洋沿岸），再装船继续运到欧洲。由于它把美国大陆（铁路）当作一座桥梁，于是人们把这条路线的运输称为"大陆桥运输"。这是世界第一条大陆桥运输线路。

2）大陆桥运输的优势

大陆桥运输在途中一般要经过两装两卸，若采用传统的海陆联运方式，则会增加运输时间，而且会大大增加装卸费用并提高货损率；而以集装箱为运输单位，可简化理货、搬运、储存、保管和装卸等操作环节。因为集装箱是经铅封的，中途不必开箱检验，可以迅速、直接地转装到其他运输工具上，在运输过程中，可以保证质量，节省包装费和保险费，简化运输手续，实现"门到门"运输。

更重要的是，将原来的全程海运改为海-陆-海大陆桥运输方式，可以大大缩短航运里程，减少运费，降低运输成本，加速货物周转，取得良好的经济效果。以日本横滨港至英国伦敦港为例，若全程海运，可选择以下几条线路：西行经过苏伊士运河、东行通过巴拿马运河、西南行绕非洲好望角、东南行绕麦哲伦海峡或合恩角。把以上线路折算成千米后可以看出：苏伊士运河航线为 20 807 千米，巴拿马运河航线为 23 061 千米，好望角航线为 27 389 千米，麦哲伦海峡或合恩角航线为 31 484 千米。如果采用大陆桥运输，北美大陆桥长度为 17 831 千米，西伯利亚大陆桥长度为 13 400 千米，新亚欧大陆桥长度为 10 837 千米。

虽然大陆桥运输比全程海运多两次装卸，但由于运输距离大为缩短，且能使用铁路集装箱直达车，故可使运输时间和费用大大减少。再以中国天津港至德国汉堡港为例，海上全程运输走苏伊士运河的距离为 21 175 千米，而采用新亚欧大陆桥运输的距离仅为 10 155 千米，不及海上运输距离的一半。从时间上看，海上运输一般需要 60 天，采用大陆桥运输一般只需 35 天。

3）美国大陆桥运输

美国大陆桥包括两条路线：一条是从西部太平洋口岸至东部大西洋口岸的铁路（或公路）运输线路，全长约 3 200 千米；另一条是从西部太平洋口岸至南部墨西哥湾口岸的铁路（或公路）运输线路，全长 500～1 000 千米。由于东部港口和铁路太拥挤，货物到达后很难及时换装，这使大陆桥运输的优越性——节省时间——不能体现。因此，目前美国大陆桥运输基本处于暂停状态，但是，由此派生出的美国小陆桥和微型陆桥运输方式在不断发展。

（1）美国小陆桥运输。它是一种海运与陆运（铁路或公路）联合运输和联合收费的运输形式，比大陆桥运输缩短一段海上运输距离，成为海-陆或陆-海运输形式。例如，远东至美国东部大西洋口岸或美国南部墨西哥湾口岸的货运，由原来的全程海运改为由远东港口装船运到美国西部太平洋口岸，转装铁路（或公路）专用列（汽）车运至东部大西洋口岸或南部墨西哥湾口岸，用陆上铁路（或公路）作为陆桥，将美国西海岸港口与东海岸港口和南部墨西哥湾港口连接起来。这种小陆桥运输享受铁路集装箱专用列车优惠价，降低了运输成本，避免了绕道巴拿马运河，省去了船舶过运河的费用，还缩短了运输时间，使到货时间提前，货物可以直接运到市区卸货，乃至直接送货上门。通往南部墨西哥湾口岸的线路收益更大，目前从远东到南部墨西哥湾地区的货物中，70% 以上采用此方式运输。

（2）美国微型陆桥运输。它是比小陆桥缩短一段的海陆联运形式，只利用部分陆桥，不利用整条陆桥，故又叫作半陆桥运输。例如，从远东至美国内陆地区的货物，装船运至美国太平洋口岸，然后换装铁路（或公路）集装箱专用列（汽）车，直接运送到美国内陆城市。这样就避免了绕道和迂回等不合理运输，缩短了运输距离和时间，使到货时间提前，还减少了运费。近些年来，这种运输方式发展异常迅速，海运承运人办理一张远洋提单，确定内陆运输路线，并支付一切港口费用和内陆运输费用即可。

加拿大大陆桥开通于 1979 年，运输起点是加拿大太平洋沿岸的温哥华，终结于大西洋沿岸的蒙特利尔。从日本至欧洲的货物，可用集装箱船运至温哥华，然后换装到铁路列车上运至蒙特利尔，最后再装船运至欧洲各港口。由于种种原因，同美国大陆桥一样，加拿大大陆桥目前也处于暂停状态。

4）西伯利亚大陆桥运输

西伯利亚大陆桥是利用俄罗斯西伯利亚铁路作为陆地桥梁，把太平洋远东地区与波罗的海和黑海沿岸以及西欧大西洋口岸连接起来的大陆桥。该大陆桥运输线东起俄罗斯纳霍德卡港或东方港，横贯欧亚大陆，至莫斯科后，分为3路：第一路自莫斯科至俄罗斯西部国境站，转欧洲其他国家铁路（公路）至欧洲各国；第二路从莫斯科至黑海沿岸，转船至中东、地中海沿岸；第三路自莫斯科经圣彼得堡到北欧。所以，从远东地区至欧洲，通过西伯利亚大陆桥运输有海-铁-铁，海-铁-海和海-铁-公路3种运输形式。西伯利亚大陆桥运输形式如图11-2所示。

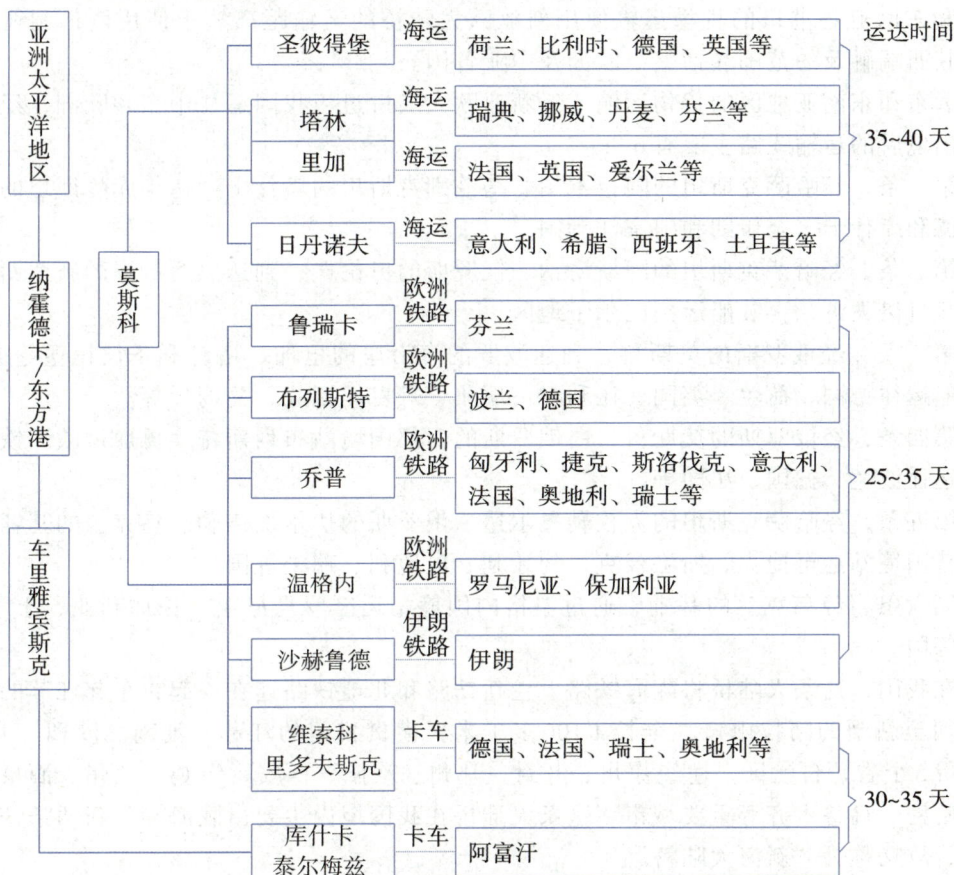

图11-2　西伯利亚大陆桥运输形式图

这条大陆桥运输线有3个明显优点：

（1）运输距离大为缩短。从远东到西欧，经西伯利亚大陆桥的路程是13 000千米，比绕道非洲好望角的航程缩短了约1/2，比经苏伊士运河的航程缩短了约1/3。

（2）途中运行时间减少。俄罗斯对途经西伯利亚大陆桥的集装箱运输规定了运输期限和罚款制度，使运行时间得到保证，一般可比全程海运提前15～35天。

（3）运输成本低。据统计，一般情况下，西伯利亚大陆桥的运输成本比全程海运低20%～30%。

当然，这条大陆桥运输线亦有局限性。例如，由于其所处纬度较高，冬季严寒，运输能力受到影响。此外，港口冰期长，运力紧张，铁路设施陈旧。

11.3.4 新亚欧大陆桥（欧亚第二大陆桥）运输

1992年12月，新亚欧大陆桥正式通车，它东起中国连云港，西至荷兰鹿特丹，全长10 900千米，标志着连接欧、亚两洲的第二条大陆桥运输线正式开通。该大陆桥两端辐射范围广，东端的中国从北至南沿海各港口货物都可上桥，美国太平洋口岸、日本、韩国和东南亚各港口的货物运输使用新亚欧大陆桥的运输距离短于使用西伯利亚大陆桥。其西端触及的范围囊括整个欧洲及中亚各国。

远东和东南亚地区的货物运输，经新亚欧大陆桥过境我国运往中东和欧洲，经阿拉山口出境后的运输线路主要有6条：

第一条，经哈萨克斯坦的阿拉木图、乌兹别克斯坦的塔什干到达土库曼斯坦的阿什哈巴德和库什卡，至伊朗和阿富汗等国。

第二条，经哈萨克斯坦的阿斯塔纳、俄罗斯的奥伦堡，到达黑海沿岸的新罗西斯克港和日丹诺夫港，再装船运到巴尔干地区。

第三条，经俄罗斯的莫斯科，到达波罗的海沿岸的里加、塔林和圣彼得堡等港口，再转船运往德国、荷兰、英国、比利时、瑞典、丹麦、挪威、葡萄牙等。

第四条，经俄罗斯的莫斯科、白俄罗斯的西部国境站布列斯特，再通过欧洲铁路或公路运往波兰、德国、法国等。

第五条，经哈萨克斯坦的克孜勒奥尔达、俄罗斯的伏尔加格勒、乌克兰的基辅，通过乔普国境站运至捷克、斯洛伐克、匈牙利、奥地利、瑞士等国。

第六条，经乌克兰的基辅，通过温格内国境站运至罗马尼亚、保加利亚、土耳其、希腊等国。

在我国，这条大陆桥将陇海铁路、兰新铁路和北疆铁路连在一起，东起江苏的连云港，西至新疆的阿拉山口，全长4 100多千米，横贯我国的江苏、河南、陕西、甘肃、新疆等5个省、自治区，途经徐州、开封、郑州、洛阳、西安、宝鸡、兰州、酒泉、玉门、哈密、乌鲁木齐等重要城市。这条大陆桥在我国境内主要由陇海和兰新两条铁路线组成，故又称为"新海大陆桥"。

新亚欧大陆桥运输线连接欧洲铁路网，可直达大西洋沿岸的世界大港——鹿特丹，使太平洋与大西洋通过新亚欧大陆桥沟通起来，实现了海-陆（铁路）-海的统一。

新亚欧大陆桥运输线具备良好的地理环境和运输条件，较西伯利亚大陆桥有着明显优势：第一，地理位置和气候状况要比西伯利亚大陆桥优越，港口无封冻期，可以常年作业。第二，可以缩短运输距离。从太平洋西岸港口到白俄罗斯、波兰交界的布列斯特站，要比西伯利亚大陆桥近约1 000千米。第三，它的腹地十分广阔。中国国内的货物运输，除原经满洲里的可以转移一部分到本线外，上海、广州和湛江等港口的货物可以通过连云港或津沪铁路的徐州站，或京广铁路的郑州站纳入新亚欧大陆桥运输线；大西南的货物亦可通过宝成铁路的宝鸡站纳入这条运输线。第四，新亚欧大陆桥的发展前景广阔。它的触及范围不仅包括中国，还吸引日本、韩国、朝鲜、菲律宾、新加坡等东亚及东南亚国家和地区。此外，大洋洲国家也可以利用这条线路运输货物。

11.4　世界主要航空站及主要航线

1）世界主要航空站

（1）亚洲：北京、上海、东京、香港、马尼拉、曼谷、新加坡、雅加达、仰光、加尔各答、孟买、新德里、卡拉奇、德黑兰、贝鲁特、吉达。

（2）欧洲：伦敦、巴黎、法兰克福、苏黎世、罗马、维也纳、柏林、哥本哈根、华沙、莫斯科、布加勒斯特、雅典、里斯本。

（3）北美洲：纽约、华盛顿、芝加哥、蒙特利尔、亚特兰大、洛杉矶、旧金山、西雅图、温哥华和位于太平洋上的火奴鲁鲁。

（4）非洲：开罗、喀土穆、内罗毕、约翰内斯堡、布拉柴维尔、拉各斯、阿尔及尔。

（5）拉丁美洲：墨西哥城、加拉加斯、里约热内卢、布宜诺斯艾利斯、圣地亚哥、利马。

（6）大洋洲：悉尼、奥克兰、帕皮提。

2）世界主要机场

根据国际机场理事会（ACI）发布的初步数据，2022年全球客运量接近70亿人次，同比增长了53.5%。与2019年创下的乘客纪录相比，恢复了73.8%。

2022年客运量/旅客吞吐量排名世界前十的机场分别是：①亚特兰大哈兹菲尔德-杰克逊国际机场（9 370万人次）；②达拉斯-沃思堡国际机场（7 340万人次）；③丹佛国际机场（6 930万人次）；④芝加哥奥黑尔国际机场（6 830万人次）；⑤迪拜国际机场（6 610万人次）；⑥洛杉矶国际机场（6 590万人次）；⑦伊斯坦布尔国际机场（6 430万人次）；⑧伦敦希斯罗机场（6 160万人次）；⑨英迪拉·甘地国际机场（5 950万人次）；⑩巴黎戴高乐机场（5 750万人次）。

2022年货运量/吞吐量排名世界前十的机场分别是：①中国香港国际机场，完成货邮吞吐量近420万吨，同比增长-16.4%；②美国孟菲斯国际机场，完成货邮吞吐量404.3万吨，同比增长-9.8%；③泰德·史蒂文斯安克雷奇国际机场，完成货邮吞吐量346.2万吨，同比增长-4.3%；④中国上海浦东国际机场，完成货邮吞吐量311.7万吨，同比增长-21.7%；⑤美国路易斯维尔机场，完成货邮吞吐量306.7万吨，同比增长0.5%；⑥韩国仁川国际机场，完成货邮吞吐量294.6万吨，同比增长-11.5%；⑦中国台北桃园国际机场，完成货邮吞吐量253.9万吨，同比增加-9.7%；⑧美国迈阿密国际机场，完成货邮吞吐量约250万吨，同比增长-0.8%；⑨美国洛杉矶国际机场，完成货邮吞吐量249万吨，同比增长-7.6%；⑩日本成田国际机场，完成货邮吞吐量239.9万吨，同比增长-9.3%。

3）世界主要航线

目前，世界主要航线有：

（1）北大西洋航线，即西欧—北美航线。它是当今世界最繁忙的航线，航班主要往返于西欧的巴黎、伦敦、法兰克福和北美的纽约、芝加哥、蒙特利尔等城市的机场。

（2）北太平洋航线。它是远东地区与北美间的重要航线，飞机由香港、东京、北京等城市的国际机场起飞，经北太平洋到达北美西海岸的温哥华、西雅图、旧金山、洛杉矶等城市的国际机场，再连接北美大陆其他航空中心。太平洋沿岸的火奴鲁鲁、阿拉斯加的安克雷奇是该航线的途中加油站。

（3）西欧—中东—远东航线。它是西欧与远东两大重要经济区之间的往来航线，连接西欧主要航空港与远东的香港、北京、东京、首尔等城市的国际机场，中途经开罗、德黑兰、卡拉奇、曼谷等航空港。

此外，还有北美—澳新、西欧—东南亚—澳新、西欧—南美、西欧—非洲、北美—南美、远东—澳新等航线。表 11-1 为北京与世界主要航空站时差表。

表 11-1　　　　　　　　　　北京与世界主要航空站时差表

航空港名称		时差（小时）
亚洲	香港、马尼拉	0：00
	东京	+1：00
	新加坡	−0：30
	曼谷、雅加达	−1：00
	仰光	−1：30
	孟买、新德里、加尔各答	−2：30
	卡拉奇	−3：00
	德黑兰	−4：30
	吉达	−5：00
	贝鲁特	−6：00
欧洲	莫斯科	−5：00
	布加勒斯特、雅典	−6：00
	巴黎、法兰克福、苏黎世、罗马、维也纳、柏林、哥本哈根、华沙、里斯本	−7：00
	伦敦	−8：00
北美洲	纽约、蒙特利尔、亚特兰大	−13：00
	芝加哥	−14：00
	洛杉矶、旧金山、温哥华	−16：00
	火奴鲁鲁	−18：00
非洲	内罗毕	−5：00
	开罗、喀土穆、约翰内斯堡	−6：00
	布拉柴维尔、拉各斯	−7：00
	阿尔及尔、达喀尔	−8：00
拉丁美洲	里约热内卢、布宜诺斯艾利斯	−11：00
	加拉加斯、圣地亚哥	−12：00
	利马	−13：00
	墨西哥城	−14：00
大洋洲	悉尼	+2：00
	奥克兰、楠迪	+4：00
	帕皮提	−18：00

注：此表为北京时间为零点时北京与世界主要航空港的时差，"+"表示比北京时间早，"−"表示比北京时间晚。

知识掌握与应用

随堂测 11

11.1　知识掌握

• 填空题

（1）被誉为世界三大繁忙海峡的是_____、_____和_____。

（2）目前，世界上可以通行海轮的主要运河有_____、_____和基尔运河。

（3）马六甲海峡位于_____半岛与_____岛之间，它沟通了_____洋和_____洋。

（4）新亚欧大陆桥东起_____，西到_____。

（5）加拿大由于地处高纬度，冬季严寒，其位于大西洋沿岸的港口多数封冻，唯有_____和_____两个港口不结冰。

• 判断题

（1）在南纬 50°以南，由于没有陆地，海运十分安全方便。　　　　　（　　）

（2）大陆桥运输属于"海−陆−海"多式联运，因此在不同运输方式下，货主应分别办理托运。　　　　　（　　）

（3）一艘载重量为 20 吨的货船，可以走基尔运河进入大西洋。　　　（　　）

（4）集装箱运输不但装卸快、运费低，还可以简化包装，经营管理也不复杂。（　　）

• 问答题

（1）分析货物运输与国际贸易之间的辩证关系。

（2）简述国际多式联运的主要特点。

11.2　知识应用

在空白世界地图上标出以下各项：①纳霍德卡、温哥华、迈阿密、汉堡、马赛、亚丁、孟买、珀斯；②西亚石油海上输出的 3 条路线；③苏伊士运河、直布罗陀海峡、马六甲海峡、土耳其海峡、巴拿马运河。

参 考 文 献

[1] 李南，沈兆楠. 国际经贸地理 [M]. 2版. 北京：清华大学出版社，2023.

[2] 李泉斌. 国际经贸地理 [M]. 2版. 上海：立信会计出版社，2022.

[3] 曾宪培，陈鹏. 物流经济地理 [M]. 北京：机械工业出版社，2006.

[4] 林婉如. 中国旅游地理 [M]. 4版. 大连：东北财经大学出版社，2017.

[5] 刘念. 物流地理 [M]. 北京：机械工业出版社，2012.

[6] 张清. 国际物流与货运代理 [M]. 2版. 北京：机械工业出版社，2019.

[7] 冯昭奎. 日本经济 [M]. 北京：高等教育出版社，2005.

[8] 潘宏，袁志彦. 国际贸易地理教程 [M]. 北京：对外经济贸易大学出版社，2011.

[9] 范毅，周敏. 世界地图集 [M]. 北京：中国地图出版社，2012.

[10] 吕向生. 国际贸易地理 [M]. 2版. 北京：对外经济贸易大学出版社，2015.

[11] 吕向生. 物流经济地理 [M]. 北京：清华大学出版社，2013.

[12] 吕向生. 安徽经贸地理 [M]. 合肥：中国科技大学出版社，2009.

[13] 中华人民共和国商务部网站，http：//www.mofcom.gov.cn.

[14] 国家统计局网站，http：//www.stats.gov.cn.

[15] 世界贸易组织网站，http：//www.wto.org.

[16] 新华网，http：//www.xinhuanet.com.